투자자산
운용사

1

금융투자협회
Korea Financial Investment Association

자격시험 안내

1. 투자자산운용사의 정의

집합투자재산, 신탁재산 또는 투자일임재산을 운용하는 업무를 수행하는 인력

2. 응시자격

금융회사 종사자, 학생, 일반인 등

3. 시험과목 및 문항수

시험과목		세부 교과목	문항수
제1과목	금융상품 및 세제	세제관련 법규 · 세무전략	7
		금융상품	8
		부동산관련 상품	5
소 계			20
제2과목	투자운용 및 전략 Ⅱ	대안투자운용 · 투자전략	5
		해외증권투자운용 · 투자전략	5
	투자분석	투자분석기법	12
		리스크관리	8
소 계			30
제3과목	직무윤리 및 법규	직무윤리	5
		자본시장 관련 법규	11
		한국금융투자협회규정	3
	투자운용 및 전략 Ⅰ	주식투자운용 · 투자전략	6
		채권투자운용 · 투자전략	6
		파생상품투자운용 · 투자전략	6
		투자운용결과분석	4
	거시경제 및 분산투자	거시경제	4
		분산투자기법	5
소 계			50
시험시간		120분	100 문항

* 종전의 일임투자자산운용사(금융자산관리사)의 자격요건을 갖춘 자는 제1, 3과목 면제
* 종전의 집합투자자산운용사의 자격요건을 갖춘 자는 제2, 3과목 면제

4. 시험 합격기준

70% 이상(과목별 40점 미만 과락)

■ 한국금융투자협회는 금융투자전문인력의 자격시험을 관리 · 운영하고 있습니다.
금융투자전문인력 자격은 「자본시장과 금융투자업에 관한 법률」 등에 근거하고 있으며,
「자격기본법」에 따른 민간자격입니다.

■ 자격시험 안내, 자격시험접수, 응시료 및 환불 규정 등에 관한 자세한 사항은
한국금융투자협회 자격시험접수센터 홈페이지(https://license.kofia.or.kr)를 참조해
주시기 바랍니다.

(자격시험 관련 고객만족센터: 02-1644-9427, 한국금융투자협회: 02-2003-9000)

contents

part 05

보장성
금융상품

certified investment manager

part 11

**부동산 투자
상품의 이해**

part 12

리츠업무

part 01

금융투자세제

certified investment manager

chapter 01

국세기본법

조세의 정의와 분류

1 조세의 정의

우리나라의 현행 세법에서는 조세의 일반적 개념을 정의하고 있지 않으며, 학계 내지 실무에서는 '조세란 국가 또는 지방자치단체가 재정수요에 충당하기 위하여 필요한 재원을 조달할 목적으로 법률적 작용에 의하여 법률에 규정된 과세요건을 충족한 모든 자로부터 특정한 개별적 보상 없이 강제적으로 부과 및 징수하는 금전 급부'라는 개념이 일반적으로 받아들여지고 있다.

2 조세의 분류

표 1-1 조세의 분류

분류기준	분류
과세 주체	국　세 : 과세권자가 국가인 조세 지방세 : 과세권자가 지방자치단체인 조세

조세의 전가성	직접세 : 조세부담의 전가가 예상되지 않는 조세
	간접세 : 조세부담의 전가가 예상되는 조세*
지출의 목적성	보통세 : 세수의 용도가 불특정한 조세(일반적인 지출 충당)
	목적세 : 세수의 용도가 특정된 조세(특정 목적 지출 충당)
과세표준 단위	종가세 : 가격을 과세표준으로 하는 조세
	종량세 : 양(量)을 과세표준으로 하는 조세
세율의 구조	비례세 : 과세표준과 관계없이 일정률의 세율이 적용되는 조세
	누진세 : 과세표준의 크기에 따라 세율의 차이가 있는 조세

* 납세의무의 귀속자와 경제적 부담의 귀착자가 다른 조세

우리나라 조세체계

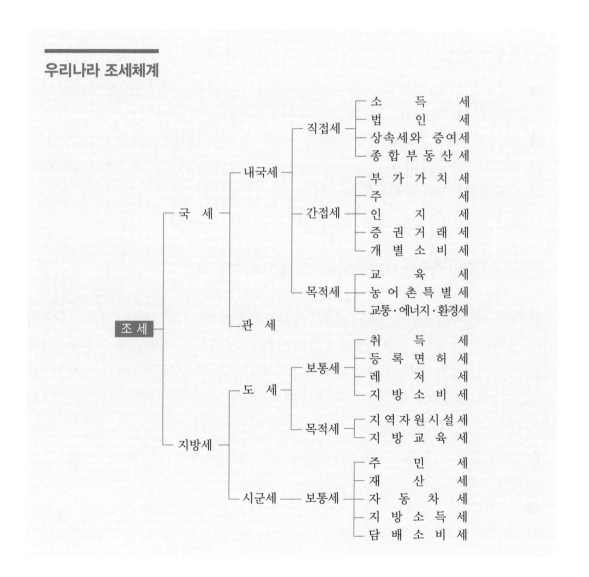

총칙

1 기간과 기한(국세기본법 제4조, 제5조, 제5조의2)

기간은 어느 시점에서 어느 시점까지의 계속된 시간을 뜻하며, 기한은 법률행위의 효력 발생·소멸·채무의 이행 등을 위하여 정한 일정 시점을 뜻한다.

세법의 기간 계산은 원칙적으로 민법의 일반원칙에 따르나 기한에 대하여 다음과 같은 특례규정을 두고 있다.

❶ 세법에 규정하는 기한이 공휴일·토요일이거나 「근로자의 날 제정에 관한 법률」에 따른 근로자의 날에 해당하는 때에는 그 다음 날을 기한으로 한다.

❷ 우편으로 서류를 제출하는 경우에는 통신날짜 도장이 찍힌 날에 신고된 것으로 본다.

❸ 국세정보통신망이 장애로 가동이 정지된 경우 그 장애가 복구되어 신고 또는 납부할 수 있게 된 날의 다음 날을 기한으로 한다.

2 서류의 송달(국세기본법 제8조, 제10조, 제11조)

정부가 납세의무자에게 송달하는 서류는 단순한 내용을 통지하는 경우도 있으나, 국세의 부과·징수에 관한 정부의 처분 내용을 통지하는 경우에는 서류의 송달이 각종 처분의 효과를 완성시키거나, 기간의 진행·중단 등 중요한 의미를 갖는다. 따라서 국세기본법은 세법에 규정하는 서류는 그 명의인의 주소, 거소, 영업소 또는 사무소에 아래의 방법으로 송달할 것을 규정한다.

❶ 교부송달 : 당해 행정기관의 소속 공무원이 송달할 장소에서 송달받아야 할 자에게 서류를 교부

❷ 우편송달 : 서류의 송달을 우편으로 할 때에는 등기우편으로 하여야 한다.

❸ 전자송달 : 정보통신망을 이용한 송달은 서류의 송달을 받아야 할 자가 신청하는 경우

에 한하여 행한다.

❹ 공시송달 : 다음의 경우에는 서류의 주요 내용을 공고한 날부터 14일이 경과함으로써 서류가 송달된 것으로 본다.

ㄱ. 송달 장소가 국외에 있고 송달이 곤란한 경우

ㄴ. 송달 장소가 분명하지 아니한 경우

ㄷ. 등기송달 또는 2회 이상 교부송달하였으나 수취인 부재로 확인되어 납부기한 내에 송달이 곤란한 경우

section 03 | 납세의무

1 | 납세의무의 성립(국세기본법 제21조)

납세의무는 각 세법이 규정하고 있는 과세요건이 충족될 때 성립하는데, 「국세기본법」에서는 각 세목별로 납세의무의 그 성립시기를 다음과 같이 규정하고 있다.

❶ 소득세, 법인세, 부가가치세 : 과세기간이 끝나는 때

❷ 상속세 : 상속이 개시되는 때

❸ 증여세 : 증여에 의하여 재산을 취득하는 때

❹ 인지세 : 과세문서를 작성한 때

❺ 증권거래세 : 해당 매매거래가 확정되는 때

❻ 종합부동산세 : 과세기준일

❼ 원천징수하는 소득세, 법인세 : 소득금액 또는 수입금액을 지급하는 때

2 납세의무의 확정(국세기본법 제22조)

과세요건의 충족으로 성립한 추상적 납세의무를 납세의무자 또는 정부가 일정한 행위나 절차를 거쳐 구체적 납세의무(현실적 금전채무)로 확정하는 절차로 신고·부과·자동 확정이 있다.

❶ 신고확정 : 소득세, 법인세, 부가가치세, 증권거래세, 교육세, 개별소비세 등은 납세의무자가 과세표준과 세액을 정부에 신고함으로써 확정된다.
❷ 부과확정 : 상속세, 증여세 등은 정부가 과세표준과 세액을 결정함으로써 확정된다.
❸ 자동확정 : 인지세, 원천징수하는 소득세 또는 법인세, 납세조합이 징수하는 소득세, 중간예납하는 법인세는 납세의무가 성립하는 때에 특별한 절차 없이 확정된다.

3 납부의무의 소멸(국세기본법 제26조, 제26조의2, 제27조, 제28조)

국세 및 강제징수비를 납부할 의무는 다음의 경우에 소멸한다. 확정된 납세의무는 다음의 경우에 소멸한다.

❶ 납부·충당(국세환급금을 납부할 국세 등과 상계시키는 것)되거나 부과가 취소된 때
❷ 국세 부과의 제척기간(除斥期間)이 끝난 때
❸ 국세징수권의 소멸시효(消滅時效)가 완성된 때

(1) 국세의 부과제척기간

국세의 부과제척기간은 국가가 납세의무자에게 국세를 부과할 수 있는 법정기간으로 그 기간이 끝난 날 후에는 국세 부과권의 소멸로 인하여 납세의무도 소멸한다.

표 1-2 국세의 부과제척기간

구분	일반조세	상속 · 증여세
사기 등 부정행위로 국세를 포탈 또는 환급받는 경우(가산세 포함)	10년	15년
법정신고기한까지 과세표준 신고서를 제출하지 아니한 경우	7년 (역외거래의 경우 10년)	
역외거래가 수반되는 부정행위	15년	
법정신고기한까지 상속 · 증여세 과세표준 신고서를 제출하였으나 허위, 누락 신고한 경우	–	
부정행위로 상속 · 증여세를 포탈한 경우로서 상속인이 명의이전 없이 재산가액 50억 원 초과분을 취득하는 경우 등	–	안 날부터 1년
기타의 경우	5년	10년

* 부담부증여로 인한 양도소득세 부과제척기간은 증여세와 같음

(2) 국세징수권의 소멸시효

소멸시효는 권리자가 권리를 행사할 수 있음에도 일정기간 권리를 행사하지 않는 경우 그 권리가 소멸하는 것으로 국세징수권은 국가가 권리를 행사할 수 있는 때부터 5년(5억 원 이상의 국세채권은 10년)간 행사하지 아니하면 소멸시효가 완성하고 이로 인하여 납세의무도 소멸한다. 다만, 납부고지 · 독촉 또는 교부청구 · 압류의 경우에는 이미 경과한 시효기간의 효력이 중단된다.

4 납세의무의 승계(국세기본법 제23조, 제24조)

❶ 합병법인의 승계 : 법인이 합병한 경우 합병법인은 피합병법인에게 부과되거나 납부할 국세 및 강제징수비를 납부할 의무를 진다.
❷ 상속인의 승계 : 상속이 개시된 때에 상속인은 피상속인에게 부과되거나 납부할 국세 및 강제징수비를 상속받은 재산을 한도로 납부할 의무를 진다.

5 제2차 납세의무자 (국세기본법 제38조, 제39조, 제40조, 제41조)

납세의무자의 재산으로 체납처분을 하여도 체납세액에 미달하는 경우 납세의무자와 법정

관계에 있는 자가 그 부족액을 부담케 하는 세법상의 고유한 의무를 제2차 납세의무라 하며, 국세기본법은 다음 4가지 유형을 규정하고 있다.

❶ 청산인 등 : 청산인 또는 잔여재산을 분배받은 자는 그 해산법인의 국세 등에 대하여 제 2차 납세의무를 진다.

❷ 출자자 : 법인(증권시장에 주권이 상장된 법인은 제외)의 재산으로 국세 등을 충당하고 부족한 금액은 납세의무 성립일 현재의 무한책임사원(합명회사의 사원, 합자회사의 무한책임사원)과 과점주주가 제2차 납세의무를 진다.

❸ 법인 : 국세의 납부기간 만료일 현재 법인의 무한책임사원과 과점주주가 당사자의 재산 으로 국세 등을 충당한 후에도 부족한 금액은 무한책임사원과 과점주주의 소유주식 또 는 출자지분의 매각이 어려운 경우 당해 법인이 제2차 납세의무를 진다.

❹ 사업 양수인 : 양도·양수한 사업과 관련하여 양도일 이전에 양도인의 납세의무가 확정 된 그 사업에 관한 국세 등은 사업 양수인이 제2차 납세의무를 진다.

과점주주의 범위

과점주주란 주주 또는 유한책임사원 1명과 그의 특수관계인 중 대통령령에서 정하는 자로서 그들의 소유주식 합계 또는 출자액 합계가 해당 법인의 발행주식 총수 또는 출자총액의 100분의 50을 초과 하면서 그 법인의 경영에 대하여 지배적인 영향력을 행사하는 자들을 말한다.

---

section 04 | 수정신고, 경정청구 및 기한 후 신고

당초 과세표준과 세액의 신고 내용 중 오류나 정정 사유가 발생한 경우 이를 정정하는 절차 로 수정신고와 경정청구가 있고, 법정기한 내에 과세표준 신고를 하지 아니한 자는 기한 후 신고를 할 수 있다.

1 수정신고(국세기본법 제45조, 제48조)

과세표준 신고서를 법정신고기한까지 제출한 자가 과세표준 및 세액을 미달하게 신고하거나, 결손금 또는 환급세액을 과다하게 신고한 경우 및 원천징수 의무자가 연말정산 과정에서 근로소득만 있는 자의 소득 누락이나 세무조정 과정에서의 누락 등 불완전한 신고를 한 때에는 관할 세무서장이 각 세법에 따라 당해 국세의 과세표준과 세액을 결정 또는 경정하여 통지하기 전으로서 국세부과의 제척기간이 끝나기 전까지 과세표준 수정 신고서를 제출할 수 있다.

과세표준 수정 신고서를 법정신고기한 경과 후 2년 이내에 제출하는 경우에는 그 경과기간에 따라 최초의 과소신고로 인하여 부과할 가산세를 일부 경감한다.

2 경정청구(국세기본법 제45조의2)

과세표준 신고서를 법정신고기한 내에 제출한 자가 과세표준 및 세액을 과다하게 신고하거나 결손금 또는 환급세액을 과소신고한 때에는 최초 신고 및 수정신고한 국세의 과세표준 및 세액의 결정 또는 경정을 법정신고기한이 지난 후 5년 이내에 관할 세무서장에게 청구할 수 있다.

3 기한 후 신고(국세기본법 제45조의3, 제48조)

법정신고기한까지 과세표준 신고서를 제출하지 아니한 자는 관할 세무서장이 신고하지 아니한 과세표준과 세액을 결정하여 통지하기 전까지 기한후과세표준 신고서를 제출할 수 있다. 이 경우 납부하여야 할 세액과 가산세를 신고와 함께 납부하여야 한다.

과세표준신고서를 법정신고기한이 지난 후 6개월 이내에 기한 후 신고를 한 경우에는 그 경과기간에 따라 해당 가산세액의 일부를 경감한다.

국세우선의 원칙

여러 사람에게 채무를 지고 있는 채무자의 재산이 총 채무액에 미달하는 경우에는 채무자 평등원칙에 의하여 채권자 상호 간에 우열이 없이 채권액에 따라 일정한 비율로 배분한다.

그러나 국세채권(국세·강제징수비 및 지방세)과 일반채권이 경합된 경우에는 국세채권의 공익성이 감안되어 채권자 평등원칙이 배제되고 국세채권이 기타 채권에 우선하는 권리(국세우선권)를 갖는다.

다만, 국세채권은 등기나 등록으로 공시되는 것이 아니므로 그 유무를 파악하기 어려운 기타 채권자에게 예기치 못한 손실을 주게 되므로, 이를 조정하기 위하여 국세우선의 예외 규정을 두고 있다.

국세우선권이 배제되는 채권의 범위(국세기본법 제35조)

① 선집행 지방세와 공과금의 체납처분금액에서 국세징수 시 그 지방세와 공과금의 체납처분비 또는 강제징수비
② 강제집행, 경매 또는 파산절차에 따른 매각금액에서 국세징수 시 그 강제집행, 경매 또는 파산절차에 든 비용
③ 법정기일 전에 설정된 전세권·질권 또는 저당권에 의하여 담보되는 채권(다만, 그 재산에 대해 부과된 국세와 체납처분비는 제외한다)
④ 우선변제임차보증금(「주택임대차보호법」 제8조, 「상가건물임대차보호법」 제14조)
⑤ 우선변제임금채권(「근로기준법」 제38조, 「근로자퇴직급여보장법」 제12조)

심사와 심판

국세기본법 또는 세법에 따른 처분으로서 위법 또는 부당한 처분을 받거나 필요한 처분을 받지 못하여 권리 또는 이익에 침해를 당한 경우를 위해 사법적 구제에 앞선 행정청 자체에

대한 시정 요구인 이의신청·심사청구·심판청구 제도를 두고 있다.

이의신청은 처분청에 재고를 요구하는 것이며, 심사청구는 국세청 또는 감사원에, 심판청구는 조세심판원에 제기하는 불복으로, 이의신청은 청구인의 선택에 따라 본 절차를 생략할 수 있고 심사청구와 심판청구는 청구인의 선택에 따라 그 중 하나를 선택하여야 한다.

이의신청·심사청구·심판청구는 처분청의 처분을 안 날부터 90일 이내에 제기하여야 하며, 특히 심사청구·심판청구절차는 취소소송의 전제 요건이 되어 있어 본 절차를 거치지 아니하고는 취소소송을 제기할 수 없다.

chapter 02

소득세법

section 01 소득세의 의의

소득이란 일정기간 내에 경제주체가 여러 가지 경제활동을 통하여 얻는 경제적 이익을 말하며, 우리나라는 법인의 소득에 대하여는 법인세법에 따라 법인세를 부과하고, 개인의 소득에 대하여는 소득세법에 따라 소득세를 부과하고 있다.

section 02 과세소득의 범위:소득원천설(소득세법 제4조, 제16조, 제17조)

현행 소득세법은 과세소득을 이자소득 · 배당소득 · 사업소득 · 근로소득 · 연금소득 · 기타소득·퇴직소득·양도소득의 8가지로 구분하여 제한적으로 열거하고 있다. 따라서 법령에 구체적으로 열거되지 않은 것은 담세력 있는 소득이라 하더라도 과세하지 않는다. 다만, 예외적으로 이자소득·배당소득의 경우에는 법령에 열거되지 않은 것이라도 유사한 소득에 대하여는 과세대상으로 규정하고 있다.

이처럼 소득을 원천별로 구분하여 제한적으로 열거하고, 원칙적으로 계속·반복적으로 발생하는 것만을 과세대상으로 삼는 것은 현행 소득세법이 기본적으로 소득원천설의 입장을 취하고 있기 때문이다. 그러나 위의 이자소득·배당소득과 같은 예외사항을 감안할 때 현행 소득세법은 소득원천설에 충실하다고 보기 어려우며, 순자산 증가설의 입장도 일부 수용하고 있다고 볼 수 있다.

section 03 우리나라 소득세 제도의 특징

우리나라의 현행 소득세법은 몇 가지 과세원칙에 입각하여 제정되었는데, 그 주요한 내용을 살펴보면 다음과 같다.

1 종합과세 제도 채택(소득세법 제14조)

(1) 과세원칙 : 종합과세

'종합과세'란 소득을 그 종류에 관계없이 일정한 기간을 단위로 합산하여 과세하는 방식을 말한다. 현행 소득세법은 원칙적으로 종합과세의 방법을 채택하고 있다. 즉, 이자소득·배당소득·사업소득·근로소득·연금소득·기타소득은 인별(人別)로 종합하여 과세하고 있다.

(2) 예외 : 분류과세와 분리과세

❶ 분류과세 : 퇴직소득·양도소득은 다른 소득과 합산하지 않고 별도로 과세하는데, 이처럼 소득을 그 종류별로 구분하여 각각 별도로 과세하는 방식을 '분류과세'라

고 한다.

종합소득과 분류하여 퇴직소득 및 양도소득을 각각 분류과세하는 것은 이러한 소득은 발생 성격상 장기간에 걸쳐서 일시에 실현되는 특징을 가지고 있기 때문이다. 장기간에 걸쳐 발생한 소득이 일시에 실현되는 경우 종합과세하면 고율의 세율이 적용되어 세부담이 증가되는데 이러한 효과를 '결집 효과'라고 하며, 이 점을 감안하여 현행 소득세법은 이들 소득을 분류과세하도록 한 것이다.

❷ 분리과세 : 일정의 소득은 기간별로 합산하지 않고 그 소득이 지급될 때 소득세를 원천징수함으로써 과세를 종결하는데 이를 '분리과세'라고 한다. 원천징수에 대해서는 후에 더 자세히 서술한다.

2 열거주의 과세방법 채택

구체적으로 열거한 소득만을 과세대상으로 하고 그렇지 않은 경우에는 과세하지 않는다. 예를 들면, 대주주가 아닌 자의 주권상장법인의 주식양도차익은 과세소득으로 열거되지 않기 때문에 소득세가 과세되지 않는다. 위와 같이 제한적으로 열거하고, 원칙적으로 계속·반복적으로 발생하는 소득만을 과세대상으로 삼는 것은 현행 소득세법이 위에서 설명한 바와 같이 기본적으로 소득원천설의 입장을 취하고 있기 때문이다.

3 신고납세제도(소득세법 제70조)

납세의무자 신고에 의하여 조세채권이 확정되는 신고납세제도를 채택하고 있다. 따라서 납세의무자가 과세기간의 다음 연도 5월 1일부터 5월 31일까지 과세표준을 확정신고함으로써 소득세의 납세의무가 확정된다.

4 　개인단위 주의(소득세법 제2조, 제43조)

　　과세단위란 종합과세에 있어서 소득을 종합하는 인적 단위를 말하는 바, 크게 개인단위 주의(individual unit system)와 소비단위 주의(consumption unit system, 부부단위 주의 또는 가족단위 주의)로 나누어진다. 우리나라 소득세법상 과세단위는 다음과 같다.

(1) 원칙 : 개인단위 주의

　　현행 소득세법은 원칙적으로 개인을 과세단위로 하여 소득세를 과세

(2) 예외 : 공동사업 합산과세

　　가족 구성원 중 2인 이상의 공동사업으로서 손익분배 비율을 허위로 정하는 등의 경우에는 특수관계인의 소득을 합산하여 손익분배 비율이 큰 가족 구성원에게 과세함으로써 가족단위 주의를 부분적으로 가미

5 　누진과세, 원천별 차별과세 및 소득공제제도(소득세법 제50조, 제51조, 제55조)

　　소득세는 법인세와는 달리 자연인에게 과세되는 것이기 때문에 부담능력에 따른 과세와 소득 재분배 기능이 강조되고 있으며, 이러한 점 때문에 6~45%의 초과누진세율을 채택하고 있고, 부양가족 등의 사정을 감안하여 인적공제제도를 두고 있다. 또한 소득의 크기가 같다 하더라도 그 종류에 따라 담세력이 다르기 때문에 소득 종류별로 차별적인 과세제도를 둔다.

6 　주소지 과세제도 채택(소득세법 제6조)

　　소득 발생지에 불구하고 주소지를 납세지로 한다.

납세의무자란 세법에 의하여 국세를 납부할 의무가 있는 자를 말하는데, 소득세의 납세의무자는 자연인이다. 그리고 법인으로 보지 않는 법인격 없는 단체에 대하여는 거주자로 보아 소득세를 과세하므로 법인격 없는 단체도 소득세 납세의무자가 된다. 소득세법은 자연인을 거주자와 비거주자로 구분하고 이에 따라 납세의무의 범위 및 과세방법 등에 차이를 둔다.

1 납세의무자의 구분(소득세법 제1조의2)

소득세법상의 납세의무자는 다음과 같이 거주자와 비거주자로 구분

❶ 거주자와 비거주자의 개념 : '거주자'란 국내에 주소를 두거나 183일 이상 거소를 둔 개인을 말하며, '비거주자'란 거주자가 아닌 개인을 말한다. 이처럼 국내에 주소 또는 183일 이상 거소를 두고 있는지의 여부에 따라 구분하므로 원칙적으로 국적과는 관계가 없다. 여기서 주소란 생활의 근거가 되는 곳을 말하는데, 이는 국내에서 생계를 같이하는 가족 및 국내에 소재하는 자산의 유무 등 생활관계의 객관적 사실에 따라 판정한다. 그리고 '거소'란 주소지 외의 장소 중 상당기간에 걸쳐 거주하는 장소로서 주소와 같이 밀접한 일반적 생활관계가 형성되지 아니한 장소를 말한다(소령 2①, ②).

❷ 주소 여부의 판정 : 주소의 구체적인 판정기준(소령 2③, ④)

주소를 가진 것으로 보는 경우	국내에 주소가 없는 것으로 보는 경우
① 계속하여 183일 이상 국내에 거주할 것을 통상 필요로 하는 직업을 가진 때 ② 국내에 생계를 같이하는 가족이 있고, 그 직업 및 자산상태에 비추어 계속하여 183일 이상 국내에 거주할 것으로 인정되는 때	① 국외에 거주 또는 근무하는 자가 외국국적을 가졌거나 외국 법령에 의하여 그 외국의 영주권을 얻은 자로서 국내에 생계를 같이하는 가족이 없고 그 직업 및 자산상태에 비추어 다시 입국하여 주로 국내에 거주하리라고 인정되지 않는 때

❸ 외국을 항해하는 선박 또는 항공기의 승무원의 경우 그 승무원과 생계를 같이하는 가족이 거주하는 장소 또는 그 승무원이 근무기간 외의 기간 중 통상 체재하는 장소로 판정

한다(소령 2⑤).

❹ 국외에서 근무하는 공무원 또는 거주자나 내국법인의 국외 사업장 또는 해외 현지법인(내국법인이 직·간접적으로 100% 출자한 경우로 한정) 등에 파견된 임원 또는 직원은 거주자로 본다(소령 3).

2 법인격 없는 단체 등에 대한 납세의무(소득세법 제2조)

국세기본법상 법인격 없는 단체 중 법인으로 보는 단체[1] 이외의 단체는 국내에 주사무소 또는 사업의 실질적 관리장소를 둔 경우에는 거주자로 보아 소득세법을 적용한다. 이 경우 소득세 과세상 취급은 다음과 같다.

❶ 1거주자로 보는 경우 : 대표자 또는 관리인이 선임되어 있으나 이익의 분배방법 및 비율이 정하여져 있지 않은 단체인 경우에는 그 단체를 1거주자로 본다(소칙 2①). 이 경우 법인격 없는 단체는 그 구성원과 독립된 소득세 납세의무자가 된다. 따라서 1거주자로 보는 법인격 없는 단체의 소득은 그 대표자 또는 관리인의 다른 소득과 합산하지 않고 별도로 과세한다. 그리고 이러한 단체가 금융기관으로부터 받은 이자소득 및 배당소득은 분리과세하며 과세표준을 계산함에 있어서 인적공제를 적용하지 않는다.

❷ 공동사업 등으로 보는 경우 : 1거주자로 보는 법인격 없는 단체 이외의 단체는 공동으로 사업을 경영하는 것으로 본다(소기통 2-0-3). 따라서 공동사업자별로 지분 또는 손익분배의 비율에 따라 소득금액을 분배하고 그 분배된 소득금액에 따라 각각 소득세 납세의무를 지게 된다.

한편 법인으로 보는 단체 외 법인격이 없는 단체의 경우 명시적으로 이익의 분배방법이나 분배비율이 정하여져 있지 않더라도 사실상 이익이 분배되는 경우에는 그 단체의 구성원이 공동으로 사업을 영위하는 것으로 본다(소칙 2②).

---

1 세법상 법인으로 보는 단체(국세기본법 제13조)
① 주무관청의 허가 또는 인가를 받아 설립되거나 법령에 의하여 주무관청에 등록한 사단·재단·그 밖의 단체로서 등기되지 아니한 것
② 공익을 목적으로 출연된 기본재산이 있는 재단으로서 등기되지 아니한 것
③ 위 '①, ②' 외의 법인격이 없는 단체 중 조직과 운영에 관한 규정을 가지고 대표자 또는 관리인이 선임되어 있고, 자신의 계산과 명의로 수익과 재산을 독립적으로 소유·관리하며, 수익을 구성원에게 분배하지 아니하는 단체로서 관할 세무서장에게 법인으로 신청하여 승인을 얻은 것(예 : 종중·종교단체·공동주택 입주자 대표회의 등은 법인으로 신청하여 승인을 얻으면 법인으로 보고, 법인으로 승인받지 아니한 경우에는 '1거주자'로 본다)

원천징수란 소득을 지급하는 자가 그 지급받는 자(납세의무자)의 조세를 차감한 잔액만 지급하고 그 원천징수세액을 정부에 납부하는 제도를 말한다. 이 제도의 취지는 세원의 일실을 최소화하고 납세편의를 도모하기 위함이며 현행 소득세법은 원천징수제도를 광범위하게 활용하고 있으며, 원천징수제도에는 다음과 같은 두 가지 유형이 있다.

1 완납적 원천징수(소득세법 제14조)

원천징수로써 과세를 종결하고 납세의무자는 따로 정산을 위한 확정신고의무를 지지 아니하는 것이다.

거주자의 경우	① 분리과세 이자소득 ② 분리과세 배당소득 ③ 분리과세 근로소득(일용근로자의 급여) ④ 분리과세 연금소득(연간 1,500만 원 이하 저율분리과세 선택, 연간 1,500만 원 초과 16.5% 분리과세 또는 종합과세 선택) ⑤ 분리과세 기타소득(연간 300만 원 이하 선택)
비거주자의 경우	원천징수대상이 되는 소득

2 예납적 원천징수

원천징수대상이 된 소득을 과세표준에 포함하여 세액을 계산한 후 당해 원천징수된 세액은 기납부세액으로 공제받음으로써 소득세 납세의무를 확정할 때 이를 정산하는 방식이다.

① 원천징수대상 소득
- 완납적 원천징수 : 분리과세
- 예납적 원천징수 : 종합과세
② 원천징수대상이 아닌 소득 : 종합과세

3 | 현행 우리나라 소득세법(소득세법 제127조, 제128조)

국내에서 거주자나 비거주자에게 일정한 소득을 지급하는 자는 그 거주자나 비거주자에 대한 소득세를 원천징수하여 그 징수일이 속하는 달의 다음 달 10일까지 정부에 납부하여야 한다.

section 06 | 과세기간(소득세법 제5조)

1 | 원칙적인 경우

1월 1일부터 12월 31일까지

2 | 거주자가 사망한 경우

1월 1일부터 사망한 날까지

3 | 거주자가 출국하는 경우

1월 1일부터 출국일까지이며, 이 경우 출국이라 함은 주소 또는 거소의 거주이전으로 인하여 비거주자가 되는 경우를 말한다.
이처럼 소득세의 과세기간은 법인세와는 달리 사업개시나 폐업에 의해 영향을 받지 않으며 또한 과세기간을 임의로 설정하는 것은 허용되지 않는다.

소득의 구분 및 계산구조

구 분	내용
종합소득금액	=Σ소득금액(총수입금액(비과세, 분리과세 제외)−필요경비) • 이자, 배당(Gross−up), 사업, 근로, 연금, 기타 소득금액 　* 이자소득과 배당소득은 유형별 포괄주의를 택하고 있으나 원칙은 　　열거주의 • 금융소득종합과세 • 소득금액 계산 특례(공동사업합산과세, 결손금과 이월결손금 공제)
(−) 종합소득공제	• 인적 공제＋물적 공제＋기타 공제
과세표준 (×) 세율	• 6~45% 누진세율
산출세액	• 금융소득에 관한 세액계산 특례
(−) 세액공제, 감면	• 외국납부세액공제, 배당세액공제, 근로소득세액공제, 재해손실세액공제, 　기장세액공제, 조특법상세액공제 • 자녀세액공제, 연금계좌세액공제, 특별세액공제
결정세액 (＋) 가산세 (＋) 추가납부할 세액	이자 추징액
총 결정세액	지방소득세＝총 결정세액×10%
(−) 기납부세액	중간예납, 수시부과세액, 예정신고납부세액, 원천납부세액, 납세조합징수세액
차감납부할 세액	

chapter 03

이자소득, 배당소득 및 양도소득

이자소득과 배당소득

1	**이자소득(소득세법 제16조)**

이자소득은 해당 과세기간에 발생한 다음의 소득으로 한다.

❶ 채권·증권의 이자와 할인액 : 채권·증권은 국가, 지방자치단체가 발행한 것(국·공채) 및 내국법인·외국법인이 발행한 것(회사채)을 포함한다. 소득세법은 채권과 증권을 '채권 등'이라고 하여 국채·지방채·특수채·금융채·회사채뿐 아니라 다른 사람에게 양도가 가능한 증권으로서 금융기관이 발행한 예금증권(CD)·기업어음·표지어음 등 선이자채

권¹ 등을 여기에 포함시키고 상업어음은 제외한다(소법 46① 및 소령 102①).

당해 채권 등을 중도매도하는 경우 상환기간 중 발생한 보유기간의 이자상당액도 이 자소득에 포함한다. 다만, 환매조건부채권의 거래나 채권대차거래 등은 채권의 중도매 도로 보지 아니한다. 할인액은 채권 등을 할인발행한 경우 만기상환금액과 발행가액의 차액을 말한다. 채권매매차익은 채권을 중도매각할 때 실현되는 이익 중 발행 당시 시장 이자율에 의하여 계산한 부분을 초과한 이익으로서 자본이득으로 보아 과세하지 않는다.

국가가 발행한 채권이 원금과 이자가 분리되는 경우에는 원금에 해당하는 채권 및 이자에 해당하는 채권의 할인액은 이를 채권의 할인액으로 본다. 그러나 국채, 산업금융채권, 한국은행통화안정증 권, 예금보험기금채권과 예금보험기금채권상환기금채권을 공개시장에서 발행하는 경우 당해 채권 의 매각가액과 액면가액과의 차액은 이자 및 할인액에 포함되지 않는 것으로 한다(소령 22의2②).

❷ 국내 또는 국외에서 받는 예금 · 적금(부금 · 예탁금과 우편대체 포함)의 이자 : 은행 등에 서 취급하는 금전신탁 등 신탁계정상품은 예금이 아니고 신탁에 속한다. 이하 투자신탁 세제에서 자세히 설명한다.

❸ 「상호저축은행법」에 의한 신용계 또는 신용부금으로 인한 이익

❹ 채권 또는 증권의 환매조건부 매매차익 : 금융기관이 시장 가격에 의하지 않고 환매기간 에 따른 사전 약정이율을 적용하여 결정된 가격으로 환매수 또는 환매도하는 조건으로 매매하는 채권 또는 증권의 매매차익을 말한다(소령 24). 일반적인 채권의 매매차익은 이 자소득에 해당되지 아니하나 환매조건부매매차익은 이자소득으로 본다.

❺ 저축성 보험의 보험차익 : 보험계약에 의하여 만기에 받는 보험금 · 공제금(또는 보험계약의 해지에 따라 받는 환급금)에서 납입보험료 · 공제료를 차감한 금액으로 한다. 다만, 다음 각 호의 보험계약이나 보험차익은 비과세 한다(소법 16①-9, 소령 25).

ㄱ. 계약기간이 10년 이상이고 납입보험료가 1억 원(월적립식 저축성보험, 종신형 연금보험을 제외한 저축성보험의 합계액) 이하인 계약(2017.3.31까지 체결한 계약은 2억 원). 단, 계약기간은 10년 이상이나 10년 경과 전 납입보험료를 확정된 기간 동안 연금형태로 분할지급 받는 경우는 과세

---

1 선이자 채권은 채권을 상환기간에 상당하는 이자율만큼 할인하여 발행하고 만기에 액면금액을 상환하되 할인금액을 미 리 이자를 지급한 것으로 보는 채권으로 기업어음 및 표지어음 등이 이에 해당한다. 이러한 채권의 수입시기는 통상 상 환 시점이 아니라 채권 발행(매각) 시점이 된다.

ㄴ. 다음의 요건을 모두 충족하는 월적립식 저축성보험

    a. 계약기간이 10년 이상이고 납입기간이 5년 이상

    b. 기본보험료가 균등하고, 선납기간이 6개월 이내일 것

    c. 계약자 1명당 월납보험료 합계가 150만 원 이하일 것

ㄷ. 다음의 요건을 모두 충족하는 종신형 연금보험

    a. 사망 시 계약·연금재원 소멸

    b. 55세 이후 연금수령

    c. 사망 시까지 중도해지 불가

    d. 연금 외의 형태로 보험금·수익 등을 지급하지 아니하는 계약일 것

    e. 매년 수령하는 연금액이 다음 연금수령한도를 초과하지 아니할 것

$$\frac{연금수령\ 개시일\ 현재\ 연금\ 평가액}{연금수령\ 개시일\ 현재\ 기대\ 여명\ 연수} \times 3$$

ㄹ. 피보험자의 사망·질병·부상 그 밖의 신체상의 상해로 인하여 받거나 자산의 멸실 또는 손괴로 인하여 받는 보험금

⑥ 직장공제회 초과반환금 : '직장공제회'란 동일 직장이나 직종에 종사하는 근로자들의 생활안정, 복리증진 또는 상호부조 등을 목적으로 구성된 공제회·공제조합 및 이와 유사한 단체를 말한다(소령 26①).

⑦ 비영업대금(非營業貸金)의 이익 : 이것은 대금업에 해당하지 않는 금전대여로 인해 받는 이자를 말한다. 금융기관 이외의 자가 사업적으로 금전을 대여하는 경우에는 대금업에 해당하며, 그로 인해 얻은 소득은 사업소득으로 분류. 행정해석은 대금업을 하는 거주자임을 대외적으로 표방하고 불특정 다수인을 상대로 금전을 대여하는 경우에 대금업으로 보지만, 대외적으로 대금업을 표방하지 않은 거주자의 금전대여는 비영업대금의 이익으로 보도록 규정하고 있다.

⑧ 유사 이자소득 : 앞의 소득과 유사한 소득으로서 금전의 사용에 따른 대가의 성격이 있는 것이다(유형별 포괄 과세주의). 파생금융상품의 이자, 각종 공제회의 공제급여의 이자 등이 과세대상에 포함된다.

⑨ 파생결합상품의 이익 : 전술한 이자소득을 발생시키는 거래 또는 행위와 파생상품이 시행령 요건에 따라 결합된 경우, 해당 파생상품의 이익을 이자소득으로 과세한다.

'배당소득'이란 해당 과세기간에 발생한 다음의 소득을 말한다.

(1) 이익배당

내국법인으로부터 받는 이익이나 잉여금의 배당 또는 분배금을 말한다. 이익배당은 현금배당과 주식배당을 포함한다. 이익배당은 주주총회 또는 사원총회에서 결정하지만 물적회사인 주식회사·유한회사의 경우에는 대차대조표상의 순자산에서 자본액, 이미 적립되어 있는 법정적립금, 당기에 적립하여야 할 이익준비금 및 시행령에 규정된 미실현 이익을 공제한 후가 아니면 할 수 없다(상법 제462조, 제583조). 이를 위반하면 위법배당이 된다. 그러나 인적회사인 합명회사·합자회사의 경우는 법으로 특별히 규정하지 않고 있어 정관에 따라 이익배당을 한다.

(2) 법인으로 보는 단체로부터 받는 배당 또는 분배금

국세기본법에 의하여 법인으로 보는 법인격 없는 사단·재단 등의 단체로부터 받은 배당 또는 분배금을 말한다.

(3) 의제배당

의제배당이란 형식상으로는 배당이 아니라도 사실상 회사의 이익이 주주 등에게 귀속되는 경우에 이를 배당으로 간주하는 것으로 다음의 금액을 말한다.

❶ 투자의 반환으로 인한 의제배당
ㄱ. 주식소각, 자본감소, 사원의 퇴사 등으로 주주 등이 취득하는 금전 기타 재산가액의 합계액이 주주 등이 당해 주식 등을 취득하기 위하여 소요된 금액을 초과하는 금액
ㄴ. 해산한 법인의 주주 등이 그 법인의 해산으로 인한 잔여재산가액의 분배로서 취득하는 금전 기타 재산가액이 당해 주식 등을 취득하기 위하여 소요된 금액을 초과하는 금액
ㄷ. 피합병법인의 주주 등이 합병법인으로부터 그 합병으로 인하여 취득하는 주식 등의 가액과 금전 기타 재산가액의 합계액이 그 피합병법인의 주식 등을 취득하기 위

하여 소요된 금액을 초과하는 금액

ㄹ. 분할법인(또는 소멸한 분할합병의 상대방 법인)의 주주가 분할로 인하여 취득하는 주식의 가액과 금전 기타 재산가액의 합계액이 그 분할법인(또는 소멸한 분할합병의 상대방 법인)의 주식을 취득하기 위하여 소요된 금액을 초과하는 금액

❷ 잉여금의 자본전입으로 인한 의제배당

ㄱ. 법인의 잉여금의 전부 또는 일부를 자본전입함으로써 취득하는 주식가액

ㄴ. 법인의 자기주식을 보유한 상태에서 익금불산입 항목인 자본잉여금을 자본전입함에 따라 당해 법인 외의 주주의 지분비율이 증가한 경우 증가한 지분비율에 상당하는 주식의 가액.

이처럼 잉여금의 자본전입으로 인한 의제배당에 해당하는 주식가액은 액면가액에 의하여 평가(소령 27①)

(4) 국내 또는 국외에서 받은 대통령령으로 정하는 집합투자기구로부터의 이익

집합투자기구로부터의 이익은 배당소득으로 과세하고, 집합투자기구 이외의 신탁의 이익은 재산권에서 발생하는 소득의 내용별로 소득을 구분하여 과세한다.

집합투자기구의 범위

① 소득세법상 집합투자기구의 범위
  아래의 요건을 모두 갖춘 집합투자기구를 말한다.
  ㉠ 자본시장법에 따른 집합투자기구일 것(보험회사의 특별계정 제외, 은행이 취급하는 금전신탁으로서 원본을 보전하는 것을 포함)
  ㉡ 해당 집합투자기구의 설정일부터 매년 1회 이상 결산·분배할 것. 다만, 이익금이 0보다 적거나 일정요건의 집합투자재산의 평가나 매매 이익은 분배를 유보할 수 있음
  ㉢ 금전으로 위탁받아 금전으로 환급할 것(금전 외의 자산을 금전으로 표시하여 위탁 환급하는 것 포함)
  국외에서 설정된 집합투자기구는 상기 요건을 갖추지 않아도 소득세법상 집합투자기구로 본다.
② 집합투자기구로부터의 이익의 계산
  집합투자기구로부터의 이익은 집합투자기구가 직접 또는 자본시장법에 따른 집합투자증권에 투자하여 취득한 증권으로서 다음의 어느 하나에 해당하는 증권 또는 자본시장법에 따른 장내파생상품의 거래나 평가로 인하여 발생한 손익을 포함하지 아니한다. 다만, 비거주자 또는 외국법인이 일반 사모

집합투자기구나 동업기업과세특례를 적용받지 아니하는 기관전용 사모집합투자기구를 통하여 취득한 주식 등[증권시장에 상장된 주식 등으로서 양도일이 속하는 연도와 그 직전 5년의 기간 중 그 주식 등을 발행한 법인의 발행주식 총수의 25% 이상을 소유한 경우에 한정함]의 거래로 발생한 손익은 집합투자기구로부터의 이익 계산 시 포함한다.

  ㉠ 증권시장에 상장된 증권(단, 채권 및 외국 법령에 따라 설립된 외국 집합투자기구의 주식 또는 수익증권 제외) 및 동 증권을 대상으로 하는 장내파생상품
  ㉡ 「벤처기업육성에 관한 특별조치법」에 따른 벤처기업의 주식·출자지분
  ㉢ ㉠의 증권을 대상으로 하는 장내파생상품

집합투자증권 및 외국 집합투자증권을 계좌간 이체, 계좌의 명의변경, 집합투자증권의 실물양도의 방법으로 거래하여 발생하는 이익은 집합투자기구로부터의 이익에 해당한다.

(4-1) 파생결합증권 또는 파생결합사채로부터의 이익(소법 17①5의2)

국내 또는 국외로부터 받는 대통령령으로 정하는 파생결합증권 또는 파생결합사채로부터의 이익. 상장지수증권(ETN)을 계좌 간 이체, 계좌와 명의 변경, 실물양도의 방법으로 거래되는 이익도 포함하되, 국내 주식형 상장지수증권은 제외한다(소령 26의3① 2호).

(5) 인정배당

법인세법에 따라 배당으로 처분된 금액을 말한다. 법인의 각 사업연도의 소득에 대한 법인세 과세표준을 신고하거나 법인세의 과세표준을 결정 또는 경정함에 있어서 익금에 산입한 금액이 사외에 유출된 것이 분명하고 귀속자가 주주나 출자자(임원 또는 사용인인 주주 등을 제외)인 경우에는 그 귀속자에 대한 배당으로 처분하고 이를 배당소득으로 본다.

(6) 외국법인으로부터의 배당

외국법인으로부터 받는 이익이나 잉여금의 배당 또는 분배금과 외국의 법률에 의한 건설이자의 배당 및 이와 유사한 성질의 배당을 말한다.

(7) 「국제조세조정에 관한 법률」에 따라 특정 외국법인(법인의 부담세액이 실제 발생소득의 100분의 15 이하인 국가 또는 지역에 본점 또는 주사무소를 둔 외국법인)의 배당 가능한 유보소득 중 내국인이 배당받는 것으로 간주되는 금액이다. 여기서 '내국인'이란 특정 외국법인의 각 사업연도말 현재 발행주식 총수(또는 출자금액)의 10% 이상을 직접 또는 간접적으로 보유하는 자를 말한다(국조법 17②).

(8) 출자 공동사업자의 손익분배금

법인으로 보지 아니하고 공동사업자로 보는 단체로부터 받는 분배금 등은 사업소득에 해당한다. 그러나 공동사업의 경영에 참여하지 아니하고 출자만 하는 자(이를 '출자 공동사업자'라 함)가 분배받은 금액은 배당소득에 해당한다(소령 100①).

(9) 수익분배의 성격이 있는 것(유사 배당소득)

위의 (1)~(7)의 소득과 유사한 소득으로서 단체의 구성원에 대한 수익 분배의 성격이 있는 것이다(유형별 포괄 과세주의).

(10) 파생결합상품의 이익

전술한 배당소득을 발생시키는 거래 또는 행위와 파생상품이 시행령 요건에 따라 결합된 경우 해당 파생상품의 이익을 배당소득으로 과세한다.

---

section 02 | 이자 · 배당소득금액의 계산 및 귀속연도

1 | 이자소득금액의 계산 및 귀속연도

(1) 이자소득금액은 해당 과세기간의 총수입금액으로 한다. 이처럼 이자소득에 대해서는 필요경비가 인정되지 않는다(소법 ⑯). 그리고 비과세되는 이자소득 및 분리과세 이자소득은 종합소득금액에 합산하지 않는다.

(2) 이자소득의 총수입금액의 귀속연도(소령 45)

이자소득의 범위	총수입금액의 귀속연도(수입시기)
양도 가능한 채권 등의 이자와 할인액	• 무기명의 경우 : 그 지급을 받은 날 • 기명의 경우 : 약정에 의한 지급일 • 채권 등 보유기간이자 : 매도일 또는 이자지급일

예금 · 적금 또는 부금의 이자	• 실제로 이자를 지급받는 날
	  − 원본 전입 특약 시 : 원본전입일
	  − 해약 시 : 해약일
	  − 계약기간 연장 시 : 연장하는 날
	• 통지예금의 이자 : 인출일

채권 · 증권의 환매조건부 매매차익	• 약정에 의한 당해 채권 · 증권의 환매수일 · 환매도일 − 기일 전에 환매수 · 환매도 : 그 환매수일 · 환매도일
저축성 보험의 보험차익	• 보험금 · 환급금의 지급일 − 기일 전에 해지 시 : 해지일
직장공제회 초과반환금	• 약정에 따른 납입금 초과이익 및 반환금 추가 이익의 반환금

비영업대금의 이익	• 약정에 의한 이자지급일
	  − 약정이 없거나 약정일 전에 지급받는 경우 또는 회수 불능채권으로
	    서 총수입금액 계산에서 제외하였던 이자를 지급받는 경우 : 그 이
	    자지급일

기타 금전사용에 따른 대가의 성격이 있는 이자와 할인액	• 약정에 따른 상환일 − 기일 전 상환 시 : 그 상환일
위의 이자소득이 발생하는 재산 이 상속 · 증여되는 경우	• 상속개시일 또는 증여일

2	배당소득금액의 계산 및 귀속연도

(1) 배당소득금액은 당해연도의 총수입금액으로 한다. 그러므로 배당소득도 이자소득과 마찬가지로 필요경비가 인정되지 않으며, 비과세소득 및 분리과세 배당소득금액은 종합소득금액에 합산하지 않는다(소법 ⑰).

한편 법인세와 이중과세조정대상이 배당소득인 경우에는 총수입금액에 귀속법인세를 가산한 금액을 배당소득금액으로 한다(소법 17③ 단서). 이처럼 배당소득금액의 계산상 가산한 귀속법인세는 배당세액공제를 한다.

> 배당소득금액 = 당해연도의 배당소득 총수입금액 + 귀속법인세

(2) 배당소득의 총수입금액의 귀속연도(소령 46)

배당소득의 범위		총수입금액의 귀속연도(수입시기)
이익 배당	− 잉여금처분에 의한 배당 − 무기명주식의 이익이나 배당	• 당해 법인의 잉여금처분 결의일 • 실제 지급을 받은 날
의제배당		• 감자 등의 경우 : 감자 결의일, 퇴사 · 탈퇴일 • 해산의 경우 : 잔여재산가액 확정일 • 합병의 경우 : 합병등기일 • 분할 또는 분할합병의 경우 : 분할등기 또는 분할합병등기일 • 잉여금의 자본전입 : 자본전입 결의일
인정배당		• 당해 법인의 당해 사업연도의 결산 확정일
집합투자기구로부터의 이익		① 집합투자기구로부터의 이익을 지급받은 날 ② 원본 전입 특약이 있는 경우 그 특약에 의한 원본 전입일
출자 공동사업자의 배당		• 해당 공동사업자의 총수입금액과 필요경비가 확정된 날이 속하는 과세기간 종료일
기타 수익분배의 성격이 있는 배당 또는 분배금		• 지급을 받은 날
파생결합상품 배당소득		• 지급을 받은 날
파생결합증권 또는 파생결합사채로부터의 이익		• 그 이익을 지급받은 날. 다만, 원본에 전입하는 뜻의 특약에 있는 분배금은 그 특약에 따라 원본에 전입되는 날

section 03 　금융소득에 대한 과세방법

1　원천징수(소득세법 제127조, 제128조, 제129조)

국내에서 거주자에게 이자소득금액 또는 배당소득금액(귀속법인세는 제외)을 지급하는 자는 그 거주자에 대한 소득세를 원천징수하여 그 징수일이 속하는 달의 다음 달 10일까지 관할 세무서 등에 납부하여야 한다. 이 경우 일반적인 이자소득 또는 배당소득에 대해 원천징수 시 적용되는 세율은 14%(지방소득세 제외)로 한다.

본래 국외에서 지급되는 이자·배당소득은 원천징수대상이 되지 않으나 외국법인이 발행한 채권·증권에서 발생하는 이자·배당소득을 거주자에게 지급하는 경우에는 국내에서 그 지급을 대리하거나 위임·위탁받은 자가 원천징수한다. 이 경우 원천징수세액은 다음과 같이 계산한다.

원천징수세액* = 이자·배당소득 총수익금액 × 원천징수 세율 − 외국납부 소득세액

* 이 경우 원천징수세액이 부(負)의 금액인 경우에는 이를 없는 것으로 함

2 종합과세와 분리과세

이자소득 및 배당소득에 대한 과세방법은 종합과세와 분리과세로 나누어지는데, 그 구체적인 방법은 다음과 같다.

(1) 무조건 분리과세(소득세법 제14조, 제129조)

거주자가 국내에서 지급받는 다음의 이자·배당소득은 종합소득 과세표준에 합산하지 않고, 당해 소득을 지급하는 자가 그 거주자에 대한 소득세를 원천징수하여 납부함으로써 과세를 종결한다.

무조건 분리과세소득의 범위	원천징수 세율	취지
① 직장공제회 초과반환금	기본세율	세부담 완화
② 비실명거래로 인한 이자·배당소득[1]	45%·90%	중과세
③ 법원에 납부한 경매보증금 및 경락대금에서 발생하는 이자소득	14%	납세 편의
④ 1거주자로 보는 단체의 이자소득·배당소득[2]	14%	고려
⑤ 「조세특례제한법」상 분리과세소득		세부담
• 개인종합자산관리계좌의 비과세 한도 초과 이자·배당소득	9%	완화

주 : 1) 이자소득을 지급하는 시기까지 지급받는 자의 실질명의가 확인되지 아니한 비실명이자소득으로서 금융기관을 통하지 않는 비실명거래는 45%로 분리과세하고(소득세법 제129조 제2항 제2호), 금융기관을 통해 지급되는 이자소득은 90%로 분리과세함(금융실명거래 및 비밀보장에 관한 법률 제5조)
　　2) 법인으로 보는 단체 외의 단체 중 수익을 구성원에게 배분하지 아니하는 단체로서 단체명을 표기하여 금융거래하는 단체가 금융기관으로부터 받는 이자소득·배당소득(소득세법 제14조 제3항 제4호)

(2) 조건부 종합과세(소득세법 제14조)

위 (1) 외의 이자·배당소득(귀속법인세는 제외)의 합계금액이 2천만 원 이하인 경우 그 소득금액은 종합소득 과세표준의 계산에 있어서 이를 합산하지 않는다. 만일 그 이자·배당소득이 2천만 원을 초과하는 경우에는 전액을 종합소득 과세표준에 합산하여 과세한다.

이처럼 종합과세기준금액(2천만 원)을 초과하는 고액 금융소득자에 대해서만 종합과세하도록 하는 것은, 모든 금융소득을 종합과세할 경우에 제기되는 세무행정의 부담을 피하고 금융시장에서 자금 이탈을 방지하는 데 있다.

(3) 무조건 종합과세

위 (1) 외의 이자·배당소득(귀속법인세는 제외)의 합계금액이 2천만 원 이하인 경우에도 국외에서 지급받는 이자·배당소득으로서 원천징수대상이 아닌 것은 종합과세한다. 이러한 소득을 분리과세하면 우리나라 소득세를 전혀 부담하지 않는 결과가 되기 때문에 무조건 종합과세하는 것이다. 다만, 외국법인이 발행한 채권·증권에서 발생하는 이자·배당소득에 대해서 국내에서 그 지급을 대리하거나 위임·위탁받은 자가 있는 경우에는 그 이자·배당소득은 원천징수되는 소득이므로 조건부 종합과세소득에 해당한다.

표 3-1 이자·배당소득에 대한 과세방법

과세방법		원천징수 세율
① 무조건 분리과세소득 ⇒ 분리과세		(1)의 해당 세율
② 조건부 종합과세	위 ① 외의 이자·배당소득(귀속법인세는 제외)의 합계액이 ㉠ 2천만 원 이하인 경우 ⇒ 분리과세 ㉡ 2천만 원을 초과하는 경우 ⇒ 종합과세*	14% (비영업대금의 이익은 25%)
③ 무조건 종합과세	2천만 원 이하인 경우에도 원천징수대상이 아닌 이자·배당소득은 종합과세	—

* 2천만 원 이하 금액은 형식적으로 종합과세되나 원천징수 세율에 의해 산출세액을 계산하므로 실질적으로는 분리과세되는 것과 동일함

3   종합과세의 구체적인 방법

종합과세되는 금융소득이라고 하여 모두 다른 종합소득과 합산하여 기본세율을 적용하는 것이 아니다. 현행 소득세법은 종합과세되는 금융소득을 다음과 같이 구분하여 별도의 세율을 적용하도록 하고 있다.

구분	종합과세되는 금융소득		세율 적용
판정대상금액 > 2천만 원	조건부 종합과세소득 +무조건 종합과세소득	2천만 원 초과분	다른 소득과 합산하여 기본세율 적용
		2천만 원	14% 세율 적용
판정대상금액 ≤ 2천만 원	무조건 종합과세소득 *조건부 종합과세소득은 분리과세한다.		

* 판정대상금액＝조건부 종합과세소득＋무조건 종합과세소득

한편 종합과세 여부 판정대상금액이 2천만 원 이하인 경우에는 원천징수대상이 아닌 금융소득(무조건 종합과세소득)만이 종합과세되며, 원천징수되었을 경우를 가정하여 14%의 세율을 적용한다. 이는 원천징수가 불가능하여 부득이하게 종합과세할 뿐, 세부담에 있어서는 조건부 종합과세소득과 달라야 할 이유가 없기 때문이다.

4   금융소득에 대한 종합과세 시 세액계산 특례(소득세법 제62조)

종합소득 과세표준에 이자·배당소득이 포함되어 있지 않은 경우 종합소득 산출세액은 종합소득 과세표준에 기본세율(6~45%)을 적용하여 계산한다. 그러나 종합소득 과세표준에 이자소득과 배당소득(이하 '금융소득'이라 한다)이 포함되어 있는 경우에는 금융소득에 대한 종합과세 시 세액계산의 특례가 적용되는데 그 내용은 다음과 같다.

(1) 기본구조

종합소득 과세표준에 포함된 금융소득이 2천만 원을 초과하는 경우 종합소득 과세표준 및 종합소득 산출세액은 다음과 같이 계산한다.

> 종합소득 과세표준
> =금융소득금액(2천만 원 초과분+귀속법인세*+2천만 원)+다른 종합소득금액-종합소득공제

* 귀속법인세 : 이중과세조정대상 배당소득 총수입금액×11%
  (2009년 1월 1일부터 2010년 12월 31일까지의 배당소득분은 100분의 12)

> 종합소득 산출세액=MAX(① 일반 산출세액, ② 비교 산출세액)
> ① (종합소득 과세표준-2천만 원)×기본세율+2천만 원×14%(280만 원)
> ② (종합소득 과세표준-금융소득금액)×기본세율+금융소득 총수입금액**×14%(비영업대금
>   이익은 25%)

** 귀속법인세는 포함하지 않는다.

(2) 세액계산 특례의 의미

❶ 일반 산출세액의 의미 : 종합과세 여부 판정대상금액이 2천만 원 이하인 경우 그 금융소
  득은 분리과세되며, 이때 세부담은 14%(비영업대금의 이익은 25%)에 상당하는 금액이 다.
  반면에 종합과세 여부 판정대상금액이 2천만 원을 초과하는 경우에는 2천만 원 초과분
  뿐만 아니라 2천만 원까지 종합과세한다. 이 경우 종합과세되는 금융소득 전액에 대해
  기본세율을 적용하면 2천만 원을 분기점으로 하여 세부담이 급격히 증가하는 문제점이
  있게 된다. 따라서 분리과세되는 경우와 형평을 기하기 위해 종합과세되는 금융소득 중
  2천만 원까지는 14%의 세율을 적용하고 2천만 원 초과분만을 다른 종합소득과 합산하
  여 기본세율을 적용하는 것이다.

❷ 비교 산출세액의 의미 : 이는 금융소득이 모두 분리과세되었을 경우의 세액을 종합소득
  산출세액의 최저한으로 한다는 것이다. 그 취지는 분리과세되었을 경우와 비교하여 종
  합과세로 인해 세부담이 오히려 줄어드는 결과를 방지하기 위한 데 있다. 즉, 종합과세
  의 최저세율은 6%이므로 분리과세되는 경우(14%, 비영업대금의 이익은 25%) 오히려 세부담
  이 감소되어 이미 원천징수된 세액이 환급되는 경우가 발생할 수 있는데, 비교산출세액
  은 이것을 방지하자는 것이다. 이 산식으로 인하여 결국 이자·배당소득에 대한 소득세
  의 최저세율은 14%(비영업대금의 이익은 25%)가 된다.

(1) 개요

법인 원천소득에 대하여는 법인단계에서 법인세가 부과되고 그 세후 소득이 주주에게 귀속되는 단계에서 다시 소득세가 부과되는데, 이를 '배당소득에 대한 이중과세'라고 한다. 우리나라는 배당소득에 대한 이중과세의 조정방법으로서 Imputation방법(법인세 주주귀속법)을 채택하고 있다. 따라서 주주가 내국법인으로부터 받는 배당소득에 대하여는 그 배당금에 대한 귀속법인세를 가산하여 배당소득금액을 계산하며, 그 가산한 귀속법인세는 종합소득 산출세액에서 배당세액공제를 한다.

(2) 요건(소득세법 제17조, 제57조)

❶ 적용대상자 : 후술하는 조정대상 배당소득이 있는 자

❷ 조정대상 배당소득의 요건

　ㄱ. 내국법인으로부터 받은 배당소득일 것. 외국법인으로부터 받은 배당소득에 대하여는 외국납부세액 공제의 방법으로 이중과세조정을 하게 된다.

　ㄴ. 법인세가 과세되는 소득에서 지급되는 것일 것. 따라서 다음과 같이 법인세의 과세대상이 아닌 소득을 재원으로 하는 배당소득에 대해서는 이중과세조정을 하지 않는다.

　　a. 다음 경우의 자기 주식소각 이익을 자본전입하는 경우

　　　• 자기 주식의 소각 당시 시가가 취득가액을 초과하는 경우

　　　• 자기 주식의 소각일로부터 2년 이내에 자본전입하는 경우

　　b. 토지의 재평가적립금(1% 세율 적용분)을 자본전입하는 경우의 의제배당

　　c. 법인세법상 소득공제를 적용받는 투자회사, 투자목적회사, 유동화전문회사 등으로부터 받는 배당소득

　　d. 지급배당에 대한 소득공제를 적용받는 인적회사로부터 받은 배당소득

　　e. 조세특례제한법상 최저한세가 적용되지 않는 세액공제·세액감면을 받은 법인으로부터 받은 배당소득·감면비율

　　f. 집합투자기구로부터의 이익(동업기업 과세특례를 적용받지 않은 기관전용 사모집합투자기구

로부터의 이익은 제외)

    g. 출자 공동사업자에 대한 배당소득

    h. 일반적인 배당소득과 유사한 소득으로서 수익분배 성격이 있는 것

    i. 과세되지 않은 잉여금의 자본전입의 경우로서 자기 주식 보유상태에서 자본전입 함에 따라 주주의 지분비율이 증가한 경우

ㄷ. 종합소득 과세표준에 포함된 배당소득금액으로서 2천만 원을 초과하는 배당소득일 것. 즉, 종합과세되는 배당소득으로서 기본세율을 적용받는 배당소득이어야 한다. 따라서 분리과세되는 배당소득이거나 종합과세되는 배당소득이더라도 14%의 세율을 적용받는 2천만 원에 대해서는 이중과세조정을 하지 않는다. 이 경우 종합과세되는 금융소득 중 어떤 소득이 먼저 2천만 원을 구성하는지에 관한 순서가 필요한데, 가능하면 Gross-up 대상 배당소득(앞의 ㄱ, ㄴ의 요건을 갖춘 배당소득을 말한다)이 2천만 원 초과분에 포함되도록 하기 위하여 종합과세되는 금융소득은 다음의 순서에 따라 순차로 구성된 것으로 본다(소령 116의2)

> 이자소득 ⇒ 본래 Gross-up 대상이 아닌 배당소득 ⇒ 본래 Gross-up 대상인 배당소득

(3) 조정방법(소득세법 제17조, 제56조)

❶ 배당소득금액의 계산 : 종합과세되는 배당소득 중 조정대상이 되는 배당소득에 있어서는 그 총수입금액에 귀속법인세를 가산한 금액을 배당소득금액으로 한다. 여기서 '귀속법인세'는 법인단계에서 10%의 세율로 과세되었다고 가정하여 조정대상 배당소득 총수입금액에 10%('23.12.31.까지 지급받는 소득 분은 11%, '24.1.1. 이후 지급받는 소득 분부터는 10% 적용)를 곱하여 산정한 것이다.

❷ 배당세액공제 : 거주자의 종합소득금액에 조정대상 배당소득금액이 합산되어 있는 경우에는 귀속법인세를 종합소득 산출세액에서 공제하되, 일반 산출세액에서 비교 산출세액을 차감한 금액을 한도로 한다. 이 경우 한도액을 초과하는 금액은 이를 없는 것으로 한다.

배당세액공제액＝MIN(①, ②)

① 귀속법인세＝조정대상 배당소득 총수입금액×11%

② 한도액＝종합소득 산출세액－비교 산출세액, 부수(－)인 경우에는 '0'으로 함

---

section 04 양도소득

1 양도소득의 범위

현행 소득세법은 양도소득을 '개인이 해당 과세기간에 일정한 자산을 양도함으로 인하여 발생하는 소득'으로 정의하고 있다(소법 제94조). 따라서 양도소득은 '일정한 자산의 범위' 및 '양도'를 그 개념적 요소로 하며, 개인이 부동산의 매매를 사업목적으로 하여 얻은 소득인 '사업소득'과 구별된다.

(1) 과세대상 자산의 범위(소득세법 제94조)

❶ 토지와 건물 : '토지'란 「공간정보의 구축 및 관리 등에 관한 법률」에 따라 지적공부에 등록하여야 할 지목에 해당하는 것을 말한다. 그리고 '건물'이란 토지에 정착하는 공작물 중 지붕과 벽 또는 기둥이 있는 것을 말하는데, 여기에는 건물에 부속된 시설물과 구축물을 포함한다.

❷ 부동산에 관한 권리 : 다음에 해당하는 부동산에 관한 권리

ㄱ. 부동산을 취득할 수 있는 권리 : 이는 취득시기가 도래하기 전에 당해 부동산을 취득할 수 있는 권리를 말하는 것으로, 그 예를 들면 다음과 같다(소기통 94-0-1).

a. 건물이 완성되는 때에 그 건물과 이에 부수되는 토지를 취득할 수 있는 권리(아파트 당첨권 등)

b. 지방자치단체·한국토지주택공사가 발행하는 토지상환채권

         c. 한국토지주택공사가 발행하는 주택상환채권

         d. 부동산 매매계약을 체결한 자가 계약금만 지급한 상태에서 양도하는 권리

    ㄴ. 지상권 : 타인의 토지에 건물 또는 기타 공작물이나 수목을 소유하기 위하여 그 토지를 사용할 수 있는 권리

    ㄷ. 전세권과 등기된 부동산 임차권 : '전세권'이란 전세금을 지급하고 타인의 부동산을 점유하여 그 부동산의 용도에 좇아 사용·수익하며, 그 부동산 전부에 대하여 후순위권리자 기타 채권자보다 전세금을 우선변제받을 권리를 말한다. 그리고 '등기된 부동산 임차권'은 임차료를 지급하고 목적물을 사용·수익하는 임대차 계약의 임차인의 권리로서 등기된 것에 한한다.

❸ 주식 및 출자지분 : 다음에 해당하는 주식 또는 출자지분(신주인수권과 증권예탁증권을 포함. 이하 '주식 등'이라 한다)을 말한다.

    ㄱ. 주권상장법인의 주식 : 주권상장법인의 주식은 대주주가 양도하는 것과 거래소의 유가증권시장에서의 거래에 의하지 않고 양도하는 것에 한하여 양도소득세가 과세

    ㄴ. 코스닥(코넥스)상장법인의 주식 : 코스닥(코넥스)상장법인의 주식은 대주주가 양도하는 것과 코스닥(코넥스)시장에서의 거래에 의하지 않고 양도하는 것에 한하여 양도소득세가 과세

    ㄷ. 비상장법인의 주식 : 주권상장법인 또는 코스닥(코넥스)상장법인이 아닌 법인의 주식은 모두 양도소득세 과세대상이 된다. 다만 대주주가 아닌 자가 금융투자협회가 행하는 장외매매거래(K-OTC)에 의하여 양도하는 중소기업 및 중견기업의 주식과 다자간 매매체결회사를 통해서 양도하는 벤처기업의 주식에 대해서는 양도소득세를 과세하지 않는다(소법 94조 ①항 3호 나, 조특법 14조 1항 7호).

표 3-2 주식 및 출자지분의 과세 여부

구분		과세	적용세율
주권상장법인 주식	유가증권시장 거래주식	대주주	• 비중소기업의 대주주의 주식으로서 1년 미만 보유한 것 : 30%
	장외거래주식	모든 주주	• 중소기업의 주식(대주주 아닌 자가 양도하는 경우로 한정) : 10%
코스닥상장법인 주식	코스닥시장 거래주식	대주주	• 그 이외의 주식 : 20%(비중소기업의 대주주의 과표 3억 초과분은 25%)
	장외거래주식	모든 주주	
비상장법인 주식		모든 주주*	

* 금융투자협회가 운영하는 장외매매거래(K-OTC)에서 중소·중견기업주식을 소액주주가 양도하는 경우에는 과세 제외

여기서 '대주주'란 다음 중 어느 하나에 해당하는 주주를 말한다(소령 157).

    a. 지분율 기준에 의한 대주주 : 법인의 주식을 소유하고 있는 주주 1인 및 그와 특수관계자(기타 주주)가 양도일이 속하는 사업연도의 직전 사업연도 종료일 현재 당해 법인의 주식 등의 합계액의 1%(코스닥상장법인은 2%, 코넥스상장법인의 주식은 4%) 이상을 소유한 경우의 당해 주주 1인 및 기타 주주. 이 경우 직전 사업연도 종료일 현재에는 위 지분율에 미달하였으나 그 후 주식 등을 취득함으로써 위 지분율 이상을 소유하게 되는 때에는 그 취득일 이후의 주주 1인 및 기타 주주를 포함한다.

    b. 시가총액기준에 의한 대주주 : 법인 주식의 양도일이 속하는 사업연도의 직전 사업연도 종료일 현재 주주 1인 및 기타 주주가 소유하고 있는 법인의 주식 등의 시가총액이 10억 원 이상인 경우 당해 주주 1인 및 기타 주주. 여기서 시가총액은 주식의 양도일이 속하는 사업연도의 직전 사업연도 종료일 현재의 최종시세 가액(이것이 없는 경우에는 직전 거래일의 최종시세 가액)에 의한다.

❹ 기타 자산 : 다음에 해당하는 기타의 자산을 말한다. 이 경우 위의 주식 및 출자지분이 다음의 기타 자산에 해당되는 경우에는 기타 자산으로 양도소득세를 과세한다.

    ㄱ. 특정 시설물의 이용권 : 특정 시설물의 이용권·회원권 기타 명칭 여하를 불문하고 당해 시설물을 배타적으로 이용하거나 일반이용자에 비하여 유리한 조건으로 이용할 수 있도록 약정한 단체의 구성원이 된 자에게 부여되는 시설물 이용권을 말한다. 그 예로서 골프회원권, 헬스클럽회원권, 콘도미니엄회원권 등을 들 수 있다.

        한편 특정 시설물의 이용권에는 특정 법인의 주식을 소유하는 것만으로 특정 시설물을 배타적으로 이용하거나 일반이용자에 비하여 유리한 조건으로 시설물 이용권을 부여받게 되는 경우 당해 주식도 포함된다.

    ㄴ. 영업권 : 사업용 고정자산(토지·건물 및 부동산에 관한 권리를 말함)과 함께 양도하는 영업권을 말하며, 여기에는 다음의 것을 포함한다.

        a. 영업권을 별도로 평가하지 않았으나 사회통념상 영업권에 포함되어 양도된 것으로 인정되는 것

        b. 행정관청으로부터 인가·허가·면허 등을 받음으로써 얻는 경제적 이익

        반면, 사업용 고정자산과 함께 양도하지 않고 영업권만을 양도하거나 점포임차권을 함께 양도함으로써 얻은 소득은 기타소득으로 분류

ㄷ. 특정 주식(A) : 과점주주가 소유하는 부동산 과다보유 법인의 주식

다음의 요건을 모두 충족하는 법인의 주주 1인 및 기타 주주(주주 1인과 특수관계에 있는 자를 말한다)가 그 법인의 주식의 합계액의 50% 이상을 주주 1인 및 기타 주주 외의 자에게 양도하는 경우의 당해 주식 (소령 158)

    a. 당해 법인의 자산총액 중 토지·건물 및 부동산에 관한 권리의 가액의 합계액과 당해 법인이 보유중인 다른 부동산 과다보유 법인 주식가액의 합계액이 50% 이상인 법인

    b. 당해 법인의 주식 합계액 중 주주 1인과 그 특수관계자가 소유하고 있는 주식 합계액이 50% 이상인 법인

ㄹ. 특정 주식(B) : 특수업종을 영위하는 부동산 과다보유 법인의 주식으로써

다음의 요건을 모두 충족하는 법인의 주식(소령 158)

    a. 당해 법인의 자산총액 중 토지·건물 및 부동산에 관한 권리의 가액의 합계액과 당해 법인이 보유하는 다른 부동산 과다보유 법인 주식가액의 합계액이 80% 이상인 법인

    b. 골프장·스키장 등 체육시설업 및 휴양시설 관련업과 부동산업·부동산 개발업 을 영위하는 법인

위 요건을 충족하는 법인의 주식을 양도하는 경우에는 양도자의 지분비율이나 양도한 주식의 비율에 관계없이 과세대상 주식에 해당된다는 점에서 특정 주식(A)과 대조적이다.

❺ 파생상품 : 대통령령으로 정하는 파생상품등의 거래 또는 행위로 발생하는 소득(제16조 제1항 제13호 및 제17조 제1항 제10호에 따른 파생상품의 거래 또는 행위로부터의 이익은 제외한다). 여기 서 '파생상품등'이란 자본시장법 제4조 7항에 따른 파생결합증권, 같은 법 제5조 2항 1호부터 3호까지의 규정에 따른 장내파생상품 중 주가지수 관련 파생상품과 해외시장 에서 거래되는 장내파생상품, 주가지수 관련 장외파생상품, 주식 관련 차액결제거래 (CFD) 등을 말한다.

(2) 양도의 개념(소득세법 제88조)

양도란 자산에 대한 등기 또는 등록에 관계없이 매도·교환·현물출자 등으로 인하여 그 자산이 유상으로 사실상 이전되는 것을 말한다. 이를 분설하면 다음과 같다.

❶ 자산의 유상이전 : 본래 사법상 양도란 재산의 이전적 승계 가운데 특히 의사에 의한 것을 가리킨다. 이와 같은 양도에는 유상과 무상을 불문하나 소득세법상 '양도'라 함은 반대급부를 수반하는 유상이전만을 말하며, 무상이전은 제외된다. 증여나 상속 등에 의하여 자산이 이전되더라도 증여자 또는 피상속인에게 양도소득세를 과세하지 않고 당해 자산을 취득하는 수증자 또는 상속인에게 증여세나 상속세를 과세하게 된다.

　　유상이전의 형태는 매도·교환·현물출자는 물론이고 대물변제나 공용수용 등도 포함한다. 그리고 부담부증여에 있어서도 수증자가 증여자의 채무를 인수하는 경우에는 증여가액 중 그 채무액에 상당하는 부분은 실질적 대가관계에 있으므로 양도로 본다. 다만, 배우자 또는 직계존비속 간의 부담부증여에 대해서는 국가 및 지방자치단체의 채무 등 객관적으로 인정되는 것을 제외하고는 채무인수가 없는 것으로 추정하므로 이와 같이 채무액이 증여세 과세가액 계산 시 공제되지 않는 경우는 양도로 보지 않는다(상증세법 제47조).

❷ 자산의 사실상 이전 : 민법은 '부동산에 관한 법률행위로 인한 물권의 득실 변경은 등기하여야 그 효력이 생긴다'라고 하여 '등기'를 물권변동의 성립요건으로 하고 있다(형식주의). 그러나 소득세법은 등기·등록을 하지 않더라도 사실상 이전이 있으면 '양도'로 보도록 하고 있다(실질주의). 이러한 실질주의에 입각하여 소득세법은 취득·양도시기를 원칙적으로 당해 자산의 대금을 청산한 날로 하고 있다(소법 98).

2	비과세 양도소득과 과세표준의 계산 및 세율

(1) 비과세 양도소득(소득세법 제89조)

　　개인이 비사업적으로 일정한 자산을 양도함으로 인하여 얻은 소득에 대해서는 양도소득세가 과세된다. 그런데 소득세법은 다음의 양도소득에 대해서는 공익상 또는 정책상 이유로 소득세를 과세하지 않고 있다.

❶ 1세대 1주택의 양도로 인하여 발생하는 소득(고가주택은 제외)
❷ 파산선고에 의한 처분으로 인하여 발생하는 소득
❸ 농지의 교환 또는 분합으로 인하여 발생하는 소득

(2) 과세표준의 계산(소득세법 제92조)

양도소득세의 과세표준은 자산의 양도가액에서 필요경비를 차감한 금액에서 장기보유 특별공제와 양도소득 기본공제를 한 금액으로 한다.

총수입금액	(양도가액)
(−) 필요경비	(취득가액＋기타 필요경비)
＝양도차익	(양도자산별로 계산)
(−) 장기보유 특별공제	(토지·건물로 3년 이상인 것만)
＝양도소득금액	
(−) 양도소득 기본공제	(호별로 구분하여 각각 연간 250만 원)
＝양도소득 과세표준	

❶ 총수입금액(소득세법 제96조, 제117조, 소령 제176조의2) : 자산의 양도가액은 양도 당시의 실지거래가액이다. 다만, 실지거래가액을 확인할 수 없는 경우 다음의 추계방법을 순차적으로 적용한다.

적용 순서	정의
① 매매사례가액	양도일 또는 취득일 전후 각 3개월 이내에 해당 자산(주권상장법인의 주식 등 제외)과 유사한 매매사례가 있는 경우 그 가액
② 감정가액	양도일 또는 취득일 전후 3개월 이내의 2 이상의 감정평가법인의 감정가액 평균액
③ 환산가액	양도 당시 실지거래가액, 매매사례가액 또는 감정가액을 기준시가에 따라 환산한 가액
④ 기준시가	소득세법 규정에 따라 산정한 가액

❷ 필요경비(소득세법 제97조, 제100조) : 양도차익 계산 시 차감되는 필요경비는 취득가액(취득에 든 실지거래가액을 적용하되 확인할 수 없는 경우 매매사례가액, 감정가액, 환산가액을 적용하며 양도가액을 기준시기에 따라 산정 시 취득가액도 기준시가를 적용), 자본적 지출액, 기타 필요경비(증권거래세, 신고서 작성비용, 인지대 등)를 말한다.

❸ 장기보유특별공제(소득세법 제95조) : 장기보유 특별공제는 토지·건물로서 보유기간이 3년 이상인 경우 자산의 양도차익에서 보유기간에 따라 6~30%(1세대 1주택은 8~40%, 거주기간에 따라 8~40% 가산)의 특별공제율에 의하여 계산한 금액을 공제한다.

＊ 자세한 보유기간별 공제율은 소법 제95조 참고
　❹ 양도소득 기본공제(소득세법 제103조) : 양도소득이 있는 거주자에 대하여는 당해연도
　　의 양도소득금액에서 다음 호별 자산별로 각각 연 250만 원을 공제한다.
　　　ㄱ. 제1호 : 토지 · 건물 및 부동산에 관한 권리, 기타 자산(미등기 양도자산 제외)
　　　ㄴ. 제2호 : 주식 및 출자지분
　　　ㄷ. 제3호 : 파생상품 등

(3) 세율(소득세법 제104조)

일반자산(토지, 건물, 영업권, 부동산 과다법인의 주권 중 아래 외의 것)	소득세법 제55조의 기본세율(6~45%)
미등기 자산	70%
중소기업 발행 주식(대주주가 아닌 자가 양도하는 경우로 한정)[1]	10%
중소기업 외의 주식으로서 대주주 1년 미만 보유주식	30%
그 밖의 주주	20%(단, 대주주의 과표 3억 원 초과분에 대해서는 25%)
파생상품[2]	20%(탄력세율 10%)

주: 1) 중소기업 대주주의 주식양도 시 20%세율로 과세하나 자본시장법 제294조에 따라 설립된 예탁결제원이 법 시행일
　　　현재 자본시장법,「채무자 회생 및 파산에 관한 법률」에 따라 의무적으로 보호예수 중인 중소기업 주식을 보호예수
　　　기간 종료일로부터 6개월이 되는 날까지 양도하는 경우에는 10% 세율로 과세한다.
　　2) 파생상품의 양도소득세율은 자본시장 육성 등을 위하여 필요한 경우 그 세율의 100분의 75의 범위에서 대통령령으
　　　로 정하는 바에 따라 인하할 수 있다.

chapter 04

증권거래세법

납세의무자와 납세의무의 범위

1 과세대상(증권거래세법 제1조, 제1조의2, 제2조)

증권거래세는 주권 또는 지분의 유상 양도에 대하여 부과하는 조세로 그 과세대상이 되는 주권이란 ① 상법 또는 특별법에 따라 설립된 법인의 주권, ② 외국법인이 발행한 주권으로 자본시장법에 의한 거래소의 유가증권시장이나 코스닥시장, 코넥스시장(이하 '증권시장'이라 한다)에 상장된 것을 말한다.

다만, 다음의 외국 증권시장에 상장된 주권의 양도나 동 외국 증권시장에 주권을 상장하기 위하여 인수인에게 주권을 양도하는 경우 및 자본시장법 제377조 제1항 제3호에 따라 채무인수를 한 거래소가 주권을 양도하는 경우 증권거래세를 부과하지 아니한다.

① 뉴욕 증권거래소

② 전미증권업협회중개시장(Nasdaq)

③ 동경증권거래소

④ 런던증권거래소

⑤ 도이치증권거래소

⑥ 자본시장법 제406조 제1항 제2호의 외국 거래소

2 납세의무자(증권거래세법 제3조)

증권거래세의 납세의무자는 주권 등의 거래유형에 따라 다음과 같이 구분한다.

① 장내 또는 금융투자협회를 통한 장외거래(K-OTC)에서 양도되는 주권을 계좌 간 대체로 매매결제하는 경우에는 해당 대체결제를 하는 회사(예탁결제원)

② 위 ① 외에 자본시장법상의 금융투자업자를 통하여 주권 등을 양도하는 경우에는 해당 금융투자업자

③ 위 ①, ② 이외에 주권 등을 양도하는 경우에는 당해 양도자

　　다만, 국내 사업장을 가지고 있지 아니한 비거주자(외국법인 포함)가 주권 등을 금융투자업자를 통하지 아니하고 양도하는 경우에는 당해 주권의 양수인

3 비과세양도(증권거래세법 제6조)

아래의 경우에는 증권거래세를 부과하지 아니한다.

① 국가 또는 지방자치단체가 주권 등을 양도하는 경우(국가재정법에 따른 기금이 주권을 양도하는 경우 및 우정사업 총괄기관이 주권을 양도하는 경우 제외)

② 자본시장법 제119조에 따라 주권을 매출하는 경우(발행 매출)

③ 주권을 목적물로 하는 소비대차의 경우

section 02 | 세액 계산 및 납부방법

1 과세표준(증권거래세법 제7조)

증권거래세는 주권의 양도가액을 과세표준으로 한다. 따라서 주권의 양도가액이 객관적으로 명확히 확인되는 경우에는 그 가액으로 하나, 다음의 경우에는 법이 정한 아래의 방법으로 평가한 가액을 과세표준으로 한다.

❶ 특수관계자에게 시가액보다 낮은 가액으로 양도한 것으로 인정되는 경우 : 시가액
❷ 비거주자 또는 외국법인이 국외 특수관계자에게 정상 가격보다 낮은 가액으로 양도한 것으로 인정되는 경우 : 국제조세조정에 관한 법률상의 정상 가격
❸ 양도가액이 확인되지 않는 장외거래 : 아래의 평가액

표 4-1 | **장외거래 시 주권의 과세표준**

구분	평가방법
상장주권 금융투자협회를 통한 장외시장주권 (K-OTC)	거래소가 공표하는 양도일의 매매거래 기준 가격 금융투자협회가 공표하는 양도일의 매매거래 기준가액
기타 주권	소득세법 시행령 제165조에 따라 계산한 가액

2 세율(증권거래세법 제8조)

증권거래세의 기본세율은 1만분의 35이나 2022년 12월 31일까지는 1만분의 43으로 한다. 그러나 자본시장 육성을 위하여 증권시장에서 거래되는 주권에 한하여 그 세율을 인하하거나 영의 세율로 할 수 있으며, 현행 세율은 〈표 4-2〉와 같다.

표 4-2　증권거래세율

구분	세율
① 유가증권시장에서 양도되는 주권[1]	0.03%
② 코스닥시장에서 양도되는 주권, 금융투자협회를 통하여 양도되는 주권(K-OTC)	0.18%
③ 코넥스시장에서 양도되는 주권	0.10%
④ 상기 외의 주권	0.35%

1) 유가증권시장에서 양도되는 주권에 대해서는 농어촌특별세 0.15% 부과

3　거래징수(증권거래세법 제9조)

거래징수란 간접 국세의 경우 법이 정한 과세거래가 이루어질 때 거래상대방의 세액을 징수하는 제도로 직접세의 원천징수와 같다. 증권거래세의 경우 증권거래세의 납세의무자 중 대체결제회사와 금융투자업자 및 비거주자로부터 주권을 양수하는 자는 주권을 양도하는 자의 증권거래세를 거래징수하여야 한다.

4　신고·납부(증권거래세법 제10조)

증권거래세의 납세의무자 중 법 제3조 제1호(예탁결제원) 및 제2호(금융투자업자)의 경우에는 매월 분의 증권거래세 과세표준과 세액을 다음 달 10일까지 신고·납부하여야 하고 그 밖의 납세의무자는 매 반기분의 과세표준과 세액을 양도일이 속하는 반기의 말일부터 2개월 이내에 신고·납부하여야 한다.

5　가산세(국세기본법 제47조)

증권거래세액을 신고·납부할 의무가 있는 자가 법정신고기한 내에 과세표준 신고서의 미제출, 과세표준 과소신고 또는 납부하여야 할 세액을 납부하지 아니하거나 납부할 세액보다 미달하게 납부한 경우에는 국세기본법 해당 규정에 의한 가산세를 납부하여야 한다.

chapter 05

기타 금융세제

section 01 **외국인의 증권세제**

1 **비거주자 등의 과세 개요**

현행 세법은 외국 투자자인 비거주자와 외국법인(비거주자 등)에 대하여는 거주자나 내국법인과 달리 세법이 정하고 있는 국내 원천소득을 과세대상으로 하는 별개의 과세체계이다.

(1) 거주자 등의 개념

비거주자와 외국법인의 범위는 소득세법과 법인세법 내용 참조

(2) 국내 원천소득의 범위(소득세법 제119조)

비거주자 등은 소득세법 또는 법인세법상의 과세소득 중 국내 원천소득만을 과세대상으로 정하고 있으며, 그 종류는 다음과 같다.

❶ 이자소득(국외에서 받는 이자소득 제외)

❷ 배당소득(외국법인의 배당소득 제외)

❸ 부동산·부동산상의 권리 등의 임대·양도소득

❹ 선박·항공기 임대소득

❺ 국내 사업소득

❻ 인적 용역소득

❼ 근로소득

❽ 퇴직소득

❽-2 연금소득

❾ 양도소득

❿ 사용료소득

⓫ 유가증권 양도소득(특정 주식·특정 시설물 이용권 주식·부동산 과다 주식 제외)

⓬ 기타소득

(3) 과세방법(소득세법 제121조)

소득세법상 국내 원천소득에 대한 과세방법은 다음과 같다. 다만, 조세조약에 별도의 규정이 있는 경우에는 국제법 우선 원칙에 따라 조세조약의 내용에 따른다.

❶ 국내 사업장이나 부동산 임대사업소득이 있는 경우 : 종합과세

❷ 국내 사업장이나 부동산 임대사업소득이 없는 경우 : 분리과세

❸ 퇴직소득·양도소득 : 분류과세

※ 종합과세·분리과세·분류과세는 소득세법 참조

(4) 원천징수(소득세법 제156조)

국내 원천소득의 지급자는 법정 원천징수 세율을 적용하여 산출한 소득세를 원천징수한다. 다만, 원천징수 세율이 조세조약상의 제한세율보다 높은 경우에는 조세조약상의 제한세율을

적용한다.

① 원천징수 세율(소득세법 제156조)

표 5-1 **표 5-1   원천징수 세율**

소득 구분	원천세율
① 이자소득 · 배당소득 · 사용료소득 · 기타 소득	20%(채권 : 14%)
② 선박임대소득 · 사업소득	2%
③ 인적용역소득	20%
④ 유가증권양도소득*	10% 또는 20%

* 유가증권양도소득의 세율 구분은 다음과 같다.
  ㉠ 원칙 : 양도가액의 10%
  ㉡ 유가증권의 취득가액 및 양도비용이 확인되는 경우 : 양도가액의 10%와 양도차익 20% 중 작은 금액

② 조세조약상의 제한세율 : 제한세율이란 조세조약이 국내법상의 적용 최고세율을 제한한 것으로 우리나라와 조세조약이 체결된 국가의 거주자 등이 국내에서 이자소득 · 배당소득 및 사용료 소득 등 투자소득이 있는 경우에는 조세조약상의 제한세율이 적용된다.

따라서 국내 사업장이 없는 비거주자나 외국법인에게 이자소득 등의 투자소득을 지급하는 경우 당해 비거주자 등의 국가와 체결한 조세조약상의 제한세율과 우리나라 소득세법 · 법인세법상의 원천징수 세율 중 낮은 세율을 적용하여 소득세 및 법인세를 원천징수하여야 한다.

2   유가증권 양도소득의 과세

소득세법과 법인세법은 비거주자 등에 대한 국내 원천소득 중 유가증권의 양도소득은 그 유가증권의 종류와 거래주체에 따라 과세유형을 달리하고 있다.

(1) 과세대상(소득세법 제119조, 법인세법 제93조)

소득세법과 법인세법은 비거주자 등의 유가증권 양도소득 중 아래의 소득은 소득세와 법인세의 과세대상으로 규정하고 있다. 다만, 장내파생상품을 통한 소득과 위험회피목적 거래의

장외파생상품을 통한 소득은 과세대상 국내 원천소득으로 보지 아니한다.

❶ 다음 이외의 내국법인의 주식 또는 출자지분
  ㄱ. 특정 주식·특정 시설물 이용권 주식·부동산 과다 주식(양도소득세편 참조)
  ㄴ. 5년 내 25% 미만 소유주가 거래소를 통하여 양도하는 주식

❷ 국내 사업장이 있는 비거주자가 주식·출자지분 외의 유가증권을 양도함으로써 생기는 소득 중 이자소득 이외의 소득

❸ 국내 사업장이 없는 비거주자가 주식·출자지분 외의 유가증권을 내국법인·거주자·외국법인 국내 사업장에 양도함으로써 생기는 소득 중 이자소득 이외의 금액

(2) 유가증권 양도소득의 원천징수 세율(소득세법 제156조)

비거주자 등의 유가증권 양도소득에 대한 원천징수 세율은 다음과 같다.

❶ 원칙 : 양도가액의 10%
❷ 취득가액 및 양도비용이 확인되는 경우 : 다음 중 작은 금액
  ㄱ. 양도가액의 10%
  ㄴ. 양도차익의 20%

01 다음 중 소득세법상의 배당세액공제에 대한 설명으로 적절하지 않은 것은?

① 배당소득에 대한 법인세와 소득세의 이중과세를 조정하는 제도이다.

② 투자신탁의 분배금은 배당세액공제대상이 되지 아니한다.

③ 비상장법인의 주주가 받은 배당소득은 배당세액공제대상이 되지 아니한다.

④ 2014년 이후 gross−up율은 10%이다.

02 다음 중 소득세법상의 원천징수에 대한 설명으로 적절하지 않은 것은?

① 소득의 지급자가 원천징수 의무자이다.

② 분리과세대상 소득만이 원천징수대상이 된다.

③ 종합소득금액에 포함된 소득에 대한 원천징수세액은 납부할 세액에서 공제된다.

④ 소득세를 원천징수한 자는 그 징수일이 속하는 달의 다음달 10일까지 정부에 납부한다.

03 다음 중 주식양도에 대한 양도소득세 과세표준을 계산할 때 양도가액에서 공제되지 않는 것은?

① 취득가액   ② 증권거래세

③ 장기보유 특별공제   ④ 양도소득 기본공제

04 다음 중 국세기본법상의 납세의무 소멸사유가 아닌 것은?

① 부과가 취소된 때   ② 납세의무자가 사망한 때

③ 국세의 부과제척기간이 만료된 때 ④ 국세징수의 소멸시효가 완성한 때

해설

01 ③ 배당세액공제제도는 배당소득이 부담한 법인세 상당액을 소득세에서 공제하는 제도로 배당소득의 11%에 상당하는 금액을 한도로 공제하며, 법정소득의 경우에는 배당세액공제의 대상이 되지 아니한다.

02 ② 원천징수란 법이 정한 소득을 지급하는 자가, 소득을 지급할 때에 법정률을 적용하여 산출한 세액을 징수하여 납부하는 제도로, 원천징수세액은 확정신고 시에 납부할 세액에서 공제된다.

03 ③ 주식의 양도소득 과세표준 계산 시 장기보유공제는 배제되며, ①, ②, ④는 공제대상금액임

04 ② 납세의무자가 사망한 때에는 납세의무가 승계되므로 의무가 소멸되지 아니하고, ①, ③, ④의 경우에는 국세기본법상 납세의무소멸사유에 해당한다.

정답 01 ③ | 02 ② | 03 ③ | 04 ②

part 02

절세전략

chapter 01

세무전략 : 금융자산
TAX-PLANNING

section 01 **증여세 절세전략**

1 **증여세는 증여자별 · 수증자별로 과세됨을 이용한다**

증여세는 증여자별 · 수증자별로 과세되므로(통칙 96-29-3) 한 사람의 수증자에게 같은 금액을 증여하더라도 증여자를 여럿으로 하면 증여세를 줄일 수 있다.

 예시

▶ 아들에게 2억 원을 증여하는 경우 다음의 각 방법에 따른 증여세를 각각 계산하시오.(단, 혼인과 무관)

1. 아들(성인 자녀)에게 2억 원을 현금으로 증여함(최근 10년간 증여한 금액이 없음)

증 여 세 과 세 표 준	:	증여가액 2억 원－증여재산공제 5천만 원＝1억 5천만 원
증 여 세 액	:	2,000만 원(1억×10%＋5천만 원×20%)
자진신고세액공제*	:	60만 원
자진납부할 세액	:	1,940만 원

2. 성인인 손자(아들)에게 할아버지가 1억 원, 아버지가 1억 원을 동시에 각각 현금으로 증여함
 (최근 10년 간 증여한 금액이 없음)

	① 아버지가 증여한 것	② 할아버지가 증여한 것
증여세과세표준**	: 7,500만 원	7,500만 원
	(증여액 1억 원−공제 2,500만 원)	(증여액 1억 원−공제 2,500만 원)
증여세액	: 750만 원(7,500만 원×10%)	975만 원{(7,500만 원×10%)×130%}
자진신고세액공제	: 23만 원	29만 원
자진납부할 세액	: 727만 원	946만 원
총세액(①＋②)	: 1,673만 원	

3. 차 액(1.−2.)　　　　: 267만 원

* 자진신고세액공제율 3%(상중세법 제69조)
** 증여재산공제 : 수증자를 기준으로 직계존속 및 직계비속으로부터 최근 10년간 증여받은 가액에서 5천만 원까지 공제할 수 있다(상중세법 제53조).

2 자녀가 어릴 때 분할하여 증여하는 것이 유리하다

자녀에게 직접 증여하는 경우 10년 단위로 증여재산공제를 활용하여 어릴 때부터 증여하는 것이 유리하다. 아래 사례의 경우 20세에 한꺼번에 1억 원을 증여하는 것보다 어릴 때부터 분할하여 증여하는 것이 증여세를 380만 원 절감할 수 있다.

표 1-1 **분할증여와 일괄증여 비교**

구분	자녀 나이	증여액	증여재산공제	과세표준	증여세액*
〈분할증여 시〉	1세	2,000만 원	2,000만 원	0원	0원
	11세	2,000만 원	2,000만 원	0원	0원
	21세	6,000만 원	5,000만 원	1,000만 원	97만 원
	계	10,000만 원	9,000만 원	1,000만 원	97만 원
〈일괄증여 시〉	20세	10,000만 원	5,000만 원	5,000만 원	485만 원

* 자진신고납부를 전제로 하여 자진신고세액공제를 3%한 것임

3 증여재산공제 범위라서 증여세를 내지 않더라도 신고하는 것이 바람직하다

일반적으로 미성년인 자녀 명의로 금융상품에 1,500만 원을 가입하고 증여세 신고를 하지 않는 경우가 많다. 물론 증여재산공제 범위 내(10년간 2,000만 원, 성인자녀 5천만 원, 혼인 증여재산 공제 1억 원)라서 증여세를 내지 않아도 된다.

그러나 이 상품이 10년 후 4,000만 원으로 늘어났고 이를 자녀의 주택구입자금 중 일부로 활용한다면 주택구입자금에 대한 과세당국의 자금 출처 조사 시 이 상품을 정당한 자금원으로 인정받기 어렵다. 즉 자녀 명의 예금을 부모가 자녀 명의를 이용한 차명금융상품으로 보는 것이다. 따라서 증여재산공제 범위 내라도 증여세 신고를 하는 것이 미래의 정당한 자금원 확보 측면에서 유리하다.

4 레버리지를 활용한 증여전략

자녀에게 증여를 목적으로 재산을 분할하여 증여하는 경우 특히 큰 금액이 아닌 경우에는 기대수익률이 높은 자산을 증여하는 것이 바람직하다. 또한 이러한 증여 시 증여세 신고를 할 경우 증여의 정당성이 부여되므로 더욱 바람직하다.

예를 들어 미성년 자녀에게 현금을 증여한 후 갑법인의 신주인수권(가격 1,000원, 행사기간 10년, 행사 가격 12,000원)을 매수한 후, 행사기간 전에 갑법인의 주가가 2만 원이 되었을 때 신주인수권을 매도했다면 자녀의 재산은 주식을 증여한 경우보다 훨씬 크게 증가할 것이다. 이 경우 자금의 정당성이 확보되어 상증세법상 완전 포괄증여의 개념에 포섭되기 곤란한 것으로 보인다(상증세법 제42조 제4항, 상증세법 시행령 제31조의9 제5항).

5 저평가 재산의 증여

어떤 자산을 장기보유해야 하는데 자산가치가 저평가되어 있는 상황이라면 해당 자산의 증여를 적극 고려할 만하다.

상속세 절세전략

1 사전 절세전략

❶ 미리 상속인들에게 장기적인 계획하에 증여하는 방법(증여세 절세전략 참조)
❷ 상속개시(피상속인의 사망)가 임박한 경우
　피상속인은 재산이 별로 없고 피상속인의 배우자는 재산이 많은 경우 피상속인의 배우자가 피상속인에게 재산을 증여함으로써 피상속인의 배우자 상속재산에 대한 절세효과를 기대할 수 있다.

2 사망 후

　상속세를 절감할 수 있는 현실적인 대안은 원칙적으로 없다. 다만, 재차 상속 시 상속세를 절감하기 위해 상속재산을 상속인 간에 합리적으로 분배하는 것이 바람직하다. 경우에 따라서는 상속인 중 일부의 상속포기나 상속인 간의 지분 배분절차가 필요하다.

❗ 예시 1

▶ 아버지는 오래전에 사망하였고 아버지의 상속재산으로 어머니와 세 자녀(모두 미혼) 모두 재산이 많은 편이다. 그러나 첫째 자녀가 사고로 급작스럽게 사망하게 되었다. 이 경우 첫째 자녀의 상속재산에 대한 절세방법은?
　첫째 자녀의 법정상속인은 직계존속인 어머니가 된다. 그러나 어머니는 연세도 많고 재산도 많은 편이어서 첫째 자녀의 상속재산을 받을 경우 나중에 어머니 사망 시 첫째 자녀의 재산과 어머니 본인의 재산이 두 동생에게 상속되므로 상속세 부담이 늘어나게 된다. 따라서 어머니의 입장에서는 본인의 재산이 어차피 두 동생에게 상속될 것이므로 첫째 자녀의 상속재산에 대해서 상속을 포기하고 첫째 자녀의 상속재산을 두 동생에게 상속시키는 것이 유리하다. 결국 이미 사망한 사람(첫째 자녀)의 상속재산에 대한 절세방법은 없고 다음 번 상속(어머니)을 대비해서 당해 상속재산을 어떻게 분배할 것인가가 중요한 절세방법이 된다.

 예시 2

▶ 금융재산상속공제 제도의 활용 — 상속재산이 20억(자녀 3, 배우자 1인)

	상속재산이 대부분 부동산	부동산 10억/금융자산 10억
상속재산	20억	20억
−) 일괄공제	5.0억	5.0억
−) 배우자공제	6.7억	6.7억
−) 금융재산상속공제	−	2.0억
과세표준	8.3억	6.3억
상속세액	1.89억	1.29억

 예시 3

▶ 증여재산공제(배우자 공제)의 활용 — 상속재산이 20억(자녀 3, 배우자 1인)

	사전증여가 전혀 없었던 경우	배우자에게 미리 6억 증여한 경우
A. 남편 사망 시		
상속재산	20억	14억
−) 일괄공제	5.0억	5.0억
−) 배우자 공제	6.7억	5.0억
과세표준	8.3억	4.0억
상속세액	1.89억	0.7억
B. 부인 사망 시		
상속재산	6.7억	11억(6억＋5억)
−) 일괄공제	5.0억	5.0억
과세표준	1.7억	6억
상속세액	0.24억	1.2억
C. 세액 계	2.13억	1.9억

! **예시 4**

▶ 상속포기의 활용 — 상속재산이 20억(자녀 3, 배우자 1인)

부인에게 미리 6억을 증여하고 남편 사망 시에는 상속포기를 한 경우

	사전증여가 전혀 없었던 경우		배우자에게 미리 6억 증여한 경우	
	상속포기 안 한 경우	상속포기시	상속포기 안 한 경우	상속포기시
A. 남편 사망 시 　상속재산	20억	20억	14억	14억
−) 일괄공제	5.0억	5.0억	5.0억	5.0억
−) 배우자공제	6.7억	5.0억	5.0억	5.0억
과세표준	8.3억	10억	4.0억	4.0억
상속세액	1.89억	2.4억	0.7억	0.7억
B. 부인 사망 시 　상속재산	6.7억	−	11억(6억＋5억)	6.0억
−) 일괄공제	5.0억	−	5.0억	5.0억
과세표준	1.7억	−	6억	1.0억
상속세액	0.24억	−	1.2억*	0.1억
C. 세액 계	2.13억	2.4억	1.9억	0.8억

* 부인이 남편 사망 후 오래 살지 못하는 경우에는 단기 재상속세액공제로 세액이 감소할 수 있다(상증세법 제30조).

---

section 03 **금융소득 종합과세**

1　**금융소득 종합과세는 분리과세와 어떻게 다른가**

표 1−2　**분리과세 시와 종합과세 시**

	분리과세 시	종합과세 시
금융소득에 대한 과세방법	금융소득 규모에 관계없이 일정 세율로 세금 부담	금융소득, 사업소득, 근로소득 등이 많으면 세부담이 많아짐
종합소득신고	이자를 받을 때 은행에서 징수하는 세금으로 세금 완납(따라서 금융소득에 대하여는 종합소득신고 불필요)	원천징수한 세금보다 산출세액이 많아지면 별도로 추가 부담해야 하는 세금을 종합소득신고 시 납부하여야 함

(1) 분리과세

이자소득 중 금융기관이 취급하는 금융자산에서 발생하는 이자소득과 소액주주가 받은 배당소득 등 대다수의 금융소득에 대하여는 금융소득이 많든 적든 또 예금주의 사업소득이나 근로소득이 많든가 적든가에 관계없이 일정한 세율이 적용되었다.

즉, 예금주가 금융기관에서 이자를 받을 때 이자를 얼마를 받든 간에 이자의 14%(지방소득세 포함 시 15.4%)에 해당하는 세금을 금융기관이 세무서를 대신하여 징수하고 이자의 86%만 받음으로써 이자소득에 대한 세금을 모두 납부한 것이다. 따라서 예금주가 스스로 금융소득에 대한 세금을 별도로 신고하여 납부할 필요가 없었다.

이처럼 금융기관(이자를 지급하는 자)이 이자를 지급할 때 예금주(소득자)를 대신하여 이자에 대한 세금을 징수하여 납부하는 제도를 '원천징수제도'라고 하고 이때 적용하는 세율을 '원천징수 세율'이라고 한다.

(2) 금융소득 종합과세 제도

종전과 달리 금융소득이 일정한 금액(개인별로 연간 2,000만 원임)을 초과하는 경우에는 기준금액까지는 현행대로 은행에서 이자를 지급할 때 적용하는 원천징수 세율(14%, 지방소득세 포함 시 15.4%)로 분리과세 되지만 기준금액 초과금액은 사업소득, 근로소득 등 다른 종합소득과 합산되어 누진세율 체계인 종합소득세율이 적용되므로 금융소득이 많고 다른 종합소득이 많으면 금융소득에 대한 세금이 많아지게 된다. 따라서 금융소득에 대하여 금융기관에서 이자를 지급할 때 미리 징수하게 되는 원천징수 세율과 나중에 다른 종합소득과 합산되어 적용되는 종합소득 세율을 비교하여 종합소득 세율이 크면 세금 부담이 많아지므로 종합소득신고 시 종합소득 세율과 원천징수 세율의 차이에 해당하는 금액을 추가로 납부하여야 한다.

> **! 예시**
>
> 납세자 A의 사업소득이 5,000만 원이고 금융소득이 4,000만 원인 경우(금융소득 4,000만 원을 금융기관에서 지급받을 때 이자소득의 14%에 해당하는 560만 원을 공제하고 받음 — 즉, 이자소득세로 560만 원을 원천징수당함) 납세자 A가 부담하게 되는 소득세액은?
>
> **(풀이)**
> 세액계산에 앞서 소득세액을 계산하는 방법을 살펴보면 소득금액이 5,000만 원인 경우

| 〈종합소득세율표〉 ||
과세표준	세율
1,400만 원 이하	6%
1,400만 원~5,000만 원	15%
5,000만 원~8,800만 원	24%
8,800만 원 초과~1억 5천만 원 이하	35%
1억 5천만 원 초과~3억 원 이하	38%
3억 원 초과~5억 원 이하	40%
5억 원 초과~10억 원 이하	42%
10억 원 초과	45%

위의 세율표에 따라 다음과 같이 계산한다(여기에서 주의해야 하는 것은 소득이 5,000만 원인 경우 과세표준 4,600만 원~8,800만 원에 해당하므로 위 표에 의한 24% 세율을 소득금액 5,000만 원에 그대로 적용하여 1,200만 원으로 세액을 계산해서는 안 된다는 것이다).

1. 분리과세 제도하에서의 소득세액 계산

   (1) 금융소득 4,000만 원에 대한 세금 : 원천징수세액 560만 원

   (2) 종합과세대상 소득(사업소득) 5,000만 원에 대한 세금 : 624만 원

      (1,400만 원×6%＋3,600만 원×15%)

   (3) 총 부담세액{(1)＋(2)} : 1,184만 원

   (4) 원천징수세액 : 560만 원

   (5) 종합소득신고 시 납부세액{(3)−(4)} : 624만 원

      → 즉, 종합소득신고 시 사업소득 5,000만 원에 대해서만 신고·납부하고, 금융소득 4,000만 원에 대하여는 금융기관에서 이자를 받을 때 원천징수당한 560만 원으로 납세의무가 종료됨

2. 종합과세 시 소득세액 계산

   (1) 종합과세 대상소득(7,000만 원)의 세액 : 1,104만 원

      (1,400만 원×6%＋3,600만 원×15%＋2,000만 원×24%)

      ① 사업소득 : 5,000만 원

      ② 기준금액 초과 금융소득 : 2,000만 원

(4,000만 원-기준금액 2,000만 원)

(2) 기준금액 세액(2,000만 원×14%) : 280만 원

(3) 총 부담세액{(1)＋(2)} : 1,384만 원

(4) 원천징수세액 : 560만 원

(5) 종합소득신고 시 납부세액{(3)－(4)} : 824만 원

　　→ 즉, 종합소득신고 시 사업소득 5,000만 원과 금융소득 중 기준금액 초과금액 2,000만 원
　　　은 종합소득 세율이 적용되므로 금융소득 2,000만 원에 대하여는 종합소득 세율(24%)과
　　　원천징수 세율(14%)의 차이에 해당하는 금액(200만 원)만큼 세금부담이 많아짐

3. 종합과세로 늘어나는 세금(1,384만 원-1,184만 원) : 200만 원{2,000만 원×(24%-14%)}

2　　금융소득 종합과세 제도하에서는 모든 사람이 종합소득신고를 해야 하는가

〈표 1-3〉에서처럼 근로소득만 있거나 금융소득 이외의 소득이 전혀 없는 경우로서 연간 금융소득이 2,000만 원 이하인 경우에는 종합소득신고를 할 필요가 없다. 그러나 금융소득이 얼마든 간에 사업소득이 있거나 기타소득(기타소득 300만 원 초과)이 있는 경우에는 반드시 종합소

표 1-3　소득내역과 종합소득세 신고납부

	소득내역	종합소득세 신고납부 필요성 판단
금융소득 이외의 소득 금액	종합과세대상 금융소득 2,000만 원 초과 여부	
사업소득, 기타소득(소득금액 300만 원 초과)이 있는 경우	종합과세대상 금융소득의 규모에 상관없이 종합소득세 신고가 필요함	종합소득세 신고납부 필요
근로소득만 있는 경우	종합과세대상 금융소득이 2,000만 원 초과	종합소득세 신고납부 필요
	종합과세대상 금융소득이 2,000만 원 이하	근로소득에 대한 세금납부는 연말정산으로 끝나고, 금융소득에 대해서 종합과세 신고납부할 필요가 없음
다른 소득이 전혀 없는 경우	종합과세대상 금융소득이 2,000만 원 초과	금융소득에 대해 종합소득세 신고납부 필요
	종합과세대상 금융소득이 2,000만 원 이하	금융소득에 대해서 종합과세 신고납부할 필요가 없음

표 1-4 **소득세법상 소득종류**

구분		내용
종합소득	이자소득*	예금, 신탁, 채권, 대출 등의 이자
	배당소득*	주식 등의 배당 또는 분배금
	사업소득	사업으로부터 발생한 소득
	근로소득	근로제공의 대가로 받는 급여, 상여금 등
	연금소득	연금소득
	기타소득	상금, 복권, 강연료 등
양도소득		자산의 양도로 인하여 발생하는 소득
퇴직소득		퇴직금, 명예퇴직수당, 단체퇴직보험금 등

* 실무상 금융소득이라고 부른다.

그림 1-1 종합소득세 과세체계

득신고를 해야 한다. 다만, 이 경우에도 금융소득이 연간 2,000만 원이 되지 않으면 금융소득
은 종합소득신고 대상에서 제외된다.

가령 분리과세 제도하에서는 근로소득만 있는 사람의 경우에는 월급을 지급하는 회사가 연
말정산을 통해 근로소득에 대한 소득세를 모두 신고납부해 주었고 금융자산으로부터 발생하
는 이자는 모두 분리과세되었으므로, 금융소득의 규모에 관계없이 별도의 종합소득신고가 필
요 없었다. 그러나 금융소득 종합과세 시행으로 근로소득만 있는 경우에도 금융소득이 기준
금액 2,000만 원을 초과하게 되면 반드시 종합소득신고를 하게 되었다.

3   금융기관에서 이자를 받으면서 세금을 냈는데, 종합과세신고 시 세금을 다시 납부하면 이자에 대하여 이중으로 세금을 부담하게 되는가

금융소득이 기준금액 2,000만 원을 초과하여 종합과세되는 금융소득이 있는 경우에도 종합
과세로 인해 금융소득에 대해 추가로 부담해야 하는 세금만 더 납부하면 되므로 금융소득에
대하여 세금을 이중으로 부담하는 경우는 발생하지 않는다.

앞의 사례에서 납세자 A는 금융소득 4,000만 원에 대하여 이자를 지급받을 때 560만 원을
원천징수당했지만 종합과세로 인해 금융소득 4,000만 원에 대한 세금은 760만 원(기준금액
2,000만 원×14%＋기준금액 초과분 2,000만 원×24%)이 되므로 이 중에서 원천징수당하여 이미 납부한
560만 원을 제외한 200만 원을 종합신고 시 추가로 납부하면 된다. 따라서 종합과세로 인해
이중으로 세금을 부담하는 경우는 없고 다만 세금 부담이 늘어나게 될 뿐이다.

section 04   금융소득 종합과세대상

1   금융소득은 어떤 소득을 말하는가

금융소득은 금융자산을 통해 발생하는 모든 소득을 말한다. 따라서 가장 일반적으로는 예

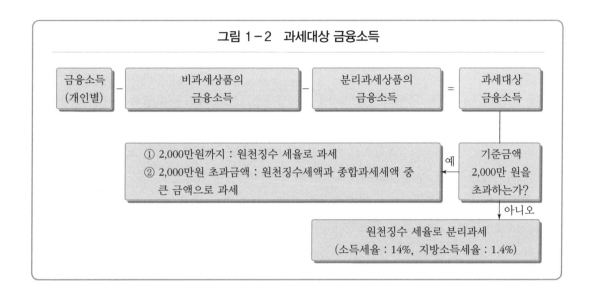

그림 1-2 과세대상 금융소득

| 금융소득
(개인별) | - | 비과세상품의
금융소득 | - | 분리과세상품의
금융소득 | = | 과세대상
금융소득 |

① 2,000만원까지 : 원천징수 세율로 과세
② 2,000만원 초과금액 : 원천징수세액과 종합과세세액 중 큰 금액으로 과세

예 ← 기준금액 2,000만 원을 초과하는가?

아니오 ↓

원천징수 세율로 분리과세
(소득세율 : 14%, 지방소득세율 : 1.4%)

금이나 적금, 신탁, 채권 등을 통해 발생하는 이자도 금융소득에 해당하고 주식투자를 통해 발생하는 배당도 금융소득에 해당한다. 또한 10년 미만 저축성보험을 통해 발생하는 보험차익도 금융소득에 해당한다.

소득세법의 특징 중의 하나가 바로 열거주의이다. 열거주의는 세법에서 열거하는 소득에 대해서만 과세하고 열거되지 않은 소득에 대해서는 과세하지 않는다. 그러나 2002년 1월 1일부터 이자소득, 배당소득에 대해서는 세법에서 열거되지 않은 소득이더라도 유사한 소득에 대해서는 과세할 수 있도록 세법을 개정하였다.

여기에서 주의해야 하는 것은 바로 '소득'의 개념이다. 소득은 일반적으로 '수입'에서 '경비'를 공제한 순이익을 말한다. 따라서 사업소득도 특정 사업을 통해 벌어들인 수입금액에서 이에 필요한 경비를 제한 후의 금액이 되고 근로소득도 의료비, 교육비, 근로소득공제 등 제반 경비를 제한 후의 금액이 된다.

그러나 금융소득의 경우에는 필요경비가 인정되지 않고 수입금액이 바로 소득이 된다. 예를 들어 금융기관에서 대출받아 예금을 한 경우라도 대출이자는 경비로서 인정되지 않으므로 예금을 통해 받는 이자가 고스란히 소득이 된다.

그렇지 않다. 금융소득 종합과세제도하에서는 경제정책상 조세지원이 필요한 부문에 대하여서는 비과세 또는 분리과세의 혜택이 있으므로 이러한 비과세소득과 분리과세소득은 종합과세대상에서 제외될 뿐만 아니라 종합과세 여부를 판단하는 기준금액 산정에도 포함되지 않는다.

또한 비과세저축소득과 분리과세저축소득을 제외시킨 금융소득이 2,000만 원을 넘지 않으면 종합과세대상에서 제외되어 현행대로 금융기관에서 이자를 받을 때 금융기관이 징수한 세액(원천징수세액)으로 납세의무가 종료된다.

그러나 2,000만 원을 초과하게 되면 이 중에서 2,000만 원까지는 2,000만 원을 넘지 않는 경우와 마찬가지로 원천징수 세율로 분리과세되지만 2,000만 원을 초과하는 금액은 종합과세대상 금융소득이 된다(이 경우 근로소득, 사업소득 등 다른 종합소득이 거의 없지만 종합과세대상이 되는 금융소득이 일부 있는 경우에는 원천징수당한 세액이 종합과세 세액보다 크게 되면 원칙적으로는 세액의 환급(원천징수 세액 − 종합과세 세액)이 필요하지만 과세당국의 행정비용과 납세자의 납세비용을 고려, 원천징수 세액으로 세액을 확정하고 세금을 돌려주지 않는다).

결국 금융소득이 얼마가 되든 간에 2,000만 원까지는 종합과세대상에서 제외되어 분리과세된다.

어떠한 세금도 전혀 부담하지 않는 금융소득이 있다. 따라서 금융소득 종합과세제도하에서는 금융상품으로부터 받는 이자 이외에 이에 대한 세금도 금융상품 선택의 중요한 결정요소가 되므로 높은 세후 수익률을 달성하기 위해서는 투자금액 중 일부는 일차적으로 비과세저축이나 세금우대저축으로 운용하는 것이 보다 유리하다.

(1) 정책목적상 과세 제외 소득

❶ 비과세 이자소득 : 다음의 이자소득에 대하여는 소득세를 과세하지 않는다.

근거	비과세 이자소득	비고
소득세법 §12(1)	신탁업법에 따른 공익신탁의 이익*	-
소득세법 §16	계약기간이 10년 이상이고 보험료가 1억 원 이하인 장기 저축성보험의 보험차익	-
조세특례제한법 §87의2	농어가목돈마련저축의 이자소득	2025. 12. 31.까지 가입분에 한함
조세특례제한법 §88의2	노인·장애인 등의 비과세종합저축의 이자소득(1인당 5천만 원 이하에 한함)	2025. 12. 31.까지 가입분에 한함
조세특례제한법 §89의3	농협 등의 조합에 대한 예탁금(1인당 3천만 원 이하에 한함)의 이자소득	2007. 1. 1.-2025. 12. 31.까지 발생 분에 한함
조세특례제한법 §91의 18	일정요건을 충족하는 개인종합자산관리 계좌에서 발생하는 이자소득	-

* '공익신탁'이란 학술, 종교, 자선, 기예, 기타 공익을 목적으로 하는 신탁을 말하는데(信託法 65), 이러한 공익신탁의 이익에 이자소득으로 구분되는 경우는 물론이고 소득의 내용에 따라 다른 소득으로 구분되는 경우에도 소득세를 비과세

❷ 비과세 배당소득 : 다음의 배당소득에 대하여는 소득세를 과세하지 않는다.

근거	비과세 배당소득	비고
소득세법 §12(1)	신탁업법에 따른 공익신탁의 이익	-
조세특례제한법 §87	장기주택마련 저축의 배당소득	2012. 12. 31.까지 가입분에 한함
조세특례제한법 §88의2	노인·장애인 등의 비과세종합저축의 배당소득	2025. 12. 31.까지 가입분에 한함
조세특례제한법 §88의4⑨	장기보유우리사주의 배당소득(액면가 1,800만 원 이하 보유자에 한함)	-
조세특례제한법 §88의5	농협 등의 조합에 대한 출자금(1인당 2천만 원 이하에 한함)의 배당소득	2025. 12. 31.까지 수령분에 한함
조세특례제한법 §91의18	일정요건을 충족하는 개인종합자산관 리계좌에서 발생하는 배당소득	-

(2) 비열거 소득

❶ 주식양도차익(주권상장법인 및 코스닥상장법인의 소액주주분에 국한)

❷ 채권양도차익

(3) 분리과세소득

종류	원천징수 세율
분리과세신청 10년 이상이고 보유기간 3년 이상 장기채권·이자(2017.12.31 이전에 발행된 채권에 한함)	30%
직장공제회 초과반환금('99. 1. 1. 이후 가입자부터 과세)	기본세율(6%~45%)
비실명금융소득 −소득지급자가 금융기관인 경우(실명법 §5)	90%
−소득지급자가 금융기관이 아닌 경우(소법 §129②)	45%
−특정 비실명채권의 이자소득(실명법 §5)	15%
민사소송법에 의하여 법원의 경락대금 등에서 발생한 이자소득	14%
법인으로 보는 단체 외의 단체 중 수익을 구성원에게 배분하지 아니하는 단체로서 단체명을 표기하여 금융거래를 하는 단체가 금융기관으로부터 받는 이자·배당소득	14%
영농·영어조합법인으로부터 받는 배당소득 중 소득세가 면제되지 않는 배당소득 (조특법 §66③, §67③)	5%

4 만기가 10년 이상인 채권은 종합과세대상에서 제외되는가

만기 10년 이상이고 보유기간이 3년 이상인 채권은 이자소득의 30%(지방소득세 포함 시 33%)만 세금으로 부담하고 종합과세대상에서 제외된다. 2004년 1월 1일 이후 발행분부터는 10년 이상 채권에 대해서만 분리과세한다. 따라서 경과규정상 2003년 말 이전 발행된 5년 이상 채권도 만기까지 분리과세가 가능하다.

그러나 2003년 말까지는 채권뿐만 아니라 5년 이상 저축이나 분리과세형 수익증권에 대해서도 분리과세 신청이 가능했지만 채권의 장기화(10년 이상)를 유도하는 것이 개정 세법의 취지이므로 저축이나 수익증권의 경우 10년 이상 투자하는 사례가 별로 없어 분리과세 혜택에서 제외하도록 하였다. 다만 2017년 세법 개정을 통해서 2018년 1월 1일 이후 발행되는 채권에 대해서는 장기채권 이자소득 분리과세제도를 폐지하였다.

분리과세의 의미는 다른 금융소득과 사업소득, 근로소득 등이 얼마가 있든 간에 항상 분리과세 세율만 부담하면 되는 것이다. 또한 만기가 10년 이상인 채권은 만기 전에 채권을 매각함으로써 3년 이상을 보유하면 10년 미만으로 보유하게 된 경우에도 채권의 보유기간 이자는 30%로 분리과세된다. 따라서 이렇게 장기채권에 대하여 분리과세해 주는 이유는 국민저축을 장기로 유도하고 채권시장의 발전을 통해 기업의 이자부담을 덜어 주기 위해서이다.

다만, 이렇게 10년 이상의 장기채권이자에 대하여 분리과세를 받고 싶으면 이자를 받을 때에 분리과세를 받겠다고 금융기관 창구직원에게 신청하여야만 한다. 따라서 분리과세 신청을 하지 않으면 일반 원천징수 세율(14%)로 원천징수되고 종합과세대상이 된다.

그러나 여기에서 주의해야 하는 것은 10년 이상 장기채권이자에 대한 분리과세 신청이 종합과세대상이 될 수 있는 모든 납세자에게 유리한 것은 아니라는 것이다. 즉 다음과 같은 경우에만 분리과세 선택이 종합과세보다 유리하므로 주의하여 분리과세를 선택하여야 한다.

❶ 금융소득에 합산되는 사업소득이나 근로소득 등 주소득이 8,800만 원 이상으로서 주소득에 합산되는 종합과세대상 금융소득이 분리과세 신청 시 장기채의 원천징수 분리과세 세율인 30%를 넘는 35% 이상을 적용받게 되는 경우 → 기준금액(2,000만 원)까지는 일반 원천징수 세율(14%)로 분리과세되므로 전체 금융소득이 기준금액을 초과하는 경우 그 초과금액에 대하여만 장기채권이자에 대한 분리과세를 선택하는 것이 유리하다.

❷ 금융소득에 합산되는 사업소득이나 근로소득 등 주소득이 8,800만 원 미만이더라도 종합과세대상 금융소득이 많아 일부 금융소득이 35% 이상을 적용받게 되는 경우 → 35% 이상의 세율이 적용될 금융소득의 원금에 해당하는 금액만 10년 만기 채권에 투자하고 동 이자에 대하여 30% 분리과세를 신청하는 것이 유리하다.

5 만약 배우자 명의나 자녀 명의로 저축을 하면 어떻게 되는가

(1) 배우자 명의로 저축을 한 경우

2002년 8월 29일 헌법재판소는 부부 자산소득 합산과세를 위헌으로 판결한 바 있다. 이에 2002년 8월 29일 이후 최초로 소득세의 과세표준을 신고하거나 소득세를 결정하는 부분부터는 부부의 자산소득을 합산하지 않도록 하였다. 그 이유는 민법에서 부부별산제를 채택하고 있는 바와 같이 부부의 재산은 남편과 부인 각각의 고유재산이므로 그 소득에 대해서도 합산과세하는 것이 타당하지 않기 때문이다. 따라서 자산소득이 많은 사람의 경우 세금 부담이 적어지게 되고, 특히 금융소득의 경우 기준금액 2,000만 원 초과 여부를 부부단위로 계산하던 것을 부부 각각에 대해서 적용하게 되므로 금융소득 종합과세 부담이 크게 감소되었다.

배우자 명의로 저축을 하는 경우 유의할 점은 명의를 빌려 준 배우자의 연령이나 직업·소득 수준을 고려할 때 너무 많은 금융자산을 보유하게 되면 자금출처 조사를 받게 되거나 경우에 따라서는 차명계좌로 간주되어 고율의 세금을 추징당하거나 증여세를 부담하게 될 가능성이 있다는 점이다.

(2) 자녀 명의로 저축을 한 경우

자녀 명의의 금융소득은 부모의 금융소득과 합산되지 않지만, 미성년인 자녀가 금융자산을 많이 보유한 경우에는 자금출처 조사대상이 되어 차명계좌로 간주, 고율 추징을 당하거나 증여세가 부과될 수 있다는 점에서 유의하여야 한다.

특히 금융소득 종합과세 실시로 개인별 금융소득자료가 국세청에 통보되므로 자녀 명의로 예금을 한 경우로서 자녀의 연령, 직업 등을 고려할 때 많은 금융소득이 발생한 경우 차명 또는 증여에 대한 세무조사가 용이해졌다. 따라서 자녀 명의로 저축을 할 때에는 증여세 공제범위(미성년자 자녀(만 20세 미만) : 2,000만 원, 성년 자녀 : 5,000만 원 → 10년간 증여액 합계기준)를 감안하여 저축하는 것이 바람직하다.

| **6** | **채권이나 주식의 양도차익은 어떻게 되는가** |

금융소득 종합과세로 인해 고액소득자의 금융자산이 이탈하는 것을 방지하고 기업의 직접 자금 조달을 지원하기 위해서 개인의 채권, 주식 등 유가증권의 양도차익에 대하여서는 지금과 마찬가지로 계속해서 비과세된다.

우선 주식의 경우 상장법인주식의 소액주주의 장내거래에 의한 양도차익만 비과세되고 비상장법인주식의 양도차익에 대하여는 양도소득세를 부담해야 한다. 다만, 비상장법인의 대주주가 아닌 자가 금융투자협회가 행하는 장외매매거래(K-OTC)에 의하여 양도되는 중소기업 및 중견기업의 주식양도차익에 대하여는 양도소득세를 과세하지 않는다.

반면 상장법인주식으로부터 발생하는 배당소득(소액주주는 제외)은 다른 일반 이자소득과 마찬가지로 금융소득 종합과세대상이 된다는 데 주의해야 한다. 따라서 금융소득 종합과세와 관련하여 세금 부담을 줄이기 위해 주식에 투자한다면 반드시 상장법인주식에 투자하여야 하며 이 경우에도 배당소득은 금융소득 종합과세대상이 된다는 것을 고려하여야 한다.

소득세법에서는 채권을 만기 전에 매매하는 경우 매매 당사자가 보유한 기간 동안의 표면

이자는 금융소득 종합과세대상이 되므로 표면이자를 제외한 실질적인 양도차익만이 비과세될 뿐이다. 예를 들어 표면금리가 10%인 채권을 11% 이자율로 투자한 경우 표면금리 10%는 종합과세대상이 되지만 1%는 채권양도차익에 해당하므로 세금을 부담하지 않게 된다.

7 동창회나 교회의 예금을 대표자 개인명의로 저축하면 어떻게 되는가

사회적으로 법률상 법인격이 없는 단체가 많이 존재하고 있다. 예를 들어 각종의 동창회, 장학회, 법률상으로 등기되거나 등록되지 않았지만 관청의 인가나 허가를 얻은 단체 및 공익을 목적으로 재산이 출연된 단체 등이 여기에 속한다. 이러한 기타의 단체 등의 소득에 대해서는 단체의 성격에 따라 소득세나 법인세를 부과하고 있다.

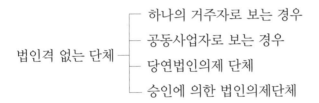

법인격 없는 단체 ─ 하나의 거주자로 보는 경우
─ 공동사업자로 보는 경우
─ 당연법인의제 단체
─ 승인에 의한 법인의제단체

(1) 임의단체의 판단 요령

첫째, 당연법인으로 의제되는 단체인지를 확인한다. 법인등기가 없으므로 법인은 아니지만 법령에 의한 주무관청의 인·허가를 받은 단체라면 인·허가의 목적상 단체성이 강해 세법상 당연법인으로 의제되고 법인세가 과세된다. 또한 공익을 목적으로 출연된 기본재산이 있는 재단으로서 등기되지 않은 것도 이에 해당된다.

둘째, 당연법인으로 의제되지 않는 경우라면 세무서에서 법인으로 보는 단체로 승인받을 수 있는지 판단한다. 이 경우 요건에 해당되면 비영리법인에 해당되어 금융소득에 대해 고유목적사업준비금 설정을 통해 세금을 크게 줄일 수 있다.

셋째, 세무서로부터 법인으로 보는 단체로 승인받기 어렵다면 거주자로 보아야 하는데 이익을 구성원에게 분배하는 방법이 정해져 있지 않다면 단체를 하나의 거주자로 보고 소득세가 과세된다. 이 경우 당해 소득에 대해 일반 거주자와 마찬가지로 기준금액 초과 시 종합과세할 것인가가 불분명하였으나 2001년 세법 개정을 통해 2,000만 원 초과 여부에 불구하고 분리과세를 선택할 수 있음을 명시하였다(법인세법 제62조).

넷째, 하나의 거주자로 판단하기 어려운 경우는 이익분배에 대한 규정이 있는 것으로 보아야 하므로 공동사업자로 보고 각각의 구성원에게 거주자로서 소득세가 과세된다.

(2) 승인에 의해 법인으로 보는 경우

지금까지는 종중, 동창회, 종교단체 등에 대해서 단체의 대표자를 예금주로 하여 분리과세하였지만 금융소득 종합과세 제도하에서 계속해서 단체의 대표자 명의로 저축을 하면 단체의 소득을 대표자 개인의 소득으로 보아 종합과세하므로 대표자 개인의 세금 부담이 늘어나게 된다.

따라서 이러한 불이익을 받지 않으려면 다음의 요건을 갖추어 소관세무서에 '법인으로 보는 단체'로 신청을 하여 승인을 받아야 한다. 이렇게 세무서장의 승인을 받으면 상기의 단체를 비영리법인으로 보기 때문에 대표자 개인의 금융소득과 구분이 되고 이자소득에 대한 법인세를 부담하게 되므로 대표자가 세금상 불이익을 받게 되는 일은 생기지 않는다.

(3) 법인으로 보는 단체 요건

❶ 단체의 조직과 운영에 관한 규칙을 갖고 대표자를 선임할 것
❷ 단체 자신의 계산과 명의로 수익과 재산을 독립적으로 소유·관리할 것
❸ 단체의 수익을 구성원에게 분배하지 않을 것(예를 들어 구성원에 지급되는 경조비는 수익의 분배에 해당되지 않는다)

---

8 만기가 3년인 채권의 이자가 만기에 한꺼번에 지급되면 불리할 것이다. 이를 해결할 수 있는 방법은 없는가

현행 세법에서는 금융자산을 장기로 투자하여 이자가 만기에 한꺼번에 지급됨에 따라 종합과세대상이 되는 불이익을 해결하는 방안이 없다.

장기 보유에 따른 불이익을 받지 않도록 투자 시점에서 투자기간을 잘 고려하여야만 한다.

예를 들어 납세자 B는 2억 원을 3년간 투자하고자 하는데(연이자율 10% 가정), 첫 번째 방법은 2억 원 전부를 3년 만기 정기예금으로 투자하고, 두 번째 방법은 2억 원을 1년 만기 정기예금

으로 3회 재투자하여 3년간 투자할 경우 부담세액을 비교해 보자(납세자 B의 사업소득은 8,000만 원이라고 가정).

(1) 2억 원 전부를 3년 만기 정기예금으로 투자한 경우

❶ 금융소득

2억 원×10%×3년＝6,000만 원

❷ 종합과세 대상소득

금융소득＝4,000만 원(6,000만 원−2,000만 원)

사업소득＝8,000만 원
_____

　계　　12,000만 원

❸ 부담세액

- 종합소득 ： 2,656만 원(1,400×6%＋3,600×15%＋3,800×24%＋3,200×35%)
- 기준금액 ： 　280만 원(2,000×14%)
_____

　　계　　　2,936만 원

(2) 2억 원을 1년 만기 정기예금으로 3회 재투자하여 3년간 투자할 경우

❶ 금융소득

- 1년차＝2억 원×10%＝2,000만 원(기준금액 2,000만 원 이하)
- 2년차＝2억 원×10%＝2,000만 원(기준금액 2,000만 원 이하)
- 3년차＝2억 원×10%＝2,000만 원(기준금액 2,000만 원 이하)

❷ 종합과세대상 소득

사업소득＝8,000만 원

❸ 부담세액

- 종합소득 ： 1,344만 원(1,400×6%＋3,600×15%＋3,000×24%)
- 기준금액 ： 　840만 원(2,000×14%×3회)
_____

　　계　　　2,184만 원

(3) 세액 차이((1) − (2))

2,936만원 − 2,184만원 = 752만원

{3,200만 원 × (35% − 14%) + 800만 원 × (24% − 14%)}

납세자 B의 경우 첫 번째 투자방법을 선택하였다면 만기에 2억 원의 3년간 이자가 한꺼번에 6,000만 원 지급되어 이 중 기준금액 2,000만 원을 제외한 4,000만 원이 종합과세대상이 되어 35%와 24%의 세율을 부담한 반면, 두 번째 투자방법을 선택하였다면 매년 기준금액인 2,000만 원의 이자를 3년간 받아 모두 원천징수 세율 14%로 분리과세받게 되므로 장기로 투자하여 만기에 한꺼번에 이자를 받는 경우 매우 불리할 수 있다.

---

9 외국에 이민을 간 교포가 사업관계상 또는 친지방문을 위해 가끔씩 국내에 들어와서 일을 보기도 하기 때문에 국내에 예금을 하고 싶어한다. 이 같은 경우에 금융소득 종합과세를 적용받는가

이런 경우에 해당하는 사람을 세법에서는 '비거주자'라고 하는데, 비거주자의 경우에는 조건에 따라 금융소득 종합과세가 적용될 수도 있고 분리과세가 적용될 수도 있다.

어떤 경우에 비거주자가 되는지 알아보고, 비거주자도 어떤 경우에 종합과세대상이 되는지 알아보도록 하자.

(1) 비거주자에 해당되는 경우

비거주자는 세법상의 개념이다. 외국인이라고 해서 모두 비거주자가 되는 것이 아니며 한국 사람이라고 해서 모두 거주자에 해당되는 것이 아니다. 즉, 세법에서 정하는 다음의 기준으로 판단하여야 한다.

❶ 국외에 거주 또는 근무하는 자가 외국 국적을 갖고 있거나 영주권을 얻은 사람이 국내에 생계를 같이 하는 가족이 없고,

❷ 그 직업이나 자산상태로 보아 주로 재차 입국하여 국내에 거주하리라고는 인정할 수 없을 때[거주자나 내국법인의 국외 사업장 또는 해외 현지법인(내국법인이 발행주식 총수 또는 출자지분의 100분의 100을 직접 또는 간접 출자한 경우에 한정) 등에 파견된 임원 또는 직원이나 국외에서 근무하는 공무원은 거주자로 봄]

(2) 비거주자도 종합과세대상이 되는가

비거주자의 경우에도 일정 조건에 해당되는 때에는 종합과세대상이 된다.

❶ 종합과세대상이 되는 경우

ㄱ. 조세협약 체결 국가의 거주자인 경우 : 국내에 고정사업장이 있거나 부동산 임대사업소득이 있는 경우 당해 비거주자의 금융소득이 국내 고정사업장이나 부동산 임대사업소득 등에 귀속되거나 직접적으로 관련되는 경우에는 거주자와 마찬가지로 종합과세대상이 된다. 이 경우에는 금융소득이 2,000만 원이 넘느냐 안 넘느냐를 따지지 않는다.

ㄴ. 조세협약 미체결 국가의 거주자인 경우 : 비거주자가 국내에 고정사업장이나 부동산 임대사업소득이 있는 경우 당해 비거주자의 국내 금융소득이 당해 고정사업장과 관련성이 없더라도 항상 종합과세된다.

❷ 분리과세대상이 되는 경우

조세협약 체결 국가의 거주자인 경우 : 국내에 고정사업장이나 부동산 임대사업소득이 없거나 있더라도 당해 금융소득이 국내 고정사업장 등에 관련성이 없는 경우에는 양국가 간에 체결된 제한세율로 분리과세한다.

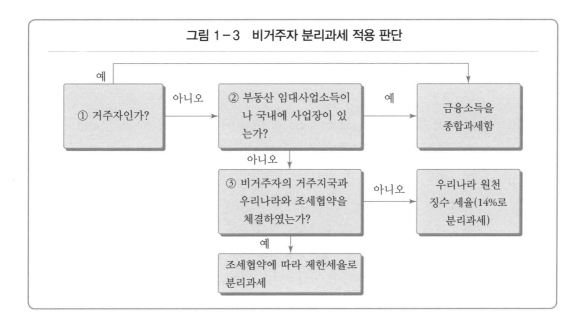

그림 1-3 비거주자 분리과세 적용 판단

표 1-5   비거주자 분리과세 세율

구분	분리과세 세율	
조세협약 체결 국가가 아닌 경우	20% (채권이자 14%)	
조세협약 체결국(이하 예시)	제한세율*	
	이자소득	배당소득**
미국	12%	15%
일본	10%	15%
영국	10%	15%
싱가포르	10%	15%
홍콩	10%	15%

* 예금상품 또는 투자자산에 따라 적용세율이 다를 수 있음
** 개인 소액주주에 대한 배당

section 05   금융소득 종합과세 시의 금융거래 통보 여부

1   금융소득 종합과세제도하에서는 모든 금융거래가 통보되는가

금융실명제 이후 지금까지는 개인의 이자소득이 얼마만큼 발생하였는가에 관계없이 '누가 언제 얼마만큼의 이자를 받았고 이자에 대한 세금이 얼마나 징수되었는가' 등의 내용('원천징수 지급명세서'라 한다)이 세무서에 통보되지 않았지만 금융소득 종합과세의 시행으로 모든 금융거래로부터 소득이 발생하면 금융소득과 관련된 사항이 세무서에 통보된다.

따라서 소득원이 불분명한 자금 또는 증여받은 자금으로서 신고되지 않은 경우에는 과세당국의 세무조사가 용이해졌으므로 모든 경제활동으로부터 생긴 소득은 계약서, 영수증 등 관련 자료를 잘 관리하는 것이 바람직하며 무신고나 허위신고 등으로 조세를 회피하고자 하는 것이 더욱 어렵게 되었다.

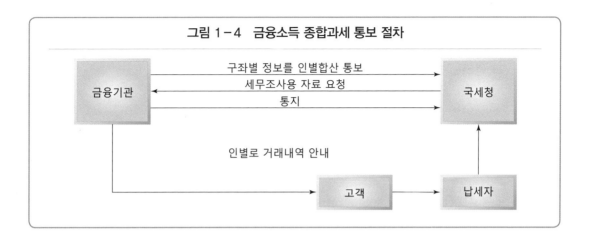

그림 1-4 금융소득 종합과세 통보 절차

구좌별 정보를 인별합산 통보

세무조사용 자료 요청

통지

금융기관

국세청

인별로 거래내역 안내

고객

납세자

(1) 통보내용

지급명세서에 포함되는 주요 정보는 '누가 언제 얼마만큼의 소득을 받았고 이에 대한 세금이 얼마만큼 징수되었는가'이다. 따라서 금융자산에 투자한 원금은 통보되지 않지만 투자기간과 이자금액을 알고 있으므로 투자한 원금에 대한 환산이 가능하다.

또한 이러한 정보가 세무서에 통보되기 때문에 앞서 설명한 바와 같이 금융자산을 통한 각종 세무조사가 용이해진 것이다.

❶ 소득자의 인적사항 : 성명, 주민등록번호, 주소, 거주구분(거주자 · 비거주자)

❷ 소득지급내역 : 지급일자, 소득종류, 소득발생기간, 소득지급액

❸ 원천징수내역 : 세율, 소득세액, 농특세액, 지방소득세액

❹ 기타관리항목 : 계좌번호 및 증서번호, 신탁 이익 여부 등

(2) 소득세법에 따른 지급명세서 제출범위 및 시기

❶ 지급명세서 제출자

ㄱ. 소득세 납세의무가 있는 개인에게 이자소득, 배당소득, 장기 저축성보험의 보험차익에 해당하는 금액을 국내에서 지급하는 자

ㄴ. 이 경우 법인 및 소득금액의 지급을 대리하거나 그 지급을 위임 또는 위탁받은 자 등 포함

❷ 제출시기

ㄱ. 그 지급일이 속하는 연도의 다음 연도 2월 말일까지 원천징수 관할 세무서장 · 지방

국세청장 또는 국세청장에게 제출

ㄴ. 제출자가 휴업 또는 폐업한 경우에는 휴업일 또는 폐업일이 속하는 달의 다음다음
달 말일까지

2 소득원이 불분명한 예금은 어떻게 되는가

소득원이 불분명한 금융자산(사업소득 신고 시 매출금액을 적게 했거나 미등기 전매 등으로 양도소득세를 납부하지 않은 경우 등을 근거로 한 금융자산) 또는 증여세를 신고하지 않은 금융자산의 경우에는 이자소득에 대한 지급명세서 제출로 인해 과세당국의 세무조사가 용이해졌다.

즉, 앞서 설명한 바와 같이 과거에는 개인의 금융소득에 대한 정보가 세무서에 전혀 통보되지 않았지만 금융소득 종합과세 시행을 계기로 금융소득에 대한 지급명세서 등이 세무서에 통보되므로 지금까지 세무서에 신고된 소득규모, 연령, 직업 등을 고려할 때 너무 많은 금융자산을 보유한 경우에는 이에 대한 자금출처 조사가 있을 수 있으며, 조사결과에 따라서는 세금을 더 납부해야 하는 경우도 있을 수 있다.

따라서 앞으로는 각종 세금과 관련하여 무신고나 허위신고 등으로 세금을 줄이는 것이 더욱 어렵게 되었으며, 금융자산 조성과 관련된 각종 계약서나 영수증도 잘 보관해야 할 필요성이 있다.

section 06 종합소득세 신고방법

1 종합소득세 신고는 누가 언제까지 어디에 해야 하는가

금융소득 종합과세의 시행으로 종합소득세는 다음과 같이 납세자가 스스로 신고하여 납부하여야 한다('종합소득 과세표준 확정신고'라고 함).

(1) 종합소득신고대상자

종합소득금액이 있는 사람은 원칙적으로 모두 종합소득세 신고를 하여야 하며, 사업소득 등에서 결손이 발생했거나 소득금액이 없는 경우에도 신고하여야 한다.

그러나 다음에 해당하는 거주자는 신고를 하지 않아도 된다.

❶ 근로소득만 있는 거주자
❷ 퇴직소득만 있는 거주자
❸ 근로소득과 퇴직소득만 있는 거주자
❹ 상기의 자로서 분리과세이자소득, 분리과세배당소득이나 분리과세기타소득만 있는 자
❺ 분리과세이자소득, 분리과세배당소득이나 분리과세기타소득만 있는 자

(2) 신고 및 납부기한

종합소득세 신고와 납부는 소득이 있던 당해연도의 다음해 5월 1일부터 5월 31일까지 하여야 한다.

(3) 신고 및 납부처

원칙적으로 종합소득세를 신고하는 자의 주소지 관할 세무서에 신고하면 되고 납부는 주소지 관할 세무서, 한국은행, 체신관서(우체국)에 하면 된다.

최근에는 국세청 홈택스(Home tax)를 통한 인터넷 신고가 일반화되어 있다.

(4) 제출서류

❶ 사업소득이 있는 경우 관련 장부, 증빙서류, 재무상태표, 손익계산서와 부속서류, 합계잔액시산표, 세무사 등의 조정계산서(일정 규모 이하의 사업자의 경우 간편장부소득금액계산서). 복식부기 의무자가 앞의 서류를 제출하지 않으면 종합소득 과세표준 확정신고를 하지 않은 것으로 본다.
❷ 사업소득 등에서 필요경비를 계상한 때에는 그 명세서

2 종합소득세 신고를 안 하면 어떻게 되는가

종합소득세 신고나 납부를 상기의 기한까지 하지 않은 경우에는 다음과 같이 가산세를 부담해야 하므로 주의하여야 한다.

(1) 무신고가산세

신고기한 내에 과세표준 신고서를 제출하지 않은 경우

❶ 복식부기 의무자 : Max(산출세액×20%, 수입금액×0.07%)
❷ 복식부기 의무자 외의 자 : 산출세액×20%

(2) 부정무신고 가산세

❶ 부정무신고의 기준
　ㄱ. 이중장부의 작성 및 장부의 거짓 기장
　ㄴ. 거짓 증빙 및 거짓 문서 작성, 수취
　ㄷ. 장부 및 기록의 파기
　ㄹ. 재산은닉, 소득·수익·행위·거래의 조작 또는 은폐
　ㅁ. 국세를 포탈하거나 환급 공제받기 위한 사기 또는 부정한 행위
❷ 복식부기 의무자의 부정무신고 가산세
　Max[산출세액×40%, 부정무신고수입금액×0.14%]
❸ 복식부기 이외의 자의 부정무신고 가산세
　산출세액×40%

(3) 일반과소신고 가산세

(과소신고 과세표준/과세표준)×산출세액×10%

(4) 부정과소신고 가산세

❶ 복식부기 의무자의 부정과소신고 가산세
　ㄱ. 부정과소신고 : Max[부정과소신고과세표준/과세표준×산출세액×40%, 부당과소

신고수입금액×0.14%]

    ㄴ. 부정과소신고 외 부분 : (과소신고과세표준−부정과소신고과세표준)/과세표준×산출세액×10%

❷ 복식부기 이외의 자의 부정과소신고 가산세

    ㄱ. 부정과소신고 : 부정과소신고 과세표준/과세표준×산출세액×40%

    ㄴ. 부정과소신고 외 부분 : (과소신고과세표준−부정과소신고과세표준)/과세표준×산출세액×10%

(5) 납부불성실 가산세

미납부세액 또는 과소납부세액에 자진납부 전일 또는 고지일까지의 기간과 1일 3/10,000을 곱하여 산출한 금액

section 07 · 절세할 수 있는 올바른 투자방법

개개인마다 투자규모, 투자기간, 사업소득이나 근로소득의 규모 등이 다르기 때문에 일률적으로 어떤 방식의 투자방법이 가장 좋다고 설명하기는 어렵지만 금융소득 종합과세방안을 이용하여 절세할 수 있는 방법의 제시가 불가능한 것은 아니다.

(1) 여러 군데의 금융기관을 이용하고 있는 경우에는 고객의 재산에 대하여 전반적인 관리를 해 줄 수 있는 금융기관으로 거래 금융기관을 줄이는 방법

금융소득 종합과세가 적용되면 모든 금융소득을 합하여 세금을 부과하기 때문에 거래 금융기관이 여러 군데가 되면 어느 금융기관에서 얼마의 금융소득이 발생하는지 일일이 관리해야 하고 때로는 금융소득 일부를 감안하지 못하여 세금상 불이익을 받는 경우도 생길 수 있다. 따라서 개인도 기업처럼 주거래은행을 정해 놓고 일괄적으로 금융자산을 관리하는 것이 필요하다. 이럴 경우 고객에게 금융자산 전반에 관한 조언이나 관리를 해 줄 수 있는 금융기관을 선택하는 것이 중요하다.

(2) 투자하고자 하는 금액의 일부를 먼저 세금을 전혀 부담하지 않는 비과세 금융상품에 가입한도까지 투자하는 것이 바람직함

주식양도차익, 채권양도차익, 장기 저축성 보험차익 등 비과세소득은 소득세 등 관련 세금을 전혀 부담하지 않고 종합과세대상에서도 제외되므로 여유가 있는 자금은 이들 금융상품에 우선적으로 투자하는 것이 좋다.

(3) 투자규모를 고려하여 금융소득이 종합과세 대상 여부를 판단하는 기준금액 2,000만 원을 초과하지 않도록 금융상품을 구성함

가령 투자규모가 4억 원 정도라면 보통 은행 금리가 4%라고 가정하면 2년 만기 상품에 가입하면 만기 시 금융소득이 3,200만 원(4억 원×4%×2년)이 되므로 종합과세대상이 된다. 따라서 이 경우에는 투자규모의 절반인 2억 원은 수익률이 높은 2년 만기 상품에 투자하고 나머지 절반인 2억 원은 1년 만기 상품에 투자하면 매년 기준금액 2,000만 원을 초과하지 않아 유리하다.

연도	1년 만기 이자(a)	2년 만기 이자(b)	연도별 이자총액(a+b)
20×3년도	800만 원	−	800만 원
20×4년도	−	1,200만 원	1,200만 원
20×5년도	800만 원	1,200만 원	2,000만 원
20×6년도	800만 원	−	800만 원
20×7년도	−	1,200만 원	1,200만 원

01 다음 중 증여에 대한 세무전략으로 적절하지 않은 것은?

① 수증자별·증여자별 과세를 활용한다.

② 어린 자녀에 대한 증여는 장기적인 계획하에 이루어지는 만큼 시간가치를 고려하지 않고 확정금리상품에 투자하는 것이 바람직하다.

③ 향후 자금출처 조사 등에 대비해서 어린 자녀에 대한 증여는 증여세를 신고하는 것이 바람직하다.

④ 10년 단위 증여재산공제가 적용되므로 이를 활용하여 기간을 분산해서 증여하는 것이 유리하다.

02 다음 중 상속에 대한 tax-planning으로 옳지 않은 것은?

① 상속개시 전 10년 이내의 상속인에 대한 증여는 상속공제한도를 감소시키므로 장기적인 계획을 세워 증여하여야 한다.

② 사망 후에는 상속세를 절감하는 것이 상대적으로 어려울 수 있으므로 사망 전 장기적인 증여 및 상속계획이 필요하다.

③ 상속개시 후에는 상속재산 분할협의를 적절히 함으로써 상속인의 다음 번 상속을 대비하는 것이 바람직하다.

④ 재산이 많은 배우자의 경우 피상속인의 상속재산을 포기함으로써 배우자 자신의 상속재산을 줄이는 것이 항상 유리하다.

해설

01 ② 시간가치를 고려해야 하므로 레버리지가 큰 상품을 이용하는 것도 바람직하다. 시간가치를 고려하지 않는다는 표현이 틀림

02 ④ 배우자가 상속포기 시 상속재산이 많으면 배우자 공제금액이 최소금액인 5억 원으로 줄어드는 경우가 있을 수 있으므로 항상 유리한 것은 아니다.

03 다음 중 금융소득 종합과세에 대한 설명으로 적절하지 않은 것은?

① 분리과세소득과 비과세소득을 제외한 과세대상 금융소득을 대상으로 기준금액 초과 여부를 따진다.

② 부부끼리 합산한 금융소득을 기준으로 기준금액 초과 여부를 따진다.

③ 금융소득이 2천만 원에 미달하는 경우 원천징수로 납세의무가 종료된다.

④ 금융소득이 2천만 원을 초과하는 경우 초과금액에 대해서만 종합소득세율이 적용된다.

04 다음 중 종합과세 절세전략으로 적절하지 않은 것은?

① 연간 금융소득이 2천만 원을 초과한다고 해서 무조건 14%를 초과하여 분리과세되는 상품에 투자해서는 안 된다.

② 연간 금융소득을 줄이기 위해 자녀 명의로 분산투자하는 것도 바람직하지만 이 경우 증여세를 고려하여야 한다.

③ 비과세되는 장기보험의 경우 비과세요건은 10년이다.

④ 금융상품의 투자이익이 실현되는 시기(만기)를 특정 연도에 집중한다.

해설

03 ② 부부의 금융소득은 합산하지 않는다.

04 ④ 금융소득을 분사하여야 절세가 가능하다.

정답 01 ② | 02 ④ | 03 ② | 04 ④

금융상품 개론

chapter 01

금융회사의 종류

금융회사의 개요

　전통적으로 금융회사는 자금 잉여자와 부족자 사이에서 자금을 융통하는 거래를 중개하는 역할을 해왔다. 그래서 금융회사를 금융중개기관(financial intermediary)이라고 부르기도 한다. 금융을 중개하는 방식은 간접금융과 직접금융이 있다. 간접금융은 금융회사가 자기 명의로 타인의 자금을 조달하여 자기 계산으로 자금을 운용하는 것이고, 직접금융은 금융회사가 자기 명의 또는 자기 계산 없이 타인의 자금을 다른 타인에게 중개하는 것을 의미한다. 참고로 금융은 자금융통의 줄임말이다.

　금융회사는 금융시장에 존재하는 금융마찰(financial friction)을 해소하는 역할을 한다. 첫째, 금융회사는 개인 간의 금융거래에서 발생할 수 있는 비용을 절감한다. 이를 통해 금융거래가 더 활발해질 수 있다. 둘째, 금융회사는 불특정 다수로부터 자금을 모아서 다수의 자금이 부족한 자에게 공급한다. 그리고 자금 잉여자의 분산투자를 돕고 위험을 관리해준다. 셋째, 금융회사는 정보 비대칭성(information asymmetry)을 줄여 금융거래를 활성화한다. 정보의 비대칭성은 역선택(adverse selection)과 도덕적 해이(moral hazard) 문제를 낳는다. 역선택이란 차입자의 상환능력과 상환의사 또는 금융상품에 내재된 위험을 제대로 판별하지 못하거나 관측할 수 없을 때 발생하는 문제이다. 도덕적 해이는 차입자가 차입금을 상환하기 위한 노력을 게을리하거나, 보험계약자가 보험사고에 주의하지 않거나, 금융회사가 고객의 자산을 소홀히 관리하여 발생하는 문제이다.

금융회사 유형은 은행, 비은행 금융회사, 금융투자회사, 보험회사, 기타 금융회사, 그리고 금융보조기관 등 6개로 나뉜다. 이러한 구분은 금융업 전업주의에 기반하여 제정된 금융법 체계에 따른 것이다.

section 02 금융회사의 종류

금융회사는 오랜 기간에 걸쳐 사회의 요구에 맞춰 발전하면서 분화되어 왔다. 금융회사를 구분하는 방법은 보는 관점에 따라 다양한데, 일반적으로 금융회사가 취급하는 금융서비스의 성격에 따라 은행, 비은행 금융회사, 금융투자회사, 보험회사 등으로 구분할 수 있다.

1 은행

은행에는 일반은행과 특수은행이 있다. 일반은행이 은행법에 의해 설립되어 동 법의 규제를 받는 금융회사라면, 특수은행은 은행법이 아닌 특별법에 의해 설립되어 은행업을 영위하는 금융회사다. 우리나라의 일반은행은 시중은행, 지방은행, 외국은행의 국내지점으로 구분할 수 있다. 시중은행은 전국을 영업구역으로 하는 은행이다. 지방은행은 금융업무의 지역적 분산과 지역경제의 균형발전을 위해 해당지역을 중심으로 설립된 은행이다.

일반은행의 업무는 고유업무, 부수업무, 겸영업무로 구분된다. 각 업무별 범위는 은행법 및 동법 시행령에서 규정하고 있다. 일반은행은 은행업 인가를 받으면 별도의 인허가 없이 고유업무와 부수업무를 영위할 수 있으나, 일부 겸영업무의 경우 해당 법령에 따라 금융위원회의 겸영 인허가를 별도로 받아야 영위할 수 있다.

고유업무는 예·적금 수입, 유가증권 또는 채무증서 발행 등으로 조달한 자금을 대출하는 업무와 내·외국환업무로 구성된다. 부수업무는 은행 업무를 영위하는 데 수반되는 업무이며, 현행 은행법은 은행에 부수업무를 포괄적으로 허용하고 있다. 부수업무에는 지급보증, 어음 인수, 상호부금, 팩토링, 보호예수, 수납 및 지급대행 등이 해당된다.

겸영업무는 타 법령에 따른 인허가 등이 필요한 업무와 필요로 하지 않는 기타 업무로 구분된다. 금융위원회의 인허가 또는 등록을 필요로 하는 겸영업무에는 유가증권의 인수·매출 및 모집·매출 주선, 환매조건부채권매매, 집합투자업, 투자자문업, 투자매매업, 투자중개업, 신탁업, 방카슈랑스, 신용카드업 등이 있다. 기타 업무에는 타 법령에서 은행이 운영할 수 있도록 한 업무와 기업 인수·합병의 중개·주선 또는 대리 업무, 증권의 투자 및 대차거래 업무, 상업어음 및 무역어음의 매출 업무 등이 있다.

특수은행은 일반은행이 재원이 부족하거나 수익성을 확보하기 어려워 자금을 충분히 공급하기 어려운 부문에 자금을 원활히 공급하기 위해 설립된 금융회사이다. 이 때문에 예금 수입에 주로 의존하는 일반은행과 달리 재정자금과 채권 발행에 많은 부분을 의존하고 있다. 그러나 최근에는 경제 환경 변화로 전통적인 정책금융 수요가 감소하고 있는데다, 일반은행들도 특수은행의 업무영역으로 점차 진출함에 따라 둘 사이의 경계가 점차 모호해지고 있다. 현재 영업 중인 특수은행은 한국산업은행, 한국수출입은행, 중소기업은행, 농협은행과 수협은행이 있다. 특수은행은 그 업무의 전문성과 특수성 때문에 농협은행과 수협은행을 제외하고는 모두 정부가 출자한 은행이다.

외국은행 국내지점은 과거 업무범위가 일부 제한되고 유동성 규제를 위한 한국은행 공개시장조작대상에서도 제외되는 등 영업환경이 국내은행과 다소 차이가 있었다. 그러나 금융자유화 추진 등으로 외국은행 국내지점의 업무범위에 대한 규제도 완화됨에 따라 현재는 국내은행과 거의 동일한 조건에서 영업활동을 하고 있다.

2 비은행 금융회사

비은행 금융회사는 은행과 유사한 여수신업무를 주요 업무로 취급하고 있지만 보다 제한적인 목적으로 설립되어 자금조달 및 운용 등에서 은행과 다소 다른 규제를 받는 예금수취 금융회사를 일컫는다. 비은행 금융회사는 자금조달에 있어 요구불예금이 차지하는 비중이 거의 없거나 상대적으로 작아서 신용창조 기능이 크지 않고 지급결제 기능을 전혀 제공하지 못하거나 제한적으로만 제공할 수 있는 등 취급업무의 범위가 은행에 비해 좁고 영업대상이 개별 금융회사의 특성에 맞추어 사전적으로 제한받기도 한다.

비은행 금융회사에는 상호저축은행, 신용협동기구, 우체국예금이 있다. 상호저축은행은 주식회사, 신용협동기구는 비영리 협동조합, 우체국예금은 정부출자회사이다.

「상호신용금고법」에 의거 운영되는 상호저축은행은 일정 행정구역 내에 소재하는 서민 및 소규모 기업에게 금융편의를 제공하도록 설립된 지역 서민 금융회사이다.

신용협동기구는 신용협동조합, 새마을금고 그리고 농업협동조합·수산업협동조합 및 산림조합의 상호금융을 포괄한다. 신용협동기구는 조합원에 대한 저축편의 제공과 대출을 통한 상호 간의 공동이익 추구를 목적으로 운영된다. 이 가운데 신용협동조합과 상호금융은 「신용협동조합법」에 의거 운영되며 새마을금고는 「새마을금고법」이 적용되고 있다.

우체국예금은 은행서비스 공급이 취약한 농어촌지역까지 저축수단을 제공하기 위해 전국에 고루 분포되어 있는 체신관서를 금융창구로 활용하기 위해 우정사업본부가 「우체국예금·보험에 관한 법률」에 따라 제공하는 은행서비스이다.

상호저축은행과 신용협동기구는 자금의 대부분을 특정 지역의 서민이나 영세상공인으로부터 저축성예금 형태로 조달해 이들에 대한 대출로 운영함에 따라 서민전문금융기관으로 분류되기도 한다. 우체국예금은 농어촌 및 도시지역 가계에 소액 가계저축수단을 제공하는 등 서민금융 역할을 수행하고 있으나 서민전문금융기관으로 분류되지는 않는다.

3 금융투자회사

금융투자상품이란 원금 또는 원본손실이 가능한 특성을 가진 금융상품이다. 금융투자회사는 이러한 금융투자상품의 거래와 관련된 업무를 주된 업무로 하는 금융회사이다. 종래 금융투자회사는 개별 증권 관련법에 따라 각각 규제를 받았기 때문에, 증권회사, 선물회사, 자산운용회사로 분류되었다. 하지만 2009년 2월 「자본시장과 금융투자업에 관한 법률」(이하 "자본시장법"이라 한다)이 시행됨에 따라 이들 회사들을 금융투자회사로 통칭하고 경제적 실질과 역할에 따라 금융투자업을 투자매매업, 투자중개업, 집합투자업, 투자자문업, 투자일임업, 신탁업 등으로 재분류하였다.

먼저 투자매매업자이란 누구의 명의로 하든지 자기의 계산으로 금융투자상품의 매도·매수, 증권의 발행·인수 또는 그 청약의 권유, 청약, 청약의 승낙을 영업으로 하는 금융투자업자를 말한다. 그리고 투자중개업자란 타인의 계산에 의해 영업이 이루어진다는 점에서 투자매매업자와 구분된다.

집합투자업자는 2인 이상의 투자자로부터 모은 금전 등을 투자자의 일상적인 운용지시 없이 투자대상 자산에 운용하고 그 결과를 투자자에게 배분 및 귀속시키는 집합투자를 영업으로 한다.

투자자문업자는 금융투자상품의 가치 또는 금융투자상품에 대한 투자판단에 관해 자문하

표 1-1   자본시장법상 금융투자업의 종류

금융투자업	내용	금융회사
투자매매업	누구의 명의로 하든지 자기의 계산으로 금융투자상품의 매도·매수, 증권의 발행·인수 또는 그 청약의 권유, 청약, 청약의 승낙을 영업으로 하는 것	증권회사 선물회사
투자중개업	누구의 명의로 하든지 타인의 계산으로 금융투자상품의 매도·매수, 그 중개나 청약의 권유, 청약, 청약의 승낙 또는 증권의 발행·인수에 대한 청약의 권유, 청약, 청약의 승낙을 영업으로 하는 것	증권회사 선물회사
집합투자업	2인 이상의 투자자로부터 모은 금전 등을 투자자로부터 일상적인 운영지시를 받지 않으면서 재산적 가치가 있는 투자대상자산을 취득·처분, 그 밖의 방법으로 운용하고 그 결과를 투자자에게 배분하여 귀속시키는 것을 영업으로 하는 것	자산운용회사
신탁업	신탁법에 의한 신탁을 영업으로 하는 것	신탁회사 증권회사 자산운용회사
투자자문업	금융투자상품의 가치 또는 투자판단에 관하여 자문을 하는 것을 영업으로 하는 것	투자자문회사 증권회사 자산운용회사
투자일임업	투자자로부터 금융상품에 대한 투자판단의 전부 또는 일부를 일임 받아 투자자별로 구분하여 그 투자자의 재산상태나 투자목적 등을 고려하여 금융투자상품 등을 취득·처분 그 밖의 방법으로 운용하는 것을 영업으로 하는 것	투자일임회사 증권회사 자산운용회사

는 것을 업으로 한다.

투자일임업자는 투자자로부터 투자판단의 전부 또는 일부를 일임받아 투자자별로 구분하여 그 투자자의 재산 상태나 투자목적 등을 고려하여 금융투자상품 등을 운용하는 것을 업으로 한다.

신탁업자는 금전 또는 재산을 고객(위탁자)으로부터 수탁받아 수익자(고객 또는 제3자)의 이익을 위해 운영·관리·처분하는 기능을 담당한다.

이러한 금융투자업자에 대한 분류와 관련하여 종래의 증권회사·선물회사·종합금융회사는 투자매매업자 또는 투자중개업자로, 자산운용회사는 집합투자업자로, 투자자문회사 및 투자일임회사는 투자자문업자 및 투자일임업자로, 그리고 신탁회사는 신탁업자로 단순히 명칭만 변경된 것으로 볼 수도 있다. 실제 자본시장법 시행 이후에도 대다수 금융투자업자는 증권회사, 선물회사, 자산운용회사 등 종래 명칭을 그대로 유지하고 있다.

하지만 금융투자업자로의 명칭 변경은 종래와는 다른 큰 차이를 반영하고 있다. 왜냐하면 자본시장법은 금융투자업자의 진입규제와 관련하여 금융기능별로 진입요건을 정해 놓고 그 요건의 부합 여부를 심사하는 add-on 방식을 취함에 따라 금융투자업자가 복수의 업무단위를 자유롭게 선택하여 영위할 수 있기 때문이다. 예컨대, 종래의 증권회사는 유가증권의 매매, 위탁매매, 인수·주선 등 현재 투자매매 및 투자중개 업무를 주로 영위하였으나 현재의 증권회사는 원칙적으로 인가 취득에 따라 집합투자업 등 모든 금융투자 관련 업무를 영위할 수 있다. 여타 선물회사, 자산운용회사 등도 동일하다.

4 보험회사

보험회사는 보험위험 인수, 보험료 수수 및 보험금 지급 등을 수행하는 금융회사이다. 보험업법은 생명보험업, 손해보험업, 제3보험업을 구분된다. 각각의 보험업은 보장하는 위험의 종류에 따라 구분된다.

생명보험업이란 생명보험상품의 취급과 관련하여 발생하는 보험의 인수, 보험료 수수 및 보험금 지급 등을 영업으로 한다. 생명보험상품이란 위험보장을 목적으로 사람의 생존 또는 사망에 관하여 약정한 금전 및 그 밖의 급여를 지급할 것을 약속하고 대가를 수수하는 계약이다. 생명보험계약과 연금보험계약이 여기에 해당한다.

손해보험업이란 손해보험상품의 취급과 관련하여 발생하는 보험의 인수, 보험료 수수 및 보험금 지급 등을 영업으로 하는 것을 말한다. 손해보험상품은 질병·상해·간병을 제외한 위험보장을 목적으로 우연한 사건으로 발생하는 손해에 관하여 금전 및 그 밖의 급여를 지급할 것을 약속하고 대가를 수수하는 계약이다. 대표적으로 화재보험계약, 해상보험계약, 자동차보험계약, 보증보험계약, 재보험계약 등이 있다.

제3보험업이란 제3보험상품의 취급과 관련하여 발생하는 보험의 인수, 보험료 수수 및 보험금 지급 등을 영업으로 하는 것을 말한다. 제3보험상품이란 위험보장을 목적으로 사람의 질병·상해 또는 이에 따른 간병에 관하여 금전 및 그 밖의 급여를 지급할 것을 약속하고 대가를 수수하는 계약으로, 상해보험계약, 질병보험계약, 간병보험계약이 있다.

생명보험회사는 사망, 질병, 노후 등에 대비한 보험의 인수·운영을 주된 업무로 하는 금융회사이다. 손해보험회사는 화재, 자동차 및 해상사고 등에 대비한 보험의 인수·운영을 고유업무로 하는 금융회사이다. 손해 보험은 각종 사고 발생에 따른 재산상의 손실 위험에 공동 대처하기 위한 상호 보장적 성격의 사회제도로서 장기저축 기능과 상호 보장 기능이 혼합된 생명보험과는 그 성격이 다르다. 손해보험회사가 취급하고 있는 보험종목은 부보위험의 대상에 따라 화재, 해상, 자동차, 보증, 특종, 연금, 장기저축성 및 해외원보험 등 8가지로 구분된다. 제3보험회사는 질병, 상해 및 간병에 관한 보험의 인수·운영을 주된 업무로 하는 금융회사이다.

생명보험은 미리 약정한 금액을 보험금으로 지급하는 정액보상을 원칙으로 하고, 손해보험은 피보험자가 사고로 입은 손해를 보험금으로 지급하는 실손보상이라는 데 차이가 있다. 제3보험은 정액보상과 실손보상의 특성을 동시에 지니고 있다. 손해보험은 손해보험사에서, 생명보험은 생명보험사에서만 취급가능하지만, 제3보험은 양사에서 모두 판매 가능하다. 해상보험에는 적하보험, 선박보험, 운송보험 등이 있으며 자동차보험(개인용, 업무용, 영업용)에는 자동차종합보험과 운전자보험이 있다. 보증보험에는 신원보증, 계약이행보증, 할부판매보증 및 납세보증 등이 있으며 특종보험에는 상해보험, 도난보험, 배상책임보험 및 원자력보험 등이 포함된다. 보험기간 중 보험사고가 없더라도 만기 시 보험금을 지급하는 장기 저축성보험에는 장기화재, 장기상해, 장기질병, 장기종합보험 등이 포함되고 개인연금보험 및 퇴직보험은 대표적인 연금보험이다. 이 밖에 해외원보험은 해외에 진출한 국내손해보험회사가 외국인과 체결한 각종 보험을 의미한다.

또한 일반 민영보험과 달리 국가기관이 취급하는 국영보험인 우체국보험도 있다. 국가나 지방자치단체 또는 공법인이 경영하는 공영보험에는 국민연금, 건강보험, 산업재해보상보험, 공무원연금, 사립학교교원연금 등도 포함되나 이들은 특정 회원을 상대로 보험기능을 제공한다는 측면에서 불특정 다수를 상대로 하는 우체국보험과 차이가 있다. 그 밖에 공제기관도 보험기능을 제공하고 있다. 공제란 원래 공통적 유대를 가진 특정 회원을 상대로 상호부조 차원에서 다수의 조합원이 일정 금액을 갹출하여 보험과 저축기능을 수행하는 데서 출발하였다. 공제는 다수의 일반인을 대상으로 하는 민영보험과 차이가 있으나 공제기관 자산규모의 확대와 가입자 증가 등에 따라 점차 업무범위를 넓혀 일반인을 대상으로 한 공제업무도 취급한다. 일반인을 대상으로 공제업무를 영위하고 있는 기관으로 농업협동조합공제, 수산업협동조합공제, 신용협동조합공제 및 새마을금고공제 등이 있다.

5 기타 금융회사

(1) 금융지주회사

금융지주회사라 함은 주식 또는 지분의 소유를 통하여 금융업을 영위하는 회사 또는 금융업의 영위와 밀접한 관련이 있는 회사를 지배하는 것을 주된 사업으로 하는 회사를 말한다. 이들 금융지주회사는 금융업과 관련이 없는 회사를 지배하는 것을 주된 사업으로 하는 일반지주회사와 달리 「금융지주회사법」의 규율을 받는다. 금융지주회사는 은행을 자회사로 보유한 은행지주회사와 그렇지 않은 비은행지주회사로 나뉜다. 비은행지주회사는 다시 금융투자지주회사와 보험지주회사로 나뉜다.

(2) 증권금융회사

증권금융회사는 증권의 취득, 인수, 보유 및 매매와 관련하여 증권회사와 일반투자가에게 자금을 공급하거나 증권을 대여하는 증권금융업무를 전문적으로 취급하는 금융회사이다. 고객의 자금을 예수하고 이를 운용해 운용수익을 배분한다고 해서 증권은행이라고 불리기도 한다. 미국과 유럽에서는 은행 등이 일반금융의 일환으로 증권금융을 취급하고 있으나 우리나라와 일본에서는 증권금융 전담기관을 두고 있다.

(3) 여신전문금융회사

여신전문금융회사는 수신기능 없이 여신업무만을 취급하는 금융기관이다. 여신전문금융회사는 주로 채권 발행과 금융기관 차입금 등에 의해 자금을 조달하여 다른 금융기관이 거의 취급하지 않는 소비자금융, 리스, 벤처금융 등에 운용한다. 여신전문금융회사는 수신기능이 없어 건전성 확보를 위한 진입 규제의 필요성이 크지 않아 금융위원회 등록만으로 설립할 수 있다. 다만 지급결제 기능을 가진 신용카드업의 경우에는 신용질서 유지와 소비자 보호를 위해 금융위원회의 허가를 받아야 한다.

(4) 대부업자

대부업자는 주로 소액자금을 신용도가 낮은 소비자에게 대부하거나 이러한 금전의 대부를 중개하는 자를 말한다. 대부업은 외환위기 이후 저금리 기조, 가계의 자금수요 증가 등으로 크게 성장하였으나 불법적인 채권추심행위, 고금리 부과 등이 사회문제로 부각되었다. 이에 따라 대부업의 투명성을 확보하고 금융이용자를 보호하기 위해 2002년 8월 「대부업 등의 등록 및 금융이용자 보호에 관한 법률」이 제정되어 대부업이 양성화되기 시작하였다.

(5) 벤처캐피탈회사

벤처캐피탈회사는 고수익·고위험 사업을 시작하는 기업에 지분 인수를 대가로 투자자금을 공급하거나 기업 인수·합병·구조조정 등을 통해 수익을 추구하는 금융회사를 말한다. 이들 회사는 단순히 자금을 지원하는 데 그치는 것이 아니라 투자기업의 사업계획 수립, 마케팅, 경영관리 등에 능동적으로 개입하여 기업가치를 제고시킴으로써 수익을 창출한다.

(6) 전자금융업자

최근 금융의 디지털화, 핀테크가 사회적 이목을 받으면서 전자금융업자에 대한 관심도 높아지고 있다. 전자금융업자는 「전자금융거래법」에 따라 금융위원회의 허가를 받아야 하는 전자화폐업자, 금융위원회에 등록해야 하는 전자자금이체업자, 직불전자지급수단발행관리업자, 선불전자지급수단발급관리업자, 전자지급결제대행업자 등으로 나뉜다. 예를 들면, 간편송금 업체인 토스, 카카오페이 등은 선불전자지급수단발급관리업자에 해당된다. 인터넷쇼핑몰 등에서 사용할 수 있는 간편결제 서비스인 네이버페이, 카카오페이, 쿠팡페이 등은 전자지급결제대행업자에 의해 제공된다.

(7) 퇴직연금사업자

퇴직연금사업자란 퇴직연금제도의 운용관리업무 및 자산관리업무를 수행하기 위하여 등록한 사업자를 말한다. 일정 수준 이상의 재무건전성 요건, 인적 요건, 물적 요건을 충족하는 은행, 증권회사(투자중개업자), 자산운용회사(집합투자업자), 보험회사가 고용노동부장관에게 등록해야 퇴직연금사업을 영위할 수 있다.

6 금융보조기관

금융보조기관은 금융거래에 직접 참여하기보다 금융제도의 원활한 작동에 필요한 여건을 제공하는 것을 주된 업무로 하는 기관들이다. 여기에는 거래소, 예탁결제원, 예금보험공사, 금융결제원, 신용보증기금·기술보증기금 등 신용보증기관, 신용정보회사, 자금중개회사 등이 포함된다.

chapter 02

금융상품의 개요

section 01 | 금융상품의 구분

　금융상품은 금융소비자에게 계약상 채권 또는 채무를 일으키는 계약으로 정의할 수 있다. 또한 금융상품은 상품의 속성에 따라 예금성, 투자성, 보장성, 대출성 금융상품으로 구분된다. 예금성, 투자성, 보장성 금융상품은 금융소비자 입장에서 계약상 채권에 해당하고, 대출성 금융상품은 금융소비자 입장에서 계약상 채무에 해당된다. 이러한 금융상품 분류는 2020년 3월에 제정된 「금융소비자 보호에 관한 법률」에 따른다.

　금융상품의 원금손실 가능 여부에 따라 금융투자상품과 비금융투자상품으로 구분한다. 이때 예금성 및 보장성 금융상품은 비금융투자상품으로, 투자성 금융상품은 금융투자상품으로 구분할 수 있다. 금융투자상품은 다시 투자손실이 원금을 초과할 수 있는지의 여부에 따라 증권과 파생상품으로 구분된다. 증권은 투자손실이 원금을 초과할 수 없지만, 파생상품으로 초과할 수 있다.

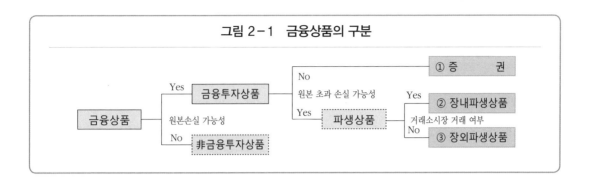

그림 2-1 금융상품의 구분

우리나라의 경우 금융업 전업주의에도 불구하고 금융업권 간 겸영화가 심화되면서 사실상 금융상품 측면에서 은행, 증권, 보험 간에 차이가 갈수록 감소하고 있다. 예를 들면, 증권사에서 가입할 수 있는 금융상품 대부분은 은행에서도 가입할 수 있다. 보험상품도 은행에서 가입할 수 있다. 다만 은행이 취급하는 금융상품을 증권사나 보험사가 모두 취급할 수 있는 것은 아니다.

	은행	증권	보험
주요 상품	요구불예금, 저축성 예금, 신탁상품, CD · RP 등 시장성상품	주식, 채권, 펀드, 파생상품 ETF, CP, ABCP, 해외 주식, 해외채권, ELS, DLS	보장성보험, 저축성보험, 변액보험, 연금보험, 재산보험, 배상책임보험
장점	• 다양한 부대서비스 • 광범위한 점포망 및 이용 편리성(많은 점포수) • 대출 가능 • 환전, 송금 가능	• 고수익 추구 상품이 많음 • 금융상품이 매우 다양함 • 해외 분산 투자 가능함 • 해외 주식, 채권 직접 투자 • 다양한 구조화 상품	• 저축성보험도 대체로 보장성 기능을 겸함 • 장기저축 시 비과세 혜택
단점	• 낮은 예금금리 • 중도해지 시 낮은 금리 적용 • 수익 상품의 기회가 적음	• 주가 하락 시 손실 위험이 많음 • 점포 수가 적음 • 다양한 부대 서비스 부족 (환전 및 송금 등)	• 만기 전 해약 시 환급액이 납입액보다 적은 경우 많음 • 장기상품, 높은 사업비
특징	안정적인 상품 위주의 포트폴리오	수익 추구형 상품의 포트폴리오	장기 비과세 상품 및 보장성 보험 – 위험회피

개인은 각자의 생애주기(life-cycle)에 따라 금융상품에 대한 다른 수요를 보인다. 예를 들면, 청년 세대일수록 재산형성에 관심이 많을 수 있고, 장년 세대일수록 안정적인 금융자산의 관리에 관심이 많을 수 있고, 노년 세대일수록 절세 및 퇴직금융에 관심이 많을 수 있다.

1 재산형성이 목적인 금융상품

(1) 개인종합자산관리계좌(Individual Savings Account: ISA)

개인종합자산관리계좌는 저금리·저성장 시대에 개인의 종합적 자산관리를 통해 국민의 재산증식을 지원하려는 취지로 도입된 절세 계좌이다. ISA의 특징은 ① 한 계좌에서 다양한 금융상품을 담아 운용할 수 있다. 예를 들면, 국내상장주식, 펀드, 파생결합증권, 예·적금 등을 편입시킬 수 있다. ② 일정기간 경과 후 여러 금융상품 운용 결과로 발생한 이익과 손실을 통산한 후 순이익을 기준으로 세제혜택이 부여된다. ③ 기존 소득공제장기펀드나 재형저축보다 가입요건이 완화됐다.

❶ 가입자격 : ISA에 가입하려면 다음 2가지 조건을 동시에 충족해야 함

　ㄱ. 만 19세 이상 또는 직전 연도 근로소득이 있는 만15~19세 미만의 대한민국 거주자

　ㄴ. 직전 3개년 중 1회 이상 금융소득종합과세 대상이 아닌 자

❷ ISA 요건과 세제 혜택 : ISA 가입요건에 따라 일반형, 서민형, 농어민형으로 구분. 일반형은 만 19세 이상 또는 직전연도 근로소득이 있는 만 15세 이상 19세 미만의 대한민국 거주자가 가입대상. 서민형은 총급여가 5,000만원 또는 종합소득이 3,500만원 이하의 거주자가 가입할 수 있음. 농어민형은 종합소득이 3,500만원 이하인 농어민이 가입할 수 있음

　가입 요건에 따라 세제혜택도 달라짐. 일반형의 경우 운용수익에 대해 200만원까지 비과세하고, 이를 초과한 수익은 낮은 세율 (9.9%)로 분리과세. 서민형과 농어민형은 비과세 한도가 400만원으로 확대되며, 비과세 한도를 초과한 수익은 마찬가지로 분리과

세(세율 9.9%)

ISA의 의무가입기간은 3년이며, 의무가입기간이 지나면 앞서 설명한 세제혜택을 받을 수 있음. 납입한도는 연간 2,000만원이며, 당해 연도에 납입한도를 채우지 못하는 경우 미불입 납입한도는 다음해로 이월(예를 들어 가입 첫해 1,000만원을 납입했으면, 2년차에는 3,000만원을 납입할 수 있다. 이 같은 방식으로 가입기간 동안 최대 1억원을 납입 가능)

그리고 납입금 한도 내에서 횟수에 제한 없이 중도인출 할 수 있음. 의무가입기간이 경과하기 전에 중도해지 하더라도 법에서 정한 부득이한 사유에 해당하면 세제혜택을 받을 수 있음. 부득이한 사유로는 가입자의 사망, 해외이주, 퇴직, 3개월 이상의 입원치료, 요양을 필요로 하는 상해, 사업장의 폐업, 천재지변 등이 있음

표 2-1 ISA 가입자 유형별 세제혜택

구분	일반형	서민형	농어민형
가입요건	만 19세 이상 또는 직전 연도 근로소득이 있는 만15~19세 미만의 대한민국 거주자	총급여 5,000만 원 또는 종합소득 3,800만 원 이하 거주자	종합소득 3,800만 원 이하 농어민
비과세 한도	200만 원	400만 원	400만 원
비과세 한도 초과분	분리과세(세율 9.9%)		
의무가입기간	3년		
중도인출	납입금 한도 내에서 횟수 제한 없이 중도인출 가능		
납입한도	연간 2천만 원, 총납입한도 1억 원 이하 (당해 연도 미불입 납입한도는 다음해로 이월 가능)		

❸ ISA 유형 : ISA는 운용방식에 따라 중개형, 신탁형, 일임형으로 구분할 수 있음. 중개형과 신탁형은 가입자가 ISA적립금을 투자할 금융상품들을 직접 선택하고 투자규모를 결정하면 금융회사가 가입자의 지시대로 금융상품을 편입하고 교체함. 금융회사는 가입자의 지시가 없으면 가입자의 계좌에 편입된 금융상품을 다른 상품으로 교체할 수 없음. 중개형과 신탁형 ISA는 편입시킬 금융상품을 직접 고르기 원하는 투자자에게 적합

중개형 ISA와 신탁형 ISA에서 투자할 수 있는 상품이 조금 차이가 남. 신탁형 ISA 가입자는 리츠, ETF, 상장형 수익증권, ETN, 펀드, 파생결합증권, 사채, 예금, RP 등에 투자할 수 있음. 중개형 ISA도 예금을 빼면 신탁형 ISA에서 담을 수 있는 상품을 모두 담

아서 투자할 수 있음. 그리고 추가로 국내 상장된 주식도 투자할 수 있음

반면 일임형 ISA는 금융회사가 가입자의 위험성향과 자금운용목표를 고려하여 제시하는 모델 포트폴리오 중 하나를 선택하여 투자하는 방식. 일임형 ISA에 담을 금융상품들은 가입자가 선택한 모델 포트폴리오의 운용전략에 따라 금융회사의 전문운용인력이 가입자를 대신하여 선정

금융회사는 가입자의 지시가 없어도 매 분기별로 투자된 자산의 수익성과 안정성을 평가하여 자산비중을 재조정(리밸런싱)함. 따라서 일임형 ISA는 전문가의 투자판단에 따라 운용하고 싶은 투자자에게 적합. ISA는 한 사람이 하나의 계좌만 개설할 수 있기 때문에 가입자는 중개형, 신탁형, 일임형 중 하나를 선택해서 가입해야 함

표 2-2   ISA의 종류와 특징

종류	중개형 ISA	신탁형 ISA	일임형 ISA
투자 가능 상품	국내상장주식, 펀드, ETF, 리츠, 상장형수익증권, 파생결합증권, 사채, ETN, RP	펀드, ETF, 리츠, 상장형수익증권, 파생결합증권, 사채, ETN, RP, 예금	펀드, ETF 등
투자방법	투자자가 직접 상품 선택		투자전문가에게 포트폴리오 일임운용
보수 및 수수료	투자 상품별	신탁보수	일임수수료

(2) 소득공제 장기펀드

소득공제 장기펀드는 중산층 서민 근로자의 재산형성을 지원하기 위해 저축금액을 소득공제 해 주는 펀드다. 자산총액의 40% 이상을 국내 증권시장에 상장된 주식으로 운용한다. 연간 납입한도는 600만 원이고, 납입액의 40%를 소득공제 해준다. 따라서 한해 최대 240만 원을 소득공제 받을 수 있다. 소득공제를 받기 위해서는 최소 5년 이상 가입하여야 하고, 가입 후 최장 10년까지 소득공제 혜택을 받을 수 있다. 가입한 후 5년이 지나지 않은 시점에 해지하는 경우 소득공제로 감면받은 세액 상당액(납입금액의 6.6%)을 추징 받는다. 2015년 연말에 세제혜택 일몰기한이 종료됨에 따라 지금은 새로 가입할 수 없지만, 기존 가입자는 계속해서 세제혜택을 누릴 수 있다.

소득공제 장기펀드는 가입 당시 직전 과세연도의 총급여액이 5,000만 원 이하인 근로소득

자라면 누구나 가입할 수 있었다. 총급여액은 근로자가 1년 동안 회사로부터 받은 급여에서 야간근로수당, 6세 이하 자녀 보육수당, 업무 관련 학자금 등 비과세급여를 제외한 금액이다. 가입 후에 급여가 오르더라도 연간 총급여가 8,000만 원이 될 때까지는 소득공제 혜택을 받을 수 있다.

표 2-3 **소득공제 장기펀드**

구분	내용
가입 대상	총급여 5,000만 원 이하 근로자
세제 혜택	납입액의 40% 소득공제(연 240만 원 한도)
납입 한도	연간 600만 원(분기납입한도 없음) 2016년부터 한도 증액 불가
투자 기간	최소 5년~최장 10년
투자 방식	자유적립식
중도 해지	5년 내 중도 해지하는 추징세액 부과(납입금액의 6.6%)
가입 기한	세제혜택 일몰기한 종료에 따라 신규 가입 불가(2015년 12월 31일까지)
편입 상품	자산총액의 40% 이상을 국내 증권시장에 상장된 주식으로 운용하는 펀드
기타 사항	가입자의 총급여가 8,000만 원을 초과하는 해에는 세제혜택 없음 (단, 다음해 총급여가 8,000만 원 이하로 하락하면 세제혜택 가능)

(3) 재형저축펀드

근로자, 서민, 중산층의 재산형성을 위한 상품으로 재형저축도 있다. 소득공제 장기펀드가 납입금액을 소득공제해 준다면, 재형저축펀드는 이자와 배당소득에 대해 비과세 혜택을 준다. 재형저축에서 발생한 이자와 배당에는 세금을 부과하지 않고, 농어촌특별세(1.4%)만 부과한다. 2015년 이후 세제혜택 일몰기간이 종료됨에 따라 신규 가입은 불가하지만, 기존 가입자는 계속해서 비과세 혜택을 받을 수 있다.

재형저축은 일반형과 서민형으로 나뉜다. 일반형은 연소득 5,000만 원 이하의 근로자와 종합소득이 3,500만 원 이하인 개인사업자가 가입 대상이었다. 서민형은 총급여 2,500만 원 이하의 근로자와 종합소득 1,600만 원 이하인 개인사업자가 가입할 수 있었다. 일반형과 서민형 모두 납입한도는 연간 1,200만 원(분기 300만 원)이다. 만기는 7년인데, 7년 이후 3년 이내의 범위에서 1회에 한해 추가연장이 가능하다. 중도에 해지하는 경우 이자와 배당소득에 대한 감면

세액을 추징한다. 다만 서민형은 3년 이상 유지하면 중도해지 하더라도 비과세 혜택을 받을
수 있다.

표 2-4　재형저축펀드

구분		내용
가입 대상	일반형	총급여 5,000만 원 이하 근로자, 종합소득 3,500만 원 이하 개인사업자
	서민형	소득형 : 총급여 2,500만 원 이하 근로자, 종합소득 1,600만 원 이하 사업자
세제 혜택		이자 및 배당소득세 비과세(농어촌특별세 1.4% 부과)
납입 한도		연간 1,200만 원(분기 300만 원)
투자 기간		7년(7년후 3년 이내 범위 내에서 추가연장 1회 가능)
투자 방식		자유적립식
중도 해지		저축기간 내에 중도해지 하면 감면세액 추징
가입 기한		세제 혜택 일몰기간 종료에 따라 신규가입 불가(2015년 12월 31일까지)
상품 매수		재형저축 가입시 최초 가입한 상품을 만기시까지 보유
기타 사항		− 가입 이후 소득이 증가해도 만기 때까지 비과세 혜택 유지 − 하나의 계좌에서 하나의 펀드만 투자 가능

(4) 개인투자용 국채(조세특례제한법 제91조의23)

개인투자용 국채는 개인의 장기 자산형성 지원을 목적으로 하는 저축성 국채이다. 만기가
10년 이상인 개인투자용 국채를 그 발행일부터 만기일까지 보유하는 경우, 매입액 2억 원까지
이자소득 14%를 분리과세한다. 개인투자용 국채의 매입은 전용계좌(1명당 1개만 가입 가능)를 이
용하여야 한다.

2　절세목적 금융상품

절세 금융상품은 세금 혜택의 정도에 따라 비과세, 세액공제, 소득공제, 세금우대로 구분된
다. 또한 절세 금융상품에 따라 판매회사가 다를 수 있다.

표 2-5   절세 금융상품 종류 및 절세 유형

금융상품	판매회사	절세 유형
ISA	은행, 증권사, 보험사	비과세, 분리과세
비과세해외주식 투자전용펀드	은행, 증권사	비과세, 분리과세
연금저축 (신탁/연금/보험)	은행, 증권사, 보험사	세액공제
퇴직연금 (IRP/DC형) * 가입자 추가 납입분	은행, 증권사, 보험사, 근로복지공단	세액공제
주택청약종합저축	은행	소득공제
저축성보험	보험사	비과세
비과세종합저축	전 금융회사	비과세
조합출자금	농협, 수협, 산림조합, 신협	비과세
조합예탁금		세금우대
농어가목돈마련저축		비과세

(1) ISA

구분	일반형	서민형	농어민형
가입요건	만 19세 이상 또는 직전 연도 근로소득이 있는 만15~19세 미만의 대한민국 거주자	총급여 5,000만 원 또는 종합소득 3,500만 원 이하 거주자	종합소득 3,500만 원 이하 농어민
비과세 한도	200만 원	400만 원	400만 원
비과세 한도 초과분	분리과세(세율 9.9%)		
의무가입기간	3년		
중도인출	납입금 한도 내에서 횟수 제한 없이 중도인출 가능		
납입한도	연간 2천만 원, 총납입한도 1억 원 이하 (당해연도 미불입 납입한도는 다음해로 이월 가능)		

(2) 비과세해외주식 투자전용펀드

구분	내용
가입자격	거주자 개인
투자대상	해외상장주식에 직간접적으로 60% 이상 투자하는 집합투자기구
가입기한	2017년 12월 31일까지
계약기간	가입일부터 10년
납입한도	총 3,000만 원(전금융기관 합산)
세제혜택	가입일로부터 10년간 해외주식 매매차익, 평가차익, 환차익을 비과세

(3) 연금저축(신탁/연금/보험)

구분		주요 내용
가입대상		누구나 가입가능
납입한도 (퇴직연금 합산)		연간 1,800만 원＋ISA계좌 만기금액＋1주택 고령가구 주택 다운사이징 차액(1억 원 한도)
세액공제 한도		연간 600만 원 ＋ISA 만기 전환금액의 10%(연간 최대 300만 원)
세액공제율		16.5%(종합소득 4,500만 원, 총급여 5,500만 원 이하자) 13.2%(종합소득 4,500만 원, 총급여 5,500만 원 초과자)
연금 수령	요건	－가입후 5년 경과(이연퇴직소득이 있는 경우 미적용) －만 55세 이후
	연간 한도	$$연금수령한도 = \frac{과세기간개시일(연금개시신청일) 현재평가액}{(11 - 연금수령연차)} \times 120\%$$
	과세	연금 수령(연령별 차등 적용) 여기테이블

연금수령연령	일반 수령	종신형연금
55~69세	5.5%	4.4%
70~79세	4.4%	
80세 이상	3.3%	3.3%

연금외 수령시(중도해지, 연금수령한도 초과 인출금액)
－기타소득세 16.5%(분리과세)
－부득이한 사유에 해당되면 3.3~5.5% 세율로 분리과세
 (천재지변, 사망 또는 해외이주, 파산선고, 개인회생 등)

(4) 개인형퇴직연금(IRP)

구분		주요 내용
대상		퇴직연금(DC, IRP) 가입자
납입한도 (연금저축 합산)		연간 1,800만 원＋ISA계좌 만기금액＋1주택 고령가구 주택 다운사이징 차액(1억 원 한도)
세액공제 한도		900만원(연금저축 합산) ＋ISA 만기 전환금액의 10%(연간 최대 300만 원)
세액공제율		16.5%(종합소득 4,500만 원, 총급여 5,500만 원 이하자) 13.2%(종합소득 4,500만 원, 총급여 5,500만 원 초과자)
연금 수령	요건	－ 가입후 5년 경과(이연퇴직소득이 있는 경우 미적용) － 만 55세 이후
	연간 한도	연금수령한도 = $\dfrac{\text{과세기간개시일(연금개시신청일) 현재평가액}}{(11-\text{연금수령연차})} \times 120\%$
	과세	연금 수령(연령별 차등 적용)

연금수령연령	일반 수령	종신형연금
55~69세	5.5%	4.4%
70~79세	4.4%	
80세 이상	3.3%	3.3%

연금외 수령시(중도해지, 연금수령한도 초과 인출금액)
－ 기타소득세 16.5%(분리과세)
－ 부득이한 사유에 해당되면 3.3~5.5% 세율로 분리과세
(천재지변, 사망 또는 해외이주, 파산선고, 개인회생 등)

(5) 주택청약 종합저축

개요	민영주택 및 국민주택을 공급받기 위해 가입하는 저축 상품
가입대상	국민 개인(국내 거주하는 재외동포 포함), 외국인 거주자 1인 1 통장만 가입 가능
저축방식	일시예치식, 적금 방식
적립금액	매월 2만 원 이상 50만 원 이하의 금액을 자유롭게 적립 －잔액이 1,500만 원 미만이면 1,500만 원까지 일시예치 가능 －잔액이 1,500만 원 이상이면 월 50만 원 이내에서 자유 적립
계약기간	입주자로 선정될 때까지(당첨시)
소득공제	대 상 자 : 총급여액이 7,000만 원 이하 근로자인 무주택 세대주 공제한도 : 해당 과세연도 납부분(연간 300만 원 한도)의 40%(120만 원)
예금자보호	예금자보호법에 의해 보호되지는 않음. － 주택도시기금의 조성 재원으로 정부가 관리

(6) 저축성보험

저축성 보험 비과세 요건 및 한도

일시납보험	월적립식 보험	종신형연금보험
• 계약기간 10년 이상 • 1인당 납입한도 　－2017년 3월 이전 : 2억 원 　－2017년 4월 이후 : 1억 원	• 계약기간 10년 이상 • 납입기간 5년 이상 • 보험료 월 150만 원 이하	• 계약자＝피보험자＝수익자 • 55세 이후 연금 개시 • 사망할 때까지 연금 수령 • 보증지급기간≤기대여명 • 피보험자 사망시 보험계약, 　연금재원 소멸 • 연간 연금수령한도를 초과하지 　아니할 것

(7) 비과세종합저축

가입대상	65세 이상인 자, 장애인, 독립유공자와 유족 또는 가족, 상이자, 기초생활수급자, 5.18민주화운동부상자, 고엽제 후유증 환자
불입한도	1인당 5,000만 원
적용기한	2025년 12월 31일 이전 가입분 이자, 배당 소득
세제혜택	이자와 배당소득 비과세

(8) 조합출자금

대상	농민, 어민 등을 대상으로 한 금융기관에 대한 출자금
불입한도	1인당 2,000만 원 이하
적용기한	2025년 12월 31일까지 받은 배당소득
세제혜택	2025년까지 발생한 배당소득 : 비과세 2026년에 발생한 배당소득 : 과세(세율 5%) 2027년 이후 발생한 배당소득 : 과세(세율 9%)

(9) 조합예탁금

가입대상	만 19세 이상의 거주자로서 농민, 어민, 농협 등의 조합원, 회원
불입한도	3,000만 원 이하
적용기한	2025년 12월 31일까지 발생된 이자소득
세제혜택	2025년까지 발생한 이자소득 : 비과세 2026년에 발생한 이자소득 : 과세(세율 5%) 2027년 이후 발생한 이자소득 : 과세(세율 9%)

(10) 농어가목돈마련저축

가입대상	농업인(2헥타르 이하 농지를 소유하거나 임차한 사람) 어업인(20톤 이하의 어선을 소유한 사람) 임업인(10헥타르 이하의 산림을 소유하거나 임차한 사람)
불입한도	연간 240만 원 이하 3~5년 저축계약
적용기한	2025년 12월 31일 이전 가입분 이자소득
세제혜택	이자소득 비과세

01 다음 중 특수은행에 속하지 않는 은행은?

① 농업협동조합중앙회 신용사업부문　　② 산업은행

③ 국민은행　　　　　　　　　　　　　④ 기업은행

02 다음 중 신용협동기구에 속하지 않는 금융회사는?

① 신용협동조합　　　　　　　　　　　② 새마을금고

③ 우체국예금　　　　　　　　　　　　④ 농업협동조합

03 다음 중 비은행예금 취급기관에 속하지 않는 것은?

① 우체국예금　　　　　　　　　　　　② 신용협동기구

③ 상호저축은행　　　　　　　　　　　④ 농협은행

04 다음 손해보험상품 중 보증보험에 속하지 않는 상품은?

① 납세　　　　　　　　　　　　　　　② 계약이행보증

③ 배상책임　　　　　　　　　　　　　④ 신원보증

05 다음 중 투자매매업자의 업무에 속하지 않는 것은?

① 금융투자상품의 매도　　　　　　　　② 증권의 발행

③ 투자자문　　　　　　　　　　　　　④ 증권의 인수

해설

01 ③ 국민은행은 일반은행이다.

02 ③ 신용협동기구에는 신용협동조합, 새마을금고, 농·수협단위조합 등이 포함된다.

03 ④ 비은행예금 취급기관에는 우체국예금, 상호저축은행, 신용협동기구 등이 포함된다.

04 ③ 보증보험에는 신원보증, 계약이행보증, 할부판매보증 및 납세보증 등이 있다.

05 ③ 투자매매업자란 누구의 명의로 하든지 자기의 계산으로 금융투자상품의 매도·매수, 증권의 발행·인수 또는 그 청약의 권유, 청약, 청약의 승낙을 영업으로 하는 금융투자업자를 말한다.

정답 01 ③ | 02 ③ | 03 ④ | 04 ③ | 05 ③

part 04

예금 및
신탁상품

certified investment manager

chapter 01

예금의 구분

예금상품 유형별 구분

예금이란 예금자가 금융회사에 대하여 일정한 금전의 보관을 위탁하고 금융회사는 이를 수탁함으로써 성립되는 일종의 임치계약이다. 그러나 보통의 임치계약이 물건을 보관하는 사람이 보관한 물건을 사용 또는 처분할 수 없는 것과는 달리 금융회사는 이를 자유로이 사용할 수 있고 반환 시에는 동일액(이자가 붙는 예금의 경우에는 이자를 붙여서)의 금전을 환급하면 된다는 점에서 소비임치계약이라 할 수 있다. 예금은 입출금이 자유로운 요구불예금과 일정기간 동안 예치해 높은 이자를 받는 저축성예금으로 구분된다. 또한 주택을 분양받을 자격을 취득할 목적으로 가입하는 주택청약과 관련된 예금도 있다.

1   요구불예금

　요구불예금이란 예금주의 환급청구가 있으면 언제든지 조건 없이 지급해야 하는 금융상품으로, 현금과 유사한 유동성을 가져서 통화성예금이라고도 한다. 인출이 자유로운 대신 저축성예금에 비해 이율이 낮은 것이 특징이다. 보통예금, 당좌예금, 가계당좌예금이 이에 해당된다.

표 1-1   요구불예금의 종류

보통예금	보통예금은 가입대상, 예치금액, 예치기간, 입출금 횟수 등에 아무런 제한 없이 자유롭게 거래할 수 있는 예금이다. 이자율이 낮기 때문에 은행 등 금융회사가 보통예금을 이용하면 적은 비용으로 자금을 조달할 수 있다.
당좌예금	당좌예금은 은행과 당좌거래계약을 체결한 자가 예금 잔액 범위 내 또는 당좌대출 한도 내에서 거래은행을 지급인으로 하는 당좌수표 또는 거래은행을 지급장소로 하는 약속어음을 발행할 수 있는 예금이다.
가계당좌예금	가계당좌예금은 금융소비자가 가계수표를 발행하기 위해 은행과 가계당좌예금 거래약정을 맺는 것이다. 전 금융회사를 통해 1인 1계좌만 예금 가입할 수 있다.

2   저축성예금

　저축성예금은 예금주가 일정기간 동안은 돈을 회수하지 않을 것을 약속하고 일정 금액을 은행에 예치하고, 은행은 이에 대해 이자를 지급할 것을 약속하는 예금을 말한다. 저축성은 예금은 다시 거치식과 적립식으로 구분할 수 있다.

　거치식예금은 일정 금액을 약정된 기간 동안에 예치하고 약정기간이 지난 후 원금과 이자를 인출할 수 있는 것이며, 적립식은 약정기간 동안 일정 금액을 불입하여 약정기간이 지난 후 불입한 금액과 이자를 인출할 수 있는 예금이다.

표 1-2 저축성예금의 종류

정기예금	일정한 금액을 약정기간까지 예치하고 그 기한이 만료될 때까지는 원칙적으로 환급해주지 않는 기한부 예금이다.
정기적금	일정한 기간 후에 일정한 금액을 지급할 것으로 약정하고 매월 특정일에 일정액을 적립하는 예금을 말한다. 정기적금은 6개월 이상 60개월 이내 월단위로 계약기간을 정할 수 있으며, 매달 일정한 금액을 저축해서 목돈을 마련하는 데 적합한 금융상품이다.
상호부금	정기적금과 그 성격이 비슷하지만, 일정한 기간을 정해 부금을 납입하면 일정 금액을 대출 받을 수 있는 권리가 보장된다.
시장금리부 수시 입출금식예금 (MMDA)	시장실세금리가 적용되고 입출금이 자유로운 단기금융상품이다. 목돈을 1개월 이내의 초단기로 운용할 때 유리하며 각종 공과금, 신용카드대금 등의 자동이체용 결제통장으로도 활용할 수 있다.

3 주택청약종합저축

주택청약종합저축이란 말 그대로 주택청약을 하기위해 만들어진 종합저축통장이다. 과거에는 공공아파트와 민영주택을 청약할 때 조건에 맞춰 청약예금과 청약부금, 청약저축을 가입해야 해서 불편했었다. 하지만 2015년 9월부터는 가입방식을 주택청약종합저축 하나로 통합했다. 이때부터 청약예금, 청약부금, 청약저축에 대한 신규가입은 중단되었으며 신규가입은

표 1-3 주택청약종합저축

개요	민영주택 및 국민주택을 공급받기 위해 가입하는 저축 상품
가입대상	국민 개인(국내 거주하는 재외동포 포함), 외국인 거주자 1인 1 통장만 가입 가능
저축방식	일시예치식, 적금 방식
적립금액	매월 2만 원 이상 50만 원 이하의 금액을 자유롭게 적립 －잔액이 1,500만 원 미만이면 1,500만 원까지 일시예치 가능 －잔액이 1,500만 원 이상이면 월 50만 원 이내에서 자유 적립
계약기간	입주자로 선정될 때까지(당첨시)
소득공제	대상자 : 총급여액이 7000만 원 이하 근로자인 무주택 세대주 공제한도 : 해당 과세연도 납부분(연간 240만 원 한도)의 40%(96만 원)
예금자보호	예금자보호법에 의해 보호되지는 않음. －주택도시기금의 조성 재원으로 정부가 관리

주택청약종합저축으로만 가입할 수 있게 됐다. 다만 통합하기 이전에 가입하여 유지하고 있는 청약예금, 부금, 저축이 있으면, 기존과 동일한 방식으로 유형에 맞춰 주택청약을 할 수 있다.

예금상품 특성별 구분

1 **예치방법**

예금상품은 예치방법에 따라 수시입출금식예금, 목돈운용예금, 목돈마련예금으로 구분할 수 있다. 먼저 수시입출금식예금은 말 그대로 입출금이 자유로운 예금으로, 보통예금, 저축예금, MMDA, CMA가 여기 해당한다. 목돈을 예치한 다음 수익을 받는 예금상품에는 정기예금, 발행어음, 표지어음, CD 등이 있다. 마지막으로 목돈을 마련하기 위해 매달 일정한 금액을 적립하는 것으로 정기적금, 상호부금 등이 있다.

구분	특징	종류
수시입출금식 예금	입출금이 자유로운 예금	보통예금, 저축예금, MMDA, CMA
목돈운용예금	목돈을 예치하여 수익을 받는 거치식 예금	정기예금, 발행어음, 표지어음, CD 등
목돈마련예금	목돈을 만들기 위해 다달이 월부금을 불입하는 적립식 예금	정기적금, 상호부금

2 **예치기간**

❶ 초단기 예금 : 여유자금을 30일 이하의 초단기간 동안 운용 가능한 예금(MMDA, CMA)
❷ 단기 예금 : 여유자금을 30일 이상~1년 이하의 기간 동안 운용 가능한 예금(정기예금, CD, 표지어음, 발행어음)
❸ 장기 예금 : 여유자금을 1년을 초과해 장기간 운용 가능한 예금(정기적금, 정기예금 등)

구분	특징	종류
초단기 예금	여유자금을 30일 이하의 초단기간 동안 운용 가능한 예금	MMDA, CMA
단기 예금	여유자금을 30일 이상~1년 이하의 기간 동안 운용 가능한 예금	정기예금, CD, 표지어음, 발행어음
장기 예금	여유자금을 1년을 초과해 장기간 운용 가능한 예금	정기적금, 정기예금 등

3 적립방법

❶ 정기적립식 : 매월 일정한 금액을 신규 가입한 해당일에 약속한 회차만큼 불입하기로 약정한 예금
❷ 자유적립식 : 매월 불입금액과 불입일자, 불입회수에 제한을 가하지 않고 예금자의 형편에 따라 자유롭게 불입할 수 있는 상품
❸ 거치식 예금의 종류(이자지급)
　ㄱ. 이자지급식 : 만기 전에 이자를 지급
　ㄴ. 만기지급식 : 만기에 원금과 함께 이자를 지급
❹ 할인식 : 신규 가입 시에 예치 기간에 해당하는 이자를 원금에서 차감하여 지급하는 선지급 방식

구분	특징	종류
정기적립식	매월 일정한 금액을 신규 가입한 해당일에 약속한 회차만큼 불입하기로 약정한 예금	정기적금, 상호부금, 가계우대정기적금
자유적립식	매월 불입금액과 불입일자, 불입회수에 제한을 가하지 않고 예금자의 형편에 따라 자유롭게 불입할 수 있는 상품	근로자우대저축, 장기주택마련저축
거치식	만기 전에 이자를 지급하는 이자지급식, 만기에 원금과 함께 이자를 지급하는 만기지급식과 신규 가입 시에 예치기간에 해당하는 이자를 원금에서 차감하여 지급하는 선지급식으로 구분	정기예금, 발행어음, CD, 표지어음

chapter 02

예금의 종류

입출금식 및 적립식 예금

1 입출금식 예금

(1) 보통예금

가입대상, 예치금액, 예치기간 등에 아무런 제한이 없고 여유자금의 일시적 보관을 목적으로 개설하는 입출금이 자유로운 상품이다. 보통예금은 이자율이 매우 낮은 예금으로 일정 금액 이하는 무이자인 경우도 있다. 이 상품은 세금우대가 적용되지 않는 상품으로 결산기 평잔을 기준으로 적용이율이 결정되며 변동금리 상품은 가입 시점의 금리가 만기까지 적용되는 게 아니라 금리 변경 시 변경된 금리를 구분·적용한다.

❶ 가입대상 : 제한 없음

❷ 가입좌수 예치기간 가입한도 : 제한 없음

❸ 금리 : 자유화

❹ 이자계산 : 적용이율 결정은 결산기 평잔을 기준

❺ 세금혜택 : 없음(일반세율 15.4% 적용)

❻ 예금보호 여부 : 상시보호

(2) 저축예금

보통예금처럼 예치금액, 예치기간 등에 아무런 제한이 없고, 입출금이 자유로우며 실명의 개인에 한하여 1인이 여러 계좌를 거래할 수 있는 예금이다. 이 상품도 세금우대를 적용하지 않는 상품인데 보통예금보다는 조금 더 높은 이자를 받을 수 있는 예금이다. 급여소득자 급여 이체 통장이나 온라인 통장으로 활용되는 상품이다.

❶ 가입대상 : 실명의 개인

❷ 가입좌수 예치기간 가입한도 : 제한 없음

❸ 금리 : 자유화

❹ 세금혜택 : 없음(일반세율 15.4% 적용)

❺ 예금보호 여부 : 상시보호

(3) MMDA(Money Market Deposit Account)

❶ 의의 : MMDA는 '시장금리부 수시입출금식 예금'으로 1997년 7월 4단계 금리자유화 때 저축예금의 금리가 자유화되면서 도입. 이로써 은행도 단 하루만 맡겨도 고금리를 지급하는 자산운용사의 MMF(Money Market Fund)와 종합금융회사의 어음관리계좌(CMA)와 경쟁이 가능하게 됨. 저축예금을 모계좌로 하는 개인용 MMDA상품은 예치금액에 따라 금리를 차등 적용. 언제 필요할지 모르는 목돈을 1개월 이내의 초단기로 운용할 때 유리하며 각종 공과금, 신용카드대금 등의 자동이체용 결제통장으로도 활용할 수 있음. 환매조건부채권(RP), 양도성예금증서(CD) 등 다른 단기 시장성상품에 비해서는 수익률이 낮은 수준이며 특히 일정 금액 미만 소액예금의 경우에는 다른 저축상품보다 금리가 낮아 특별한 장점이 없음

❷ 가입대상 : 개인, 법인·개인기업 등 제한 없음

❸ 금리 : 금액별로 차등 적용(은행별로 상이)

❹ 이자계산방법 : 매일 잔액에 금리를 적용해 이자 가산

❺ 예치기간 및 가입한도 : 제한 없음

2 목돈마련상품

(1) 정기적금

❶ 의의 : 정기적금은 일정한 기간 후에 일정 금액을 지급할 것을 미리 약정하고 매월 특정일에 일정액을 적립하여 만기에 원금과 이자를 지급하는 대표적인 적립식 예금

❷ 가입대상 : 제한 없음

❸ 계약기간 : 6개월 이상 5년 이내(통상 1개월 단위)

❹ 금리 : 자유화

(2) 재형저축

❶ 의의 : 서민의 재산형성을 돕기 위한 적립식 장기저축상품으로 「조세특례제한법」에 의하여 계약기간 중 발생한 이자에 대한 소득세를 부과하지 않는 상품. 재형저축 상품의 기본이율은 3년간 고정금리가 적용되며 이후 1년 단위로 금리가 변동. 이 예금은 「예금자보호법」에 따라 예금보험공사가 보호. 보호한도는 거래은행에 있는 고객의 모든 예금보호 대상 금융상품의 원금과 소정의 이자를 합하여 1인당 최고 5천만 원. 2015년 이후 세제혜택 일몰기간이 종료됨에 따라 신규 가입은 불가하지만, 기존 가입자는 계속해서 비과세 혜택을 받을 수 있음

❷ 가입대상 : 가입 당시 다음에 해당하는 거주자여야 함

　ㄱ. 직전 과세기간의 총 급여액이 5천만 원 이하인 경우(직전 과세기간에 근로소득만 있거나 근로소득 및 종합소득 과세표준에 합산되지 않는 종합소득이 있는 경우로 한정)

　ㄴ. ㄱ에 해당하지 않는 고객으로서 직전 과세기간의 종합소득 과세표준에 합산되는 종합소득금액이 3천 500만 원 이하인 경우(직전 과세기간에 근로소득 또는 사업소득이 있는 경우로 한정)

❸ 계약기간 : 7년(단, 만기일 1영업일 전까지 1회에 한하여 3년 이내의 범위에서 1년 단위로 연장 신청

가능)

④ 적립방법 및 저축금액 : 분기 300만 원 범위 내에서 1만 원 단위로 자유롭게 저축

    ㄱ. 저축한도는 예금주가 가입한 모든 금융회사의 재형저축 납입한도 합계액을 적용

    ㄴ. 은행은 세금우대저축한도 집중기관을 통하여 고객의 저축 가입 가능 한도를 조회·확인할 수 있음

⑤ 세제혜택 : 가입일로부터 7년 이상 경과 후 만기 해지 시 이자소득세를 부과하지 않음. 단, 감면받은 세액(이자소득세 14%)의 10%에 해당하는 농특세(1.4%) 부과함. 만기 후 이자는 일반과세(이자소득세 14%＋지방소득세 1.4%)됨. 계약기간(연장 전에는 7년, 연장 이후에는 그 연장한 기간) 만료일 이전에 해지하는 경우 이자소득 비과세혜택을 받을 수 없음

(3) 주택청약부금

① 의의 : 주택청약부금은 주택금융상품으로 가입자가 일정기간을 정하여 부금을 납입하면 가입기간과 저축금액에 따라 만기 또는 중도에 일정한 금액을 대출해 주는 적립식 상품. 2015년 9월부터 주택청약관련 저축을 주택청약종합저축으로 통합하면서 신규가입은 중단. 다만 통합하기 이전에 가입하여 유지하고 있는 청약부금이 있으면, 기존과 동일한 방식으로 유형에 맞춰 주택청약을 할 수 있음

② 상품특징 : 청약자격 부여, 비과세종합저축으로 활용 가능

③ 가입대상(2015년 9월 이후 신규가입 불가)

    ㄱ. 주택 건설지역에 거주하는 만 19세 이상의 개인

    ㄴ. 만 19세 미만의 세대주도 가입 가능(단, 단독세대주는 가입 불가)

④ 계약기간 : 2~5년

⑤ 적립방법 : 자유적립식 또는 정액적립식(각 은행별 상이하나 매회 5만 원 이상 50만 원 이내에서 월 단위로 자유적립)

⑥ 지역별 청약 가능면적에 따른 예치금액 : 85m²(25.7평) 이하는 각각 서울·부산 300만 원, 기타 광역시 250만 원, 기타 시 및 군 200만 원

⑦ 청약 우선순위

    ㄱ. 순위 : 가입 후 2년(단, 수도권 외 지역은 6~24개월 기간 내에서 시, 도지사가 정하는 기간)이 지난 계좌로 매월 정해진 날짜(신규일 응당일)에 납입하여 납입인정금액이 지역별 해당 예치금액 이상인 고객

ㄴ. 2순위 : 가입 후 6개월이 지난 계좌로 매월 정해진 날짜(신규일 응당일)에 납입하여 납입인정금액이 지역별 예치금액 이상인 고객

❽ 금리 : 은행별로 자유화

(4) 주택청약저축

❶ 의의 : 청약저축은 매월 일정액을 일정기간 불입하면 국민주택(민간건설 중형국민주택 포함) 또는 국가, 지방자치단체, 주택공사 등 공공기관이 공급하는 전용면적 85m² 이하의 주택분양 또는 임대 시 청약권이 주어지는 적립식 저축상품. 2015년 9월부터 주택청약관련 저축을 주택청약종합저축으로 통합하면서 신규가입은 중단. 다만 통합하기 이전에 가입하여 유지하고 있는 청약저축이 있으면, 기존과 동일한 방식으로 유형에 맞춰 주택청약을 할 수 있음

❷ 상품특징 : 청약권 부여, 소득공제 및 비과세 가능

❸ 가입대상 : 무주택 세대주(1세대 1통장) 단, 만 19세 미만 단독세대주는 제외(2015년 9월 이후 신규가입 불가)

❹ 계약기간 : 가입한 날로부터 국민주택 입주자로 선정되는 날까지

❺ 적립금액 : 매달 2만 원 이상 10만 원까지 5천 원 단위로 자유롭게 납입

❻ 금리 : 자유화되었으며, 은행별로 상이

❼ 예금보호 여부 : 「예금자보호법」에 의하여 보호되지는 않으나 국민주택기금의 조성재원으로 정부가 관리(지급보증)

(5) 주택청약 종합저축

❶ 의의 : 주택청약종합저축이란 말 그대로 주택청약을 하기 위해 만들어진 종합저축통장이다. 과거에는 공공아파트와 민영주택을 청약할 때 조건에 맞춰 청약예금과 청약부금, 청약저축을 가입해야 해서 불편했음. 하지만 2015년 9월부터는 가입방식을 주택청약종합저축 하나로 통합하면서, 청약예금, 청약부금, 청약저축에 대한 신규가입은 중단되었음. 다만 통합하기 이전에 가입하여 유지하고 있는 청약예금, 부금, 저축이 있으면, 기존과 동일한 방식으로 유형에 맞춰 주택청약을 할 수 있음

❷ 상품특징 : 청약권 부여, 소득공제 혜택(총급여 7천만 원 이하 근로소득자에 한해 과세연도 납입금액(연 240만 원 한도)의 40%)

❸ 가입대상 : 연령과 주택소유 여부에 관계없이 1인 1계좌만 가능하다. 단, 기존의 청약저축·청약예금의 가입자는 전환가입이 허용되지 않음

❹ 납입방법 : 매월 일정액 적립식과 예치식을 병행. 적립식의 경우 매월 2만 원 이상 50만 원 이하 금액을 5,000원 단위로 납입(예치금 최대한도 1,500만 원)할 수 있음. 다만 입금하려는 금액과 납입누계액의 합이 1,500만 원 이하인 경우에는 납입잔액 1,500만 원까지 월 한도 50만 원을 초과하여 입금할 수 있음

❺ 청약순위 : 가입 후 2년이 지나면 1순위가 되며, 19세 미만은 1순위가 되더라도 청약할 수 없다. 청약자격 발생순위는 신규일로부터 연체선납을 적용하여 순위를 산정. 1순위는 국민주택의 경우 2년이 지난 계좌로 납입인정 회차 24회 이상 납입하여야 하며, 민영주택의 경우 2년이 지난 계좌로 납입인정금액이 지역별 예치금액에 도달하면 됨. 단, 수도권 이외의 지역은 6~24개월 기간으로 시도지사가 정하는 기간이기 때문에 반드시 입주자 모집공고를 확인해야 함. 2순위는 국민주택의 경우 6개월 지난 계좌로 납입인정 회차 6회 이상 납입해야 하며, 민영주택의 경우 6개월 지난 계좌로 납입인정금액이 지역별 예치금액에 도달하여야 함

❻ 금리 : 은행별로 상이함

❼ 예금보호 여부 : 예금자보호법에 의하여 보호되지는 않으나 국민주택기금의 조성재원으로 정부가 관리

표 2-1 민영주택 지역별/전용면적별 예치금액

구분	서울/부산	기타 광역시	기타시군	비고
85㎡ 이하	300만 원	250만 원	200만 원	해당 전용면적은 물론 60㎡ 초과~85㎡ 이하 민간건설중형 국민주택도 청약 가능
85㎡ 초과 102㎡ 이하	600만 원	400만 원	300만 원	해당 전용면적은 물론 85㎡ 이하 민영주택도 청약 가능
102㎡ 초과 135㎡ 이하	1,000만 원	700만 원	400만 원	해당 전용면적만 청약 가능
135㎡ 초과	1,500만 원	1,000만 원	500만 원	해당 전용면적만 청약 가능

(6) 비과세 종합저축

❶ 의의 : 2015년 1월 1일부터 시행되고 있는 비과세종합저축은 기존 비과세 생계형저축이 폐지되고 「조세특례제한법」에 따라 도입된 상품이다. 비과세종합저축에 가입할 수 있는

자는 소득세법 규정에 의한 거주자와 일정 요건을 갖춘자로 제한. 일정한 요건을 갖춘 거주자가 1명당 저축원금이 5천만 원 이하인 비과세종합저축에 2022년 12월 31일까지 가입하는 경우 해당 저축에서 발생하는 이자소득 또는 배당소득에 대해서는 소득세를 부과하지 아니함. 단, 세금우대종합저축에 가입한 거주자로서 세금우대종합저축을 해지 또는 해약하지 아니한 자의 경우에는 5천만 원에서 해당 거주자가 가입한 세금우대종합 저축의 계약금액 총액을 뺀 금액으로 하며 가입 당시 저축자가 비과세 적용을 신청해야 함. 저축원금은 모든 금융회사등 및 공제회에 가입한 비과세종합저축의 계약금액의 총 액으로 함. 이 경우 비과세종합저축에서 발생하여 원금에 전입되는 이자 및 배당 등은 비과세종합저축으로 보되, 계약금액의 총액을 계산할 때에는 산입하지 아니함. 비과세 종합저축을 취급하는 금융회사등 및 공제회는 비과세종합저축만을 입금 또는 출금하는 비과세종합저축통장 또는 거래카드의 표지·속지 또는 거래명세서 등에 '비과세종합저 축'이라는 문구를 표시하여야 함. 비과세종합저축의 계약기간의 만료일 이후 발생하는 이자소득 및 배당소득에 대해서는 법을 적용하지 아니함

❷ 가입대상자

　ㄱ. 65세 이상인 거주자

　ㄴ. 「장애인복지법」 제32조에 따라 등록한 장애인

　ㄷ. 「독립유공자 예우에 관한 법률」에 따라 등록한 독립유공자와 그 유족 또는 가족

　ㄹ. 「국가유공자 등 예우 및 지원에 관한 법률」에 따라 등록한 상이자(傷痍者)

　ㅁ. 「국민기초생활보장법」에 따른 수급자

　ㅂ. 「고엽제후유의증 환자지원 등에 관한 법률」에 따른 고엽제후유의증환자

　ㅅ. 「5·18민주유공자 예우에 관한 법률」에 따른 5·18민주화운동부상자

❸ 비과세종합저축의 요건 : 「금융실명거래 및 비밀보장에 관한 법률」에 따른 금융회사등 및 다음 각 호의 어느 하나에 해당하는 공제회가 취급하는 저축(투자신탁·보험·공제·증권 저축·채권저축 등을 포함)일 것

　ㄱ. 「군인공제회법」에 따라 설립된 군인공제회

　ㄴ. 「대한교원공제회법」에 따라 설립된 대한교원공제회

　ㄷ. 「대한지방행정공제회법」에 따라 설립된 대한지방행정공제회

　ㄹ. 「경찰공제회법」에 따라 설립된 경찰공제회

　ㅁ. 「대한소방공제회법」에 따라 설립된 대한소방공제회

ㅂ.「과학기술인공제회법」에 따라 설립된 과학기술인공제회

❹ 대상상품 : 각 금융회사가 취급하는 모든 예금 등을 원칙으로 하며 단, 다음 상품과 각
취급 금융회사가 별도로 정하는 예금 등은 제외한다.

ㄱ. 증서로 발행되고 유통이 가능한 예금 : CD, 표지어음, 무기명정기예금 등

ㄴ. 어음·수표 등에 의해 지급이 가능한 예금 : 당좌예금, 가계당좌예금 등

ㄷ. 조세특례제한법 등에 따라 기 취급중인 비과세예금 등

ㄹ. 외화예금

❺ 과세방법 : 비과세종합저축에서 발생하는 이자소득 등은 「조세특례제한법」 등에서 정
한 원천징수세율로 과세

❻ 표시방법 : 비과세종합저축 가입자는 신규 가입 시 비과세종합저축으로 신청하여야 하
며 해당 금융회사는 통장의 표지·내지 또는 거래내역서 등에 비과세종합저축이라는
문구를 표시하여야 함

section 02 목돈운용상품

1 정기성 상품

(1) 정기예금

❶ 의의 : 정기예금은 일정한 예치기간을 미리 정하여 일정 금액을 예치하고 기간 만료 전
에는 원칙적으로 지급청구할 수 없도록 되어 있는 기한부예금으로 가장 저축성이 강한
예금. 정기예금은 은행의 입장에서는 약정된 예치기간 동안 지급청구에 응해야 할 부담
이 적기 때문에 다른 예금보다 자금을 장기간 안정적으로 운용할 수 있는 장점이 있고,
예금주의 입장에서는 통상 약정기간이 길수록 높은 이자가 보장되므로 유리한 재산증
식 수단이 되고 있음. 정기예금은 은행뿐만 아니라 농·수협, 상호저축은행 그리고 우
체국에서도 취급하고 있음

❷ 가입대상 : 제한 없음

❸ 가입기간 : 1개월 이상 5년 이내

❹ 금리 : 자유화(확정금리)

❺ 이자계산 : 만기지급식, 월이자지급식

(2) 주가지수연동 정기예금

❶ 의의 : 주가지수연동 금융상품은 기존의 금융상품에 주식 관련 파생상품을 혼합한 형태의 복합상품으로 주가지수의 성과에 따라 수익률이 달라짐. 금융회사별로는 은행의 주가지수연동정기예금(ELD : Equity-linked Deposits), 증권사의 주가지수연동증권(ELS : Equity-linked Securities), 자산운용사의 주가지수연동펀드(ELF : Equity index-linked Funds) 등이 판매되고 있음

주가지수연동정기예금(ELD)은 주가지수 상승률에 연동하여 사전에 약정한 금리를 지급하는 정기예금의 일종으로 주가지수 하락 시에도 원금지급이 보장되는 금융상품. 주가지수연동예금은 조달자금을 주로 대출금 및 유가증권으로 운용하면서 운용예상수익

| 표 2-2 | 주가지수연동형 상품의 비교 |

구분	ELS	ELD	ELF
발행주체	증권사(인가증권사)	은행	자산운용사
투자형태	증권 매입(청약)	예금 가입	펀드 매수
자금운용구조	채권, 주식워런트증권, 주가지수옵션, 주가지수선물	대출금, 증권, 주가지수옵션	펀드(금융공학기법으로 포트폴리오 조정)
수익상환방법	사전에 정해진 조건에 따라 결정(원금보장형, 원금비보장형)	사전에 정해진 조건에 따라 결정(원금 100% 보장형 이상만 가능)	운용성과에 따라 실적배당(원금보존추구형, 원금비보장형)
상환보장 여부	발행사가 지급보장(발행사 신용도 중요)	초과수익은 은행이 지급보장(원금 보장)	신탁재산 신용도 및 운용성과에 따라 지급
중도해지가능 여부	중도해지 가능, 원금손실 가능	중도해지 가능	중도환매 가능(원금손실 가능)
장점	증권사가 제시한 수익을 달성할 수 있도록 상품구성	은행이 제시한 수익보장	추가 수익 발생 가능
단점	추가 수익 없음	추가 수익 없음	제시 수익 보장 없음
예금자보호 여부	없음	5천만 원 한도로 보호	없음

중 일부를 주가지수옵션에 투자하였다가 주가지수 상승 시에는 옵션 행사를 통해 수익을 실현하여 이자를 지급. 주가가 무한정 상승하더라도 주가지수연동예금의 수익률이 최고이율을 초과하지 않는데, 이는 옵션 매도자가 리스크에 과도하게 노출되는 것을 방지하기 위하여 계약기간 중 주가지수가 일정 수준을 초과할 경우에는 옵션 매입자의 수익을 사전에 약정된 일정 수준으로 확정하기 때문임

주가지수 하락 시에는 옵션 행사를 포기함으로써 최대 손실규모가 정기예금 이자발생 예상분으로 지급한 옵션 프리미엄으로 한정. 따라서 주가지수연동정기예금의 가입자는 예금의 만기가 도래했을 때 최악의 경우 이자를 전혀 지급받지 못하고 원금만 되돌려 받을 수도 있음. 주가지수연동정기예금은 정기예금으로서 지준이 부과되며 5천만 원까지는 예금자보호대상에 포함. 만기는 대부분 1년이며 중도해지하면 수수료가 부과됨

주가지수연동 금융상품은 원금보장 여부에 따라 원금보장형과 원금손실 가능형으로 구분할 수 있음. 은행의 주가지수연동정기예금은 전액 원금보장형이며 증권사와 자산운용사의 주가지수연동 금융상품은 두 가지 유형이 다 가능. 또한 주가지수연동 금융상품은 수익실현 방식에 따라 녹아웃형(knock-out), 불스프레드형(bull spread), 디지털형(digital), 리버스컨버터블형(reverse convertible) 등으로 분류할 수 있음. 녹아웃형 및 불스프레드형은 계약기간 중 주가지수가 한 번이라도 약정한 수준에 도달하면 사전에 약정된 확정수익률로 수익을 지급하고 그렇지 못할 경우에는 주가지수 상승률에 따라 수익을 지급. 디지털형은 옵션만기일의 주가지수가 사전에 약정한 수준 이상 또는 이하에 도달하면 확정수익을 지급하고 그렇지 못하면 원금만 지급. 리버스컨버터블형은 옵션만기일의 주가지수가 사전에 약정한 수준 이하로만 하락하지 않으면 일정한 수익을 보장

❷ 가입대상 : 제한 없음

❸ 가입기간 : 일반적으로 1년 이상이나 단기(6개월) 상품도 출시

❹ 금리 : 주가지수에 따라 사전에 약정한 확정수익지급

❺ 예금자보호 여부 : 가능

2 시장성 예금상품

(1) 양도성예금증서(CD)

❶ 의의 : 양도성정기예금증서(CD : Certificate of Deposit)는 정기예금에 양도성을 부여한 것으로서 무기명식(가입자의 명의가 기재되지 않는 증서)으로 발행되며 이자는 할인 방식으로 계산함

환금성 및 안정성이 보장되는 금융상품으로 제3자에게 양도할 수 있으므로 유통시장에서도 매매가 이루어짐. 양도성예금증서는 표지어음, 환매조건부채권과 함께 대표적인 단기상품이었으나, 1997년의 제4단계 금리자유화 이후 계약기간에 30일 이상 제한이 없어짐에 따라 장기로도 가입할 수 있게 되었음. 그러나 현재도 단기상품 위주로 판매되고 있으며, 장기는 실세연동정기예금이 주로 이용되고 있음

❷ 상품특징 : 증서 만기 전에 중도해지는 불가능하며 다만 유통시장(증권회사, 종금사)을 통해서 매각하여 현금화할 수 있음. 또 할인식 상품이기 때문에 이자는 발행 시에 선지급되고, 만기 후에는 별도의 이자없이 액면금액(증서상의 금액)만 수령함

❸ 가입대상 : 제한 없음

❹ 가입기간 : 30일 이상 제한 없음

❺ 예치한도 : 제한 없음(은행별로 500만 원 이상으로 제한하는 경우도 있음)

❻ 취급기관 : 발행기관(은행), 유통기관(증권회사, 종금사)

❼ 수익률 : 자유금리상품으로 실세금리에 따라 매일 고시(확정금리)

❽ 이자지급 : 할인식으로 예치기간 동안의 액면금액에 대한 이자를 액면금액에서 차감하여 선지급한 후, 만기지급 시에는 증서소지인에게 액면금액을 지급

(2) 환매조건부채권(RP)

❶ 의의 : 환매조건부채권매매(RP : Repurchasing Agreement)는 일정기간 경과 후에 사전에 정해진 매매 가격(원금에 이자를 가산한 금액)으로 채권(국채, 지방채, 특수채 등)을 다시 매수하거나 매도할 것을 조건으로 한 채권매매방식. 이 중 은행이 보유하고 있는 채권을 일정기간 경과 후 일정 가격으로 다시 매수할 것을 조건으로 고객에게 매도하는 상품을 환매조건부채권매도라고 함. 은행은 환매조건부채권매도를 발행할 경우 채권 매각에 따른

자본손실 없이 단기간에 필요자금을 보다 쉽게 조달할 수 있는 장점이 있음. 대부분의 예금이 예금자보호대상이지만, 1998년 7월 25일 이후 발행한 환매조건부채권은 예금자보호대상 상품이 아님. 예금자보호대상은 아니지만 정부, 지방자치단체 등이 발행한 국공채를 대상으로 투자되므로 안정성이 높은 편임. 대부분 만기가 지난 후에는 별도의 이자를 가산해 주지 않으므로 유의해야 함

　　주로 통장거래로 이루어지며 30일 이내 중도환매 시에는 당초 약정금리보다 훨씬 낮은 금리를 적용받게 됨

❷ 가입대상 : 제한 없음

❸ 약정기간 : 제한 없음

❹ 최소거래금액 : 제한이 없으나 500만 원~1,000만 원 이상이 일반적임

❺ 취급기관 : 은행, 종금사, 증권회사, 한국증권금융, 우체국

❻ 수익률 : 자유금리상품으로 실세금리에 따라 매일 고시(확정금리)

(3) 표지어음

❶ 의의 : 표지어음은 은행이 할인하여 보유하고 있는 상업어음이나 외상매출채권을 분할하거나 통합하여 은행을 지급인으로 하는 새로운 어음을 발행하여 가입자에게 판매하는 금융상품. 은행 명의로 발행하는 어음으로 안전하며, 가입자의 명의가 기재되는 기명식 어음으로 배서에 의해 타인에게 양도할 수 있으며, 이자는 양도성예금증서와 마찬가지로 할인식으로 지급. 상업어음매출이나 무역어음매출은 가입자가 원하는 금액과 기간의 어음을 은행이 보유하고 있어야 거래할 수 있음. 그러나 표지어음은 이와는 달리 은행이 보유하고 있는 전체 어음금액과 기간 내에서 투자자의 여건에 맞는 금액과 기간을 정하여 거래할 수 있다는 장점이 있음. 또 가입자가 표지어음 실물을 은행에서 보관하기를 원하면 실물은 은행에서 보관하고 표지어음 보관통장을 교부할 수 있음. 만기 전에는 중도해지가 불가능하나 배서에 의한 양도는 가능함. 할인매출의 특성상 만기 이자를 지급하지 않음

❷ 가입대상 : 제한 없음

❸ 거래금액 : 제한 없음(은행별로 금액 제한 가능)

❹ 가입기간 : 원어음의 최장 만기일 범위 내

❺ 수익률 : 자유금리상품으로 실세금리에 따라 매일 고시(확정금리)

❻ 이자지급 : 할인식으로 예치기간 동안의 액면금액에 대한 이자를 액면금액에서 차감하여 선지급한 후, 만기지급 시에는 증서 소지인에게 액면금액을 지급

❼ 취급기관 : 은행, 종합금융회사, 상호저축은행

(4) 금융채

❶ 의의 : 한국산업은행(산업금융채권), 중소기업은행(중소기업금융채권), 일반은행(○○은행채권) 등이 장기자금을 조달하기 위하여 발행하는 장기채권. 금융채의 발행금리는 시중금리와 연동되어 있고 원리금의 지급을 발행은행이 보증함. 이자지급방식에 따라 할인채, 복리채, 이표채로 구분할 수 있음. 원칙적으로 중도환매되지 않으므로 만기 이전에는 증권회사에 매각하여 현금화할 수 있음

❷ 취급기관 : 은행, 증권회사

❸ 가입대상 : 제한 없음

❹ 투자기간 : 1년, 2년, 3년, 5년

❺ 투자단위 : 10만 원 단위(복리채는 10만 원 이상 1만 원 단위)로 제한 없음

❻ 이자계산

　ㄱ. 할인채 : 할인발행 후 만기에 채권의 액면금액을 지급

　ㄴ. 복리채 : 만기에 원금과 함께 지급(3개월마다 복리로 계산)

　ㄷ. 이표채 : 일정기간(1개월/3개월)마다 이자를 지급하고, 만기에 원금을 지급

(5) 후순위채

❶ 의의 : 후순위채는 채권의 발행자가 파산하는 경우 주주보다는 우선하여 상환받을 수 있으나 다른 채권자보다는 상환순위가 뒤지는 채권. 후순위채권의 발행자가 파산하는 경우 다른 채권자보다 상환순위가 늦어 원금손실을 볼 수도 있으나 상대적으로 금리가 높아 고수익을 올릴 수 있는 장점이 있음

　중도해지 및 담보대출은 불가능하나 채권 매입 고객이 양수자를 지정한 경우에는 양·수도절차를 통해서 양도는 가능하며, 증권회사를 통하여 매도할 수 있음. 채권의 발행일로부터 상환일까지의 기간이 10년 이상인 채권은 금융소득 종합과세에 대비하여 채권이자소득에 대해 분리과세(33.0%)를 신청할 수 있음

❷ 취급기관 : 은행, 증권회사

③ 가입대상 : 제한 없음

④ 투자기간 : 5년 이상(채권의 발행기관 또는 발행 시마다 상이)

⑤ 투자단위 : 보통 1,000만 원 이상 10만 원 단위

⑥ 이자계산

　ㄱ. 할인채 : 할인발행 후 만기에 채권의 액면금액을 지급

　ㄴ. 복리채 : 만기에 원금과 함께 지급

　ㄷ. 이표채 : 일정기간(1개월/3개월)마다 이자를 지급하고, 만기에 원금을 지급

section 03 | 대출 관련 예금상품

(1) 상호부금

① 의의 : 일정한 기간을 정하여 부금을 납입하면 중도 또는 만기에 일정 금액 대출자격이 부여되는 저축. 이 상품은 대출수혜가 가능한 확정금리부 적립식 저축이라는 특징을 갖고 있음. 저축방법은 정액적립식과 자유적립식이 있고, 최저가입금액과 1회납입금액은 은행마다 조금씩 차이가 남. 만기일 이전에 중도해지 하면 약정한 금리보다 낮은 중도해지 금리를 적용. 중도해지금리는 은행마다 차이가 남. 만기 후에는 적용금리가 가입 당시 약정이율의 절반 수준 이하로 낮아짐. 예금자보호법에 의해 상시 보호되는 상품. 개인의 경우 전 금융회사 통합한도 범위 내에서 비과세종합저축이 가능

② 취급기관 : 은행

③ 가입대상 : 제한 없음

④ 계약기간 : 6개월 이상 60개월 이내

⑤ 대출

　ㄱ. 대출자격 발생 시기 : 총 납입회수 1/4회차 이상 부금 납입 후

　ㄴ. 대출금액 : 상호부금 계약금액 범위 내(은행마다 상이)

(2) 종합통장대출

❶ 의의 : 종합통장 자동대출제도를 이용하면 자신의 예·적금 거래실적, 신용카드 이용실적, 공과금 납부실적, 급여 이체실적 등에 따라 일정 범위 내에서 대출 약정기간 동안 필요한 자금을 수시로 빌려 쓸 수 있는 혜택을 받을 수 있음. 통장잔액이 마이너스(−)일 때에는 그 금액과 기간에 따라 대출이자를 내면 됨. 대출금액은 통장잔액란에 마이너스(−)로 표기되며, 대출기간 중 여유자금이 있으면 즉시 상환할 수 있어 만기에 구애받지 않고 빌려 쓴 기간에 대해서만 이자를 내므로 이자부담을 줄일 수 있음

   카드결제, 각종 공과금 자동이체 등을 종합통장에 자동이체 등록해 두면 납부일자에 잔액이 없더라도 자동으로 대출이 이루어지므로 연체에 따른 불이익을 줄일 수 있음

❷ 취급기관 : 은행(산업은행, 수출입은행 제외), 상호저축은행, 새마을금고, 신용협동조합 등도 은행의 종합통장 자동대출제도와 유사한 대출을 취급하고 있음

❸ 대출조건 : 예금평잔(보통 3개월), 정기예·적금 및 부금의 납입액, 급여(연금) 이체액, 신용카드 이용액, 공과금 납부액, 외환거래 등 은행 거래실적과 거래기간을 종합적으로 고려하여 산정

❹ 대출한도 : 대출조건과 상황에 따라 상이

❺ 대출기간 : 1년 이내(거래실적에 따라 3년까지 가능)

❻ 대출방법 : 대출한도 범위 내에서 필요할 때마다 수시로 인출하는 회전식 자동대출로 대출기간 만료 시에는 대출금액을 전액 상환한 후에 다시 대출

❼ 상환방법 : 여유자금이 있을 때마다 종합통장에 입금하면 입금액만큼 대출금액을 자동으로 상환

❽ 대출이자 : 대출금액 및 일수에 따라 매월 정산하여 종합통장잔액에서 정리되며 현행 대출이자율은 기본 대출금리에 거래실적, 대출금액, 고객신용도 등에 따라 0~4% 정도 가산금리를 차등 적용됨

❾ 채권보전 : 담보, 연대보증, 신용(직업, 대출금액 등에 따라 채권보전방법이 달라짐)

chapter 03

신탁상품의 개념과 특징

신탁과 신탁업 개념

1   신탁의 정의

신탁이란 신탁 설정자(위탁자)와 신탁을 인수하는 자(수탁자) 사이의 특별한 신임관계에 기하여 위탁자가 특정 재산권을 수탁자에게 이전하거나 기타의 처분을 하고 수탁자로 하여금 일정한 자(수익자)의 이익을 위하여 또는 특정의 목적을 위하여 그 재산권을 관리, 처분하게 하는 법률관계를 말한다. 신탁 행위는 신탁 계약(쌍방의 계약)이나 유언(단독 행위)에 의하여 신탁을 설정하기 위한 법률 행위다. 수탁자는 신탁 본래의 취지에 따라 선량한 관리자의 주의로써 신탁재산을 관리 또는 처분하여야 한다.

　신탁업무는 신탁관계인, 신탁재산 등의 개념과 수탁자의 권리의무 등 신탁에 관한 일반적인 법률관계를 민사적 차원에서 규정하고 있는 신탁법과 신탁업자 업무의 내용, 감독 등을 규정하고 있는 자본시장법령에 의하여 운영된다.

　현행 자본시장법에서는 신탁업무를 영위하는 회사인 신탁회사가 인수할 수 있는 재산을 금전, 유가증권, 금전채권, 동산, 토지와 그 정착물, 지상권, 전세권 및 토지의 임차권, 무체재산권 등으로 예시하고 있는데, 이 중 금전을 인수하는 경우를 금전의 신탁이라고 하고 금전 이외의 재산을 인수하는 경우를 금전 이외의 재산신탁이라고 한다.

　금전신탁은 신탁기간이 만료되어 상환할 때 원본과 수익을 금전으로 교부하는 데 반해, 금외신탁(금전 이외의 재산신탁)은 만기일 현재 운용하고 있는 재산형태 그대로 교부한다. 다시 말해, 금전신탁이라 함은 위탁자로부터 금전을 수탁하여 일정기간 대출, 투자 등으로 관리·운용한 후 그 수익과 원본을 금전으로 수익자에게 교부하는 신탁을 말한다. 금전신탁은 다시 위탁하는 금전의 운용방법에 따라 특정금전신탁과 불특정금전신탁으로 구분된다.

　자본시장법은 신탁재산에 속하는 금전의 운용방법을 증권, 장내외 파생상품 등 금융투자상품의 매수, 금융회사에의 예치, 금전채권의 매수, 대출, 어음의 매수, 실물자산의 매수, 무체재산권의 매수, 부동산의 매수 또는 개발, 그 밖에 신탁재산의 안전성·수익성 등을 고려하여 대통령령으로 정하는 방법 등으로 제한하고 있다. 또한 신탁운용자산의 처분은 이익상충 방지를 위해 시장에서 매매하는 것을 원칙으로 하며 특정 신탁상품의 수익률을 제고할 목적으로 운용자산을 편출하거나 편입할 수 없다.

　금전 이외의 재산신탁은 유가증권이나 부동산, 금 등 금전 이외의 재산으로 신탁재산을 인수하여 신탁 종료 시 운용 현상 그대로 교부하는 신탁을 말한다. 이 중 유가증권신탁은 유가증권을 신탁재산으로 인수하는 신탁이고, 금전채권신탁은 금전채권을 신탁재산으로 인수하는 신탁이다.

　한편 신탁과 관련해서 채권 시가평가제도를 이해할 필요가 있다. 채권 시가평가제도는 주식과 마찬가지로 채권도 매일 시장에서 거래되는 실제 가격, 또는 금융투자협회 등에서 공시하는 시가평가기준 수익률에 의해 계산한 공정 가격으로 가치를 평가하여 금리변동에 따른 자산가치 변화를 해당 펀드에 매일 반영하도록 하고 있다. 가격변동에 따른 원본손실 위험이 있다는 얘기다. 하지만 채권은 보유기간의 경과에 따라 이자분이 누적되고 재투자에 따른 운용수익도 기대할 수 있어 금리의 급격한 상승으로 인한 가격 하락의 경우를 제외하고는 채권에서 손실이 발생할 확률은 그리 크지 않다. 만기상환 시에는 가격 변동이 없다. 위험이 조금 늘어난 만큼 펀드매니저의 운용능력, 채권 가격의 상승으로 매매차익 실현을 통해 높은 수익을 기대할 수 있어 이전 장부가 평가방식보다 높은 기대수익률을 달성할 수 있다는 장점도 가진다.

2   신탁업 유형

신탁업자로는 은행, 금융투자업자(증권회사), 보험회사 등의 신탁겸업사와 부동산 신탁회사가 있다. 겸업사의 경우 부동산 신탁업무의 범위 등에서 다소 차이가 있는 점을 제외하고는 대부분 동일하다. 겸업사 신탁계정에서는 금전 및 재산을 신탁받아 이를 유가증권, 대출금 등으로 운용하여 그 수익을 분배하는 업무가 이루어진다. 한편 신탁업자는 일반적으로 자본시장법에 따라 신탁의 인수, 신탁재산의 관리·운용·처분 등에 관한 업무 및 이에 부수하는 업무를 영위하며, 신탁법, 담보부사채신탁법 등에 의한 신탁업무도 수행하고 있다.

(1) 수탁업무

자본시장법상 신탁업자가 신탁계약에 따라 인수할 수 있는 재산은 금전, 증권, 금전채권, 동산, 부동산, 지상권·전세권·부동산 임차권·부동산 소유권 이전등기청구권 및 그 밖의 부동산 관련 권리, 지적재산권 등 무체재산권으로 제한되어 있다. 수탁업무는 이러한 인수재산에 따라 크게 금전신탁과 재산신탁으로 구분된다. 이외에도 담보부사채신탁법, 신탁법 등에 근거를 두고 담보부사채신탁, 공익신탁 등의 수탁업무를 영위하고 있다. 한편 신탁업자는 신탁 당시 인수한 재산에 대하여 손실보전 및 이익보전 계약을 체결할 수 없다. 다만, 연금이나 퇴직금의 지급을 목적으로 금융위원회가 정하는 신탁의 경우 손실보전이나 이익보장을 할 수 있다.

금전신탁은 신탁 인수 시 신탁재산으로 금전을 수탁하여 신탁 종료 시에 금전 또는 운용자산 그대로 수익자에게 교부하는 신탁이다. 금전신탁은 위탁자가 위탁금전의 운용방법을 지정하는지의 여부에 따라 특정금전신탁과 불특정금전신탁으로 구분한다. 또한 수탁자의 신탁재산 운용방식에 따라 다른 신탁금과 합동으로 운영되는 합동운용신탁과 단독으로 운용되는 단독운용신탁으로 나눌 수 있다.

재산신탁은 신탁 인수 시 신탁재산으로 유가증권·금전채권·부동산 등을 수탁하여 신탁계약 내용에 따라 관리·처분·운용한 후 신탁 종료 시에 금전 또는 신탁재산의 운용 현상 그대로 수익자에게 교부하는 신탁을 말한다. 재산신탁의 종류로는 수탁재산에 따라 유가증권신탁, 금전채권신탁, 동산신탁, 부동산신탁, 지상권·전세권·부동산 임차권의 신탁 등으로 나눌 수 있다.

이 밖에 자본시장법상 허용되어 있는 수탁업무로는 동산신탁, 지상권의 신탁, 전세권의 신탁, 부동산 임차권의 신탁 등이 있으나 현재 취급실적은 거의 없다.

(2) 운용업무

자본시장법은 신탁재산에 속하는 금전의 운용방법을 증권, 장내외 파생상품 등 금융투자상품의 매수, 금융기관에의 예치, 금전채권의 매수, 대출, 어음의 매수, 실물자산의 매수, 무체재산권의 매수, 부동산의 매수 또는 개발, 그 밖에 신탁재산의 안전성·수익성 등을 고려하여 대통령령으로 정하는 방법 등으로 제한하고 있다. 또한 신탁운용자산의 처분은 이익상충 방지를 위해 시장을 통하여 매매함을 원칙으로 하며 특정 신탁상품의 수익률을 제고할 목적으로 운용자산을 편출하거나 편입할 수 없다.

---

section 02 신탁상품 특징

1 일반적 특징

신탁은 타인에 의한 재산 관리·처분제도의 하나로 대리, 후견 등과 유사하다. 위탁자가 재산권을 수탁자에게 이전 또는 처분하는 것이며, 수탁자가 그 명의인이 된다. 수탁자는 신탁재산에 대하여 대외적으로 유일한 관리·처분권자가 된다. 위탁자는 수탁자에 대해 지시할 수는 있어도, 스스로 신탁재산상의 권리를 행사할 수는 없다. 신탁재산을 관리·처분한 결과로 생긴 제3자와의 권리·의무는 신탁재산의 관리기관인 수탁자에 귀속하고, 위탁자 또는 수익자에게 직접 귀속하지 않는다.

수탁자는 그 임무의 수행과 권리의 행사를 신탁목적에 따라 수익자를 위해 행하여야 한다. 재산은 법률상·형식상 수탁자에 귀속되어 있으나, 경제상·실질상으로는 수익자에게 귀속되므로 신탁을 '이중의 소유권'이라고도 한다.

신탁재산은 법인격이 없지만 수탁자로부터 독립되어 있다. 법률적으로 수탁자에게 귀속하지만 수익자를 위한 재산이므로 수탁자의 고유재산 및 위탁자의 고유재산으로부터 독립되어 있다. 신탁재산은 수탁자의 상속재산·파산재단에 속하지 않으며, 신탁재산에 대한 강제집행 및 경매가 불가하고, 신탁재산인 채권과 다른 채무와의 상계가 금지된다. 수탁자가 사망 또는 사임하더라도 신탁관계는 종료되지 않는다. 수탁자가 신탁의 본지에 반하여 신탁재산을 처분한 때에는 일정한 요건에 해당하는 경우 수익자 등에게 물권적 추급권이 인정된다.

신탁은 수탁자에 대한 위탁자의 강한 신임관계, 즉 개인적 요소로 성립하나 일단 신탁이 성립되면 수탁자가 사망, 사임하여도 신탁은 그대로 존속한다. 위탁자는 수익자의 지위를 겸할 수 있으나(자익신탁), 수탁자는 원칙적으로 수익자 및 위탁자의 지위를 동시에 겸할 수 없다(자기계약 금지).

2	**금전신탁과 예금의 비교**

금전신탁은 예금과 같이 돈을 맡긴다는 의미에서 유사하다. 그러나 금전신탁은 계약관계상 위탁자와 수익자가 다를 수 있다. 계약성질도 다르다. 금전신탁은 신탁법에 의한 신탁행위이고, 예금은 민법에 의한 소비임치계약이다. 그 외 다른 점은 아래 표를 참고한다.

표 3-1 신탁과 예금의 비교

구분	금전신탁	예금
재산관계	신탁재산	고유재산
계약관계인	위탁자, 수탁자, 수익자(3자관계)	예금자, 은행(양자관계)
계약의 성질	신탁행위(신탁법)	소비임치계약(민법)
운용방법	신탁계약 및 법령 범위 내에서 정함	원칙적으로 제한 없음
이익분배	운용수익−신탁보수＝배당(실적배당)	약정이자(확정이율)
원본 및 이익보장	원칙적으로 원금 및 수익에 대해 보장할 의무가 없음. 단, 불특정금전신탁의 경우 특약에 의해 보장 가능	원금과 약정이자의 지급의무가 있음

3 신탁과 펀드의 비교

신탁상품과 펀드는 믿고 맡긴다는 점에서는 동일하다. 하지만 펀드는 자산운용을 운용하는 회사와 자산을 보관하는 회사가 엄격히 구분되어 있다는 점에서 신탁과 다르다. 그뿐 아니라 신탁은 신탁보수만 징수하나 일반 펀드는 운용보수, 판매보수, 수탁보수 등을 징수하는 보수 체계를 가지고 있다.

표 3-2 신탁과 펀드의 비교

구분	신탁	펀드(투자신탁)
계약 형태	신탁 계약	투자신탁 계약
증권 형태	신탁증서(유가증권 아님)	수익증권(유가증권)
당사자	• 위탁자 : 고객 • 수탁자 : 신탁회사(자산보관, 관리) • 수익자 : 고객 혹은 고객지정 제3자	• 위탁자 : 자산운용사(자산운용) • 수탁자 : 신탁회사(자산보관, 관리) • 수익자 : 고객 혹은 고객지정 제3자
운용 및 판매 형태	운용 및 판매 : 신탁회사(증권사)	• 운용 : 자산운용사, • 판매 : 증권사, 은행, 보험사 등
수수료	신탁보수	운용보수＋판매보수＋수탁보수

chapter 04

신탁상품의 종류

section 01 금전신탁

1 금전신탁의 업무

금전신탁은 신탁 인수 시 신탁재산으로 금전을 수탁하고 수탁받은 금전을 수탁자가 운용하여 신탁 해지 시 원본과 수익을 금전의 형태로 수익자에게 교부하는 신탁을 말한다. 금전신탁은 위탁자가 금전을 일정 기간 예치하고 이자에 해당하는 신탁이익을 지급(배당)받는다. 그렇지만 실적배당을 원칙으로 하고, 고유재산은 물론 다른 신탁재산과도 구분하여 관리·운용된다는 점에서 예금과는 근본적으로 다르다.

(1) 운용대상 지정 여부에 따른 구분

❶ 불특정금전신탁 : 위탁자가 신탁재산인 금전의 운용 방법을 지정하지 아니하는 금전신탁. 수탁자는 신탁재산을 자본시장법 등 관계법규에서 정한 대상 자산에 자유롭게 투자·운용하고, 그 운용수익을 위탁자에게 배당

❷ 특정금전신탁 : 위탁자가 신탁재산인 금전의 운용 방법을 지정하는 금전신탁. 위탁자가 자본시장법 등 관계법규에서 정한 운용 방법을 지정하고, 수탁자는 위탁자가 지정한 방법에 따라 운용해야 하며 다른 신탁상품과 합동운용할 수는 없음

(2) 운용방법에 따른 구분

❶ 합동운용신탁 : 신탁업자는 신탁재산을 효율적으로 운용하기 위하여 수탁한 금전을 공동으로 운용하고, 그 운용수익을 수익자에게 배당할 수 있음

❷ 단독운용신탁 : 신탁재산 간의 분별관리 의무에 충실하여 위탁자 및 수탁 건별로 구분하여 운용하는 신탁. 재산신탁과 특정금전신탁 등이 여기에 해당

(3) 원본 또는 이익보전 여부에 따른 구분

❶ 약정배당신탁 : 신탁업자는 수탁한 재산에 대하여 손실의 보전이나 이익의 보장을 하여서는 아니 된다. 현재 원리금이 보전되는 여타 상품은 없음

❷ 실적배당신탁 : 신탁재산의 운용수익에 따라 배당금을 지급하기로 한 신탁이다. 신탁회사는 실적배당 원칙에 따라 원칙적으로 인수한 재산에 대하여 원본 또는 이익의 보전 계약을 할 수 없도록 규정하고 있음

3   특정금전신탁

투자자가 신탁재산의 운용을 지정하느냐 여부에 따라 특정금전신탁과 불특정금전신탁으로 구분된다. 투자자가 신탁재산의 운용을 지정하지 않았을 경우 불특정금전신탁이라고 하며 신

탁재산의 운용을 지정한 경우 특정금전신탁이라 한다.

❶ 의의 : 투자자는 자신이 맡긴 돈의 운용대상, 운용방법 및 운용조건 등을 은행에 지시하고, 은행은 고객이 지시한 내용대로 운용하고 운용수익에서 일정한 비용(신탁보수 등)을 차감 후 실적배당하는 상품. 고객의 투자성향, 투자기간, 기대수익률 등에 따라 맞춤형 투자가 가능. 특정금전신탁에 발생한 수익은 고객이 직접 유가증권 등에 투자한 것으로 가정하여 과세. 즉, 유가증권의 매매차익은 비과세하고, 유가증권이자는 이자소득으로, 주식배당금은 배당소득으로 과세. 운용자산의 안전성(신용도)을 감안하여 가입하여야 함

❷ 가입대상 : 제한 없음

❸ 종류 : 채권형, 주식형, 랩어카운트형(Wrap Account는 고객이 예탁한 자산에 대한 포트폴리오 구성 및 투자자문 등의 자산관리서비스를 제공하고 이에 대해 일정률의 수수료를 받는 형태)

❹ 예탁한도 : 5,000만 원 이상(취급기관에 따라 다름)

❺ 예탁기간 : 제한 없음(일반적으로 3개월 이상)

❻ 수익계산 : 만기 일시지급식 또는 이자지급식 등

❼ 중도해지 : 가능(단, 운용자산의 처분이 가능한 경우에 한함)

4	연금저축신탁

❶ 의의 : 연금저축은 개인의 노후생활 및 장래의 생활안정을 목적으로 일정 금액을 적립하여 연금으로 원리금을 수령할 수 있는 장기 금융상품. 연금저축 가입자에게 저축금액에 세액공제 혜택이 주어짐. 대신 연금을 수령할 때 세액공제 받고 저축한 원금과 운용수익에 연금소득세가 부과됨

연금저축상품은 취급하는 금융회사에 따라 은행의 연금저축신탁, 보험사의 연금저축보험, 자산운용사의 연금저축펀드가 있음. 이 중 은행의 연금저축신탁은 2018년 이후 신규 판매가 중단되어 새로이 가입할 수는 없음. 하지만 기존 가입자는 계속 저축하면서 저축금액에 대해 세액공제 혜택을 받고 나중에 연금을 수령할 수 있음

표 4-1 금융권역별 상품특징

	은행	증권사	생명보험	손해보험
상품	연금저축신탁	연금저축펀드계좌	연금저축보험	연금저축보험
납입방식	자유납	자유납	정기납	정기납
연금형태	확정	확정	종신, 확정	확정(−25년)
예금자보호법	적용	적용되지 않음	적용	적용

❷ 취급기관 : 은행(2018년 이후 신규 판매 중단)

❸ 가입자격 : 제한없음

❹ 연간저축한도 : 연간 1,800만원(전 금융회사 연금저축과 IRP 저축금액 합산), 이와 별도로 당해 연도 ISA 만기 금액 이체 가능

❺ 가입기간 : 5년 이상 가입하고 55세 이후 연금 수령 가능

❻ 수익률 : 실적배당, 금리연동형 또는 확정형

❼ 연금수령방식

ㄱ. 연금수령한도

$$연금수령한도 = \frac{과세기간개시일(연금개시신청일) \ 현재평가액}{(11 - 연금수령연차)} \times 120\%$$

ㄴ. 연금수령한도를 초과해 인출한 금액은 연금 외 수령으로 간주

❽ 세제혜택

ㄱ. 세액공제한도

연간 600만 원

+ISA 만기 전환금액의 10%(연간 최대 300만 원)

ㄴ. 세액공제율

−16.5%(종합소득 4,500만 원, 총급여 5,500만 원 이하자)

−13.2%(종합소득 4,500만 원, 총급여 5,500만 원 초과자)

ㄷ. 과세이연

−운용기간 동안 발생한 이자와 배당소득에 대해 비과세(인출시 과세)

ㄹ. 연금수령시 저율과세
- 연령별 차등 세율 적용 : 55세~69세 5.5%(종신형연금 4.4%), 70세~79세 4.4%, 80세 이상 3.3%

ㅁ. 연금 외 수령시
- 중도해지, 연금수령한도 초과 인출금액 : 기타소득세 16.5%(분리과세)
- 부득이한 사유에 해당되면 3.3~5.5% 세율로 분리과세(천재지변, 사망 또는 해외이주, 파산선고, 개인회생 등)

표 4-2 연금저축 주요 내용

구분		내용	
가입대상		누구나 가입가능	
납입한도		연간 1,800만 원 +ISA계좌 만기금액	
세액공제 한도		연간 600만 원 +ISA 만기 전환금액의 10%(연간 최대 300만 원)	
공제율		16.5%(종합소득 4,500만 원, 총급여 5,500만 원 이하자) 13.2%(종합소득 4,500만 원, 총급여 5,500만 원 초과자)	
연금 수령	요건	가입 후 5년 경과, 만 55세 이후	
	연간 한도	연금수령한도 $= \dfrac{\text{과세기간개시일(연금개시신청일) 현재평가액}}{(11 - \text{연금수령연차})} \times 120\%$	
	과세	연금 수령(연령별 차등 세율 적용) (아래 표 참조) 연금외 수령시(중도해지, 연금수령한도 초과 인출금액) - 기타소득세 16.5%(분리과세) - 부득이한 사유에 해당되면 3.3~5.5% 세율로 분리과세 (천재지변, 사망 또는 해외이주, 파산선고, 개인회생 등)	

구분	나이(연금수령일 현재)	세율
확정형연금	만 55세 이상 만 70세 미만	5.5%
	만 70세 이상 만 80세 미만	4.4%
	만 80세 이상	3.3%
종신형연금	만 80세 미만	4.4%
	만 80세 이상	3.3%

section 02 | 재산신탁

재산신탁은 신탁 인수 시 신탁재산으로 유가증권·금전채권·부동산 등을 수탁하여 신탁계약 내용에 따라 관리·처분·운용한 후 신탁 종료 시에 금전 또는 신탁재산의 운용 현상 그대로 수익자에게 교부하는 신탁을 말한다. 재산신탁의 종류로는 수탁재산에 따라 유가증권신탁, 금전채권신탁, 동산신탁, 부동산신탁, 지상권·전세권·부동산 임차권의 신탁 등으로 나눌 수 있다. 이 밖에 자본시장법상 허용되어 있는 수탁업무로는 지상권의 신탁, 전세권의 신탁, 부동산 임차권의 신탁 등이 있다.

1 | 유가증권신탁

유가증권신탁은 유가증권관리신탁, 유가증권운용신탁, 유가증권처분신탁으로 구분된다. 유가증권관리신탁은 유가증권의 보관, 이자·배당금·상환금의 수령, 증자대금의 불입 등 유가증권의 관리를 목적으로 하는 신탁을 말한다. 유가증권운용신탁은 유가증권을 대여하여 대여료를 수취하거나 유가증권을 담보로 수탁자가 차입하여 운용하는 등 유가증권 운용수익을 목적으로 하는 신탁이며, 유가증권처분신탁은 수탁 유가증권을 처분하기 위한 신탁이다.

2 | 금전채권신탁

금전채권신탁은 수익자를 위해 금전채권의 추심·관리·처분을 목적으로 금전채권을 신탁하고 신탁 종료 시 수익자에게 원본과 수익을 금전으로 교부하는 신탁이다.

　부동산 신탁은 인수하는 신탁재산의 형태가 토지 및 그 정착물인 부동산이며 신탁목적에 따라 관리, 처분, 담보, 토지신탁 등으로 구분한다. 토지신탁은 부동산 신탁회사만 취급 가능하다. 부동산 신탁회사는 부동산 소유자인 위탁자와 신탁계약을 체결하고 그 부동산을 관리·처분·개발함으로써 나오는 수익을 수익자에게 교부하고 그 대가로 수수료(신탁보수)를 취득한다. 부동산 신탁회사는 인가조건으로 그 수탁 가능 재산이 부동산 등으로 제한됨에 따라 부동산을 수탁받아 그 관리, 처분, 개발을 대행하는 업무를 수행하고 부수업무로서 주로 부동산 컨설팅, 대리사무, 부동산 매매의 중개 등을 수행한다. 참고로 부동산 신탁과 유사 개념으로 부동산 투자신탁이 있다. 금전을 신탁받아 부동산에 투자하는 기존의 불특정금전신탁 상품을 일컫는 것으로서 현물인 부동산 자체를 신탁받는 부동산 신탁과는 근본적으로 차이가 있다.

　부동산의 관리, 처분, 개발에 신탁제도를 도입한 이유는 신탁재산의 독립성이 보장되고 강제집행 등이 금지되어 수익자와 신탁재산의 보호에 만전을 기할 수 있기 때문이다. 부동산 신탁은 부동산에 대한 전문성을 보유한 신탁회사가 부동산을 관리·개발함으로써 한정된 자원을 효율적으로 이용할 수 있다. 부동산 매매가 수반되지 않으므로 양도과정에서의 양도세 및 등록세 등 제반비용을 절감할 수 있다.

(1) 부동산 토지신탁

토지신탁은 크게 분양형 토지신탁과 임대형 토지신탁으로 구분된다.

❶ 분양형 토지신탁 : 신탁토지에 택지조성, 건축 등의 사업을 시행한 후 이를 분양하여 발생한 분양수익을 수익자에게 교부하는 것을 목적으로 하는 신탁으로 우리나라 토지신탁의 주종을 이루고 있음

❷ 임대형 토지신탁 : 토지신탁의 기본형으로 신탁토지에 택지조성, 건축 등의 사업을 시행한 후 일정기간 동안 임대하여 발생한 임대수익 및 원본을 수익자에게 교부하는 것을 목적으로 하는 신탁. 신탁기간이 종료되면 신탁받은 토지를 처분하여 현금으로 교부하거나 잔존형태 그대로 교부

(2) 부동산 관리신탁

관리신탁은 신탁회사가 위탁자인 소유자를 대신하여 부동산에 대한 일체의 관리를 수행하는 신탁으로 갑종관리신탁과 을종관리신탁으로 구분된다.

❶ 갑종관리신탁은 부동산에 관련된 복잡하고 다양한 권리를 보호하고 합리적으로 운용하기 위하여 토지 및 건물의 임대차, 시설의 유지보수, 소유권의 세무, 법률문제, 수입금 등 제반사항에 대하여 종합적인 관리운용을 함
❷ 을종관리신탁은 단순 소유권 보존만을 관리

(3) 부동산 처분신탁

❶ 처분신탁은 신탁회사가 부동산 소유자를 대신하여 실수요자를 찾아 매각해 주는 신탁
❷ 처분의 방법과 절차에 어려움이 있는 부동산, 매수자가 제한되어 있는 대형 부동산, 소유관리에 안전을 요하는 부동산 등이 주된 수탁대상임

(4) 부동산 담보신탁

❶ 담보신탁은 위탁자가 금융회사로부터 대출을 받기 위하여 설정하는 신탁으로 위탁자가 자기소유 부동산을 신탁회사에 신탁하고 발급받은 수익권증서를 담보로 금융회사가 대출을 실행하고 신탁회사는 수탁부동산을 관리하며 위탁자의 채무불이행 시 부동산을 처분하여 채권금융회사에 변제
❷ 담보신탁은 기본적으로 채무자의 신용을 보완한다는 점에서 기존의 저당권과 유사
❸ 저당권과 담보신탁의 차이 : 저당권 설정방식은 담보물 평가비용, 채무불이행 시 법원경매의 장기화, 저가 경락 등으로 금융회사의 부담이 증가할 가능성이 있음. 반면 담보신탁은 전문성이 있는 신탁회사가 관리 · 처분함으로써 금융회사의 비용 절감 효과가 있음. 또한 저당권의 경우 후순위권리(임대차 및 저당권) 설정에 관여할 수 없으나 담보신탁은 소유권이 신탁회사로 이전되어 후순위 권리설정에 관여하여 동 권리설정을 배제할 수 있음. 저당부동산의 경우 채무자 파산 시 파산재단을 구성하여 처분이 제한될 수 있으나 담보신탁의 경우 신탁법상 파산재단을 구성하지 아니하여 신속한 채권회수가 가능

금융소득 종합과세

우리나라는 금융회사에 이자와 배당과 같은 금융소득을 지급할 때 소득세(세율 15.4%)를 원천징수한다. 그리고 한해 동안 발생한 금융소득이 개인별로 2,000만 원이 넘는 경우, 2,000만 원을 초과분을 다른 소득과 합산하여 과세한다. 이를 금융소득종합과세라고 한다. 종합소득세는 누진세율을 적용해 과세하므로 다른 소득이 많은 상황에서 금융소득종합과세 대상이 되면 세부담이 커지게 된다.

예금보험제도

금융회사가 영업정지나 파산 등으로 고객의 예금을 지급하지 못하게 될 경우 해당 예금자는 물론 전체 금융제도의 안정성도 큰 타격을 입게 된다. 이러한 사태를 방지하기 위하여 우리나라에서는 「예금자보호법」을 제정하여 고객들의 예금을 보호하는 제도를 갖추어 놓고 있는데, 이를 '예금보험'제도라고 한다. 예금보험은 '동일한 위험을 가진 사람들이 평소에 기금을 적립하여 만약의 사고에 대비한다'는 보험의 원리를 이용하여 예금자를 보호하는 제도이다. 즉 「예금자보호법」에 의해 설립된 예금보험공사가 평소에 금융회사로부터 보험료를 받아 기금을 적립한 후, 예금을 지급할 수 없게 된 금융회사를 대신하여 예금을 지급하게 된다.

예금보험공사에 예금보험료를 납부하는 금융회사를 '부보금융회사' 또는 '예금보험 가입 금융회사'라고 하는데, 구체적으로 은행·증권회사·보험회사·종합금융회사·상호저축은행 등 5개 금융권이 해당된다(신용협동조합의 경우 중앙회에서 자체적으로 적립한 기금으로 예금자를 보호).

농·수협 중앙회 및 지구별 수산업협동조합 중 은행법의 적용을 받는 조합과 외국은행 지점은 은행법에 의한 은행으로 예금보험 가입 금융회사이다. 다만, 농·수협의 단위조합 및 새마을금고는 예금보험 가입 금융회사가 아니며, 각 중앙회에서 자체적으로 적립한 기금을 통해 예금자를 보호하고 있다.

예금보험공사는 '예금보험 가입 금융회사가 취급하는 예금'만을 보호한다. '예금'이란 금융회사가 만기일에 약정된 원리금을 지급하겠다는 약속하에 고객의 금전을 예치받는 금융상품만을 말한다. 따라서 실적배당신탁이나 수익증권과 같이 고객이 맡긴 돈을 유가증권매입이나 대출 등에 운용한 실적에 따라 원금과 수익(이자 상당)을 지급하는 '투자상품'은 '예금'이 아니기 때문에 예금자보호법에 의해 보호되지 않는다. 대신에 「신탁업법」 등 투자상품 관련 법률에 의해 금융회사의 부실 여부에 관계없이 운용실적에 따라 원금과 수익(이자상당)을 지급받을 수 있는 장치가 마련되어 있다.

원래 예금자보호제도는 다수의 소액 예금자를 우선 보호하고 부실 금융회사를 선택한 예금자도 일정 부분 책임을 분담한다는 차원에서 예금의 전액을 보호하지 않고 일정액만을 보호하는 것이 원칙이다. 가입 금융회사가 파산할 경우, 원금과 이자를 포함하여 1인당 최고 5천만 원까지만 예금을 보장받게 되었다.

보호금액 5천만 원은 예금의 종류별 또는 지점별 보호금액이 아니라 동일한 금융회사 내에서 예금자

1인이 보호받을 수 있는 총액이다. 또한 예금의 지급이 정지되거나 파산한 금융회사의 예금자가 해당 금융회사에 대출이 있는 경우에는 예금에서 대출금을 먼저 상환(상계)시키고 남은 예금을 기준으로 보호한다.

금융회사별 및 상품별 예금자보호 관련 세부기준

구분	보호대상	비보호대상
은행	• 보통예금, 기업자유예금, 별단예금, 당좌예금 등 요구불예금 • 정기예금, 저축예금, 주택청약예금, 표지어음, 외화예금 등 저축성예금 • 정기적금, 주택청약부금, 상호부금, 재형저축 등 적립식 예금 • 연금신탁, 퇴직신탁 등 원금이 보전되는 신탁 등	• 양도성예금증서(CD), 환매조건부채권(RP) • 특정금전신탁 등 실적배당형 신탁 • 집합투자상품(수익증권, 뮤추얼펀드, MMF 등) • 은행 발행 채권 • 주택청약저축, 주택청약종합저축 등
투자매매업자, 투자중개업자	• 금융상품 중 매수에 사용되지 않고 고객계좌에 현금으로 남아 있는 금액 • 자기신용대주담보금, 신용거래계좌 설정보증금, 신용공여담보금 등의 현금잔액 • 원금이 보전되는 금전신탁 등(예금보호대상 금융상품으로 운용되는 확정기여형 퇴직연금 및 개인퇴직계좌 적립금 등)	• 금융투자상품(수익증권, 뮤추얼펀드, MMF 등) • 청약자 예수금, 제세금예수금, 선물·옵션 거래예수금, 유통금융대주담보금 • RP, 증권사 발행 채권 • CMA(RP형, MMF형, MMW형) • 랩어카운트, ELS, ELW 등
보험회사	• 개인이 가입한 보험계약(단, 변액보험 제외), 퇴직보험계약 • 원금이 보전되는 금전신탁 등(예금보호대상 금융상품으로 운용되는 확정기여형 퇴직연금 및 개인퇴직계좌 적립금 등)	• 법인보험계약(보험계약자 및 보험료 납부자가 법인인 보험계약), 보증보험계약, 재보험계약 등 • 변액보험계약 주계약 등
종합금융회사	• 발행어음, 표지어음, 종금형CMA	• 금융투자상품(수익증권, 뮤추얼펀드, MMF 등) • RP, 종금사발행채권, 기업어음 등
상호저축은행	• 보통예금, 저축예금, 정기예금, 정기적금, 신용부금, 표지어음 등	• 저축은행 발행 채권(후순위채권) 등

자료 : 예금보험공사 홈페이지 참조

01 다음 중 재형저축에 대한 설명으로 옳지 않은 것은?

① 7년 이상 가입 시 비과세 혜택을 받을 수 있다.

② 소득공제 혜택이 있다.

③ 분기별 300만 원 이내에서 1만 원 단위로 적립할 수 있다.

④ 총급여 5천만 원 이하 근로자와 소득금액 3,500만 원 이하 사업자만 가입할 수 있다.

02 다음 중 은행에서 취급하는 단기금융상품이 아닌 것은?

① MMDA   ② CD

③ RP   ④ CMA

03 다음 중 양도성예금증서(CD)에 대한 설명으로 옳지 않은 것은?

① 예금자보호대상이다.   ② 가입 시 금리가 확정된다.

③ 가입대상에 제한이 없다.   ④ 시장실제금리를 반영한 상품이다.

04 다음 중 주택청약저축에 대한 설명으로 옳지 않은 것은?

① 세액공제가 가능한 상품이다.

② 소득공제 혜택을 받을 수 있다.

③ 무주택세대주가 가입할 수 있다.

④ 예금자보호법에 의한 보호대상은 아니다.

해설

01   ② 재형저축은 소득공제혜택은 없다.

02   ④ CMA는 증권사, 종합금융회사 등에서 취급하고 있는 단기 실적배당상품이다.

03   ① 양도성예금증서는 예금자보호대상 상품이 아니다.

04   ① 주택청약저축은 세액공제가 아니라 소득공제가 가능한 상품이다.

05 다음 중 금전신탁에 대한 설명으로 옳지 않은 것은?
① 운용방법은 신탁계약 및 법령범위 내에서 정해진다.
② 원칙적으로 원금 및 수익에 대해 보장할 의무가 없다.
③ 실적배당을 한다.
④ 계약관계인은 은행과 고객의 양자관계이다.

06 다음 중 비과세종합저축의 가입대상으로 적절하지 않은 것은?
① 국민기초생활보장법에 따른 수급자 ② 만 60세 이상 거주자
③ 장애인 ④ 독립유공자와 그 가족

07 다음 금융상품 중 예금자보호대상에서 제외되는 것은?
① 청약자예수금 ② 발행어음
③ 표지어음 ④ 원본보전신탁

08 다음 금융회사 중에서 예금보험가입기관에서 제외되는 것은?
① 종합금융회사 ② 증권회사
③ 보험회사 ④ 새마을금고

해설

05 ④ 금전신탁의 계약관계인 위탁자, 수탁자, 수익자 등 3면 관계이다.
06 ② 비과세종합저축은 만 65세 이상 거주자가 가입대상이다.
07 ① 청약자예수금은 예금자보호대상에서 제외된다.
08 ④ 새마을금고는 예금보험가입 금융회사가 아니다.

정답 01 ② | 02 ④ | 03 ① | 04 ① | 05 ④ | 06 ② | 07 ① | 08 ④

part 05

보장성
금융상품

certified investment manager

chapter 01

생명보험상품

생명보험의 개념

　생명보험은 사람의 생명 혹은 건강과 관련하여 우발적으로 발생하는 위험에 경제적으로 대응하기 위한 금융상품이다. 보험자(보험회사)가 보험계약자 또는 제3자의 생사에 관하여 일정한 금액(보험금)을 지급할 것을 약정하고, 보험계약자가 보험자에게 보험료를 지급할 것을 약정하는 보험이다. 생명보험은 손해보험과 달리 손해의 크기에 관계없이 사고가 발생하면 일정한 금액을 지급하는 정액보험이다.

(1) 대수(大數)의 법칙

주사위를 한 번 던져 1이 나올 확률은 1/6이지만 여섯 번을 던졌을 때 1/6의 확률로 숫자 1이 정확히 한 번만 나오는 것은 아니다. 그러나 던지는 횟수를 거듭할수록 1이 나올 확률은 1/6에 가깝게 된다. 이와 같이 어떠한 사건의 발생확률이 1회나 2회의 관찰로는 정확하게 측정하기 어렵지만 관찰의 횟수를 늘려 갈수록 어떠한 사건의 발생확률이 일정하게 나오고 관찰대상이 많으면 많을수록 확률의 정확도가 커지게 된다. 이를 대수의 법칙(The Law of Large Numbers)이라 한다.

(2) 수지상등의 원칙

수지상등의 원칙(Equivalence Principle)이란 보험가입자가 납입하는 보험료 총액과 보험회사가 지급하는 보험금 및 경비의 총액이 동일하도록 정하는 원칙을 말한다. 다만 계약 초기에 사망하여 보험금을 받는 사람도 있고, 만기 시에 보험금을 받는 사람도 있을 수 있어 보험회사는 보험료를 가입자의 연령, 성별 등 특성을 고려하여 산정한다. 이 때문에 가입자 개인의 입장에서 보면 납입보험료 총액과 보험금 등의 수령액이 같은 경우는 매우 드물다.

(3) 사망률과 생명표

생명보험은 사망률에 관한 대수의 법칙을 그 기초로 하고 있으며 이 법칙에 따라 사람의 연

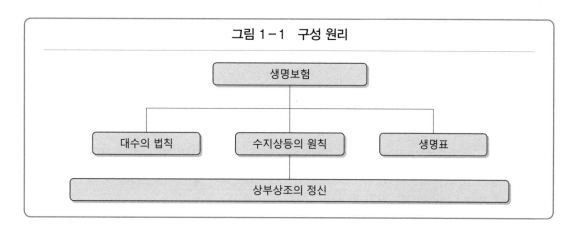

그림 1-1　구성 원리

령별 생사 잔존상태(생존자 수, 사망자 수, 생존율, 평균여명)를 나타낸 표를 생명표라고 한다. 생명표는 분류방법에 따라 다르나 대개 국민생명표와 경험생명표로 분류된다. 사람의 사망률은 의학이나 생활수준의 향상에 따라 낮아지기 때문에 측정하는 방법과 연도에 따라 달라지므로 생명표는 작성하는 연도, 분류방법에 따라 구분되기도 한다. 우리나라의 생명보험회사는 2019년 4월부터는 제9회 경험생명표를 사용하고 있다.

2 생명보험의 필요성

❶ 핵가족화와 자기책임주의 : 우리 사회는 산업화·도시화의 영향으로 대부분의 가족이 부부와 자녀만으로 구성되는 핵가족화 경향을 띄게 되었음. 이와 같은 핵가족화의 경향으로 각 가정의 생활이 고립화되어가는 추세에 있으므로 경제생활에 필요한 보장은 자기의 책임으로 하여야 한다는 생각이 우리 주변의 생활에서 높아져 가고 있음

❷ 재해와 성인병의 증가 : 자동차 보급에 따른 교통사고의 증가, 산업재해나 공해 등에 의한 사고나 질병이 주요 사망원인으로 자리잡아 커다란 사회문제로 대두되고 있음. 따라서 유사시의 대비책으로 장래에 대한 경제준비의 필요성이 점점 늘어남에 따라 생명보험에 대한 필요성은 더욱 높아지고 있음

❸ 노후에 대한 불안의 증대 : 우리 국민의 평균수명은 각종 의료시설 보급의 확대와 생활수준의 향상에 따라 비약적인 신장 추세에 있음. 이 같은 노령인구의 증가 및 평균수명의 신장에 따라 노후의 생활기간도 더욱 길어졌으며, 여유있는 노후생활을 보내기 위해서는 노후생활자금의 확보가 중요한 문제로 대두되고 있음. 특히 현대는 노부모의 부양에 대한 자녀의 책임의식이 희박해져가는 핵가족시대임. 따라서 안락한 노후생활을 위해서는 필요한 만큼의 충분한 보장을 미리 확보하여 두는 것이 현명한 일이라 할 수 있음

❹ 사회보장제도의 보완기능 : 3층 보장론의 측면에서 볼 때 공영보험인 사회보험과 민영보험인 생명보험의 관계는 상호보완과 경쟁이라는 양면성이 있음

소득 수준의 향상과 이에 따른 욕구의 증대 및 소득분포의 불균형으로 인한 소득재분배 등의 사회문제로 인하여 사회보장제도를 점차 확충해 가고 있으나 사회보험제도의 각종 급여 수준은 개개인이 필요로 하는 욕구를 충족시키지 못하고 있으므로 생명보험

은 이를 보완하는 기능을 하고 있음

❺ 국가 경제발전에 기여 : 생명보험회사는 장래의 보험금 지급에 대비하기 위하여 계약자
로부터 받은 보험료를 적립하고 이러한 생명보험 재산을 적극적으로 운용하여 이익금
이 발생할 경우 계약자에게 배당을 하도록 하고 있음. 이것이 생명보험이 보장기능 외
에 금융기능을 갖는 이유가 되고 있으며, 생명보험재산은 장기성을 가지고 국가 기간산
업 등 중요산업에 운용되고 있어 우리나라 경제발전에 크게 기여하고 있음

section 02 생명보험상품의 종류

1 생명보험상품과 다른 보험상품의 비교

(1) 생명보험

생명 또는 신체에 관한 보험사고 보장

❶ 사망보험 : 피보험자의 사망을 보험사고로 하는 보험계약
❷ 생존보험 : 피보험자가 일정한 연령까지 생존할 것을 보험사고로 하는 보험계약
❸ 생사혼합보험 : 피보험자의 만기 전 사망과 만기가 되었을 때 생존을 보험사고로 하는
보험계약

(2) 손해보험

재산에 관한 경제적인 손해 보상

❶ 화재보험 : 화재로 인하여 발생한 손해 보상
❷ 운송보험 : 운송 도중에 있는 화물에 발생한 손해 보상
❸ 해상보험 : 선박, 선박에 실은 화물이 입은 손해 보상
❹ 책임보험 : 사고로 인하여 제3자에게 입힌 손해 보상

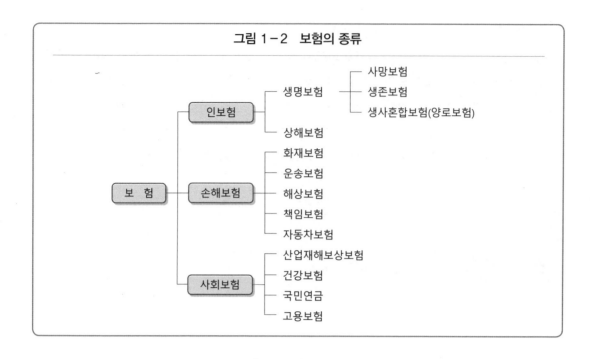

그림 1-2 보험의 종류

```
                              ┌─ 사망보험
              ┌── 생명보험 ────┼─ 생존보험
        인보험 ┤                └─ 생사혼합보험(양로보험)
      ┌─      └── 상해보험
      │                       ┌─ 화재보험
      │                       ├─ 운송보험
보 험 ┼── 손해보험 ───────────┼─ 해상보험
      │                       ├─ 책임보험
      │                       └─ 자동차보험
      │                       ┌─ 산업재해보상보험
      └── 사회보험 ───────────┼─ 건강보험
                              ├─ 국민연금
                              └─ 고용보험
```

❺ 자동차보험 : 자동차로 인하여 발생한 손해 보상

(3) 사회보험

국민의 최소한의 생활보장을 위한 공적보험

❶ 산업재해보상보험 : 업무상 사고에 의한 사망, 상해, 질병 등 보상
❷ 국민건강보험 : 질병, 상해, 분만 시 진료비 또는 사망 등 보상
❸ 국민연금 : 퇴직, 장애 및 사망 시 연금 지급
❹ 고용보험 : 실직할 경우 일정기간 생활비 지급

2   생명보험상품의 특징

(1) 기능 및 효용

❶ 생명보험상품은 '미래지향적(未來指向的)' : 제조업체 상품이 구입 즉시부터 해당 재화

의 직접 사용에 의한 만족감 제공을 기능으로 하는 것과는 달리 생명보험상품은 불확실한 미래에 대한 보장을 주된 기능으로 하고 있음. 즉 생명보험상품은 미래에 발생할지도 모르는 사망·상해 등의 위험보장 또는 노후생활준비 등 미래의 불확실한 사실을 보험료 납입이라고 하는 현재의 확정된 사실로 대체하여 줌. 따라서 제조업체의 상품을 현재지향적 상품이라고 한다면 생명보험상품은 미래지향적 상품이라 할 수 있음

❷ 효용의 인식 시점이 장래 : 구입 즉시 효용을 느끼는 제조업체 상품에 비해 생명보험 상품은 사망·상해·만기·노후 등 장래 보험사고 발생 시점, 보험금의 지급시기에 효용을 느낄 수 있음. 다만 보험가입자는 생명보험상품에 가입한 것만으로도 효용을 느낄 수 있음. 생명보험상품에 가입한 것만으로도 미래의 불확실한 위험에 따른 경제적 손해를 보장받을 수 있다고 안심할 수 있기 때문임

❸ 효용의 수혜대상이 타인(他人) : 제조업체 상품의 효용은 1차적으로 본인이 누리는 데 비해 생명보험상품은 효용의 수혜대상이 타인임

(2) 가격 체계

❶ 예정기초율 : 생명보험상품의 보험료는 예정사망률, 예정이율, 예정사업비율 등 예정기초율을 토대로 하여 수입과 지출이 같아지도록 산출

❷ 가격의 구성비 : 생명보험상품의 보험료는 순보험료와 부가보험료로 구분할 수 있음. 순보험료는 예정사망률과 예정이율에 의해 결정되는 보험료임. 순보험료는 위험보험료와 저축보험료로 다시 구분된다. 저축보험료는 만기환급금으로 사용. 이와 달리 부가보험료는 보험계약을 체결하고 유지하는 데 소요되는 비용을 충당하기 위한 보험료임. 부가보험료는 예정사업비율에 의해 결정

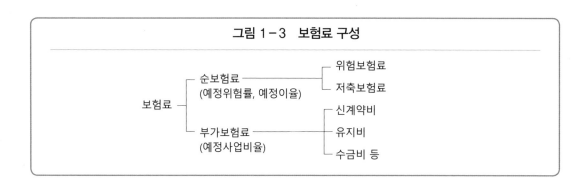

그림 1-3 보험료 구성

보험료 ┬ 순보험료 ─────── ┬ 위험보험료
│ (예정위험률, 예정이율) └ 저축보험료
│
└ 부가보험료 ─────── ┬ 신계약비
(예정사업비율) ├ 유지비
└ 수금비 등

구분	제조업체 상품	생명보험 상품	은행 상품
기능	유형 (소비)	무형 (위험보장＋저축)	무형 (저축)
효용인식 시점	구입 즉시 (단기 · 일시적)	미래 (장기 · 연속적)	미래 (단중기 · 연속적)
가격결정 방법	제조원가＋이윤 (수요공급의 원리)	예정기초율 〈이율, 위험률, 사업비율〉 (수지상등의 원칙)	약정이율

표 1 - 1 他상품과의 속성 비교

③ 보험이윤 : 생명보험상품의 가격에는 목표이윤이 존재하지 않음
④ 장기계약 : 생명보험상품은 초회보험료의 납입부터 계약의 효력이 발생되어 짧게는 수년, 길게는 종신 동안 계약이 유지되어야 함

3 생명보험 분류

(1) 보험사고에 따른 분류

생명보험에서 보험사고란 보험가입자(피보험자)의 사망, 제1급 장해 또는 생존, 장해상태, 입원 등의 경우로 나눌 수 있다. 여기에서는 주요 사항인 사망, 제1급 장해 또는 생존만을 고려하기로 한다. 보통 연금보험 등을 제외하고는 제1급 장해를 사망과 동일하게 취급하는 관례가 있음. 피보험자의 사망(제1급 장해)을 보험사고로 하는 것을 사망보험, 피보험자의 일정기간 동안 생존을 보험사고로 하는 것을 생존보험, 그리고 둘을 혼합한 것을 양로보험(생사혼합보험)으로 분류한다.

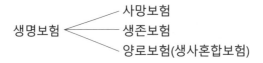

① 사망보험 : 사망보험이란 보험이론에 가장 부합되는 보험으로서 피보험자가 사망 또는 제1급 장해 시 약정한 보험금이 지급되는 보험을 말함. 여기서 제1급 장해상태란 질병

또는 재해로 인해 두 눈의 시력을 완전 영구히 잃었을 경우, 두 팔 두 다리 중 그 이상을 잃거나 완전 영구히 사용하지 못하는 등 노동력을 상실하여 사망에 준한다고 생각될 수 있는 고도의 장해상태를 말함. 현재 국내에서 사용하고 있는 제1급 장해상태는 다음의 9가지 경우 중 어느 하나에 해당하면 됨

ㄱ. 두 눈의 시력을 완전 영구히 잃었을 때

ㄴ. 말 또는 씹어 먹는 기능을 완전 영구히 잃었을 때

ㄷ. 중추신경계 또는 정신에 뚜렷한 장해를 남겨서 평생 간호를 받아야 할 때

ㄹ. 흉복부, 장기에 뚜렷한 장해를 남겨서 평생 간호를 받아야 할 때

ㅁ. 두 팔의 손목 이상을 잃었거나 완전 영구히 사용하지 못하게 되었을 때

ㅂ. 두 다리의 발목 이상을 잃었거나 완전 영구히 사용하지 못하게 되었을 때

ㅅ. 한 팔의 손목 이상을 잃고 한 다리의 발목 이상을 잃었을 때

ㅇ. 한 팔의 손목 이상을 잃고 한 다리를 완전 영구히 사용하지 못하게 되었을 때

ㅈ. 한 다리의 발목 이상을 잃고 한 팔을 완전 영구히 사용하지 못하게 되었을 때

현재 대부분의 회사에서는 1급장해와 사망 시의 보험금을 동일하게 지급하고 있음

사망보험을 보장하는 기간에 따라 정기보험과 종신보험으로 나눌 수 있음. 정기보험(定期保險)은 1년, 5년, 10년, 20년 등 일정한 기간 동안, 종신보험(終身保險)은 피보험자가 사망할 때까지 종신토록 보장. 실무적으로 국내 사망보험의 유형은 크게 건강보험, 암보험, 재해고액보장보험, 어린이보험, 종신보험 등 다양한 형태로 판매되고 있음.

❷ 생존보험 : 생존보험은 피보험자가 일정기간 생존 시 보험금을 지급하는 보험으로 일정기간 도달 전 사망 시에는 사망자의 몫(책임준비금)은 모두 생존자의 몫으로 귀속되기 때문에 사망자에게는 아무런 보장이 없게 됨. 따라서 생존자는 사망자가 불입한 보험료 지분을 획득하게 됨

예를 들면, 30세 남자가 3년 후 100만 원을 일시금으로 수령하는 3년만기 순수 생존보험을 가입(384,673원)하면 은행에 3년 후에 일시금으로 100만 원을 수령하는 3년만기 정기예금에 가입(751,315원)하였을 때보다 더 많은 만기자금을 수령하게 됨(분석 가정 : 이자율은 연복리 10%, 사망률은 매년 20%)

은행의 만기자금＝751,315원(1.1)³＝1,000,000원　원금대비　1.331배

생존보험의 만기자금＝1,000,000원 원금대비　2.6배

$$생존보험의\ 순보험료\ 계산＝\frac{33세\ 생존자수/(1.1)^3}{30세\ 가입자수}＝\frac{512}{1000(1.1)^3}$$

$$＝384,673원$$

원금대비 차액 약 1.3배는 중도 사망자의 몫이 만기 생존자에게 지급되는 몫(The Benefit of Survivorship)임

순수 생존보험의 경우에는 중도 사망 시 사망자의 몫은 없고 만기 생존자에게만 환급금을 지급. 현재 보험회사에서는 순수 생존보험은 거의 판매하지 않고 사망보험을 결합하여 양로보험형태로 판매하고 있음. 국내에서도 생존보험을 교육보험, 연금보험 등으로 분류하고 있으나, 이는 보험료 중 생존급부의 비중이 사망보험금보다 크기 때문에 편의상 분류한 것에 불과

❸ 양로보험(생사혼합보험) : 양로보험이란 피보험자가 일정기간 동안 사망하거나 중도 또는 만기 생존 시 보험금이 지급되는 보험을 말하며, 정기보험과 생존보험이 결합된 것이라고 볼 수 있음

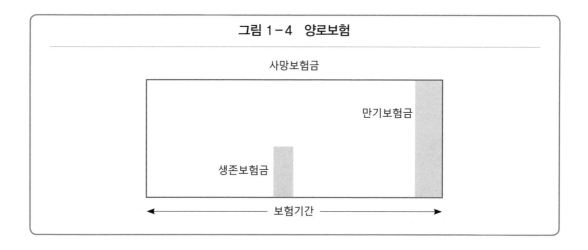

그림 1-4　양로보험

(2) 보험금의 정액 유무에 따른 분류

보험금의 정액(定額) 지급 여부에 따라서 분류할 수도 있다. 보험금 지급시기와 관계없이 항상 일정액의 보험금이 지급되는 것을 정액(定額)보험과 그렇지 않은 것을 부정액(不定額)보험이

라고 한다. 부정액보험은 다시 보험금 지급방식에 따라 체증식보험, 체감식보험, 감액보험, 변액보험으로 구분된다.

❶ 체증식보험 : 기간이 경과함에 따라 보험금이 점점 증가하는 보험으로 물가지수연동보험 등을 들 수 있음. 보통 소비자물가지수(CPI : Consumer Price Index) 인상분만큼 사망보험금이 증가하는 보험으로 늦게 사망할수록 보험금이 증가

❷ 체감식보험 : 보험금이 기간이 경과함에 따라 점점 감소하는 보험. 대표적인 예로써 금융회사로부터 원리금균등상환 대출을 받은 사람을 대상으로 대출잔고를 보험금액으로 하여 채무변제를 보장하는 보험을 생각해 볼 수 있음. 원리금균등상환대출은 시간이 지남에 따라 대출잔액이 감소되므로 채무변제를 보장하는 보험금액도 체감

❸ 감액보험 : 보장사고가 가입 시부터 일정기간(보통 2년) 내에 발생했을 경우 보험금을 감액하는 보험. 전에는 사망보험에서 건강진단을 하지 않는 무진단보험을 판매할 경우 가입 초기 발생한 사고는 보험금을 감액하는 것이 보통. 보험회사는 가입 초기 질병사망에 따른 역선택을 방지하고 보통 국내 보험가입자가 보험가입 시 건강진단을 기피하기 때문에 이에 대한 판매 편의 목적이 크다고 볼 수 있음. 그러나 이러한 경우는 가입 초기 사망 시 고객 민원 등을 고려하여 최근에는 거의 적용되지 않고 있는 실정임

❹ 변액보험 : 생명보험은 장기간에 걸친 계약이므로 화폐가치 변동에 따라 보험금의 차이는 크게 되며, 화폐가치가 하락하였을 때에는 가입 시 설정한 보험금이 미미하게 되어 이를 보완하기 위해 변액보험상품이 개발되었음. 운용자금을 전액 주식 등에 투자하여 주가의 변동에 따라 화폐가치의 하락에 대처하는 것임. 우리나라에서는 2001년 7월 말 변액종신보험에 이어 2002년 변액연금보험이 도입되었음

(3) 피보험자의 수(數)에 의한 분류

❶ 단생보험 : 특정한 1인을 피보험자로 하는 보험을 말함

❷ 연생보험 : 2인 이상을 피보험자로 하는 보험을 말함. 부부에게 연금을 지급하는 부부연금, 부모 중 1인과 자녀를 피보험자로 하는 2연생 교육보험, 부모 2인과 자녀를 피보험자로 하는 3연생 교육보험이 있으며, 가족 전체를 피보험자로 하는 다연생보험 등이 있음. 특히 가족형 암보험 등에서는 계약 후 출생한 신생아의 경우도 보험료의 인상없이 자동적으로 피보험자가 됨

❸ 단체취급보험 : 단체취급보험은 개인보험이나 단체보험의 중간 수준의 보험이다. 국내

에서는 5인 이상의 일괄가입 시 보험료의 일정률을 할인해 주고 있음

❹ 단체보험 : 수십명 이상의 다수의 사람을 1매의 보험증권으로 하는 보험이며, 일정한 조건을 구비한 피보험자의 집단을 보험계약으로 가입하는 보험. 따라서 개인보험의 상대적인 개념이며, 동질한 위험을 대상으로 보험판매의 용이성, 보험계약 체결의 편의성(예 : 일괄고지 등 청약서 작성), 보험료 일괄납입 등의 사무편의 등으로 인하여 동일한 보장의 개인보험보다 예정사업비를 낮게 책정하여 보험료가 저렴한 것이 특징. 국내의 대표적인 단체보험으로는 단체정기보험 등이 있음

(4) 배당 유무에 따른 분류

생명보험 상품은 장기간에 걸친 계약이므로 보험료 산출 시 기초율을 안정적으로 적용하여 생긴 이익의 전부 또는 일부를 가입자에게 분배하는 보험을 유배당(有配當, Participating)보험, 이익을 분배하지 않는 것을 무배당(無配當, Non-participating)보험이라 한다.

(5) 보험기간 및 보험료 납입기간에 따른 분류

보험계약의 가입 시부터 종료 시까지를 보험기간이라고 하나, 그 기간에 따라 1년, 5년, 10년, 20년 등 '기간만기보험'과 일정한 연령, 즉 55세, 60세, 65세 등 일정 연령까지 가입자가 보장을 받는 '세만기'가 있다. 또 보험기간 중 계약 체결 시에 일시에 보험료를 납입하는 일시납, 보험기간의 처음 일정기간만 보험료를 납입하는 단기납, 전(全)보험기간 동안 보험료를 납입하는 전기납(全期納), 특히 전기납 중 종신 동안 보험료를 납입하는 종신납(終身納)과 같이 보험료 납입기간에 따라 분류할 수도 있다.

(6) 보험료 납입방법에 따른 분류

1년에 1회, 2회, 4회, 6회, 12회 납입하는 방법에 따라 연납, 6개월납, 3개월납, 2개월납, 월납으로 분류되고, 일정한 보험가입금액을 유지하면서 향후 매월 납입보험료를 줄여 납입하고자 하는 고객을 위하여 보험가입금액의 일정 부분을 일시납으로 납입하고 잔여분을 월납으로 납입하는 '일부일시납'이 있다.

또한 고객이 보험료를 납입하는 방법에 따라 판매자가 고객에게서 직접 보험료를 수금하는 방문수금, 은행의 지로를 이용하는 방법, 고객의 은행 통장에서 정해진 날짜에 보험회사로 입금되는 자동이체 또는 고객이 직접 보험회사에 납입하는 회사직납 등이 있다.

(7) 위험의 선택에 의한 분류

보험가입자의 보험사고의 발생률을 기초로 하여 보험료를 계산하기 때문에 보험사고 발생 가능성이 높은, 즉 보험가입자의 역선택을 방지해야 하므로 보험가입 희망자 전부를 보험회사의 계약으로 인수하기는 어렵다. 따라서 우량 피보험자의 선택, 즉 피보험자가 보유한 위험의 선택이 필요하게 된다. 위험의 선택방법에 의해서 보험을 분류하거나, 선택되는 피보험자의 상태에 따라 보험을 분류할 수도 있다.

❶ 위험의 선택방법에 의한 분류
  ㄱ. 유진단(有診斷)보험 : 계약체결 시 의사의 진단을 필요로 하는 것을 말함. 여기에는 대용진단(代用診斷), 예를 들면 한 단체에서 다수의 사람이 가입할 때 그 단체의 정기 건강진단자료를 의사진단의 대용(代用)으로 사용하는 것을 포함
  ㄴ. 무진단(無診斷)보험 : 의사의 진단을 거치지 않고 가입자의 서면에 의한 고지(告知) 등을 가지고 선택하는 것을 말함
❷ 피보험자의 상태에 의한 분류
  ㄱ. 표준체(Standard) 보험 : 정상적인 건강체만 선택해서 보험가입을 승낙하는 것을 말함
  ㄴ. 표준 미달체(Substandard) 보험 : 피보험자의 건강상태, 직업위험 등에 의하여 통상의 표준체보다 사망발생 위험도가 큰 사람을 가입시키는 것으로 표준 미달체 보험이라 함. 또한 정상체와 동일한 보험료를 납입하고 보험사고 발생 시 지급보험금을 삭감하는 '보험금삭감법'이라고 하고, 피보험자의 위험의 정도를 감안하여 표준체보다 높은 보험료를 납입하는 '할증보험료법'이라고 함
  ㄷ. 우량체(Preferred) 보험 : 우량체 보험이란 피보험자의 건강상태, 직업위험 등에 의하여 통상의 표준체보다 사망 발생 위험도가 낮은 사람에 대하여 보험료를 할인해 주는 보험. 우리나라에서는 1995년 비흡연자 할인특약이 최초 도입에 이어 1999년 비흡연자 암보험이 개발되었음. 또한 심전도, 고혈압, BM지수(Body Mass Index) 및 비흡연의 4가지 항목 모두를 만족시키는 경우 보험료를 할인하는 우량체제도도 도입되었음

표 1-2 생명보험의 분류

분류기준	내용
보험사고	• 사망보험 – 정기보험 : 일정기간 내에 사망 시 보험금 지급 – 종신보험 : 일생을 보험기간으로 하여 사망 시 보험금 지급 • 생존보험 : 일정기간 동안 생존 시 보험금 지급 • 생사혼합보험 : 사망보험＋생존보험
피보험자 수	• 단생보험 : 피보험자의 수가 1人인 보험 • 연생보험 : 피보험자의 수가 2人 이상인 보험
계약대상	• 개인보험 : 보험계약의 대상이 하나의 보험계약자인 보험 • 단체보험 : 일정한 조건을 구비한 피보험자 집단을 하나의 보험계약으로 하여 가입하는 보험(5인 이상) *개인보험의 단체취급(wholesale)
진단유무	• 유진단보험 : 계약 체결 시 의사의 진단을 필요로 하는 보험 • 무진단보험 : 의사의 진단이 필요 없는 보험
피보험자 건강상태	• 우량체(Preferred) 보험 : 건강이 양호한 우량체를 대상으로 하는 보험 • 표준체(Standard) 보험 : 정상적인 건강체만을 대상으로 하는 보험 • 표준 미달체(Substandard) 보험 : 피보험자의 건강상태, 직업위험 등에 의하여 사망 발생 위험도가 건강체보다 큰 사람을 대상으로 하는 보험
계약자 배당유무	• 유배당보험(Participating Policy, PAR) : 사업결과 발생한 이익의 전부 또는 일부를 가입자에게 분배하는 보험 • 무배당보험(Non-Participating Policy, NON-PAR) : 이익을 분배하지 않는 보험
보험금 정액유무	• 정액보험 : 보험금 지급시기에 관계없이 보험금이 항상 일정액인 보험 • 부정액보험 : 보험금이 일정하게 확정되어 있지 않은 보험

chapter 02

손해보험상품

손해보험상품의 개념 및 특징

1 손해보험 개념

보험계약은 당사자의 한쪽(보험계약자)이 약정한 보험료를 지급하고 상대방(보험자)이 재산 또는 생명이나 신체에 대하여 생길 우연한 사고(보험사고)로 피보험자가 입을 재산상의 손해보상을 약정함으로써 효력이 생긴다.

손해보험계약은 피보험자의 우연한 사고로 생길 손해를 보상하기 위하여 보험자와 보험계약자 사이에 맺어지는 계약이다. 따라서 사람의 생명 또는 신체에 생길 우연한 사고에 대비하는 인보험(人保險)과는 구별된다. 손해보험계약은 보험사고가 발생할 때에 지급하여야 할 금액을 계약의 성립 시에는 알 수 없는 불확정보험이라는 점에서 보험사고만 발생하면 손해와 상관없이 일정액을 지급하는 정액보험인 인보험과 다르다.

손해보험업이라 함은 우연한 사고(질병·상해 및 간병을 제외)로 인하여 발생하는 손해의 보상을 약속하고 금전을 수수하는 것(매매·고용·도급 그 밖의 계약에 의한 채무 또는 법령에 의한 의무의 이행에 관하여 발생할 채권자 그 밖의 권리자의 손해를 보상할 것을 채무자 그 밖의 의무자에게 약속하고 채무자 그 밖의 의무자로부터 그 보수를 수수하는 것을 포함)을 업으로 행하는 것을 말한다.

2 손해보험의 종류

손해보험의 종류는 크게 다섯 가지로 분류할 수 있고 다음과 같다.

❶ 화재보험은 거주 주택, 일반물건 및 공장물건의 화재, 붕괴 및 멸실을 보상하는 보험
❷ 운송보험(항공운송보험 포함)은 운송물 운송에 관한 사고로 피보험자가 입은 재산상의 손해를 보상하는 보험
❸ 해상보험은 항해와 관련된 우연한 사고로 보험의 목적물에 입은 재산상의 손해를 보상하는 보험
❹ 책임보험은 제3자에 대하여 배상할 책임을 보상하는 보험
❺ 자동차보험은 자동차를 소유·사용 또는 관리하는 동안에 발생한 사고에 대하여 보상하는 보험

3 손해보험의 특징

손해보험은 금전적으로 산정할 수 있는 보험목적의 존재, 목적물의 산정액, 보험금 지급 시 보험목적에 대해 가지는 권리, 손해방지의 의무와 관련하여 크게 다섯 가지의 특징이 있다.

❶ 손해보험은 보험의 목적을 금전으로 산정할 수 있는 '피보험이익'이 존재해야 하며, '피보험이익'이 없는 보험계약은 무효
❷ 손해보험은 보험계약 체결 시 당사자가 협정에 의해 정하는 '보험금액' 외에 피보험이

익을 금전으로 산정한 '보험가액'이 존재

❸ 피보험자가 이미 체결한 보험계약의 대상인 목적물을 그 의사표시에 의하여 타인에게 넘겨주는 것을 '보험 목적의 양도'라 함. 이는 보험의 목적이 일시적으로 무보험상태가 되는 것 등을 방지하기 위한 제도

❹ 보험자 대위란 보험회사가 보험사고로 인하여 보험금을 지급하였을 때 보험회사가 피보험자가 가지는 보험의 목적에 대하여 소유한 권리의 전부 또는 일부를 취득하게 되거나 제3자에 대하여 갖는 권리를 취득한 경우가 있는데, 전자를 잔존물 대위라고 하고 후자를 청구권 대위라고 함. 이와 같은 제도는 보험성립의 기본이 되는 이득금지의 원칙에 그 근간을 두고 있음

❺ 보험계약자와 피보험자는 보험사고가 발생한 때에 적극적으로 손해의 방지와 경감을 위하여 노력하여야 하는데 이것을 보험계약자 등의 '손해방지의무'라 함

구분	내용
가입대상	• 재물에 관한 보험 : 화재보험, 선박보험, 적하보험 등 • 채권 또는 이익에 관한 보험 : 기업휴지보험, 할부판매보증보험 등 • 인체에 관한 보험 : 상해보험, 건강보험 등 • 책임에 관한 보험 : 배상책임보험, 근로자재해보상책임보험 등
실무상	화재보험, 해상보험, 특종보험, 장기보험, 자동차보험, 보증보험
상법상	화재보험, 운송보험, 해상보험, 책임보험, 자동차보험
운영형태	강제보험, 임의보험
위험의 분담관계	원보험, 재보험
보험료 납입주체	기업보험, 가계보험

손해보험상품 종류

1 화재보험

1) 화재보험의 의의

화재보험이란 우연한 화재사고로 인하여 발생할 우려가 있는 피보험자의 재산상의 손해에 의하여 생길 경제생활의 불안정을 제거 또는 경감하기 위한 사회적 경제시설이다. 화재보험은 크게 주택화재보험과 일반화재보험으로 구분되며, 대상물건 및 보장(담보)내용은 아래 표와 같다.

구분	대상물건	담보내용	적용약관
주택화재보험	주택물건의 건물 및 수용가재	• 화재, 벼락, 폭발, 파열 • 소방 및 피난손해 • 잔존물 제거비용	주택화재보험 보통약관 및 특별약관
일반화재보험	일반물건 공장물건	• 화재, 벼락 • 소방 및 피난손해 • 잔존물 제거비용	화재보험 보통약관 및 특별약관

2) 화재보험의 특징

(1) 보상하는 손해

재산손해는 화재에 따른 직접손해, 소방손해(화재진압과정에서 발생하는 손해), 피난손해(피난지에서 5일 동안에 생긴 직접손해 및 소방손해)가 포함된다. 손해방지를 위한 침수손, 파괴손 등은 보상하나, 피난 중 도난 또는 분실손해는 보상하지 않는다.

비용손해는 다음 항목별 인정비율에 따라 보상된다.

❶ 잔존물제거비용 : 사고현장의 보험목적물 제거를 위한 비용[해체비용, 청소비용(오염물질 제거

비용 제외), 상차비용]으로 보험증권에 기재된 보험가입금액 범위 내에서 손해액의 10%를 한도로 보상

❷ 손해방지비용 : 손해방지 또는 경감을 위해 지출한 필요 또는 유익한 비용

❸ 대위권 보전비용 : 제3자로부터 손해배상을 받을 수 있는 경우 그 권리의 보전 또는 행사를 위하여 지출한 필요 또는 유익한 비용

❹ 잔존물 보전비용 : 보험회사가 잔존물을 보전하기 위하여 지출한 필요 또는 유익한 비용

❺ 기타 협력비용 : 보험회사의 요구에 따르기 위하여 지출한 필요 또는 유익한 비용

(2) 보상하지 않는 손해

❶ 계약자, 피보험자 또는 이들의 법정대리인의 고의나 중대한 과실로 생긴 손해

❷ 화재, 폭발 또는 파열이 발생했을 때 도난 또는 분실로 생긴 손해

❸ 보험목적물의 발효, 자연발열 또는 자연발화로 생긴 손해(단, 그로 인해 연소된 다른 보험의 목적에 생긴 손해는 보상)

❹ 화재, 폭발, 파열로 기인되지 않은 수도관, 수관, 수압기 등의 파열로 생긴 손해

❺ 발전기, 여자기, 변류기, 변압기, 배전반 등 전기기기 또는 장치의 전기적 사고로 생긴 손해(단, 그 결과로 생긴 화재손해는 보상)

❻ 원인의 직접, 간접에 관계없이 지진, 분화, 전쟁, 혁명, 폭동, 소요, 노동쟁의 등으로 생긴 손해

❼ 핵연료물질 또는 핵연료물질에 의해 오염된 물질의 방사성 사고로 인한 손해

| 2 | 주택화재보험 |

1) 보험목적의 범위

가입대상물건(주택물건)은 주택으로만 쓰이는 건물(단독주택, 연립주택, 아파트 등)과 그 수용가재이다. 또한 주택병용 물건으로서 내직(內職) 또는 출장치료 정도의 것으로 피아노, 꽃꽂이, 국악, 재봉 등 교습소와 안수, 침질, 뜸질, 정골, 조산원 등 치료원이 해당된다. 콘도미니엄, 오피스텔, 기숙사 건물, 공장 내 기숙사는 주택물건이 아니다.

명기물건[보험가입증서(보험증권)에 기재하여야 보험의 목적]은 통화, 유가증권, 인지, 우표, 귀금속, 귀중품(무게나 부피가 휴대할 수 있으며, 점당 300만 원 이상), 보옥, 보석, 글, 그림, 골동품, 조각물, 원고, 설계서, 도안, 물건의 원본모형, 증서, 장부, 금형(쇠틀), 목형(나무틀), 소프트웨어 등이 있고, 실외 및 옥외에 쌓아 둔 동산이 해당된다.

자동담보물건은 다른 약정이 없으면 보험의 목적에 포함되는 것으로 건물의 경우 다음과 같다.

❶ 건물의 부속물 : 피보험자의 소유인 칸막이, 대문, 담, 곳간 등
❷ 건물의 부착물 : 피보험자의 소유인 간판, 네온사인, 안테나, 선전탑 등
❸ 건물의 부속설비 : 피험자 소유인 전기, 가스난방, 냉방설비 등
❹ 가재인 경우는 피보험자와 같은 세대에 속하는 사람의 소유물이다.

2) 지급보험금 계산

(1) 재산손해보험금(화재보험금)

보험가입금액이 보험가액의 80% 해당액과 같거나 클 때 재산손해보험금은 손해액 전액을 보상한다. 다만, 재산손해보험금은 보험가입금액을 초과할 수 없다. 또한 보험가입금액이 보험가액보다 클 때는 보험가액을 초과할 수 없다. 보험가입금액이 보험가액의 80% 해당액보다 작을 때는 다음 식에 의해 계산한다.

$$재산손해보험금 \ = \ 손해액 \times \frac{보험가입금액}{보험가액의\ 80\%\ 해당액}$$

(2) 잔존물 제거비용

재산손해보험금은 상기 계산방법에 따라 지급하되, 재산손해보험금의 10%를 초과할 수 없다. 또한 재산손해보험금과 잔존물제거비용의 합계액은 보험가입금액을 초과할 수 없다.

(3) 손해방지비용, 대위권 보전비용, 잔존물 보전비용

손해방지비용, 대위권 보전비용, 잔존물 보전비용은 보험가입금액 초과 시에도 지급한다.

(4) 기타 협력비용

보험가입금액을 초과한 경우에도 전액 지급한다.

3 일반화재보험(가입대상물건)

(1) 일반물건

❶ 병용주택, 점포, 사무실 및 이들의 부속건물 및 옥외설비, 장치, 공작물 또는 이들에 수용되는 가재, 집기비품, 재고자산, 설치기계 및 야적동산, 숙박시설 등
❷ 창고업자 건물로서 화물보관의 목적으로 쓰이는 것
❸ 콘도미니엄, 오피스텔, 기숙사 건물
❹ 가재 외의 재고자산이 늘 수용되는 건물 및 그 재고자산

(2) 공장물건

아래와 같은 작업을 하는 공장 또는 작업장(광업소, 발전소, 변전소 및 개폐소 포함) 구내에 있는 건물, 공작물 및 이에 수용된 가재, 집기비품, 재고자산, 설치기계 및 야적동산 등

❶ 제조 또는 가공작업을 하는 곳
❷ 기계, 기구류의 수리 또는 개조작업을 하는 곳
❸ 광석, 광유 및 천연가스 채취작업을 하는 곳
❹ 석유정제공장 구외에 소재한 저유소에서의 석유 및 석유제품의 저장, 혼합조성 및 압송 작업을 하는 곳
❺ 공장물건 구내에 있는 기숙사

(3) 명기물건

주택화재보험과 동일

(4) 자동담보물건

주택화재보험과 동일

4 해상보험

1) 해상보험의 정의

해상보험은 보험사업을 영위함에 있어서 우연한 해상사고로 발생하는 경제적 손해를 회복하기 위하여 다수의 경제주체가 결합, 확률계산에 의한 자금을 갹출하여 구성원 중에서 발생한 손해를 보상하는 보험이다.

2) 해상보험의 특성

국제무역 종사자의 보호를 위해 1906년 영국의 해상보험법(Marine Insurance Act, MIA)을 적용하였고 해상보험시장의 국제경쟁성, 해외재보험 의존성 등의 특징이 있다. 해상보험은 해상에서의 손해에 추가하여 해상항해에 수반되는 내수(강, 호수) 또는 육상위험까지 확장하여 보상하는 해륙혼합위험성의 특징이 있다.

3) 해상보험의 종류

(1) 적하보험(cargo insurance)

선박이나 항공기로 운송되는 물품이 운송도중 발생한 사고로 인해 멸실 또는 손상되는 경우, 화주의 손실을 보상하는 해상보험이다. 보험계약의 성립을 증명하는 적하보험증권(Cargo Policy)은 무역대금결제의 수단으로 이용되어 국제 무역거래의 중요한 역할을 담당하고 있다.

(2) 선박보험(Insurance on Ship)

해운업자(선주 또는 용선사업자)들의 손해를 보상하는 보험으로써 선박의 멸실이나 손상으로 인해 피보험자가 입게 되는 손실을 보상하는 해상보험을 말한다. 피보험이익의 종류에 따라 선체 및 기관보험(Hull/Machinery Insurance), 선비 및 증액보험(Disbursement and Increased value), 계선보험(Port risk), 선박불가동손실보험(Loss of earning and/or charter hire insurance) 등으로 구분된다.

(3) 운임(운송)보험(Freight Insurance)

운송업자(선주 또는 선박을 임대하여 운송업을 하는 용선사업자)들의 손해를 보상한다. 선박이 해양사고로 인하여 항해를 중단하거나 포기하는 경우에 그 사고가 발생하지 않았더라면 취득하였을 운임의 손실을 보상해 주는 것을 운임보험이라고 한다. 이 운임에는 자기화물을 자기선박으로 운송함으로써 취득할 수 있는 이익까지도 포함하고, 생물의 운송이나 갑판적 화물의 운송에 대한 금액은 포함하지 않는다.

(4) 선주배상책임보험(P&I, Protection and Indemnity)

선주의 법률상 배상책임손해를 보상하는 것으로 선박운항과 관련하여 발생한 사고로 인하여 제3자가 입은 손해에 대한 선주의 배상책임을 선주 상호 간에 담보하는 보험이다.

---

5 특종보험

1) 특종보험의 의의

손해보험의 전통적인 보험종목인 화재보험이나 해상보험과 달리 현대사회의 새롭고 다양한 위험에 대비하기 위하여 출현된 보험을 특종보험이라 하며, 화재보험, 해상보험, 보증보험, 자동차보험, 장기손해보험, 연금저축손해보험 등을 제외한 보험을 통칭하여 특종보험이라 한다.

2) 배상책임보험

배상책임보험은 개인의 일상생활 중 사고나 기업 등의 영업활동 중 사고로 인하여 타인의 인명, 재산 등에 피해를 입혔을 때 법률상의 배상책임을 부담함으로써 입게 되는 손해를 보상하는 보험을 말한다.

(1) 배상책임보험의 분류

❶ 일반배상책임보험과 전문(직업)인 배상책임보험

일반배상책임보험	전문(직업)인 배상책임보험
• 시설소유관리자배상책임보험	• 의사(병원)배상책임보험
• 도급업자배상책임보험	• 회계사배상책임보험
• 생산물배상책임보험	• 건축사배상책임보험
• 임원배상책임보험 등	• 변호사배상책임보험 등

❷ 임의배상책임보험과 의무(강제)배상책임보험

임의배상책임보험	의무(강제) 배상책임보험
• 시설소유관리자배상책임보험 • 생산물배상책임보험 • 임원배상책임보험 등	• 가스사고배상책임보험 • 유도선사업자배상책임보험 • 체육시설업자배상책임보험 • 학원시설소유자배상책임보험 • 다중이용업소 화재배상책임보험 등

❸ 손해사고기준 배상책임보험과 배상청구기준 배상책임보험

손해사고기준 배상책임보험	배상청구기준 배상책임보험
보험기간 중 발생한 보험사고에 대해서는 보험기간이 종료되더라도 보험금 청구 시 보상함	보험기간 중 보험사고가 발생하고, 보험기간 중에 보험금이 청구되는 경우에만 보상함
• 시설소유관리자배상책임보험 • 선주배상책임보험 • 경비업자배상책임보험	• 임원배상책임보험 • 전문인배상책임보험

(2) 보상하는 손해

❶ 피보험자가 피해자에게 지급할 책임을 지는 법률상 손해배상금
❷ 계약자 또는 피보험자가 손해의 방지 또는 경감을 위하여 지출한 비용(단, 특허권, 지적재산권과 같은 무체재산권은 보상하지 않는다)

(3) 보상하지 아니하는 손해

❶ 계약자, 피보험자 또는 이들의 법정대리인의 고의로 생긴 손해에 대한 배상책임
❷ 전쟁, 내란, 혁명, 테러, 소요, 노동쟁의로 생긴 손해에 대한 배상책임

❸ 핵연료물질 또는 핵연료물질에 의하여 오염된 물질의 방사성, 폭발성 그 밖의 유해한 특성에 의한 사고로 생긴 손해에 대한 배상책임

❹ 티끌, 먼지, 석면, 분진 또는 소음으로 생긴 손해에 대한 배상책임

3) 도난보험

보험기간 중에 보험에 가입한 동산(보험의 목적)이 보험증권(보험가입증서)에 기재된 보관장소 내에 보관되어 있는 동안에 불법침입자나 절도 또는 강도가 훔쳐가거나 파손, 훼손, 오손됨으로 입은 손해를 보상한다.

(1) 보상하는 손해

❶ 보험기간 중 발생한 사고로 입은 손해
❷ 보관장소 내에 있던 중 발생한 사고로 입은 손해
❸ 강도 또는 절도로 생긴 도난, 훼손 또는 망가진 손해

(2) 보상하지 아니하는 손해

❶ 사기로 인한 손해
❷ 도난손해가 생긴 후 30일 이내에 발견하지 못한 손해
❸ 보험의 목적이 건물 구내 밖에 있는 동안에 생긴 도난손해
❹ 보관장소를 72시간 이상 비워둔 사이에 생긴 손해
❺ 계약자 또는 피보험자의 악의 또는 중대한 과실로 생긴 도난손해 등

4) 레저종합보험

레저종합보험은 개인의 일상생활위험 중 레저활동 기간 동안에 발생할 수 있는 상해손해, 용품손해(재산손해), 배상책임손해 등 각종 위험을 포괄 담보하는 종합보험이다. 레저종합보험은 기간보험과 구간보험의 성격이 복합된 형태의 보험이다.

5) 유아교육기관종합보험

유아교육기관과 관련하여 경영자, 교사, 피교육생들이 처할 수 있는 위험을 효과적으로 보장하기 위해 유아교육기관의 재산손해위험, 피교육생들의 등하교, 교육 중 신체손해 위험을 기본으로 보장하며, 교사들의 신체손해 위험, 유아교육기관의 배상책임위험을 특약으로써 보장하는 보험이다.

6) 동산종합보험

동산종합보험은 동산에 발생하는 화재, 도난, 파손, 폭발 등 우연한 사고에 의한 손해를 보상하는 전위험담보(All Risk 담보)방식의 보험이다. 이 보험은 동산이 보관 중, 사용 중, 수송 중에 관계없이 어떠한 장소에서 생긴 손해라 하더라도 보험금을 지급한다.

7) 여행보험

여행보험은 국내 여행보험과 해외 여행보험으로 나누어진다. 보통약관에서는 여행 도중에 생긴 상해사고(사망, 후유장해)를 기본으로 보상하며, 특별약관으로 여행 도중 발생한 질병(사망, 후유장해), 의료비, 휴대품 손해, 배상책임 손해 등을 보장하는 보험으로 여행 중 발생하는 위험을 하나의 증권으로 포괄하여 보장한다.

8) 컨틴전시보험(Contingency Insurance)

전통적인 손해보험에서 보상하지 않는 위험을 담보하는 보험으로 특정한 사건 즉, 날씨, 온도, 경기 결과, 행사 등을 전제로 예정된 사건이 현실화되었을 때 발생하는 금전적 손실을 보상하는 보험이다.

6   자동차보험

1) 자동차보험의 개요

피보험자가 피보험자동차를 소유·사용·관리하는 동안에 생긴 피보험자동차의 사고로 인하여 발생한 법률상 배상책임손해(대인, 대물), 자기신체손해, 자기차량손해 등을 보상해 줄 것을 목적으로 하는 보험으로 만기가 보통 1년인 보험이다.

2) 자동차보험의 특성

❶ 보험으로 위험을 분산시켜 개인에 대해서는 생활의 안정, 기업에 있어서는 경영의 안정을 도모함
❷ 자동차 사고 시 피보험자를 경제적 파탄에서 구제하는 데 목적이 있음
❸ 사고의 유무에 따른 할인할증제도 운영 등 사고예방 기능이 있음
❹ 자동차보험 가입자로부터 수거된 보험료가 투·융자에 활용되어 산업자금조성에 기여하고 있음
❺ 피보험자가 종합보험에 가입하면「교통사고처리특례법」상의 특례를 인정받아 형사처벌을 경감 받을 수 있음. 마지막으로 다음과 같이 피해자를 보호를 보호하는 기능을 함
   ㄱ. 자동차 사고 피해자는 자동차 소유자를 대신하여 자동차보험회사로부터 위자료, 상실수익, 치료비, 휴업손해 등에 대해 보상을 받음
   ㄴ. 자동차보험은 의무보험이며 피해자에게 피해자 직접청구권이 주어짐

3) 자동차사고와 자동차보험

자동차를 운행하다 사고를 낸 경우에는 민사상의 책임, 행정상의 책임, 형사상의 책임 등을 지게 된다. 즉, 사고를 낸 운전자는 피해자에 대한 손해배상책임, 즉 민사상의 책임을 지게 되며, 교통법규위반 등에 따른 범칙금액 통고처분, 면허정지/취소 등 행정상의 책임을 지게 되고, 남에게 상해를 입힌 데 대한 업무상 과실치사상죄 또는 중과실치사상죄 등의 형사상의 책

임을 지게 된다.

4) 보험계약의 성립 및 책임기간

(1) 보험계약의 성립

보험회사는 보험료 전액 또는 제1회 분할 보험료를 받은 날로부터 30일 이내에 승낙 또는 거절의 통지를 해야 하며 통지가 없으면 승낙한 것으로 간주한다. 그리고 보험계약의 청약을 승낙하기 전에 발생한 사고에 대하여는 그 청약을 거절할 사유가 없는 한 보상한다.

(2) 청약철회

보험계약자가 개인이면서 비사업용인 경우 보험계약자는 제1회 보험료 등을 지급하지 않은 경우에는 청약을 한 날로부터, 이를 지급한 경우에는 그 지급한 날로부터 15일 이내에 보험계약의 청약을 철회할 수 있다. 다만, 가입이 강제되는 의무보험에 대해서는 청약을 철회할 수 없다.

(3) 보험기간

구분		보험기간
일반적용		보험증권에 기재된 보험기간의 첫날 24시부터 마지막 날 24시까지. 다만, 의무보험(공제를 포함함)의 경우 전(前) 계약의 보험 기간과 중복되는 경우에는 전 계약의 보험기간이 끝나는 시점부터 시작함
예외	자동차보험에 처음으로 가입하는 자동차 및 의무보험	보험료를 받은 때부터 마지막 날 24시까지. 다만, 보험증권에 기재된 보험기간 이전에 보험료를 받았을 경우에는 그 보험 기간 의 첫날 0시 부터 시작함

5) 자동차보험의 종류

(1) 보험종목과 담보종목

(2) 담보종목

❶ 대인배상 I, II : 피보험자가 피보험자동차를 소유, 사용, 관리하는 동안에 생긴 피보험 자동차의 사고로 인하여 타인을 죽게 하거나 다치게 하여 법률상 손해 배상책임을 짐으로써 입은 손해를 보상(단, 대인배상 I 은 자동차 손해배상보장법에 의한 손해배상책임에 한하여 보상함)

❷ 대물배상 : 피보험자가 피보험자동차를 소유, 사용, 관리하는 동안에 생긴 피보험 자동차의 사고로 인하여 타인의 재물을 없애거나 훼손한 때에 법률상 손해배상책임을 짐으로써 입은 손해를 보상

❸ 자기신체사고(자손) : 피보험자가 피보험자동차를 소유, 사용, 관리하는 동안에 생긴 피

보험 자동차의 사고로 인하여 피보험자가 죽거나 다친 손해를 보상

④ 자기차량손해(자차) : 피보험자가 피보험자동차를 소유, 사용, 관리하는 동안에 피보험
자동차가 파손되거나 도난당하여 입은 손해를 보상

⑤ 무보험자동차에 의한 상해 : 피보험자가 무보험자동차에 의하여 생긴 사고로 죽거나 다
친 때 그 손해에 대하여 배상의무자가 있는 경우에 보상

6) 의무보험

「자동차손해배상보장법」에 의하여 자동차를 소유한 사람이 의무적으로 가입해야 하는 자
동차보험이다.

❶ 비사업용 자동차 : 대인배상Ⅰ＋대물배상(1천만 원 이상)
❷ 사업용 자동차 : 대인배상Ⅰ＋대인배상Ⅱ(1억 원 이상)＋대물배상(1천만 원 이상)
❸ 자동차손해배상 : 보장법 규정에 의한 가입이 강제된 자동차를 운행하고자 하는 자는
반드시 의무보험을 가입하도록 하고 있으며, 의무보험가입을 이행시키기 위하여 자동
차의 등록, 검사, 이륜자동차의 사용신고 등 자동차에 대한 행정업무를 처리할 때 의무
보험의 가입 여부를 확인하도록 되어 있음. 그리고 보험회사가 특별한 사유가 없는 한
계약거절을 하지 못하도록 하고 있음
❹ 계약해지의 제한 : 자동차 말소등록, 중복계약, 자동차양도, 천재지변, 교통사고, 화재,
도난, 기타의 사유로 자동차를 더 이상 운행할 수 없게 된 사실을 증명하는 경우에는 해
지 가능하도록 하고 있음
❺ 피해자 직접청구권 인정 : 피해자가 직접 가해자의 보험회사에 보험금을 청구할 수 있도
록 인정
❻ 유한보상제 : 대인배상Ⅰ의 보험금액은 피해자 1인에 대한 보상한도가 있으며(1사고당 한도
는 없음), 대물배상의 보험금액은 1사고당 보험가입금액 1천만 원 한도까지 보상

「자동차관리법」에 의한 자동차, 「건설기계관리법」의 6종 건설기계는 의무보험 가입의무를
가짐. 다만, 다음에 해당하는 자동차는 해당되지 않음

❶ 도로(「도로교통법」§2 1호)가 아닌 장소에 한하여 운행하는 자동차
❷ 대한민국에 주류하는 국제연합군대가 보유하는 자동차

❸ 대한민국에 주류하는 미합중국군대가 보유하는 자동차
❹ 위에 해당하지 않는 외국인으로서 국토교통부장관이 지정하는 자가 보유하는 자동차
❺ 견인되어 육상을 이동할 수 있도록 제작된 피견인자동차 등

7) 피해자 보호를 위한 보험(대인배상Ⅰ)

교통사고 환자를 진료한 의료기관이 보험회사에 청구할 수 있는 의료비는 환자에게 청구할 수 없고, 가해자에게 손해배상책임이 발생하는 한 자동차「손해배상보장법」제3조의 단서조항에 있는 경우를 제외하고 피해자는 보상받을 수 있는 조건부 무과실책임주의를 채택하고 있다.

7   장기손해보험

1) 장기손해보험의 정의

손해보험에 있어서 보험기간이 통상 1년 이내인 것을 일반손해보험이라 하고, 보험기간이 3년 이상인 것을 장기손해보험이라 한다. 장기손해보험은 보험사고가 발생하여 손해를 입었을 경우 보험금을 지급받을 수 있는 일반손해보험의 장점과 만기 시 만기환급급을 지급받을 수 있도록 위험보장과 저축기능을 가미한 보험이다.

2) 장기손해보험의 특징

(1) 보험기간

일반손해보험은 통상 1년으로 매년 보험계약을 갱신해야 한다. 반면 장기손해보험은 통상 3년 이상으로 매년 갱신해야 하는 불편을 해소한다.

(2) 특별계정에 의한 운용

장기손해보험의 저축보험료(위험보험료 및 부가보험료는 미포함)는 「보험업법」에 의해 특별계정으로 운용된다.

(3) 환급금 지급제도

일반손해보험은 소멸성으로 만기환급금이 없다. 그러나 장기손해보험은 저축보험료가 분리되어 만기 또는 중도해지 시 환급금이 발생한다.

❶ 만기환급금보험료를 완납하고 보험기간 만료 시 적립보험료(저축보험료)를 재원으로 보험상품별 적용이율을 적용하여 만기환급금을 지급. 만기 전 계약이 소멸되는 경우에는 만기환급금을 지급하지 않음. 또한, 계약 후 10년 이상 유지 시 이자소득에 대한 보험차익에 대해 비과세 혜택이 주어짐

❷ 해지환급금장기손해보험은 보험료 미납 시 또는 알릴 의무(고지의무 및 통지의무) 위반 등으로 계약이 해지된 경우 해지환급금을 지급

(4) 자동복원제도

일반손해보험은 자동복원제도가 없어 분손이 발생하여 보험금이 지급되면 잔여기간 동안은 보험가입금액에서 지급된 보험금을 공제한 금액을 잔존보험가입금액으로 한다. 그러나, 장기손해보험은 1회 사고로 보험금이 보험가입금액의 80% 미만인 경우에는 여러번의 사고가 발생하여도 보험가입금액의 감액 없이 보험사고 전의 보험가입금액으로 자동복원된다.

(5) 보험료 납입방법 및 납입주기

일반손해보험은 대체로 계약 체결 시 보험료 전액을 납입하나 장기 손해보험은 계약자 편의에 따라 다양한 납입방법 및 납입주기 선택이 가능하다.

3) 장기손해보험의 보험료

장기손해보험의 보험료도 순보험료와 부가보험료로 구성된다.

(1) 순보험료

❶ 위험보험료 : 사고 발생 시 보험금 지급의 재원이 되는 보험료로서 이 보험료는 예정위
   험율에 따라 정해짐
❷ 저축보험료 : 보험계약의 중도해지 시에는 해지환급금의 재원이 되고, 한 번의 사고로
   보험가입금액의 80% 이상의 보험사고 없이 보험기간이 만료되었을 때에는 만기환급금
   지급 재원이 되는 보험료로서 예정이율로 부리하여 책임준비금으로 적립

(2) 부가보험료

보험회사가 보험사업의 경영, 즉 보험계약의 모집, 유지관리 및 보험료의 수금 등에 필요한
사업비를 부가보험료라고 하며 사용하는 용도에 따라 구분한다.

❶ 신계약비 : 보험회사가 신계약을 모집하는 데 필요한 제경비로서 보통은 계약 초년도(1년)
   에만 적용하며 설계사 모집수당, 수수료 등 신계약 시 필요한 제경비로 사용
❷ 유지비 : 보험계약을 유지·관리하는 데 소요되는 제경비로서 점포유지비, 내근직원 인
   건비, 물건비 등의 재원이 됨
❸ 수금비 : 계속보험료 수금에 필요한 제경비로서 2회 이후 계속보험료 수금비용의 재원
   이 됨

4) 장기손해보험 주요 상품

(1) 장기화재보험

일반화재 및 주택화재보험에 저축기능을 가미한 장기손해보험으로 보장내용 등은 화재보
험의 내용과 동일하다.

❶ 인수 대상물건

구분	내용
주택물건	1. 단독주택(다중주택, 다가구주택 포함) 2. 주택의 부속건물로써 가재만을 수용하는 데 쓰이는 것 3. 연립(다세대)주택, 아파트식 각 호(실)가 모두 주택으로 쓰이는 것 4. 주택병용 건물로써 아래의 용도로 사용하는 건물 및 수용가재 　i) 교습소(피아노, 꽃꽂이, 국악, 재봉 등) 　ii) 치료(안수, 침질, 뜸질, 마사지, 접골, 조산원 및 이와 비슷한 것) ※ 오피스텔은 주택물건이 아님
일반물건	주택물건 및 공장물건을 제외한 물건 ※ 변호사, 대리점주, 공인회계사 등이 사무소를 일부에 설치하고 있는 주택은 일반물건임
공장물건	공장, 작업장(광업소, 발전소, 변전소 포함)의 구내에 있는 건물, 공작물 및 이에 수용된 동산, 실외 및 옥외에 쌓아둔 동산
위험품할증물건	A급 위험품, B급 위험품, 특별 위험품

❷ 인수제한 물건 : 구분내용약관상 인수제한물건은 통화(기념주화 포함), 유가증권, 인지, 우표 등 이와 비슷한 것과 자동차(자동2륜차 및 자동3륜차 포함. 전시용 자동차는 제외) 및 법률에서 정한 특수건물임

(2) 장기종합보험

장기종합보험은 화재보험에 저축성을 가미한 장기손해보험으로 화재보험의 주택물건과 일반물건을 주요 대상으로 한다. 화재(폭발, 파열 포함)손해 이외에 붕괴, 침강, 사태 등을 보장하며, 특약으로 도난손해, 상해위험 및 배상책임위험 등을 종합적으로 보장한다. 이때, 화재손해 등 재산손해는 장기화재보험과 동일하다.

01 다음 중 우리나라의 변액종신보험상품에 대한 설명으로 옳지 않은 것은?

① 투자실적에 따라 사망보험금이 변동한다.

② 투자실적에 따라 해약환급금과 만기보험금이 변동한다.

③ 투자실적이 아주 낮더라도 사망보험금은 최소한 기본 보험금액을 보증한다.

④ 변액보험은 일반계정(General Account)을 사용한다.

02 다음 중 영업보험료의 관련 식으로 옳은 것은?

> ⊙ 영업보험료 = 순보험료(P) + 부가보험료(L)
>
> ⓛ 순보험료(P) = 위험보험료(Pr) + 저축보험료(Ps)
>
> ⓒ 부가보험료(L) = 신계약비 + 유지비 + 수금비

① ⊙   ② ⊙, ⓛ

③ ⊙, ⓒ   ④ ⊙, ⓛ, ⓒ

03 다음 중 생명보험의 보험료에 대한 설명으로 적절하지 않은 것은?

① 예정이율이 올라가면 보험료는 올라간다.

② 예정사업비율이 올라가면 보험료는 높아진다.

③ 예정사망률이 올라가면 보험료는 올라간다.

④ 순보험료는 예정사망률과 예정이율에 의해 계산된다.

해설

01 ④ 변액보험은 투자실적에 따라 사망보험금, 해약환급금 및 만기보험금이 변동한다. 그러나 투자실적이 아주 낮더라도 사망보험금은 최소한 기본 보험금액을 보증한다. 변액보험은 일반계정(General Account)이 아닌 특별계정(Separate Account)을 사용한다.

02 ④ ⊙, ⓛ, ⓒ 모두 맞다.

03 ① 생명보험의 보험료는 예정이율에 의한 이자만큼 미리 할인한다는 관점에서 계산하기 때문에 현가개념이 적용되며, 예정이율이 높으면 보험료의 할인율이 크므로 보험료는 낮아지고, 예정이율이 낮으면 보험료는 높아진다.

04 다음 중 현행 우리나라 자동차보험의 보험료율 산정요소가 아닌 것은?

① 피보험자의 법규위반 요율　　　　② 자동차의 배기량

③ 자동차의 운행거리　　　　　　　④ 피보험자의 보험가입경력

part 06

투자성 금융상품

certified investment manager

chapter 01

금융투자상품의 개념 및 종류

section 01 금융투자상품의 개념

1 투자성 개념

자본시장법 제3조에서 정의하고 있는 금융투자상품의 개념은 '이익을 얻거나 손실을 회피할 목적으로 현재 또는 장래의 특정 시점에 금전, 그 밖의 재산적 가치가 있는 것(이하 '금전등'이라 한다)을 지급하기로 약정함으로써 취득하는 권리로서, 그 권리를 취득하기 위하여 지급하였거나 지급하여야 할 금전등의 총액(판매수수료 등 대통령령으로 정하는 금액을 제외)이 그 권리로부터 회수하였거나 회수할 수 있는 금전등의 총액(해지수수료 등 대통령령으로 정하는 금액을 포함)을 초과하게 될 위험(이하 '투자성'이라 한다)이 있는 것을 말한다'이다. 즉, 위험(투자성)이 있는 것은 금융투자상품이고 위험(투자성)이 없는 것은 이 법에 의한 금융투자상품이 아닌 것이다.

2 금융투자상품 유형

자본시장법에서는 금융투자상품을 ① 증권, ② 파생상품(장내파생상품과 장외파생상품)으로 구분하고 있다. 따라서 금융투자상품의 개념을 이해하기 위해서는 이 법에서 정의하고 있는 위험(투자성)과 증권과 파생상품의 폭넓은 이해가 필요하다.

(1) 증권

'증권'이란 내국인 또는 외국인이 발행한 금융투자상품으로서 투자자가 취득과 동시에 지급한 금전등 외에 어떠한 명목으로든지 추가로 지급의무를 부담하지 아니하는 것을 말한다. 다만, 투자자가 기초자산에 대한 매매를 성립시킬 수 있는 권리를 행사하게 됨으로써 부담하게 되는 지급의무는 제외한다. 추가 지급의무 요건은 원본 초과 손실 가능성이 없어야 한다는 의미로 증권과 파생상품을 구분하는 데 중요한 기준이 된다.

(2) 파생상품

파생상품이란 ① 기초자산이나 기초자산의 가격·이자율·지표·단위 또는 이를 기초로 하는 지수 등에 의하여 산출된 금전등을 장래의 특정 시점에 인도할 것을 약정하는 계약(선도거래), ② 당사자 어느 한쪽의 의사표시에 의하여 기초자산이나 기초자산의 가격·이자율·지표·단위 또는 이를 기초로 하는 지수 등에 의하여 산출된 금전등을 수수하는 거래를 성립시킬 수 있는 권리를 부여하는 것을 약정하는 계약(옵션), ③ 장래의 일정기간 동안 미리 정한 가격으로 기초자산이나 기초자산의 가격·이자율·지표·단위 또는 이를 기초로 하는 지수 등에 의하여 산출된 금전등을 교환할 것을 약정하는 계약(스왑) 중 어느 하나에 해당하는 계약상의 권리를 말한다.

장내파생상품이란 파생상품시장에서 거래되는 것 또는 해외 파생상품 시장(파생상품시장과 유사한 시장으로서 해외에 있는 시장과 대통령령으로 정하는 해외 파생상품 거래가 이루어지는 시장)에서 거래되는 파생상품을 말한다. 대통령령으로 정하는 해외 파생상품 거래는 ① 런던 금속거래소의 규정에 따라 장외에서 이루어지는 금속거래, ② 런던 귀금속시장 협회의 규정에 따라 이루어지는 귀금속거래, ③ 미국 선물협회의 규정에 따라 장외에서 이루어지는 외국환거래, ④ 선박운임 선도거래업자 협회의 규정에 따라 이루어지는 선박운임거래, ⑤ 대륙 간 거래소의 규정에 따라 장외에서 이루어지는 에너지거래 등이다.

장외파생상품은 장내파생상품이 아닌 것을 말한다.

(3) 증권과 파생상품의 구분

원본 대비 손실비율의 정도에 따라 증권과 파생상품을 구분하면 큰 무리가 없을 것으로 본다. 원본 대비 손실비율이 100% 이하(추가 지급 없는 경우)인 상품은 증권으로 원본 대비 손실비율이 100% 초과(추가 지급 발생) 발생 가능한 상품은 파생상품으로 구분한다. 참고로 파생결합증권은 기초자산의 가치 변동에 연계하여 미리 정해진 방법에 따라 지급금액 또는 회수금액이 결정되는 권리가 표시된 증권이며 파생상품이 아니다.

---

section 02 | 금융투자상품 종류

1 증권

자본시장법상 증권의 종류는 채무증권, 지분증권, 수익증권, 투자계약증권, 파생결합증권, 증권예탁증권 등이 있다.

❶ 채무증권 : 채무증권이란 국채증권, 지방채증권, 특수채증권(법률에 의하여 직접 설립된 법인이 발행한 채권), 사채권, 기업어음증권(기업이 사업에 필요한 자금을 조달하기 위하여 발행한 약속어음으로서 대통령령이 정하는 요건을 갖춘 것) 그 밖에 이와 유사한 것으로서 지급청구권이 표시된 것을 말함. 기업어음증권은 기업이 사업에 필요한 자금을 조달하기 위하여 발행한 약속어음으로서 대통령령이 정한 요건을 갖춘 것을 말함. 기업어음증권의 대통령령이 정하는 요건은 '기업의 위탁에 따라 그 지급대행을 하는 은행, 산업은행, 중소기업은행 중 하나가 내어준 것으로서 기업어음증권이라는 문자가 인쇄된 어음용지를 사용'하는 것임. 결국, 채무증권은 타인자본 조달수단으로서 채무를 표시하는 증권을 의미

❷ 지분증권 : 지분증권이란 주권, 신주인수권이 표시된 것, 법률에 의하여 직접 설립된 법인이 발행한 출자증권, 상법에 따른 합자회사・유한회사・익명조합의 출자지분, 민법에 따른 조합의 출자지분, 그 밖에 이와 유사한 것으로서 출자지분이 표시된 것을 말함. 결국, 지분증권은 타인자본 조달수단으로서 지분을 표시하는 증권을 의미

❸ 수익증권 : 수익증권이란 금전신탁계약서에 의한 수익증권, 집합투자업자에 있어서 투자신탁의 수익증권, 그 밖에 이와 유사한 것으로서 신탁의 수익권이 표시된 것을 말함.

❹ 투자계약증권 : 투자계약증권이란 특정 투자자가 그 투자자와 타인(다른 투자자를 포함) 간의 공동사업에 금전등을 투자하고 주로 타인이 수행한 공동사업의 결과에 따른 손익을 귀속받는 계약상의 권리가 표시된 것을 말한다. 투자계약증권은 금융투자상품의 포괄주의 입장에서 도입된 것임

❺ 파생결합증권 : 파생결합증권이란 기초자산의 가격・이자율・지표・단위 또는 이를 기초로 하는 지수 등의 변동과 연계하여 미리 정하여진 방법에 따라 지급금액 또는 회수금액이 결정되는 권리가 표시된 것을 말함. 기초자산은 ① 금융투자상품, ② 통화(외국의 통화 포함), ③ 일반상품(농산물, 축산물, 수산물, 임산물, 광산물, 에너지에 속하는 물품 및 이 물품을 원료로 하여 제조하거나 가공한 물품, 그 밖에 이와 유사한 것), ④ 신용위험(당사자 또는 제3자의 신용등급의 변동, 파산 또는 채무재조정 등으로 인한 신용의 변동), ⑤ 그 밖에 자연적, 환경적, 경제적 현상 등에 속하는 위험으로서 합리적이고 적정한 방법에 의하여 가격・이자율・지표・단위의 산출이나 평가가 가능한 것 중 어느 하나에 해당하는 것으로 포괄적으로 인정하고 있음

❻ 증권예탁증권 : 증권예탁증권이란 채무증권, 지분증권, 수익증권, 투자계약증권, 파생결합증권을 예탁받은 자가 그 증권이 발행된 국가 외의 국가에서 발행한 것으로서 그 예탁받은 증권에 관련된 권리가 표시된 것을 말함

2 파생상품

파생상품은 거래가 이루어지는 시장의 형태, 거래 대상 기초자산의 종류, 거래목적, 계약의 형태에 따라 구분될 수 있다. 시장의 형태에 따라서는 장내거래와 장외거래로 구분되는데, 장내거래는 특정 거래소에서 거래되는 상품을 말한다. 장내거래가 이루어지는 상품으로는 주가

지수선물과 주가지수옵션, 국채선물, CD금리선물, 달러선물, 금선물, 달러 콜옵션, 그리고 달러 풋옵션 등을 들 수 있다. 장외거래는 계약 당사자의 편의에 따라 기초상품의 품질, 계약의 만기 및 지급흐름의 형태를 양자 간 계약을 통하여 설정하는 거래를 말다. 선도거래나 스왑 등이 대표적인 장외거래상품이다.

한편, 기초자산의 성질에 따라 금리, 통화, 주식 및 일반 상품(commodity) 등의 4가지로 분류할 수 있으며, 계약의 형태 즉 위험배분형태에 따라 선도형 파생상품과 옵션형 파생상품으로 나눌 수 있다. 선도계약형 상품에는 선도계약(forward contracts), 스왑(swaps), 그리고 장내에서 거래되는 선물계약(futures contracts) 등이 있다. 선도계약은 거래자가 미래의 특정 시점에 정해진 기초자산을 미리 합의한 가격으로 사거나 팔기로 약속하는 계약으로 선물환(currency forwards), 선도금리계약(forward rate agreements) 등이 있다. 스왑은 장래 특정일 또는 특정 기간 동안 일정 상품 또는 금융자산(또는 부채)을 상대방의 상품 또는 금융자산과 교환하는 계약으로 금리스왑, 통화스왑 등이 있다.

표 1-1   주요 파생금융상품의 종류

	장내거래	장외거래
통화 관련	통화선물(currency futures) 통화선물옵션(currency futures options) 통화옵션(currency options)	선물환(forward exchange) 통화스왑(currency swaps) 통화옵션(currency options)
금리 관련	금리선물(interest rate futures) 금리선물옵션(interest rate futures options)	선도금리계약(forward rate agreements) 금리스왑(interest rate swaps) 금리옵션(interest rate options) - caps, floors, collars 스왑션(swaptions)
주식 관련	주식옵션(equity options) 주가지수선물(index futures) 주가지수옵션 (index options) 주가지수선물옵션(index futures options)	주식옵션(equity options) 주식스왑(equity swaps)
신용 관련	-	신용파산스왑(credit default swaps) 총수익스왑(total return swaps) 신용연계증권(credit linked notes)

3 파생결합증권

'파생결합증권'이란 기초자산의 가격·이자율·지표·단위 또는 이를 기초로 하는 지수 등의 변동과 연계하여 미리 정하여진 방법에 따라 지급하거나 회수하는 금전 등이 결정되는 권리가 표시된 것을 말한다. 다만, 다음의 어느 하나에 해당하는 것은 제외된다(자본시장법 제4조 제7항 및 시행령 제4조의2).

❶ 발행과 동시에 투자자가 지급한 금전 등에 대한 이자, 그 밖의 과실(果實)에 대하여만 해당 기초자산의 가격·이자율·지표·단위 또는 이를 기초로 하는 지수 등의 변동과 연계된 증권

❷ 자본시장법 제5조 제1항 제2호에 따른 계약상의 권리(법 제5조 제1항 각 호 외의 부분 단서에서 정하는 금융투자상품은 제외)

❸ 해당 사채의 발행 당시 객관적이고 합리적인 기준에 따라 미리 정하는 사유가 발생하는 경우 주식으로 전환되거나 그 사채의 상환과 이자지급 의무가 감면된다는 조건이 붙은 것으로서 주권상장법인이 발행하는 사채

❹ 주식이나 그 밖의 다른 유가증권으로 교환 또는 상환할 수 있는 사채, 전환사채 및 신주인수권부사채(「상법」 제469조 제2항 제2호, 제513조 및 제516조의2)

❺ 그 밖에 위 ❶부터 ❹까지의 금융투자상품과 유사한 것으로서 「상법」 제420조의2에 따른 신주인수권증서 및 「상법」 제516조의5에 따른 신주인수권증권

위에 언급된 '기초자산'이란 다음의 어느 하나에 해당하는 것을 말한다(자본시장법 제4조 제10항).

❶ 금융투자상품
❷ 통화(외국의 통화를 포함)
❸ 일반상품(농산물·축산물·수산물·임산물·광산물·에너지에 속하는 물품 및 이 물품을 원료로 하여 제조하거나 가공한 물품, 그 밖에 이와 유사한 것을 말함)
❹ 신용위험(당사자 또는 제3자의 신용등급의 변동, 파산 또는 채무재조정 등으로 인한 신용의 변동을 말함)
❺ 그 밖에 자연적·환경적·경제적 현상 등에 속하는 위험으로서 합리적이고 적정한 방법에 의하여 가격·이자율·지표·단위의 산출이나 평가가 가능한 것

파생결합증권은 주가연계상품, 환율(통화)연계상품, 금리연계상품, 디지털옵션내재상품 (Digital option embedded) 등으로 구분된다.

주가연계(Equity Linked)상품은 예금 또는 채권의 원리금 지급조건이 특정 주식의 가격이나 주가지수의 변동과 연계된다. 일반채권과 주가옵션이 결합된 상품으로 주가연계상품의 매입자는 채권과 함께 옵션을 매입한 것과 동일하다. 다만, 옵션 매입 시 프리미엄을 지급해야 함에 따라 옵션의 비중이 클수록 투자원금의 보존 수준은 상이하다.

환율(통화)연계상품은 예금 또는 채권의 원리금 지급이 발행 시와 상이한 통화로 이루어지거나 환율의 변동과 연계된다. 원금상환 시 통화를 선택하는 옵션이 내재되어 있거나 환율수준에 따라 원리금 상환금액이 변동하는 조건을 가진다.

금리연계상품으로는 역변동금리, 이중지표변동금리, CMT이자지급상품이 있다.

역변동금리상품(Inverse floating rate)은 특정 고정금리에서 변동금리를 차감하여 지급이자율이 결정되는 상품이다. 금리가 하락하면 지급이자가 증가하도록 설계되며, 투자자는 시장금리가

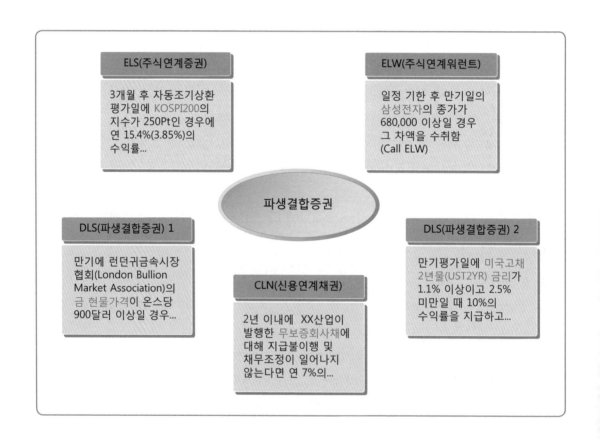

하락하는 방향에 투기하는 유형의 상품이다.

이중지표변동금리상품은 장·단기금리차이를 반영하여 지급이자율이 결정되는 상품이다. 지급이자율을 '(5년만기 국고채－3개월만기 CD금리)×승수＋스프레드' 등과 같이 결정함으로써 승수에 해당하는 장기채 매입, 단기채 매도와 같은 리스크 형태를 구성한다.

CMT이자지급상품은 변동금리상품의 이자를 단기지표금리 대신 장기지표금리에 따라 지급하는 상품이다. 고정금리나 변동금리를 지급하는 일반상품과는 달리 수익률 곡선의 형태변화에 상품의 가치가 민감하게 반응한다.

디지털옵션내재상품(Digital option embedded)은 변동금리가 정해진 범위 내 존재 여부에 따라 해당 부리기간의 금리가 변동하는 상품이다. 발행자가 투자자에게 일종의 옵션을 매입하게 함으로써 보다 높은 수익률을 제공한다. 일반적으로 일 단위로 이자가 계산되는 범위 누적(Range accrual)을 포함하는 개념이다.

chapter 02

펀드상품

집합투자기구 개념

1 집합투자기구 정의

① 집합투자기구는 펀드로, 집합투자증권은 수익증권으로, 투자회사는 뮤추얼펀드로 보면 되고, ② 펀드를 운용하는 자산운용사는 금융투자업 중 집합투자업 인가를 받은 집합투자업 자이며, ③ 펀드를 판매하는 판매업자는 금융투자업 중 집합투자증권의 매매중개업 인가를 받은 투자매매업자·투자중개업자이며, ④ 한 회사가 집합투자업과 매매중개업 인가를 모두 받은 경우 펀드 운용과 펀드 판매를 함께 할 수 있으며 펀드 판매의 경우 특히 자사가 직접운 용하는 펀드 외 타사가 운용하는 펀드 모두 판매 가능하다.

(1) '집합투자' 정의

집합투자란 2인 이상의 투자자로부터 모은 금전 등을 투자자부터 일상적인 운용지시를 받지 아니하면서 재산적 가치가 있는 투자대상 자산을 취득·처분, 그 밖의 방법으로 운용하고 그 결과를 투자자 또는 각 기금관리주체에게 배분하여 귀속시키는 것을 말한다. 단, 아래 3가지 경우 중 어느 하나라도 해당되는 것은 제외한다.

❶ 「부동산투자회사법」, 「선박투자회사법」, 「문화산업진흥기본법」, 「산업발전법」, 「벤처투자 촉진에 관한 법률」, 「여신전문금융업법」, 「소재·부품·장비산업 경쟁력 강화를 위한 특별조치법」 등의 법률에 따라 사모의 방법으로 금전등을 모아 운용·배분하는 것으로서 일반투자자(전문투자자 및 기획재정부령에 의한 재정기금관리·운용법인 및 공제사업 영위 법인이 아닌 자)의 총수가 49인 이하인 경우

❷ 「자산유동화에 관한 법률」 제3조의 자산유동화계획에 따라 금전등을 모아 운용·배분하는 경우

❸ 그 밖에 행위의 성격 및 투자자 보호의 필요성 등을 고려하여 투자자예탁금을 예치 또는 신탁받아 운용·배분하는 경우, 신탁업자가 수탁한 금전을 공동으로 운용하는 경우, 투자목적회사가 그 업무를 하는 경우, 종금사가 어음관리계좌 업무를 하는 경우 등에 해당하는 때

(2) '집합투자기구' 구성형태

'집합투자기구'란 집합투자를 수행하기 위한 기구로서 구성 형태는 다음과 같다.

❶ 투자신탁

집합투자업자인 위탁자가 신탁업자에게 신탁한 재산을 신탁업자로 하여금 그 집합투자업자의 지시에 따라 투자·운영하게 하는 신탁 형태의 집합투자기구(투자신탁)

❷ 투자회사

ㄱ. 「상법」에 따른 주식회사 형태의 집합투자기구(투자회사)

ㄴ. 「상법」에 따른 유한회사 형태의 집합투자기구(투자유한회사)

ㄷ. 「상법」에 따른 합자회사 형태의 집합투자기구(투자합자회사)

❸ 투자조합

ㄱ. 「민법」에 따른 조합 형태의 집합투자기구(투자조합)

ㄴ. 「상법」에 따른 익명조합 형태의 집합투자기구(투자익명조합)

(3) 기타 용어 정의

❶ '사모집합투자기구' : 집합투자증권을 사모로만 발행하는 집합투자기구로서 일반투자자(전문투자자 및 기획재정부령에 의한 재정기금관리·운용법인 및 공제사업 영위 법인이 아닌 자)의 총수가 49인 이하인 것을 말함

❷ '집합투자재산' : 집합투자기구의 재산으로 투자신탁재산, 투자회사재산, 투자유한회사재산, 투자합자회사재산, 투자조합재산 및 투자익명조합재산을 말함

❸ '집합투자증권' : 집합투자기구에 대한 출자지분이 표시된 것을 말하며 투자신탁의 경우에는 수익권을 말함

❹ '집합투자자총회' : 집합투자기구의 투자자 전원으로 구성된 의사결정기관으로서 수익자총회, 주주총회, 사원총회, 조합원총회 및 익명조합원총회를 말함

2	집합투자증권 정의

집합투자증권은 집합투자기구에 대한 출자지분(투자신탁의 경우에는 수익권)이 표시된 것이다. 즉, 집합투자기구가 발행한 지분증권 또는 수익증권에 대하여 집합투자와 관련된 규정을 적용받게 된다. 자본시장법상 집합투자증권을 발행할 수 있는 집합투자기구는 투자신탁, 투자회사, 투자유한회사, 투자합자회사, 투자익명조합, 투자조합, 사모투자전문회사 등 7개가 있으며 투자신탁을 제외한 집합투자기구의 투자자의 지위는 출자지분이 표시된 지분증권 소유자가 되나 투자신탁의 투자자의 지위는 수익권이 표시된 수익증권 소유자가 된다. 집합투자증권은 금융투자상품이며 과거 간접투자자산운용업법에 의해 발행 및 판매되었던 펀드상품(뮤추얼펀드 포함)에 해당된다. 따라서 향후 집합투자기구나 집합투자증권에 대해서는 운용과 판매가 일반화된 수익증권펀드(투자신탁)와 뮤추얼펀드(투자회사)로 이해되기도 한다.

집합투자기구 종류

---

1 **집합투자기구의 종류**

집합투자기구는 집합투자재산의 운용대상에 따라 증권집합투자기구, 부동산집합투자기구, 특별자산집합투자기구, 혼합자산집합투자기구, 단기금융집합투자기구의 5종류로 분류할 수 있다. 각각의 집합투자기구가 투자할 수 있는 자산의 종류는 〈표 2−1〉과 같다.

표 2−1 **투자대상에 따른 집합투자기구의 종류**

구분	증권	부동산	특별자산	단기금융	혼합자산
증권	○	○	○	○	○
파생상품	○	○	○	×	○
부동산	○	○	○	×	○
실물자산	○	○	○	×	○
특별자산	○	○	○	×	○

1) 증권 집합투자기구

(1) 기본요건

집합투자재산의 50%를 초과하여 '증권'에 투자하는 집합투자기구로서 부동산 집합투자기구, 특별자산 집합투자기구에 해당하지 아니하는 집합투자기구를 말한다. 이때 증권에는 아래 대통령령으로 정하는 증권을 제외하며, 대통령령으로 정하는 증권 외의 증권을 기초자산으로 하는 파생상품은 포함된다.

(2) 제외 증권

❶ 다음 어느 하나에 해당하는 자산이 신탁재산, 집합투자재산 또는 유동화자산의 100분의 50 이상을 차지하는 경우에는 그 수익증권, 집합투자증권 또는 유동화증권

ㄱ. 부동산

ㄴ. 지상권·지역권·전세권·임차권·분양권 등 부동산 관련 권리

ㄷ. 「기업구조조정 촉진법」 제2조제3호에 따른 채권금융기관(이에 준하는 외국 금융기관과 「금융산업의 구조개선에 관한 법률」에 따른 금융기관이었던 자로서 청산절차 또는 「채무자 회생 및 파산에 관한 법률」에 따른 파산절차가 진행 중인 법인을 포함)이 채권자인 금전채권(부동산을 담보로 한 경우만 해당)

ㄹ. 특별자산

❷ 「부동산투자회사법」에 따른 부동산투자회사가 발행한 주식

❸ 「선박투자회사법」에 따른 선박투자회사가 발행한 주식

❹ 「사회기반시설에 대한 민간투자법」에 따른 사회기반시설사업의 시행을 목적으로 하는 법인이 발행한 주식과 채권

❺ 「사회기반시설에 대한 민간투자법」에 따른 하나의 사회기반시설사업의 시행을 목적으로 하는 법인이 발행한 주식과 채권을 취득하거나 그 법인에 대한 대출채권을 취득하는 방식으로 투자하는 것을 목적으로 하는 법인(같은 법에 따른 사회기반시설투융자회사는 제외)의 지분증권

❻ 특정한 부동산을 개발하기 위하여 존속기간을 정하여 설립된 회사가 발행한 증권

❼ 부동산, 그 밖에 금융위원회가 정하여 고시하는 부동산 관련 자산을 기초로 하여 「자산유동화에 관한 법률」 제2조제4호에 따라 발행된 유동화증권으로서 그 기초자산의 합계액이 「자산유동화에 관한 법률」 제2조제3호에 따른 유동화자산 가액의 100분의 70 이상인 유동화증권

❽ 「한국주택금융공사법」에 따른 주택저당채권담보부채권 또는 주택저당증권(「한국주택금융공사법」에 따른 한국주택금융공사 또는 제79조제2항제5호가목부터 사목까지의 금융기관이 지급을 보증한 주택저당증권)

❾ 부동산투자목적회사가 발행한 지분증권

❿ 「해외자원개발 사업법」 제14조의2 제1항 제2호에 따른 해외자원개발 전담회사와 특별자산에 대한 투자만을 목적으로 하는 법인(외국법인을 포함)이 발행한 지분증권·채무증권

2) 부동산 집합투자기구

(1) 기본요건

집합투자재산의 50%를 초과하여 부동산에 투자하는 집합투자기구를 말한다. 이때 부동산에는 부동산을 기초자산으로 한 파생상품, 부동산 개발과 관련된 법인에 대한 대출, 그 밖에 대통령령으로 정하는 방법으로 부동산 및 대통령령으로 정하는 부동산과 관련된 증권에 투자하는 경우가 포함된다.

(2) 대통령령으로 정하는 방법

① 부동산의 개발, ② 부동산의 관리 및 개량, ③ 부동산의 임대, ④ 지상권·지역권·전세권·임차권·분양권 등 부동산 관련 권리의 취득, ⑤「기업구조조정 촉진법」제2조 제3호에 따른 채권금융회사가 채권자인 금전채권의 취득 등이다.

(3) 대통령령으로 정하는 부동산 관련 증권

① 부동산 및 관련 권리, 금전채권(부동산 담보)을 기초자산으로 하는 신탁의 수익증권·집합투자증권·유동화증권, ② 부동산 투자회사 주식, ③ 부동산 개발회사가 발행한 증권, 부동산·부동산 관련 자산을 기초로 발행된 유동화증권, 금융회사가 지급보증한 주택저당채권담보부채권·주택저당증권, 부동산 투자회사가 발행한 지분증권에 투자하는 증권 등이다.

3) 특별자산 집합투자기구

집합투자재산의 50%를 초과하여 특별자산에 투자하는 집합투자기구를 말한다. 이때 특별자산이란 증권 및 부동산을 제외한 투자대상 자산을 말한다.

4) 혼합자산 집합투자기구

집합투자재산을 운용함에 있어서 증권 집합투자기구, 부동산 집합투자기구, 특별자산 집합투자기구의 규정의 제한을 받지 아니하는 집합투자기구를 말한다. 혼합자산 집합투자기구는 법령상 주된 투자대상 및 최저 투자한도 등에 대한 제한이 없어 어떠한 자산이든지 투자비율

제한없이 투자 가능하다는 장점은 있으나 환매금지형 집합투자기구로 설정하여 설립해야 한다는 제한이 있다.

5) 단기금융 집합투자기구(MMF)

(1) 기본요건

집합투자재산 전부를 대통령령으로 정하는 단기금융상품에 투자하는 집합투자기구로서 대통령령으로 정하는 방법으로 운용되는 집합투자기구를 말한다. 2023년 공모펀드 경쟁력제고 방안의 일환으로 자본시장법령 개정을 통해 외화 MMF가 도입되었다. 외화표시 MMF는 단기채권·어음 등 외화 단기금융상품에 투자하는 MMF이며 외화로 납입과 환매가 이루어진다. 원화표시 MMF와 동일한 수준으로 규율하며, 다만 외화자산의 특성을 감안하여 일부 별도의 규정이 존재한다. MMF의 안정적인 운용을 위해 편입자산의 만기·신용등급, 분산투자, 유동성 요건 등은 원화 표시수준으로 정하였으며, 편입자산의 안전성과 환금성을 위해 표시화폐를 OECD가입국, 싱가포르, 홍콩, 중국으로 제한하였고, 신규 MMF 설정요건을 원화에 비해 완화하였다. 2023년말 기준으로 법인 MMF만 출시되어 판매되고 있다.

(2) 대통령령으로 정하는 단기금융상품

원화로 표시된 자산으로서 ① 남은 만기가 6개월 이내인 양도성 예금증서, ② 남은 만기가 5년 이내인 국채증권, 남은 만기가 1년 이내인 지방채증권, 특수채증권, 사채권(자본시장법 제71조 제4호에 따른 주권 관련 사채권 및 사모의 방법으로 발행된 사채권은 제외) 및 기업어음증권. 단, 환매조건부매수의 경우에는 남은 만기의 제한을 받지 아니한다. ③ 남은 만기가 1년 이내인 어음(기업어음증권은 제외), ④ 금융회사에 대한 30일 이내의 단기대출, ⑤ 만기가 6개월 이내인 금융기관 또는 「우체국예금·보험에 관한 법률」에 따른 체신관서에의 예치, ⑥ 다른 단기금융 집합투자기구의 집합투자증권, ⑦ 단기사채 등이 있다.

외화(경제협력개발기구(OECD) 가입국가(속령은 제외), 싱가포르, 홍콩, 중화인민공화국의 통화로 한정)로 표시된 위 ①~⑦의 금융상품과 이에 준하는 것으로서 금융위원회가 정하여 고시하는 금융상품이 투자대상이 된다.

(3) 대통령령으로 정하는 방법으로 운용

❶ 증권을 대여하거나 차입하는 방법으로 운용하지 아니할 것

❷ 남은 만기가 1년 이상인 국채증권에 집합투자재산의 5% 이내로 운용할 것

❸ 환매조건부매도는 집합투자기구에서 보유하고 있는 증권총액의 100분의 5 이내일 것

❹ 각 단기금융집합투자기구 집합투자재산의 남은 만기의 가중평균된 기간이 다음 범위 이내일 것

ㄱ. 개인 MMF : 75일

ㄴ. 법인 MMF 중 집합투자규약에 장부가격으로 평가하지 않음을 명시한 MMF : 120일

ㄷ. 그 밖의 MMF : 60일

❺ MMF의 집합투자재산이 다음의 구분에 따른 기준을 충족하지 못하는 경우에는 다른 집합투자기구를 설정·설립하거나 다른 MMF로부터 운용업무 위탁을 받지 않을 것. 다만 「국가재정법」 제81조에 따른 여유자금을 통합하여 운용하는 MMF 및 그 MMF가 투자하는 MMF를 설정·설립하거나 그 운용업무의 위탁을 받는 경우에는 이를 적용하지 않는다.

ㄱ. 개인투자자 대상 원화 MMF : 3천억 원 이상

ㄴ. 개인투자자 대상 외화 MMF : 1천 5백억 원 이상

ㄷ. 법인투자자 대상 원화 MMF : 5천억 원 이상

ㄹ. 법인투자자 대상 외화 MMF : 2천 5백억 원 이상

❻ 하나의 MMF에서 원화와 외화 단기금융상품을 함께 투자하지 않을 것

❼ 투자대상 자산의 신용등급 및 신용등급별 투자한도, 남은 만기의 가중평균 계산방법, 그 밖에 자산운용의 안정성 유지에 관하여 금융위원회가 정하여 고시하는 내용을 준수할 것 등의 방법으로 운용해야 함

(4) 금융위원회가 정하는 MMF 운용 규정

❶ 집합투자업자는 단기금융 집합투자기구의 집합투자재산을 ① 자산의 원리금 또는 거래금액이 환율·증권의 가치 또는 증권지수의 변동에 따라 변동하거나 계약 시점에 미리 정한 특정한 신용사건 발생에 따라 확대 또는 축소되도록 설계된 것이나, ② '①'과 같이 원리금 또는 거래금액, 만기 또는 거래기간 등이 확정되지 아니한 것 등에 해당하는 자산에 운용해서는 안 됨

❷ 단기금융 집합투자기구의 집합투자재산으로 운용할 수 있는 채무증권(양도성예금증서 및 금융회사가 발행·매출·중개한 어음 및 채무증서 포함)은 취득 시점을 기준으로 신용평가업자의

신용평가등급이 최상위등급 또는 최상위등급의 차하위등급 이내이어야 함. 둘 이상의 신용평가업자로부터 신용평가등급을 받은 경우에는 그 중 낮은 신용평가등급을 적용

❸ 최상위등급 채무증권의 경우 각 집합투자기구 자산총액의 100분의 5, 차하위등급 채무증권의 경우 각 집합투자기구 자산총액의 100분의 2의 한도를 초과하여 동일인이 발행한 채무증권에 운용하여서는 안 됨. 단, 국채증권 및 정부가 원리금의 상환을 보증한 채무증권, 지방채증권 및 특수채증권은 제외

❹ 집합투자업자는 단기금융 집합투자기구의 위험을 체계적으로 관리할 수 있도록 위험의 정의 및 종류에 관한 사항, 위험측정방법에 관한 사항, 위험허용 수준에 관한 사항, 위험관리조직에 관한 사항, 그 밖에 단기금융 집합투자기구의 체계적 위험관리를 위하여 필요하다고 인정하는 사항이 포함된 '위험관리기준'을 제정하고 이를 준수할 수 있는 내부통제제도를 갖추어야 함

2 | 특수한 형태의 집합투자기구

1) 환매금지형 집합투자기구

환매금지형 집합투자기구는 투자자가 집합투자기구에 투자한 이후 집합투자증권의 환매청구에 의하여 그 투자자금을 회수하는 것이 불가능하도록 만들어진 집합투자기구를 말한다. 환매금지형 집합투자기구는 존속기간을 정한 집합투자기구의 집합투자증권을 최초로 발행한 날부터 90일 이내에 그 집합투자증권을 증권시장에 상장하여야 한다.

(1) 설정·설립

❶ 집합투자업자 등은 존속기간을 정한 집합투자기구에 대하여만 집합투자증권의 환매를 청구할 수 없는 집합투자기구를 설정·설립할 수 있음

❷ 집합투자업자 등은 집합투자기구를 투자대상 자산의 현금화가 곤란한 사정 등을 고려하여 ① 부동산 집합투자기구를 설정 또는 설립하는 경우, ② 특별자산 집합투자기구를 설정 또는 설립하는 경우, ③ 혼합자산 집합투자기구를 설정 또는 설립하는 경우, ④ 각 집합투자기구 자산총액의 100분의 20을 초과하여 금융위원회가 정하여 고시하는

시장성 없는 자산에 투자할 수 있는 집합투자기구를 설정 또는 설립하는 경우에는 환매금지형 집합투자기구로 설정 또는 설립하여야 함

❸ 시장성 없는 자산이란 ① 부동산(부동산을 기초로 한 파생상품이나 부동산과 관련된 증권 등 시가 또는 공정가액으로 조기에 현금화 가능한 경우 제외), ② 특별자산(관련 자산의 특성 등을 고려하여 시가 또는 공정가액으로 조기에 현금화가 가능한 경우 제외), ③ 증권시장 또는 외국시장에 상장된 증권, 채무증권, 파생결합증권, 모집 또는 매출된 증권, 환매청구할 수 있는 집합투자증권 등에 해당하지 않는 증권을 말함

(2) 추가 발행 사유

환매금지형 집합투자기구는 기존 투자자의 이익을 해할 우려가 없는 등 다음에서 정하는 때에만 집합투자증권을 추가로 발행할 수 있다.

❶ 환매금지형 집합투자기구로부터 받은 이익분배금의 범위에서 그 집합투자증권을 추가로 발행하는 경우,
❷ 기존 투자자의 이익을 해칠 염려가 없다고 신탁업자로부터 확인을 받은 경우,
❸ 기존 투자자 전원의 동의를 받은 경우
❹ 기존 투자자에게 집합투자증권의 보유비율에 따라 추가로 발행되는 집합투자증권의 우선매수기회를 부여하는 경우

(3) 상장 및 기준 가격 산정

❶ 투자신탁의 집합투자업자 또는 투자회사는 신탁계약 또는 정관에 투자자의 환금성 보장 등을 위한 별도의 방법을 정하지 않은 경우에는 환매금지형 집합투자증권을 최초로 발행한 날부터 90일 이내에 증권시장에 상장해야 함
❷ 집합투자증권을 추가발행 할 수 없는 환매금지형 집합투자기구는 기준 가격 산정, 기준 가격 공고·게시의무가 면제

2) 종류형 집합투자기구

존속기간이 짧고 소규모 투자기구가 양산되면, 그로 인해 투자자에게 눈에 보이지 않는 손실이 돌아간다는 것을 부정할 수 없다. 이 문제를 해결하기 위한 방법으로 종류형 집합투자기

구가 도입되었는데, 그럼으로써 그동안 소규모 투자기구 양산의 원인 중 하나였던 판매회사 보수 차이로 인한 신규 투자기구 설정이라는 문제가 어느 정도 해소될 수 있게 됐다.

(1) 설정·설립

❶ 집합투자업자 등은 같은 집합투자기구에서 판매보수의 차이로 인하여 기준 가격이 다르거나 판매수수료가 다른 여러 종류의 집합투자증권을 발행하는 '종류형 집합투자기구'를 설정하여 설립할 수 있음

❷ 종류형 집합투자기구는 집합투자자 총회의 결의가 필요한 경우로서 특정 종류의 집합투자증권의 투자자에 대하여만 이해관계가 있는 경우에는 그 종류의 투자자만으로 종류 집합투자자 총회를 개최할 수 있음

(2) 등록신청서 및 투자설명서

❶ 투자신탁의 집합투자업자 또는 투자회사 등은 종류형 집합투자기구가 설정 또는 설립된 경우 등록신청서에 ① 여러 종류의 집합투자증권별 판매수수료와 판매보수에 관한 사항, ② 여러 종류의 집합투자증권 간에 전환할 수 있는 권리를 투자자에 주는 경우 그 전환에 관한 사항, ③ 각 종류의 집합투자재산이 부담하는 비용에 관한 사항, ④ 여러 종류의 집합투자증권별 취득 자격에 제한이 있는 경우 그 내용, ⑤ 여러 종류의 집합투자증권별 환매수수료에 관한 사항, ⑥ 여러 종류의 집합투자증권의 기준 가격 산정방법에 관한 사항, ⑦ 종류 집합투자자 총회에 관한 사항을 기재하여야 함

　종류형 집합투자기구로 변경하려는 경우에도 등록신청서의 사항을 포함하여 변경등록 해야 한다.

❷ 투자신탁의 집합투자업자 또는 투자회사 등은 종류형 집합투자기구의 투자설명서에 ① 종류형 집합투자기구의 집합투자증권의 종류, ② 각 종류의 집합투자증권별 판매보수, 판매수수료 및 환매수수료의 금액, 부과방법 및 부과기준, ③ 투자자가 각 종류의 집합투자증권 간 전환할 수 있는 경우 전환절차, 전환조건, 전환방법 등 전환에 관한 사항을 기재하여야 함

(3) 전환 및 비용부담

❶ 여러 종류의 집합투자증권 간에 전환하는 경우에 그 전환 가격은 각 종류의 집합투자증

권의 기준 가격으로 하여야 한다. 이 경우 전환을 청구한 투자자에게 환매수수료를 부과해서는 안 됨

❷ 투자매매업자 또는 투자중개업자는 종류형 집합투자기구의 집합투자증권을 판매하는 경우 판매수수료나 판매보수가 다른 여러 종류의 집합투자증권이 있다는 사실과 각 종류별 차이를 설명하여야 함

❸ 집합투자업자 등은 종류형 집합투자기구의 집합투자증권 투자자가 직접 또는 간접으로 부담하는 수수료 등 비용은 판매보수, 판매수수료, 환매수수료를 제외하고는 각 종류의 집합투자증권별로 같도록 해야 함. 다만, 종류 집합투자자 총회의 운용비용 등 특정집합투자증권에 대해서만 발생한 비용은 예외

❹ 투자신탁이나 투자익명조합의 집합투자업자 또는 투자회사 등은 종류형 집합투자재산 운용에 따라 발생한 이익금을 각 종류의 집합투자재산 총액에 비례하여 해당 집합투자재산에 분배해야 함

3) 전환형 집합투자기구

전환형 집합투자기구란 다양한 자산과 투자전략을 가진 투자기구를 묶어 하나의 투자기구 세트를 만들고 투자자로 하여금 그 투자기구 세트 내에 속하는 다양한 투자기구 간에 교체투자를 할 수 있게 한 것이다. 이러한 전환형 집합투자기구의 투자자는 적극적인 의사결정으로 투자자산과 방법을 달리하여 투자자산을 운용할 수 있다.

(1) 설정·설립

❶ 집합투자업자 등은 복수의 집합투자기구 간에 각 집합투자기구의 투자자가 소유하고 있는 집합투자증권을 다른 집합투자기구의 집합투자증권으로 전환할 수 있는 권리를 투자자에게 부여하는 구조의 '전환형 집합투자기구'를 설정·설립할 수 있음

❷ 이 경우 ① 복수의 집합투자기구 간에 공통으로 적용되는 집합투자규약이 있어야 하며, ② 집합투자규약에 투자신탁, 투자회사, 투자유한회사, 투자합자회사, 투자조합, 투자익명조합, 사모투자전문회사의 집합투자기구 간의 전환이 금지되어 있을 것의 요건을 갖추어야 함

(2) 등록

❶ 전환형 집합투자기구가 설정 또는 설립된 경우 등록신청서에 전환이 가능한 집합투자 기구에 관한 사항을 기재하여야 한다. 전환형 집합투자기구로 변경하려는 경우에도 전 환이 가능한 집합투자기구에 관한 사항을 기재하여 변경등록 하여야 함

❷ 전환하는 경우에 그 전환가격은 각 집합투자기구의 집합투자증권의 기준 가격으로 하 며, 전환을 청구한 투자자에게 환매수수료를 부과하지 않음

4) 모자형 집합투자기구

모자형 집합투자기구는 동일한 집합투자업자의 투자기구를 상하구조로 나누어 하위투자기 구(子집합투자기구)의 집합투자증권을 투자자에게 매각하고, 매각된 자금으로 조성된 투자자기 구의 재산을 다시 상위투자기구(母집합투자기구)에 투자하는 구조를 말한다. 이 경우 실제 증권 에 대한 투자는 상위투자기구에서 발생한다.

(1) 설정 · 설립

❶ 집합투자업자 등은 다른 집합투자기구(모집합투자기구)가 발행하는 집합투자증권을 취득 하는 구조의 집합투자기구(자집합투자기구)를 설정 · 설립할 수 있음

❷ 이 경우 ① 자집합투자기구가 모집합투자기구의 집합투자증권 외 다른 집합투자증권을 취득하는 것이 허용되지 아니할 것, ② 자집합투자기구 외의 자가 모집합투자기구의 집 합투자증권을 취득하는 것이 허용되지 아니할 것, ③ 자집합투자기구와 모집합투자기 구의 집합투자재산을 운용하는 집합투자업자가 동일할 것 등의 요건을 갖추어야 함

(2) 등록

❶ 모자형 집합투자기구가 설정 또는 설립된 경우 등록신청서에 자집합투자기구가 취득하 는 모집합투자기구의 집합투자증권에 관한 사항을 기재하여야 하며 투자매매업자 또는 투자중개업자는 모집합투자기구의 집합투자증권을 투자자에게 판매하면 안 됨

❷ 모자형 집합투자기구로 변경하려는 경우에도 자집합투자기구가 취득하는 모집합투자 기구의 집합투자증권에 관한 사항을 포함하여 변경등록

❸ 변경을 하려는 투자신탁의 집합투자업자나 투자회사 등은 집합투자기구의 자산 전부를

새로이 설정 또는 설립되는 모집합투자기구에 이전하고, 이전한 자산금액에 상당하는 모집합투자기구의 집합투자증권을 변경되는 자집합투자기구에 교부하여야 함. 이때 둘 이상의 집합투자기구의 자산을 합하여 한 개의 모집합투자기구로 이전하거나 한 개의 집합투자기구의 자산을 분리하여 둘 이상의 모집합투자기구로 이전하는 것은 안 됨

❹ 투자신탁의 집합투자업자나 투자회사 등은 투자설명서를 작성하는 경우 ① 모집합투자기구에 관한 사항으로서 집합투자기구의 명칭, 투자목적·투자방침·투자전략 등 자본시장법 시행령 제127조 제1항 제3호 각 목의 사항과, ② 자집합투자기구 각각의 보수·수수료 등 투자자가 부담하는 비용에 관한 사항을 기재하여야 함

(3) 의결권 행사 등 기타

❶ 자집합투자기구는 모집합투자기구의 집합투자자총회 의결사항과 관련하여 자집합투자기구의 집합투자자 총회에서 의결된 찬반비율에 비례하여 의결권을 행사하여야 함

❷ 사모집합투자기구가 아닌 자집합투자기구는 사모형 모집합투자기구의 집합투자증권을 취득할 수 없음

❸ 자집합투자기구의 집합투자업자가 자산운용보고서를 작성하는 경우 모집합투자기구에 관한 사항으로서 법정 기재사항을 자산운용보고서에 기재하여야 함

5) 상장지수 집합투자기구(ETF)

일반적인 개방형 집합투자기구는 투자자가 언제든지 환매청구를 해서 투자자금을 회수할 수 있기 때문에 유동성을 확보를 위해 증권시장에 상장할 필요가 없다. 하지만 ETF(상장지수집합투자기구, Exchange Traded Fund)는 그렇지 않다. ETF는 개방형투자기구이나 그 집합투자증권이 증권시장에 상장되어 있고, 투자자는 시장에서 보유 증권을 매도하여 투자자금을 회수할 수 있다.

(1) 상장지수 집합투자기구 요건

❶ 증권에 관하여 그 종류에 따라 다수 종목의 가격 수준을 종합적으로 표시하는 지수 중 ① 거래소, 외국거래소에서 거래되는 증권 종목의 가격 수준을 종합적으로 표시하는 지수일 것, ② 지수가 증권시장을 통하여 투자자에게 적절히 공표될 수 있을 것, ③ 지수

구성 종목이 10종목 이상일 것, 하나의 종목이 그 지수에서 차지하는 비중(직전 3개월 평균 시가총액 기준)이 100분의 30을 초과하지 아니할 것, 지수를 구성하는 종목 중 시가총액 순으로 100분의 85에 해당하는 종목은 직전 3개월간 시가총액의 평균이 150억 원 이상이고 직전 3개월간 거래대금 평균이 1억 원 이상일 것 등 요건을 갖춘 지수의 변화에 연동하여 운용하는 것을 목표로 해야 할 것

❷ 수익증권 또는 투자회사 주식의 환매가 허용될 것

❸ 수익증권 또는 투자회사 주식이 해당 투자신탁의 설정일 또는 투자회사의 설립일부터 30일 이내에 증권시장에 상장될 것 등 요건을 갖춘 집합투자기구를 '상장지수 집합투자기구(Exchange Traded Fund)'라 함. 투자신탁이나 투자회사 외 다른 형태에 대해서는 상장지수 집합투자기구를 허용하지 않고 있으며 상장지수 집합투자기구의 설정·추가설정 또는 설립·신주발행 하는 경우에 다른 집합투자기구의 금전납입의무에도 불구하고 예외적으로 증권으로 납입이 가능하도록 인정하고 있음. 이는 현물 바스켓으로 상장지수 집합투자기구의 설정·설립이 이루어짐을 반영한 것임

(2) 지정 참가회사

❶ 지정 참가회사란 증권을 대상으로 투자매매업(인수업 제외)·위탁매매업을 영위하는 자로서 상장지수 투자신탁의 집합투자업자 또는 상장지수 투자회사와 지정 참가계약을 체결한 자를 말함

❷ 주요 역할은 ① 상장지수 집합투자기구의 설정(해지)·추가 설정(일부 해지) 또는 설립(해산)·신주발행(주식 일부 소각)을 집합투자업자에게 요청하는 업무, ② 투자자가 납부한 금전, 증권 등을 투자신탁 계약 또는 투자회사 정관에서 정한 수량(설정 단위)에 상당하는 자산으로 변경하기 위한 증권의 매매나 위탁매매업무, ③ 상장지수 집합투자기구의 집합투자증권이 증권시장에서 원활하게 거래되도록 하고 그 가격이 해당 집합투자증권의 좌수 또는 주수 당의 순자산가치에 수렴되도록 하는 업무 등이 있음

(3) 환매

❶ 상장지수 집합투자기구의 투자자는 그 집합투자증권을 판매하는 투자매매업자 또는 투자중개업자에게 설정 단위별로 환매를 청구할 수 있음. 다만, 그 집합투자증권 판매업자가 해산·인가취소, 업무정지, 천재·지변으로 인한 전산장애, 그 밖에 이에 준하는

사유로 정상업무를 영위하는 것이 곤란하다고 금융위원회가 인정하는 경우와 집합투자 증권을 판매한 투자매매업자 또는 투자중개업자가 지정 참가회사인 경우에 지정 참가 회사에 환매를 청구할 수 있음

❷ 환매청구를 받은 판매업자는 지정 참가회사에 대하여 그 집합투자증권의 환매에 응할 것을 요구하여야 함. 다만, 지정 참가회사가 해산 등으로 환매와 관련한 업무를 할 수 없는 경우에는 판매업자는 집합투자업자에게 직접 환매에 응할 것을 청구할 수 있음

❸ 환매를 청구받거나 요구받은 지정 참가회사는 상장지수 투자신탁의 집합투자업자나 상 장지수 투자회사에 대하여 지체 없이 환매에 응할 것을 요구하여야 함. 투자자·판매업 자·지정 참가회사가 환매를 청구하거나 요구하는 경우에 환매에 응하여야 하는 집합투 자업자가 해산 등으로 환매에 응할 수 없는 때에는 신탁업자에 이를 직접 청구할 수 있음

❹ 환매에 응할 것을 요구받은 집합투자업자, 신탁회사는 지체 없이 환매에 응하여야 함. 환매청구를 받은 날의 집합투자재산의 운용이 종료된 후의 집합투자재산을 기준으로 일부 해지 또는 일부 소각에 의하여 설정 단위에 해당하는 자산(증권으로 지급이 곤란한 자산 을 보유하고 있는 경우 제외)으로 환매에 응하여야 함

❺ 환매를 청구받거나 요구받은 판매업자, 지정참가회사, 집합투자업자 또는 신탁업자가 해산 등으로 집합투자규약에 정해진 날까지 환매할 수 없게 된 경우에는 환매를 연기하 고 그 사실을 지체 없이 투자자에게 통지하여야 함

(4) 상장폐지 및 운용특례

❶ 상장지수 집합투자증권의 상장은 증권상장규정에 정하는 바에 따르며 상장폐지 사유는 ① 추적오차율이 100분의 10을 초과하여 3개월 동안 지속되는 경우, ② 상장지수 집합 투자기구가 목표로 하는 지수를 산정할 수 없거나 이용할 수 없게 되는 경우임. 상장이 폐지된 경우에는 상장폐지일부터 10일 이내에 상장지수 집합투자기구를 해지하거나 해 산하여야 하며 해지일이나 해산일부터 7일 이내에 금융위원회에 보고. 이 경우 금융위 원회의 승인이 필요한 투자신탁 해지규정을 적용하지 않음

❷ 상장지수 집합투자기구의 집합투자재산을 ① 자산총액의 100분의 30까지 동일종목의 증권에 투자가능, ② 동일법인 등이 발행한 지분증권 총수의 100분의 20까지 투자가능. 일반적인 경우 동일종목 증권투자제한은 100분의 10, 계열회사 전체 주식에 펀드자산 총액의 100분의 10까지임

집합투자기구 관계회사

1 개요

관계회사를 요약하면 ① 운용을 담당하는 집합투자업자, 판매를 담당하는 투자매매업자·투자중개업자, ② 집합투자재산을 보관 및 관리하는 신탁업자, 사무를 위탁받아 처리하는 일반사무관리회사, 집합투자기구 평가회사, 채권평가회사 등이 있으며 여기서는 ②번 후자에 대해 기술하기로 한다.

2 신탁업자

집합투자재산을 보관·관리하는 신탁업자는 선량한 관리자의 주의로써 재산을 보관·관리하여야 하며 투자자의 이익을 보호해야 한다. 여기에서는 투자신탁재산의 보관·관리에 적용되는 내용이며 뒤에서 기술하게 될 신탁업자의 신탁계약에 의한 상품판매(금전신탁과 재산신탁)와 혼동하면 안 된다.

(1) 신탁업자의 업무제한 등

집합투자재산을 보관·관리하는 신탁업자는

❶ 해당 집합투자기구(투자회사·투자유한회사 및 투자합자회사에 한한다) 또는 그 집합투자재산을 운용하는 집합투자업자의 계열회사여서는 안 됨

❷ 집합투자재산을 자신의 고유재산, 다른 집합투자재산 또는 제3자로부터 보관을 위탁받은 재산과 구분하여 관리하여야 함. 이 경우 집합투자재산이라는 사실과 위탁자를 명기하여야 함(집합투자재산의 구분 관리)

❸ 집합투자재산 중 증권, 원화표시 양도성예금증서, 어음, 그 밖에 증권과 유사하고 집중예탁과 계좌 간 대체에 적합한 것으로서 예탁결제원이 따로 정하는 것을 자신의 고유재산과 구분하여 집합투자기구별로 예탁결제원에 예탁하여야 함(집합투자재산의 집합투자기구

❹ 집합투자재산을 운용하는 집합투자업자가 자산의 취득·처분 등의 운용지시를 하는 경우 이를 각각의 집합투자기구별로 이행하여야 함(자산의 취득·처분 등의 집합투자기구별 이행)

(2) 신탁업자의 운용행위 감시 등

❶ 집합투자재산(투자회사재산을 제외)을 보관·관리하는 신탁업자는 그 집합투자재산을 운용하는 집합투자업자의 운용지시 또는 운용행위가 법령, 집합투자규약 또는 투자설명서(예비투자설명서 및 간이투자설명서를 포함)등을 위반하는지 여부에 대하여 확인하고 위반사항이 있는 경우에는 그 집합투자업자에 대하여 운용지시 또는 운용행위의 철회·변경 또는 시정을 요구하여야 함

❷ 투자회사재산을 보관·관리하는 신탁업자는 그 투자회사재산을 운용하는 집합투자업자의 운용행위가 법령, 정관 또는 투자설명서등을 위반하는지 여부에 대하여 확인하고 위반사항이 있는 경우에는 그 투자회사의 감독이사에게 보고하여야 하며, 보고를 받은 감독이사는 그 투자회사재산을 운용하는 집합투자업자에 대하여 운용행위의 시정을 요구하여야 함

❸ 집합투자재산(투자회사재산을 제외)을 보관·관리하는 신탁업자 또는 투자회사의 감독이사는 집합투자업자가 운용지시, 운용행위 등의 시정요구를 제3영업일 이내에 이행하지 않는 경우 그 사실을 금융위원회에 보고하여야 하며, ① 집합투자업자의 지시내용, ② 집합투자업자의 지시내용 중 법령·집합투자규약·투자설명서 등을 위반한 사항, ③ 집합투자업자가 금융위원회에 이의신청을 한 경우 그 내용과 이에 대한 금융위원회 결정 내용 등을 그 집합투자증권을 판매하는 투자매매업자·투자중개업자의 본점과 지점, 그 밖의 영업소에 게시하여 투자자가 열람할 수 있도록 하거나 인터넷 홈페이지 등을 이용하여 공시하여야 한다. 다만, 투자회사의 감독이사가 금융위원회에 보고 또는 공시에 관한 업무를 이행하지 아니한 경우에는 신탁업자가 이를 이행하여야 함

❹ 집합투자업자는 신탁업자 또는 감독이사의 운용행위 시정요구에 대해 금융위원회에 이의를 신청할 수 있음. 이 경우 관련 당사자는 ① 집합투자업자가 금융위원회에 이의신청을 한 날부터 30일 이내에 위반 여부를 결정할 것, 다만, 부득이한 사정이 있는 경우 이의신청을 한 날부터 60일 이내에 결정할 것, ② 위반사항 시정을 위한 방법과 시기 등을 결정하여 집합투자업자에게 통지할 것 등의 기준에 따라 행하는 금융위원회의 결

정에 따라야 함

⑤ 신탁업자는 집합투자재산과 관련하여 ① 투자설명서가 법령 및 집합투자규약에 부합하는지 여부, ② 자산운용보고서의 작성이 적정한지 여부, ③ 위험관리방법의 작성이 적정한지 여부, ④ 집합투자재산의 평가가 공정한지 여부, ⑤ 기준 가격 산정이 적정한지 여부, ⑥ 시정요구 등에 대한 집합투자업자의 이행명세, ⑦ 집합투자증권의 추가 발행 시 기존 투자자의 이익을 해칠 염려가 없는지 여부를 확인하여야 함. 확인 결과 법령 등에 위반된 사실이 있을 때에는 집합투자업자에게 시정을 요구하거나 투자회사의 감독이사에게 위반사실을 지체 없이 보고하여야 함

⑥ 신탁업자는 기준 가격 산정이 적정한지를 확인할 때 투자신탁의 집합투자업자 또는 투자회사 등이 산정한 기준 가격과 신탁업자가 산정한 기준 가격의 편차가 1,000분의 3 이내인 경우에는 적정하게 산정된 것으로 보며, 그 편차가 1,000분의 3을 초과하는 경우에는 집합투자업자에게 시정을 요구하거나 투자회사의 감독이사에게 보고하여야 함

(3) 자산보관·관리보고서

신탁업자는 집합투자재산에 관하여 집합투자기구의 회계기간 종료 등의 사유가 발생한 날부터 2개월 이내에 집합투자규약의 주요 변경사항, 투자운용인력의 변경, 집합투자자 총회의 결의내용, 회계감사인의 선임, 교체 및 해임에 관한 사항, 그 밖에 투자자 보호를 위해 필요한 사항으로 금융위원회가 정하여 고시하는 사항 등이 기재된 자산보관·관리보고서를 작성하여 투자자에게 제공하여야 한다. 다만, 투자자가 수시로 변동되는 등 투자자의 이익을 해할 우려가 없는 경우로서 ① 투자자가 자산보관·관리보고서 수령거부 의사를 서면으로 표시한 경우, ② 신탁업자가 신탁업자·투자매매업자·투자중개업자 및 협회의 인터넷 홈페이지를 이용하여 공시하는 방법에 따라 단기금융 집합투자기구, 환매금지형 집합투자기구, 상장지수 집합투자기구 중 하나의 자산보관·관리보고서를 공시하는 경우, ③ 평가금액 10만 원 이하 소유하고 있는 투자자인 경우로 집합투자규약에서 보고서를 제공하지 않는다고 기재되어 있으면 제공하지 않는다. 신탁업자는 자산보관·관리보고서를 2개월 이내에 금융위원회 및 협회에 제출하여야 하며 작성·제공에 드는 비용은 신탁업자가 부담한다.

3 일반사무관리회사

(1) 업무 및 등록

투자회사의 위탁을 받아 ① 투자회사 주식의 발행 및 명의개서 ② 투자회사재산의 계산, ③ 법령 또는 정관에 의한 통지 및 공고, ④ 이사회 및 주주총회의 소집·개최·의사록 작성 등에 관한 업무, ⑤ 투자회사 운영에 관한 업무를 영위하려는 자는 금융위원회에 등록하여야 한다.

(2) 주요 등록요건

❶ 주요 등록요건은 ① 「상법」에 따른 주식회사, 명의개서 대행회사(예탁결제원 포함), 산업 은행, 중소기업은행, 한국수출입은행, 농협중앙회, 수협중앙회 중 하나일 것, ② 20억 원 이상의 자기자본, ③ 자산가치 계산 관련 업무나 집합투자재산의 보관·관리업무에 2년 이상 근무한 경력이 있는 2인 이상의 집합투자재산 계산전문인력을 보유할 것, ④ 전산설비 등 물적설비, 업무공간 및 사무장비, 정전·화재 등의 사고가 발생할 경우 에 업무의 연속성을 유지하기 위한 필요한 보완설비를 갖추고, 이해상충 방지체계를 구 축할 것 등임

❷ 금융위원회에 등록신청서를 제출하며 금융위원회는 그 내용을 검토하여 30일 이내에 등록 여부를 결정하고, 그 결과와 이유를 지체 없이 신청인에게 문서로 통지하여야 함. 등록신청서에 흠결이 있는 경우 보완을 요구할 수 있음

4 집합투자기구 평가회사

(1) 업무 및 등록

집합투자기구를 평가하고 이를 투자자에게 제공하는 업무를 영위하려는 자는 금융위원회 에 등록하여야 한다.

(2) 주요 등록요건

❶ 주요 등록요건은 ① 「상법」에 따른 주식회사, ② 투자매매업자·투자중개업자 또는 집합투자업자와 그 계열회사가 아닐 것, ③ 5억 원 이상의 자기자본, ④ 증권·집합투자기구 등의 평가·분석업무나 기업금융업무에 2년 이상 종사한 경력이 있는 3인 이상의 집합투자기구 평가전문인력을 보유할 것, ⑤ 평가대상 집합투자기구에 관한 사항, 집합투자기구의 유형 분류기준 및 유형별 기준지표에 관한 사항, 수익률과 위험지표의 계산에 관한 사항, 집합투자기구의 등급결정에 관한 사항, 자료제공과 공시 등에 관한 사항에 대한 집합투자기구 평가체계를 갖출 것, ⑥ 전산설비 등 물적설비, 업무공간 및 사무장비, 정전·화재 등의 사고가 발생할 경우에 업무의 연속성을 유지하기 위한 필요한 보완설비를 갖추고, 이해상충 방지체계를 구축할 것 등임

❷ 금융위원회에 등록신청서를 제출하며 금융위원회는 그 내용을 검토하여 30일 이내에 등록 여부를 결정하고, 그 결과와 이유를 지체 없이 신청인에게 문서로 통지하여야 한다. 등록신청서에 흠결이 있는 경우 보완을 요구할 수 있음

(3) 영업행위 준칙 제정 등

❶ 집합투자기구 평가회사는 ① 보편타당하고 공정한 기준에 따라 평가업무의 일관성이 유지되도록 하기 위한 사항, ② 미공개정보의 이용을 금지하기 위한 사항, ③ 집합투자기구 평가를 위하여 얻은 정보를 다른 업무를 하는 데에 이용하지 않게 하기 위한 사항이 포함된 영업행위 준칙을 제정하여야 함

❷ 집합투자업자는 집합투자재산의 명세를 집합투자기구 평가를 위하여 필요한 범위에서 직접 또는 협회를 통하여 평가회사에 제공할 수 있음

❸ 집합투자기구 평가회사는 평가기준을 협회와 그 회사가 운영하는 인터넷 홈페이지 등을 이용하여 공시하여야 함

❹ 집합투자기구 평가회사는 집합투자기구 간, 집합투자업자 간, 집합투자증권을 판매하는 투자매매업자·투자중개업자 간 운용성과를 비교하여 공시하거나 제공하는 경우에는 그 비교 기준을 함께 공시하거나 제공하여야 함. 또한 공시·제공한 내용을 수정한 경우에도 지체 없이 공시·제공하여야 함

5 채권평가회사

(1) 업무 및 등록

집합투자재산에 속하는 채권 등 자산의 가격을 평가하고 이를 집합투자기구에게 제공하는 업무를 영위하려는 자는 금융위원회에 등록하여야 한다.

(2) 주요 등록요건

❶ 주요 등록요건은 ① 「상법」에 따른 주식회사, ② 30억 원 이상의 자기자본, ③ 상호출자제한 기업집단의 출자액 또는 산업은행, 중소기업은행, 신용보증기금, 기술신용보증기금, 보험회사, 금융투자업자, 종합금융회사의 출자액이 100분의 10 이하일 것, ④ 증권분석전문인력 시험에 합격한 자 또는 증권의 평가·분석업무에 3년 이상 종사한 자에 해당하는 증권분석전문인력 3인 이상을 포함하여 증권의 평가·분석업무에 상근하는 10인 이상의 집합투자재산 평가전문인력을 보유할 것, ⑤ 평가대상 채권 등에 관한 사항, 채권 등의 분류기준에 관한 사항, 수익률 계산방법, 자료제공과 공시 등에 관한 사항에 대한 가격평가체계를 갖출 것, ⑥ 전산설비 등 물적설비, 업무공간 및 사무장비, 정전·화재 등의 사고가 발생할 경우에 업무의 연속성을 유지하기 위한 필요한 보완설비를 갖추고, 이해상충 방지체계를 구축할 것 등임
❷ 금융위원회에 등록신청서를 제출하며 금융위원회는 그 내용을 검토하여 30일 이내에 등록 여부를 결정하고, 그 결과와 이유를 지체 없이 신청인에게 문서로 통지하여야 한다. 등록신청서에 흠결이 있는 경우 보완을 요구할 수 있음

(3) 업무준칙 제정 등

❶ 채권평가회사는 ① 보편타당하고 공정한 기준에 따라 채권 등 자산의 가격평가업무를 일관성이 유지되도록 하기 위한 사항, ② 미공개정보의 이용을 금지하기 위한 사항, ③ 채권 등 자산의 가격평가업무를 위하여 얻은 정보를 다른 업무를 하는 데에 이용하지 않게 하기 위한 사항이 포함된 업무준칙을 제정하여야 함
❷ 채권평가회사는 평가기준을 협회와 그 회사가 운영하는 인터넷 홈페이지 등을 이용하여 공시하여야 함. 또한 공시한 내용을 수정한 경우에도 지체 없이 수정내용을 공시하

여야 함

❸ 집합투자업자는 집합투자재산의 명세를 집합투자기구 평가를 위하여 필요한 범위에서 직접 또는 협회를 통하여 평가회사에 제공할 수 있음

환매, 평가 및 회계

1 **집합투자증권의 환매**

환매금지형 간접투자기구를 제외하고 투자자는 언제든지 집합투자증권의 환매를 청구할 수 있다. 그 절차와 방법 등 관련 내용을 보면 아래와 같다.

(1) 환매절차

❶ 투자자는 그 집합투자증권을 판매한 투자매매업자 또는 투자중개업자에게 환매를 청구하여야 함. 다만, 해산·인가취소 또는 업무정지, 천재지변 등으로 인한 전산장애, 그 밖에 이에 준하는 사유로 인하여 정상적 업무가 곤란하다고 금융위원회가 인정한 경우 등으로 투자매매업자 또는 투자중개업자가 환매청구에 응할 수 없는 경우에는 해당 집합투자기구의 집합투자업자에게 직접 청구할 수 있으며 환매청구를 받은 집합투자업자가 해산 등으로 환매에 응할 수 없는 경우에는 해당 집합투자재산을 보관·관리하는 신탁업자에게 청구할 수 있음

집합투자증권 투자자 : 판매회사 → 집합투자업자 → 신탁업자

❷ 환매청구를 받은 투자매매업자 또는 투자중개업자는 수익증권 또는 투자신탁의 집합투자업자(투자회사 등이 발행한 집합투자증권은 투자회사)에게 각각 지체 없이 환매에 응할 것을 요구하여야 함

(2) 환매방법

❶ 환매청구를 받거나 환매에 응할 것을 요구받은 집합투자업자 또는 투자회사는 그 집합투자기구 투자대상 자산의 환금성을 고려하여 환매청구일부터 15일 이내에서 집합투자규약에서 정한 환매일에 환매대금을 지급하여야 함

　단, 시장성 없는 자산에 10%를 초과하여 투자하거나 외화자산에 50%를 초과하여 투자하는 집합투자기구로 집합투자규약에서 환매청구를 받은 날부터 15일을 초과하여 환매일을 정한 경우는 예외

❷ 집합투자업자 또는 투자회사는 환매대금을 지급하는 경우 집합투자재산으로 소유 중인 금전 또는 집합투자재산을 처분하여 조성한 금전으로 하여야 함. 단, 투자자 전원이 동의하는 경우 집합투자재산으로 지급이 가능

❸ 집합투자증권을 판매한 투자매매업자·투자중개업자, 운용한 집합투자업자, 재산을 보관·관리하는 신탁업자는 환매청구를 받거나 환매에 응할 것을 요구받은 집합투자증권을 자기의 계산으로 취득(미매각 보유)하거나 타인에게 취득하게 해서는 안 됨

❹ 다만, 집합투자증권의 원활한 환매를 위해 필요하거나 투자자의 이익을 해할 우려가 없는 경우로서 ① 단기금융 집합투자기구의 집합투자증권을 판매한 투자매매업자 또는 투자중개업자가 그 단기금융 집합투자기구별 집합투자증권 판매규모의 100분의 5에 상당하는 금액 또는 100억 원 중 큰 금액의 범위에서 개인 투자자로부터 환매청구일에 공고되는 기준 가격으로 환매청구일에 그 집합투자증권을 매수하는 경우, ② 투자자가 금액을 기준으로 집합투자증권(단기금융 집합투자기구의 집합투자증권 제외)의 환매를 청구함에 따라 판매한 투자매매업자 또는 투자중개업자가 해당 집합투자규약에서 정한 환매가격으로 규약에서 정한 환매일에 그 집합투자증권의 일부를 불가피하게 매수하는 경우에는 그 투자매매업자·투자중개업자·집합투자업자·신탁업자는 환매청구(요구) 받은 집합투자증권을 자기의 계산(미매각 보유)으로 취득할 수 있음

(3) 입출금 제도(환매 가격 적용)

❶ 집합투자증권 매입(입금)

구분		T(당일)	T+1일(2일차)	T+2일(3일차)	비고
주식 50% 이상	3시 이전	매입청구	기준가 적용하여 집합투자증권 매입		
	3시 이후	매입청구	매입 청구일 간주	기준가 적용하여 집합투자증권 매입	
주식 50% 미만/ 채권형	5시 이전	매입청구	기준가 적용하여 집합투자증권 매입		
	5시 이후	매입청구	매입 청구일 간주	기준가 적용하여 집합투자증권 매입	
MMF	5시 이전	매입청구	기준가 적용하여 집합투자증권 매입		
	5시 이후	매입청구	매입 청구일 간주	기준가 적용하여 집합투자증권 매입	

❷ 집합투자증권 환매(출금)

구분		T (당일)	T+1일 (2일차)	T+2일 (3일차)	T+3일 (4일차)	T+4일 (5일차)	비고
주식 50% 이상	3시 이전	환매청구	기준가 적용		환매금 지급		
	3시 이후	환매청구	청구일 간주	기준가 적용	(지급일)	(지급일)	지급일 판매사 선택
주식 50% 미만	5시 이전	환매청구		기준가 적용	환매금 지급		
	5시 이후	환매청구	청구일 간주		기준가 적용	환매금 지급	
채권형	5시 이전	환매청구		기준가 적용 환매금 지급			
	5시 이후	환매청구	청구 간주일		기준가 적용 환매금 지급		
MMF	5시 이전	환매청구	기준가 적용 환매금 지급				개인용 법인용 동일
	5시 이후	환매청구	청구 간주일	기준가 적용 환매금 지급			개인용 법인용 동일

*단, 자금결제와 관련된 CMA상품연계 개인용 MMF 경우 예외적으로 5시 이후 입출금 신청 시 익영업일 기준가로 익영업일 처리(Late Trading 예외 인정)

❸ 주식 50% 이상 펀드의 3시 이후 환매청구분에 한하여 환매금 지급일을 T＋3영업일 또는 T＋4영업일 중 판매사가 결정

❹ 사모집합투자기구(사모펀드)인 경우 자본시장법이 시행된 이후 Late Trading 적용을 받고 있으며 자동이체 연결계좌에 대해서는 마감시간 이전에 매입 또는 환매청구된 것으로 간주

❺ 투자자의 환매신청 시 펀드 내 보유현금 또는 편입자산 매각을 통해 조성한 현금으로만 환매에 응하게 되어 있으므로 만약 펀드 내 부실자산 등 비유동성자산이 있는 경우 해당 금액만큼 현금화 시점까지 환매연기될 수 있으므로 펀드 선택 시 자산 유동성도 고려해야 함

(4) 환매 가격 적용의 예외

투자자의 이익 또는 집합투자재산의 안정적 운용을 해할 우려가 없으며 환매청구일에 공고되는 기준 가격으로 환매청구일에 환매(미래 가격 미적용)한다는 내용을 집합투자규약에 정한 아래의 경우 예외이다.

❶ 투자자와의 사전약정에 따른 단기금융 집합투자기구 당일 환매 : 투자매매업자 또는 투자중개업자가 단기금융 집합투자기구(MMF)의 집합투자증권을 판매한 경우로서 ① 투자자가 금융투자상품 등의 매수에 따른 결제자금을 지급하기 위하여 MMF를 환매하기로 그 투자매매업자 또는 투자중개업자와 미리 약정한 경우, ② 투자자가 공과금 납부 등 정기적으로 발생하는 채무를 이행하기 위하여 MMF를 환매하기로 그 투자매매업자 또는 투자중개업자와 미리 약정한 경우에는 환매청구일 이전에 산정된 기준 가격으로 환매할 수 있음

❷ 외국환평형기금 또는 연기금 투자풀의 MMF 당일 환매 : 투자매매업자 또는 투자중개업자가 외국환평형기금, 「국가재정법」 제81조에 따른 여유자금을 통합하여 운용하는 단기금융 집합투자기구의 어느 하나에 MMF를 판매한 경우로서 그 집합투자증권을 환매하는 경우에는 환매청구일 이전에 산정된 기준 가격으로 환매할 수 있음

(5) 환매수수료

집합투자증권을 환매하는 경우에 부과하는 환매수수료는 환매청구를 하는 해당 투자자가 부담하며 집합투자재산에 귀속된다. 환매수수료는 집합투자규약에서 정하는 기간 이내에 환

매하는 경우에 부과하므로 정해진 기간 이후에 환매청구 시 환매수수료 부담이 없으며 환매금액 또는 이익금 등을 기준으로 부과할 수 있다.

(6) 환매연기

❶ 투자신탁의 집합투자업자 또는 투자회사 등은 집합투자재산인 자산의 처분이 불가능한 경우 등으로 집합투자규약에서 정한 환매일에 환매할 수 없게 된 경우에는 환매를 연기할 수 있음. 이 경우 환매를 연기한 날부터 6주 이내에 집합투자자 총회에서 집합투자증권의 환매에 관한 사항으로서 ① 환매 재개 시 환매대금의 지급시기와 지급방법, ② 환매연기를 계속한 경우에는 환매 연기 기간과 환매 재개 시의 환매대금 지급시기와 지급방법, ③ 일부 환매 연기한 경우 환매 연기의 원인이 되는 자산의 처리방법 등을 결의하여야 함

❷ 환매연기 사유

ㄱ. 뚜렷한 거래부진 등의 사유로 집합투자재산을 처분할 수 없거나 증권시장이나 해외 증권시장의 폐쇄·휴장 또는 거래정지, 그 밖에 이에 준하는 사유로 집합투자재산을 처분할 수 없는 경우

ㄴ. 천재지변, 그 밖에 이에 준하는 사유가 발생하여 집합투자재산을 처분할 수 없는 경우

ㄷ. 투자자 간의 형평성을 해칠 염려가 있는 경우로서 ① 부도발생 등으로 인하여 집합투자재산을 처분하여 환매에 응하는 경우 다른 투자자의 이익을 해칠 염려가 있는 경우, ② 집합투자재산에 속하는 자산의 시가가 없어서 환매에 응하는 경우, ③ 다른 투자자의 이익을 해칠 염려가 있는 경우, ④ 대량의 환매청구에 응하는 것이 투자자 간의 형평성을 해칠 염려가 있는 경우 등

❸ 환매청구(요구) 받은 투자매매업자 또는 투자중개업자·집합투자업자·신탁업자·투자회사 등이 해산 등으로 인하여 집합투자증권을 환매할 수 없는 경우

❹ 그 밖에 상기에 준하는 경우로서 금융위원회가 필요하다고 인정하는 경우

(7) 일부 환매 연기

집합투자재산의 일부가 환매 연기 사유에 해당하는 경우 그 일부에 대하여는 환매를 연기하고 나머지는 투자자가 소유하고 있는 집합투자증권의 지분에 따라 환매에 응할 수 있다.

❶ 환매 연기된 자산으로 별도의 집합투자기구를 분리하여 설정 또는 설립할 수 있다. 이 경우 자산운용의 제한, 자산운용보고서, 기준 가격의 공고·게시의무, 집합투자재산의 회계처리 및 자산보관·관리보고서를 적용하지 아니함

집합투자증권을 일부 환매하거나 환매 연기를 위한 집합투자자 총회에서 일부 환매를 결의한 경우에는 일부 환매를 결정한 날 전날을 기준으로 환매 연기의 원인이 되는 자산을 나머지 정상자산으로부터 분리하여야 함

❷ 정상자산에 대하여는 집합투자규약에서 정한 방법으로 정상자산에 대한 기준 가격을 계산하여 투자자가 소유하고 있는 집합투자증권의 지분에 따라 환매대금을 지급하여야 함. 정상자산으로 구성된 집합투자기구의 집합투자증권은 계속하여 발행·판매 및 환매할 수 있음

2 집합투자재산의 평가(자본시장법 제238조, 시행령 제260조)

1) 집합투자재산의 평가

(1) 신뢰할 만한 시가가 있는 경우

❶ 증권시장(해외 증권시장 포함)에서 거래된 최종 시가 또는 장내파생상품이 거래되는 파생상품시장(해외 파생상품 포함)에서 공표하는 가격이 있는 경우에는 집합투자재산을 시가로 평가(최종 시가 또는 시장에서 공표하는 가격)

❷ 시가평가의 예외는 ① 사모투자전문회사가 지분증권에 투자하는 경우 그 지분증권의 취득 가격, ② 평가기준일이 속하는 달의 직전 3개월간 계속하여 10일 이상 증권시장에서 시세가 형성된 채무증권은 평가기준일에 증권시장에서 거래된 최종 시가를 기준으로 둘 이상의 채권평가회사가 제공하는 가격정보를 기초로 한 가격, ③ 해외 증권시장에서 시세가 형성된 채무증권은 둘 이상의 채권평가회사가 제공하는 가격정보를 기초로 한 가격으로 평가할 수 있는 경우임

(2) 신뢰할 만한 시가가 없는 경우

집합투자재산을 공정가액으로 평가한다. 공정가액이란 집합투자재산에 속한 자산종류별로

① 투자대상 자산의 취득 가격, ② 거래 가격, ③ 투자대상 자산에 대하여 채권평가회사·회계법인·신용평가업자·감정평가업자(부동산)·인수업을 영위하는 투자매매업자·이에 준하는 외국인이 제공한 가격, ④ 환율, ⑤ 집합투자증권의 기준 가격을 고려하여 '집합투자재산평가위원회'가 충실의무, 평가의 일관성을 유지하여 평가한 가격을 의미한다. 이 경우 부도채권 등 부실화된 자산은 금융위원회가 정하여 고시하는 기준에 따라 평가해야 한다.

(3) 단기금융 집합투자기구 집합투자재산 평가 특례

투자자가 수시로 변동되는 등 투자자의 이익을 해할 우려가 적은 경우로서 MMF의 경우에 장부 가격으로 평가할 수 있다. 이 경우 장부가에 의해 평가한 기준 가격과 시가 및 공정가액에 따라 평가한 기준 가격의 차이가 1,000분의 5를 초과하거나 초과할 염려가 있는 경우에는 시가를 적용한다.

투자자가 법인으로만 이루어진 단기금융집합투자기구는 시가평가가 원칙이지만, 현금, 국채증권 등 금융투자업규정에서 정한 '안정적 자산'의 비중이 30% 초과하는 경우는 예외적으로 장부가 평가를 허용한다.

(4) 집합투자재산평가위원회

❶ 집합투자업자는 집합투자재산의 평가업무 담당 임원, 운용업무 담당 임원, 준법감시인, 그 밖에 공정한 평가를 위하여 필요하다고 금융위원회가 인정한 자로 구성되는 평가위원회를 구성·운영하여야 함
❷ 집합투자업자는 집합투자재산평가위원회가 집합투자재산을 평가한 경우 그 평가명세를 지체 없이 신탁업자에게 통보하여야 하며 신탁업자는 집합투자업자의 집합투자재산에 대한 평가가 법령 및 집합투자재산 평가기준에 따라 공정하게 이루어졌는지 확인하여야 함

2) 기준 가격 산정

(1) 산정방법

❶ 기준 가격이란 집합투자증권의 매매 또는 집합투자증권의 추가 발행 시에 필요한 추가

신탁금 산정의 기준이 되는 가격으로, 집합투자증권의 거래 단위당 순자산가치이며, 실현된 투자성과를 나타내는 척도가 됨. 기준 가격은 개별 신탁재산의 실질자산가치를 나타내는 것으로 통상 1,000좌단위로 표시하고, 공고일 전일의 대차대조표상에 계상된 자산총액에서 부채총액과 준비금을 공제한 금액을 공고일 전일의 수익증권 총좌수 또는 투자회사의 발행주식 총수로 나누어 산정

❷ 집합투자업자 또는 투자회사 등은 집합투자재산의 평가결과에 따라 기준 가격을 산정하여야 함(1,000좌당 기준가로 환산)

$$\text{기준 가격} = \frac{\text{전날의 대차대조표 상 자산총액} - \text{부채총액}}{\text{집합투자증권 총좌수}} \times 1{,}000\text{좌}$$

ㄱ. 기준 가격 = 순자산총액/수익증권 총좌수(또는 발행주식 총수)

　　　　 = 좌당 원본 + 좌당 순이익

ㄴ. 순자산총액 = 자산총액 − 부채총액 − 준비금

　　　　 = 원본 ± 순이익

　　　　 = 원본 + (수익 − 비용)

❸ 과세기준 가격 : 세액 산정을 위한 과세표준소득 산출 시 기준이 되는 가격으로 주식 등(주가지수 선물, 옵션)의 평가 및 매매손익은 비과세 대상으로, 채권 등(유동성 자산)의 평가 및 매매손익은 과세대상으로 하여 과세표준에 대해 과세하기 위하여 별도로 산출하는 기준 가격

ㄱ. 과세기준 가격 = (원본 + 과세대상 수익 − 과세대상 비용)/총좌수(또는 주식수)

　　　　　 = (원본 + 과세대상 순이익) / 총좌수(또는 주식수)

ㄴ. 과세표준이익 = 과세대상 순이익 증가분(과표기준 가격 상승액) × 좌수

　　기준 가격과 과세기준 가격의 관계는 아래와 같다. 주식 등 매매 및 평가 손실이 큰 경우에는 투자가인 고객 입장에서 볼 때 실제 실현이익보다 과표이익이 더 커서 많은 세액을 부담하거나 심지어 투자원본을 하회함으로써 실질적인 수익이 없음에도 불구하고 세액상당액이 원천징수될 수 있다.

ㄱ. 주식 등 매매, 평가손익이 없는 경우 : 기준 가격 = 과세기준 가격

ㄴ. 주식 등 매매, 평가손익이 +인 경우 : 기준 가격 > 과세기준 가격

ㄷ. 주식 등 매매, 평가손익이 −인 경우 : 기준 가격 < 과세기준 가격

(2) 기준 가격 공고 및 게시

집합투자업자 또는 투자회사 등은 산정된 기준 가격을 매일 공고·게시하여야 한다. 집합투자재산을 외화자산에 투자하는 등 매일 공고·게시가 곤란한 경우 해당 집합투자규약에서 기준 가격의 공고·게시 주기를 15일 이내의 범위에서 별도로 정할 수 있다.

(3) 기준 가격 산정 오류 변경공고 및 게시

❶ 집합투자업자 또는 투자회사 등은 집합투자재산 평가오류의 수정에 따라 공고·게시한 기준 가격이 잘못 계산된 경우에는 기준 가격을 지체 없이 변경한 후에 다시 공고·게시하여야 함. 처음 산정 기준 가격과 변경 산정 기준 가격의 차이가 1,000분의 1을 초과하지 않은 경우는 제외. 집합투자업자 또는 투자회사 등은 기준 가격을 변경하려는 때에는 집합투자업자의 준법감시인과 신탁업자의 확인을 받아야 함

❷ 집합투자업자 또는 투자회사 등은 기준 가격을 변경한 때에는 금융위원회가 정하여 고시하는 바에 따라 그 사실을 금융위원회에 보고하여야 함. 보고하는 때에는 기준 가격의 변경내용, 변경사유, 투자자 보호를 위한 조치방법 등을 기재한 서면 및 준법감시인과 신탁업자의 확인서류 등 변경내역을 증빙할 수 있는 서류를 첨부하여야 함

section 05 펀드상품 유형

1 운용전략 등 특성에 의한 종류

(1) 목표달성형

일정 수익을 달성한 이후 펀드가 해지되거나 투자유가증권을 달리하여 운용하는 펀드

(2) 전환형(카멜레온형)

2개의 펀드 간에 전환이 가능한 구조의 상품. 주식형과 채권형 펀드를 동시에 설정해 놓고 주가 및 금리 변화에 따라 환매수수료 없이 전환할 수 있는 펀드로 주식형 펀드로 출발한 뒤 일정 수익이 달성되면 주식을 모두 매각하고 채권으로만 운용하는 형태가 일반적이다.

(3) 엄브렐러형

다수 펀드 간에 전환이 가능한 구조를 가진 상품

❶ 패키지 내 테마 펀드는 각사가 자율결정

ㄱ. 구성되는 펀드종류는 과거에는 보통 MMF, 채권형, 혼합형, 주식형으로 이루어졌으나 현재는 MMF, 인덱스 펀드(주식시장 상승 시 이익 발생), 리버스인덱스 펀드(주식시장 하락 시 이익 발생)로 구성하여 주식시장 방향성 예측에 의한 투자와 전환기간의 단축(익영업일)으로 신속하게 전환 가능하게 개선되었음

ㄴ. 1set의 엄브렐러펀드로 최초 설정 후 새로운 성격의 펀드를 추가로 지정할 수 있음 (이 경우 엄브렐러수익증권저축약관 변경 승인 절차가 필요).

❷ 최초 가입 시 판매수수료를 선취하여 판매회사가 취득

ㄱ. 매입금액에 따라 판매수수료율을 달리하여 적용할 수 있음

ㄴ. 판매수수료는 판매사가 자율 결정

(4) 원금보존형

신탁재산 대부분을 채권 및 유동성 자산에 투자하고 이자수익 부분을 주식 및 파생상품 등에 투자하여 투자원금 손실을 최소화하는 상품

(5) 자사주펀드

약관상 주로 수익자인 법인이 발행한 주식을 취득하는 것을 목적으로 하는 상품

(6) 인덱스형

주가지수 등 지수와 연계된 운용전략을 구사하는 상품

(7) 고수익추구형

고수익고위험 유가증권에 자산의 일정 비율을 투자하는 상품(하이일드, CBO펀드, 뉴하이일드 등)

(8) 시스템운용형

일반운용방법과 다르게 운용전략상 시스템을 주로 이용하는 형태의 상품

(9) 특정 테마형

특정 유가증권에 투자를 한정 또는 집중하는 형태의 상품(국공채형, 벤처주식형, 특정 업종선택형 등)

(10) 상장지수펀드(ETF)

유가증권에 관하여 그 종류에 따라 다수 종목의 가격 수준을 종합적으로 표시하는 지수의 변화에 연동하여 운용하는 것을 목표로 하는 상품

(11) 종류형 펀드(멀티클래스 펀드)

펀드에 부과되는 보수·수수료의 차이로 인하여 동일펀드 내에서 기준 가격이 다른 여러 종류의 집합투자증권이 존재하는 상품

(12) 기업구조조정증권투자회사

기업의 구조조정 지원을 목적으로 하는 투자회사

(13) 기업인수증권투자회사

사모펀드 중 다른 회사를 계열회사로 편입하는 것을 목적으로 하는 투자회사

2 주요 상품 유형

(1) MMF

❶ 상품개요 : 머니마켓펀드(Money Market Fund, MMF)는 단기금융상품에 투자하는 금융상품.

MMF는 기업어음(CP), 양도성예금증서(CD), 콜론 등 단기상품에 집중투자하며, 수시입출금이 가능. 그리고 가입금액에 제한이 없어 소액투자자도 손쉽게 투자할 수 있음

❷ 가입자격 : 제한 없음(개인용 MMF, 법인용 MMF 구분 판매)

❸ 투자기간 : 1일 이상(수시입출금)

❹ 편입 가능 자산 : 국채, 통안채/AAA, AA 이상 회사채/A1, A2 이상 CP 등

❺ 투자 시 주의사항

ㄱ. 조건부 장부가평가 : MMF에 대해 시가와 장부가로 평가하여 시가평가액이 장부가 평가액 대비 ±0.5% 이상 괴리 발생 시 또는 발생 우려가 있는 경우 시가평가를 반영하므로 금리 수준 급등 시 MMF 가입 고객도 손익에 영향 받을 수 있음

ㄴ. 입출금 적용 기준(개인용, 법인용 동일)

　a. 입금 : 오후 5시 이전 신청 시 익영업일 기준 가격으로 익영업일 입금

　　오후 5시 이후 신청 시 T+2영업일 기준 가격으로 T+2영업일 입금

　b. 출금 : 오후 5시 이전 신청 시 익영업일 기준 가격으로 익영업일 출금

　　오후 5시 이후 신청 시 T+2영업일 기준 가격으로 T+2영업일 출금

　　단, 자금결제와 관련된 CMA상품연계 개인용 MMF 경우 예외적으로 5시 이후 입출금 신청 시 익영업일 기준가로 다음 영업일에 처리(Late Trading 예외 인정)

(2) 채권형펀드

❶ 개요 : 펀드자산의 최소 60% 이상을 채권에 투자하는 펀드를 말한다. 편입 가능한 채권의 종류에 따라 여러 유형 펀드가 있으며, 투자성과는 채권 시가평가에 의해 나타나므로 금리 하락기에는 수익이 커지고(편입채권의 가격 상승), 금리 상승기에는 수익이 작아지는(편입채권의 가격 하락) 특징이 있음

❷ 상품종류

ㄱ. 국공채형 : 국채, 통화안정채권, 지방자치단체 채권, 정부투자기관 채권 등 국공채로만 60% 이상, 유동성 자산 40% 이하로 운용

ㄴ. 우량채권형 : 국공채 외에 금융채, 특수채, A− 이상 우량회사채 등으로 60% 이상, 유동성 자산 40% 이하로 운용

ㄷ. 일반채권형 : 국공채, 우량채권 외에 BBB− 이상 일반회사채 등으로 60% 이상, 유동성 자산 40% 이하로 운용(가장 일반적인 펀드임)

(3) 채권혼합형 펀드

❶ 개요 : 주식형펀드 또는 채권형펀드가 아닌 것으로 주식이나 채권에 투자하는 비율이 60% 미만인 펀드를 혼합형펀드라고 하는데, 혼합형펀드 중에서 주식최대 편입비율이 50% 미만인 것을 채권혼합형이라고 함

❷ 상품종류

  ㄱ. 채권혼합형 : 주식 최대편입비율이 50% 미만인 혼합형 펀드

  ㄴ. 하이일드형 : 투기등급(BB+이하)채권 편입이 의무화되어 있는 펀드로 고수익달성을 목표로 하나 위험성도 큼

(4) 주식혼합형 및 주식형 펀드

❶ 개요 : 펀드 자산의 50% 이상을 주식에 투자하는 펀드를 말한다. 이 중 최대주식편입비중이 60% 미만인 것을 주식혼합형, 60% 이상인 것을 주식형펀드로 분류

❷ 상품종류

  ㄱ. 인덱스펀드 : 주가지수 변동 추적을 목적으로 구성된 펀드

  ㄴ. 전환형펀드 : 약관에서 정한 목표수익 달성 후 편입자산을 채권 및 유동성자산으로 전환하는 펀드

  ㄷ. 원금안정펀드 : 채권 등 다른 자산으로 펀드 만기 시 원금 수준이 나오게 구성한 후 잔여자산으로 주식을 편입하여 운용한다. 즉, 주식 편입 부분이 전액 손실이 발생해도 펀드 만기 시 채권 등 다른 자산가치가 원금 수준으로 회복

  ㄹ. 테마형펀드 : 주식시장 주도군을 주로 편입하여 운용(주도주의 테마에 따라 블루칩, 하이테크주, 자산주, 내재가치 우량주 등)

  ㅁ. 코스닥펀드 : 코스닥시장의 주요 종목을 편입하여 운용

  ㅂ. 벤처펀드 : 코스닥시장 외의 K-OTC시장 벤처 유망기업을 주로 편입하여 운용

  ㅅ. 외국자문의뢰펀드 : 유명 외국자문사 또는 펀드매니저에 자문의뢰하여 운용

(5) 주가연계펀드(ELF)

❶ 개념

  ㄱ. 주가지수에 따라 미리 정한 수익을 추구하는 펀드로 원금의 대부분을 채권 등 안전자산에 투자하고 발생한 이자로 ELS에 투자해 추가 수익을 추구

ㄴ. 워런트 외 편입되는 자산에 따라 채권형, 혼합형, 주식형으로 판매 가능하나 주로 채권형이 많음

ㄷ. 투자기간은 3개월 이상 가능하나 주로 6개월 단위형 상품이 많고 모집식으로 판매됨

② 펀드 장점

ㄱ. 가입 시에 미리 정한 향후의 주가나 주가지수 변동에 따라 수익이 지급됨

ㄴ. 제한된 리스크 하에서 고수익 추구할 수 있음

③ 펀드 유형

아래 ㄱ, ㄴ, ㄷ은 각각 별개가 아니라 펀드에 복합적인 특성을 내재하고 있음

ㄱ. 원본 보존 추구 정도 : 100% 추구형, 90% 추구형, 비보장형 등

ㄴ. 기초자산종류별

    a. 주가지수형(코스피 200, 니케이 225 등에 연계)

    b. 개별 종목형(우량업종대표 개별 주식, 유가, 금 등 개별 자산에 연계)

    c. 혼재형(코스피 200과 니케이 225 또는 개별 종목과 주가지수 혼재하여 연계)

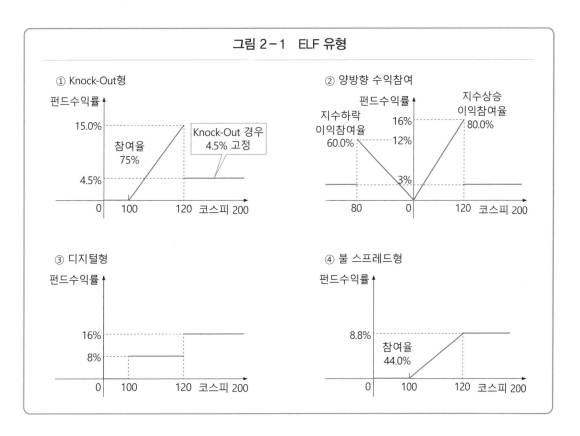

그림 2-1 ELF 유형

ㄷ. 수익발생 유형
  a. Knock-out형 : 만기까지 주가지수 상승률이 단 한 번이라도 미리 정해 놓은 수준 도달 시 만기수익률 결정
  b. 양방향 수익추구형 : 만기까지 주가지수의 상승률 또는 하락률이 미리 정해 놓은 수준 도달 시 만기수익률 결정
  c. Bull spread형 : 만기 시점 주가지수 상승률에 비례하여 수익률 결정
  d. Reverse convertible형 : 미리 정해 놓은 하락폭 밑으로만 빠지지 않는다면 약속한 수익률 지급
  e. Digital형 : 만기 시점까지 주가지수가 미리 정해 놓은 수준 도달 시 수익률이 뛰어 오르는 형태
  f. 2 stock bullish or bearish : 개별 주식 2종목에 대한 비교 시점의 상승 또는 하락에 따른 수익지급
ㄹ. 투자 시 유의사항
  a. 편입채권의 신용위험과 편입 워런트 발행사의 신용위험
  b. 주가지수 전망에 따라 선택한 pay-off의 만기 시점에서의 적정성

(6) 엄브렐러펀드

❶ 개념 : 하나의 펀드 아래에 다양한 전략과 투자전략을 가진 하위펀드를 여러 개 편입하여 투자자의 시황판단에 따라 자유롭게 전환할 수 있는 펀드. 전환 횟수나 전환에 따른 수수료는 없으나 가입할 때 판매수수료를 선취하는 경우가 있음

❷ 주요 특징
ㄱ. 투자자는 적극적인 의사결정으로 투자자산과 운용방법을 달리하며 운용할 수 있음
ㄴ. 투자자산이 다양해 시장상황에 따라 탄력대응이 가능

(7) 절대수익률 추구형 펀드

❶ 개념 : 주식시장이나 채권시장의 변동과 관계없이 일정한 수익률(실세금리+α)을 추구하는 펀드. 펀드매니저가 자신의 스킬 또는 시스템 매매를 바탕으로 시장 상황과 관계없이 절대수익을 얻기 위해 펀드를 운용

❷ 주요 투자전략
  ㄱ. Long-Short : 저평가 된 주식과 주가지수 등을 매수하고, 고평가 주식 또는 주가지수를 동시에 매도하여 수익을 추구
  ㄴ. 시스템 트레이딩 : 선물 및 옵션을 이용한 시스템 매매(주관적 판단 배제)
  ㄷ. Merge & Arbitrage, Event driven : 기업공개매수 및 공모주 등 이벤트 관련 차익거래로 수익을 추구
❸ 유의사항
  ㄱ. 절대수익을 보장하는 것이 아니라 추구하는 것이므로 원금손실이 발생할 수도 있음
  ㄴ. 수익률 뿐만 아니라 손실 폭과 손실 발생빈도 등을 확인하여 우수한 펀드를 선택할 필요가 있음

(8) 재간접펀드

❶ 개념 : 자산운용회사의 운용능력을 아웃소싱하기 위해 만들어진 것이 재간접펀드다. 재간접펀드는 성격이 다른 여러 펀드에 분산투자하는 펀드로 신탁재산의 50% 이상을 다른 펀드에 투자해야 함. 이때 같은 운용사 펀드에는 50%를 초과해서 투자하지 못하며, 동일펀드에도 20%를 초과해 투자하지 못함
❷ 주요 특징
  ㄱ. 전문가를 통해 국내외 다양한 상품 중 검증된 펀드와 전략에 투자
  ㄴ. 소액으로 여러 자산운용사의 펀드에 분산투자할 수 있음
  ㄷ. 운용기간 중 정기적인 포트폴리오 재조정. 즉 운용성과가 좋은 펀드는 계속 유지하나 안 좋은 것은 교체해서 투자할 수 있음
❸ 유의사항
  ㄱ. 공신력 있고 펀드선정능력 및 운용경험이 풍부한 운용사를 선택
  ㄴ. 투자대상이 되는 펀드의 과거 운용실적 및 위험요소를 파악

(9) 공모주펀드

❶ 개념 : 펀드 자산의 일부분을 공모주에 투자하는 펀드를 말한다. 보통은 채권혼합형으로 분류되며, 펀드 자산의 70% 이상 우량채권을 편입하고 주식에 30% 이하를 편입하는데, 주로 공모주식을 편입하여 운용

❷ 상품종류

ㄱ. 주식편입비율 30% 이하, 20% 이하, 10% 이하 등

ㄴ. 공모주만 편입하는 유형, 공모주와 상장된 주식을 함께 편입하는 유형 등

❸ 유의사항

ㄱ. 뮤추얼펀드(투자회사) 형태와 수익증권 형태의 상품이 있으나 공모주식 배정에 있어서는 뮤추얼펀드 형태가 유리하며 펀드규모가 너무 큰 경우 공모주식의 펀드수익 기여도가 적어질 수 있으므로 적정규모 펀드를 선택해야 함

ㄴ. 같은 공모주 펀드라 하더라도 공모주식만 편입하는 펀드와 공모주식 외 일반 주식 종목을 함께 편입하는 펀드가 있으므로 운용계획서를 통해 어떤 유형인지를 확인하고 가입 시점의 상황에 맞는 펀드를 선택해야 함

(10) 부동산 펀드

❶ 개념 : 투자증권, 헤지목적 파생상품, 부동산 관련 실물이나 임차권, 전세권 등에 투자 가능하나 주로 프로젝트 파이낸싱 방식을 통해 시행사에 대출하여 주고 일부는 부동산 실물에 직접투자하는 펀드

❷ 상품종류

ㄱ. 임대형 : 빌딩을 펀드에서 매입한 후 임대를 주고 임대수익으로 펀드투자자에게 배당을 하는 유형으로 만기자금은 빌딩 매각자금으로 마련

ㄴ. 대출형 : 대부분의 자금을 시행사(부동산 개발업자)에 고정금리로 대출하여 주고 시공사(건설사) 지급보증이나 채무인수, 사업부지 담보권, 부동산 보장가액보험 등의 방법 중 일부로 안전성을 확보

ㄷ. 경매형 : 경매나 공매에 참여하여 저가로 낙찰받고, 일정기간이 지난 다음 낙찰 받은 물건을 고가에 매각하는 방식으로 투자수익을 취득

❸ 유의사항

ㄱ. 펀드 투자기간 중 중도환매가 제한되는 폐쇄형펀드. 따라서 펀드에 환금성 부여를 위해 유가증권시장이나 코스닥시장에 상장

ㄴ. 투자펀드의 수익발생구조(임대형, 대출형, 경매형 등)를 이해하고 안전성을 위해 펀드가 확보하고 있는 방안을 검토해야 함

(11) 해외펀드

❶ 개념 : 펀드 운용대상 자산이 국내에만 한정되지 않고 세계 여러 나라의 다양한 투자증권이나 자산에 투자하는 펀드 상품. 국내법에 의해 설립된 운용사가 운용하는 것을 On－shore펀드, 외국 자산 운용사가 운용하는 펀드를 Off－shore펀드라고 함. 펀드 투자대상 자산이 전 세계 선진국 및 개도국을 포함하는 경우 글로벌 펀드, 특정 국가나 시장에 한정하는 경우 로컬펀드라고 함

❷ 상품종류

ㄱ. 글로벌 주식형, 채권형, 혼합형 : 특정 지역, 국가, 산업, 종목에 국한하지 않고 전 세계 유망지역 주식과 채권 등에 투자하는 펀드로 분산투자를 통한 투자위험 축소 및 장기 안정적 수익을 추구

ㄴ. 로컬 주식형, 채권형, 혼합형 : 국가별 시황이나 시장 특성에 따른 투자전력으로 해당 국가의 투자위험분석을 기반으로 장기투자를 통한 고수익을 추구
예) 인도 주식형, 일본 주식형, 중국 주식형, 이머징마켓 채권형 등

ㄷ. 펀드 오브 펀드형 : 전 세계의 다양하고 우량한 펀드에 분산투자함으로써 개별 주식이나 채권종목에 분산투자하는 것보다 더 나은 투자성과를 추구

❸ 유의사항

ㄱ. 해외투자이므로 환율 변동 리스크를 고려해야 함. 펀드에서 직접 환헤지 해주는 경우도 있고, 그렇지 않은 경우 투자자가 개별 선물환계약을 체결하거나 환율 방향성을 고려하여야 함. 일부 신흥국가 중에는 현지통화에 대한 환헤지 수단이 없는 경우도 있음

ㄴ. 장기투자를 기본으로 하고 로컬펀드의 경우 해당 국가가 가진 고유의 리스크 요인도 고려해야 하며, 환매신청 후 실제 출금되기까지 소요되는 기간이 국내 펀드보다 길기 때문에 자금이 필요한 시점보다 여유 있게 환매 신청을 해야 함

(12) 실물연계펀드

❶ 환율연계펀드 : 펀드자금을 대부분 안정적 채권에 투자하여 만기에 원금 수준에 도달하게 하고 선이자부분 해당액으로 환율 변동과 연계된 워런트를 편입하여 추가 수익을 발생시키는 펀드
원/달러 환율, 원/엔 환율, 엔/달러 환율 등 여러 개가 있다. 수익구조는 향후 환율 변

동 방향을 예측하여 제시

❷ 실물상품지수 연계펀드

　ㄱ. ELF 유형 : 펀드자금을 대부분 안정적 채권에 투자하여 만기에 원금 수준에 도달하
　　게 하고 선이자부분 해당액으로 실물상품지수와 연계된 워런트를 편입하여 추가수
　　익을 발생시키는 펀드

　　　실물상품지수는 석유, 천연가스 등 에너지 관련 지수, 금 등 귀금속 관련 지수,
　　농산물, 축산물 관련 지수, 알루미늄, 철 등 원자재 관련 지수 등이 있으며 이들을
　　각각으로 한 워런트, 전체로 하는 워런트, 몇 개만 선별한 워런트 등 다양

　ㄴ. 실물자산 선물투자 유형 : 원유, 금 등과 같이 특정 실물자산 1~2개에만 투자하는
　　유형과 원유, 금, 알루미늄, 니켈, 구리 등의 원자재 외에 소, 돼지, 밀, 옥수수, 면
　　화, 설탕, 커피 등과 같이 생활필수품 실물자산에 가중치를 두어 분산투자하는 유형
　　이 있음

chapter 03

기타 금융투자상품

랩어카운트

1 랩어카운트 정의

랩어카운트(wrap Account)는 증권회사가 투자자의 투자성향과 투자목적 등을 정밀하게 분석하고 진단한 후 고객에게 맞도록 주식, 채권, 수익증권, 뮤추얼펀드 등의 다양한 투자수단을 대상으로 가장 적합한 포트폴리오를 추천하는 종합자산관리계좌이다. 랩어카운트는 1970년대 말 미국에서 개발되었으며 투자환경이 점점 복잡해지고 투자자의 수요도 다양화, 고도화되면서 이를 겨냥한 랩어카운트는 미국 증권사들의 주력상품으로 자리잡게 되었다.

(1) 자문형 랩어카운트

증권사나 투자자문사의 자문을 받아 운용되는 증권사의 랩어카운트 상품이다. 자문은 증권사나 투자자문사 모두 할 수 있으나 최근에 인기를 끌고 있는 것은 투자자문사의 자문을 얻어 운용되고 있는 것이 대부분이다. 또한 자문형 랩은 자문사가 종목추천 등의 자문만 제공하고 고객이 이에 따라 투자를 하는 것이 원래 유형인데, 투자자문사가 고객들의 계좌를 같은 포트폴리오에 맞춰 집합적으로 운용하는 경우도 있다.

(2) 일임형 랩어카운트

일임형 랩어카운트는 일임투자자산운용사가 고객의 투자와 관련한 완전한 일임 및 대리권을 가진다는 점에서 자문형 랩어카운트와 다르다. 자문형 랩어카운트는 고객의 돈을 받아 투자자문을 하는 수준에 그치나, 일임형 랩어카운트는 증권사가 고객의 성향에 따라 주식이나 채권, 주식형 펀드 등 투자자의 자산 포트폴리오 구성에서 운용까지 모든 자산운용 업무를 대신해 준다.

2 랩어카운트의 특징

(1) 랩어카운트 장·단점

기존 영업과 랩 서비스를 이용한 영업에는 대상고객, 영업방식, 자산운용방식 등 여러 가지 측면에서 서로 다른 점들이 있는데 요약하면 다음과 같다.

표 3-1   랩어카운트의 장·단점

구분	장점	단점
증권 회사	• 자산기준의 운용수수료 수입 가능 • 안정적인 수익기반 확보 • 이익상충 적음(고객의 신뢰획득 가능) • 고객의 관계 긴밀화 및 장기화 • 영업사원의 독립성 약화	• 영업직원의 재교육 등 업무에 대응하기 위한 시스템구축 비용 소요 • 수수료 수입총액의 감소 우려
영업 직원	• 이익상충 문제 해결(고객 유인 효과)	• 회사로부터 독립성 약화 • 수입감소 우려
고객	• 이익상충 가능성 적음 • 소액으로 전문가의 서비스 가능 • 맞춤형 상품으로 고객니즈 충족 • 다양한 서비스 이용 가능	• 주가 하락 시 상대적으로 수수료 부담 증가 • 일괄 수수료로 불필요한 서비스 대가 지불
투자 자문사	• 고객저변의 확대 • 수수료와 무관한 신축적 운용 가능 • 사무비용 절감	• 운용보수의 감소 • 시장 상황에 관계없이 수수료 이상의 운용성 적 요구 부담

랩 서비스의 도입은 증권회사와 영업사원뿐만 아니라 자문사와 운용회사, 나아가서 고객들에게까지 영향을 미치게 될 것으로 보인다. 각 당사자들에게는 단점보다는 장점이 많으며, 특히 장기적이고 안정적인 증권투자 문화의 정착에 크게 기여할 것으로 보인다.

(2) 다른 펀드와의 차이점

주식형 수익증권은 증권투자대행기관(자산운용회사)이 다수의 투자자들로부터 공동출자한 기금을 형성하고 이를 유가증권에 분산 투자한 후 투자수익을 분배하도록 하는 증권투자신탁이며, 뮤추얼펀드(투자회사)는 증권 등을 투자목적으로 하는 상법상의 주식회사로서 투자자는 뮤추얼펀드가 발행하는 주식을 소유함으로써 주주로 투자하게 된다.

반면에, 랩어카운트는 증권사 등이 투자자에게 가장 적합한 증권 포트폴리오에 관한 상담결과에 따라 자산을 운용(또는 자산운용회사를 소개)해 주고 이에 부수되는 주문집행, 결제 등의 업무를 일괄 처리해 주며, 잔고평가금액에 근거한 일정 비율의 수수료를 받는 '자산종합관리계좌'를 말한다.

3 랩어카운트의 유형

랩어카운트는 자산운용방식, 투자대상, 일임의 정도 등에 따라 다양한 종류가 존재하지만 일반적으로 펀드형 랩(Mutual Funds형) 및 컨설턴트 랩(Consultant형)으로 구분된다.

(1) 펀드형 랩(Mutual Funds Wrap)

고객이 일임투자자산운용사와의 상담을 통해 고객의 성향 및 투자목적 등을 파악하여 고객에게 가장 적합한 우수 펀드로 최적의 포트폴리오를 구성하는 투자전략을 제안하여 준다.

(2) 컨설턴트 랩(Consultant Wrap)

고객의 보다 적극적이고 다양한 투자스타일을 반영하기 위하여 일임투자자산운용사와의 상담을 통하여 최적의 포트폴리오 및 개별 주식에 대한 투자전략을 제시해 준다. 새로운 투자대상이 계속 출시됨에 따라 컨설턴트 랩의 투자대상도 더욱 다양해지고 있다.

(3) 자문사 연계형 랩

자문사 연계형 랩이란 증권사가 고객으로부터 투자자금을 랩계좌로 받은 후 투자자문계약을 맺은 외부의 우수한 투자자문사로부터 자문을 받아 랩계좌에서 운용하는 상품을 의미한다. 이의 장점으로는 ① 특화된 분야의 전문성 있는 자문사 선정을 통하여 운용성과 제고가 가능하고, ② 고객 니즈에 부합하는 다양한 운용스타일의 상품제공이 가능하고, ③ 펀드 대비 적은 주식종목으로 운용하므로 탄력적 시장대응이 가능하다는 점 등이 있다. 반면 주의할 점으로는 ① 펀드 대비 분산투자 정도가 낮고 소수 종목에 집중투자되는 경향이 있으므로 시장 하락기에 리스크 관리에 더욱 만전을 기해야 하며, ② 자문사별 운용스타일을 잘 분석하여 자신의 투자목적에 맞는 상품을 선택하거나 운용스타일별 분산투자를 해야 한다는 점 등이 있다.

주가연계증권(ELS)과 파생연계펀드(DLF)

1 개념

주가연계증권(Equity Linked Securities)은 일반적으로 주가지수 및 특정 주식의 움직임에 연계하여 사전에 정해진 조건에 따라 조기 및 만기 상환수익률이 결정되는 만기가 있는 증권이다. 파생상품의 성격을 갖기 때문에 법적으로는 파생결합증권의 한 종류이며, 장외파생상품 겸영 인가를 취득한 증권회사만이 발행할 수 있다. 주가연계증권 발행 증권사는 발행대금의 상당 부분을 채권, 예금 등 안정자산에 투자하는 한편, 나머지를 주식, 주식 관련 파생상품 등에 투자하여 약정수익 재원 확보를 위한 초과수익을 추구한다.

증권사는 기초자산 관련 특정 조건 충족 시 약정수익을 지급해야 의무가 있으므로 이를 위해 주가지수선물, 개별 주식 등을 반복적으로 '저가매수 고가매도'하여 이익을 축적해 나간다. 이를 헤지거래라고 부른다. 헤지거래는 증권사가 자체적으로 하는 자체헤지와 해외 IB 등이 수수료 등을 수취하고 대신해 주는 백투백헤지(back to back hedge)로 구분된다. 여기서 백투백 헤지는 발행된 ELS의 수익구조와 동일한 파생상품을 매입해 위험을 헤지하는 거래를 의미한다.

주가연계증권은 만기, 수익구조 등을 다양하게 설계할 수 있는 장점이 있으나 유가증권시장에 상장되지 않음에 따라 유동성이 낮고 발행 증권사의 신용리스크에 노출되는 단점이 있다. 주가연계증권은 주식, 파생상품 투자비중이 낮은 원금보장형 상품과 동 투자비중이 높아 기대수익율은 높으나 원금손실 가능성이 있는 원금비보장형 상품으로 구분할 수 있으며 원금 비보장형 상품이 주종을 이루고 있다. 또한 투자수익률이 연동되는 기초자산에 따라 지수형 상품, 개별 주식형 상품, 혼합형(지수+주식) 상품으로 나눌 수 있는데 지수형 상품이 대부분을 차지하고 있다.

파생연계증권(DLS, Derivatives Linked Securities)은 비상장증권의 일종으로, 주로 증권사에서 발행하고 판매한다. 자본시장법에서는 기초자산의 가격·이자율·지표·단위 또는 이를 기초로 하는 지수 등의 변동과 연계하여 미리 정하여진 방법에 따라 지급하거나 회수하는 금전 등이 결정되는 권리가 표시된 증권으로 정의하고 있다.

DLS는 기초자산 가격이 정해진 만기일까지 일정한 범위 내에서 움직이면 약정된 수익을 얻는 증권이고, 파생연계펀드(DLF, Derivatives Linked Fund)는 펀드 형태로 투자하는 펀드상품이다. 기초자산은 금리, 통화(환율), 금, 은, 원유, 곡물 등 다양하며, 이를 토대로 다양한 구성이 가능하다.

2 ELS 종류

ELS는 발행주체에 따라 ELS, ELD, ELF와 비교해 볼 수 있고 원금보장 여부에 따라 원금보장형과 원금비보장형으로, 또 거래대상 및 발행형태에 따라 공모와 사모로 분류할 수 있다.

❶ ELS/ELD/ELF : ELS는 장외파생상품 겸영업무 인가를 획득한 증권사가 발행. 반면 ELD는 은행에서 모집하는 주가연계상품. ELF는 운용사에서 만들고 판매사에서 모집하는 주가연계상품

❷ 원금보장형과 원금비보장형 : ELS는 원금보장 여부에 따라서 상품구조나 목표수익도 달라짐. 모든 ELS는 원금보장형과 원금비보장형을 명시하여 구분

❸ 공모ELS와 사모ELS : 공모ELS는 발행 증권사가 사전에 투자자에게 발행사실을 공표하고 미리 정한 모집기간 중에 불특정 다수에게 청약을 받아 발행. 사모ELS는 기관투자자, 자산운용사, 일반법인 및 거액자산가 등을 대상으로 하여 비공개적으로 모집

3 수익구조

주가연계증권의 수익구조는 투자자들의 수요에 따라 다양하나 유형별 수익구조를 보면 다음과 같다.

❶ Knock-out형 : 투자기간 중 사전에 정해둔 주가 수준에 도달하면 확정된 수익으로 조기상환되며, 그 외의 경우에는 만기 시 주가에 따라 수익이 정해지는 구조. 투자기간 중 기초자산이 한번이더라도 사전에 일정주가 이상 초과(장중 포함)상승하는 경우 만기 시 주가지수와 상관없이 최종 수익률은 리베이트 수익률로 확정

❷ Bull Spread형 : 만기 시점의 주가 수준에 비례하여 손익을 얻되 최대 수익 및 손실이 일정 수준으로 제한되는 구조

❸ Digital형 : 만기 시 주가가 일정 수준을 상회하는지 여부(상승률 수준과는 무관)에 따라 사전에 정한 두 가지 수익 중 한 가지를 지급하는 구조

❹ Reverse Convertible형 : 미리 정한 하락폭 이하로 주가가 하락하지만 않으면 사전에 약정한 수익률을 지급하며 동 수준 이하로 하락하면 원금에 손실이 발생하는 구조

❺ Step-down형 : 기초자산 가격이 대폭(약 40~60% 이상) 하락하여 Knock-in이 발생하지 않은 상황에서 3~6개월마다 주가가 일정 수준(발행 시의 90·85·80% 등) 이상인 경우 특정 약정수익률로 자동 조기상환되는 구조. Knock-in은 기초자산의 가격이 일정 수준(Knock-in barrier) 이하로 하락하여 원금보장조건이 사라지고 만기 시 기초자산의 가격에 따라 수익률이 결정되는 상황을 말함

4 관련 용어

(1) 낙아웃배리어(Knock-Out Barrier)와 낙인배리어(Knock-In Barrier)

낙아웃배리어는 주로 원금보장형 ELS에서 많이 사용되는 용어다. 낙아웃ELS에서 상승수익률을 지급하는 구간은 최초 기준 가격의 100~130%라는 한계 가격이 낙아웃배리어다. 낙인배리어는 원금비보장형 ELS에서 많이 사용되는 용어다. 낙인은 원금손실 발생 가능 조건을 의미한다. 원금보장형의 경우 낙아웃은 터치하면 상승수익률 지급조건이 사라지는 데 반해 원금비보장형의 낙인은 터치하면 원금손실 가능성 조건이 생겨나는 형태로 많이 사용된다.

(2) 더미(Dummy) 수익

조기상환형 ELS 등은 더미 수익조건을 추가로 부여한다. 더미수익은 ELS가 조기상환되지 않고 만기까지 보유했을 때 투자기간 중에 낙인을 터치한 적이 없으면 만기에 지급되는 보너스 수익을 의미한다. 대부분의 조기상환형 ELS는 조기나 만기상환조건(최초 기준 가격의 90~80%)을 달성하지 못하더라도 투자기간 중에 낙인(최초 기준 가격의 50~60%)만 터치하지 않고 그 이상 기초자산 가격이 유지되면 만기수익을 그대로 받게 되는 유리한 조건을 첨가하고 있다.

(3) 리베이트(Rebate)

ELS의 리베이트는 원금보장형 낙아웃ELS에서 사전에 정한 낙아웃배리어를 초과하여 상승한 경우에 지급되는 고정수익률을 의미한다. 낙아웃배리어가 120%, 리베이트가 3%, 기초자산이 KOSPI200지수인 원금보장형 낙아웃ELS를 가정할 때 기초자산이 급등하여 120% 초과상승한 경우에는 사전에 정해진 리베이트 수익률인 3%를 만기에 지급한다.

(4) 참여율(Participation Rate)

참여율은 원금보장형 낙아웃ELS에서 최초 기준 가격부터 낙아웃배리어가격까지의 상승구간에서 상승수익률을 계산할 때 사용되는 승수다. 최초 기준 가격이 100%, 낙아웃배리어가 120%, 참여율이 50%, 기초자산이 KOSPI200지수라면, 기초자산이 10% 상승했을 때 최종 지급되는 상승률은 10% × 50%(참여율)＝5%가 된다. 만약 기초자산이 20% 상승했다면 최종 지급되는 상승수익률은 10%가 된다. 즉 상승수익참여구간의 기울기가 참여율이며, 참여율이 100%이면 상승수익률을 그대로 주게 된다.

(5) 조기상환 또는 자동조기상환

원금비보장형 ELS 대표상품들은 대부분 모두 조기상환구조를 포함하고 있다. 만기는 주로 2~3년으로 중기투자에 가깝지만, 조기상환주기를 4개월 또는 6개월로 지정하는 경우가 많기 때문에 실제 만기가 2~3년보다 훨씬 짧아질 수 있다. 조기상환형 ELS에서 조기상환은 조건달성 시 의무적으로 자동지급되는 자동조기상환 조건을 의미한다.

(6) 중도상환(중도환매)

ELS는 자동조기상환 또는 만기상환이 원칙이나 사전에 정해진 상호조건이나 일정 외에 투자자 요청에 의한 중도상환(중도환매)가 가능하다. 원금비보장형 ELS의 '고객요청에 의한 중도상환'은 펀드의 중도환매와 동일한 의미를 가지며 사전에 정해진 조건인 '자동조기상환'과는 다른 개념이다. 중도상환 금액은 ELS 증권의 평가금액에서 중도상환수수료(본 거래를 위하여 보유한 기초자산 기타 파생상품 등을 청산하는데 소요된 비용 포함)를 공제한 금액이다.

5 ELB/DLB

ELS는 원금보장여부에 따라 상품구조나 목표수익도 달라진다. 자본시장법에 의하면 ELS관련 상품은 원금보장형 상품인 ELB(Equity Linked Bonds)와 원금비보장형 ELS로 구분하고 있다. 원금보장형은 투자원금 중 대부분을 우량채권에 투자하고 일부는 옵션복제 재원으로 사용한다. 우량채권에 투자한 원금과 이자를 합하여 사전에 제시한 수준의 원금을 보장한다. 원금비보장형은 투자원금 중 일정 부분을 기초자산에 직접 투자하며 나머지 부분은 채권에 투자한다.

원금보장형이며 주가연계파생결합사채로 번역되는 ELB는 주식, 주가지수 등과 연계하여 미리 정해 놓은 손익조건에 따라 수익을 지급하는 금융투자상품이다. 투자성과가 우수하면 적금보다 훨씬 높은 수익률을 거둘 수 있으면서도 증권회사가 파산하지 않는 한 원금이 보장되는 것이 ELB의 장점이다. 만약 ELB를 발행한 증권회사가 파산하게 되면 ELB/DLB 투자자금은 되돌려 받지 못한다. 증권회사만 만들 수 있고 만기에 받는 이자가 기초자산 가격 및 손익조건에 따라 달라진다. 만기까지 보유할 경우 채권이나 예금과 같이 확정금리가 지급되는 상품이 아니다.

ELB는 과거 원금보장형ELS(주가연계파생결합증권)로 분류되었으나 2013년 8월 자본시장법이 개정됨에 따라 다른 상품으로 그 분류가 바뀌게 되었다. 명칭에 포함된 사채(Bonds)라는 단어에서 알 수 있듯이 ELB는 채권의 일종으로 분류된다. 만기에 원금과 수익금을 주는 점이 만기에 원금과 이자를 돌려주는 채권과 유사하다고 본 것이다. 물론 이자가 딱 정해져 있는 채권과 달리 ELB는 기초자산 가격에 따라 그 이자가 달라지는 차이점이 있다.

한편 금리, 환율, 원자재 등 주식·주가지수 외의 것과 연계하여 손익조건에 따라 수익을 지급하는 상품을 DLB(Derivatives Linked Bonds, 기타파생결합사채)라고 한다. DLB도 ELB와 마찬가지로 원금보장형 DLS로 분류되었으나 자본시장법 개정에 따라 분류가 바뀌었다.

ELB는 ELS와 마찬가지로 중도상환은 가능하지만, 발행한 증권사에 중도상환을 요청하면 투자원금이 손실을 볼 가능성이 높다는 점에 유의해야 한다.

section 03 주식워런트증권(ELW)

1 개념

주식워런트증권(Equity Linked Warrant)은 특정 대상물을 사전에 정한 미래의 시기에 미리 정한 가격으로 살 수 있거나 팔 수 있는 권리를 갖는 증권을 의미한다. 권리유형에 따라 콜 워런트와 풋 워런트로 구분한다.

(1) 콜 워런트

기초자산을 권리행사 가격으로 발행자로부터 인수하거나 그 차액(만기 결제 가격−권리행사 가격)을 수령할 수 있는 권리가 부여된 워런트로 기초자산의 가격 상승에 따라 이익이 발생한다.

(2) 풋 워런트

기초자산을 권리행사 가격으로 발행자에게 인도하거나 그 차액(권리행사 가격−만기 결제 가격)을 수령할 수 있는 권리가 부여된 워런트로 기초자산의 가격 하락에 따라 이익이 발생한다.

ELW와 주식의 비교

	주식	ELW
법적형태	증권(지분증권)	증권(파생결합증권)
거래단위	1주	10증권(단주거래 불가능)
호가주문	시장가/조건부지정가/지정가호가 등	지정가호가(주문)만 허용
가격제한폭	30% 상한가 및 하한가 제한	높은 가격 변동성을 고려하여 미적용
신용거래	가능(대용 가능)	미적용(현금거래만 가능)
권리행사	해당사항 없음	만기 행사가치가 있는 경우 자동권리행사
최종 거래일	해당사항 없음	최종거래일 있음(만기일 이전 2영업일)
만기 여부	해당사항없음	만기있음

현재 우리나라에서는 주식과 주가지수만을 대상으로 주식워런트증권을 발행할 수 있으며 2005년 12월 주식워런트증권시장이 개설되었다.

(1) 발행조건

❶ 기초자산 : 코스피200 구성종목 중 거래소가 분기별로 발표하는 50종목 및 코스닥150 구성종목 중 거래소가 월별로 공표하는 5종목, 코스피200 주가지수, 코스닥150 주가지수, 해외지수 중 니케이225지수, 항셍지수

❷ 결제방식 : 현금결제 및 만기 시 행사가치 있는 경우 자동권리행사(T+2일)

❸ 권리행사방식 : 유럽형(만기일에만 권리행사)

❹ 만기평가가격

  ㄱ. 주식 : 최종 거래일을 포함한 직전 5거래일종가의 산술평균 가격

  ㄴ. 주가지수 : 최종 거래일의 주가지수 종가

(2) 주식워런트증권 상장요건

❶ 발행자 : 증권 및 장외파생금융상품을 대상으로 하는 투자매매업자(자본시장법에 따른 영업용순자본이 총위험액의 3배 이상일 것)

❷ 기초자산 : 코스피200 및 코스닥150 구성주식 및 주식바스켓, 코스피200 및 코스닥150 주가지수, 니케이225지수, 항셍지수

❸ 발행총액 : 10억 원 이상

❹ 분산요건 : 모집 또는 매출에 의하여 발행

❺ 잔존권리행사기간 : 상장신청일 현재 3월 이상 3년 이내

❻ 유동성 공급

  ㄱ. 발행인이 유동성 공급자로서 직접 유동성 공급계획을 제출해야 함

  ㄴ. 다만, 유동성 공급자와 유동성 공급계약을 체결할 경우에는 질권설정 방법을 통한 유동성 공급계약을 체결해야 함

  ㄷ. 유동성 공급자 요건은 증권 및 장외파생상품에 대하여 투자매매업 인가를 받은 거

래소의 결제회원이며 영업용순자본이 총위험액의 3배 이상이어야 함

(3) 주식워런트증권의 거래

❶ 매매거래계좌 : 일반 위탁계좌 개설
❷ 거래방법
    ㄱ. 거래시간 : 09시~15시 30분(호가접수는 08시 30분~15시 30분)
    ㄴ. 매매수량단위 : 10증권
❸ 호가(주문)의 종류 : 지정가호가(IOC 및 FOK 조건부여는 가능)
    ㄱ. IOC(Immediate or Cancel) : 거래소에 호가가 제출된 즉시 체결 가능 수량은 체결하고
        미체결잔량은 취소하는 조건
    ㄴ. FOK(Fill or Kill) : 거래소에 호가가 제출된 즉시 체결시키되, 잔량체결이 불가능한 경
        우에는 호가수량 전량을 취소하는 조건
❹ 가격제한폭 : 높은 가격 변동성을 고려하여 가격제한폭 적용을 배제
❺ 대용증권 : 높은 가격 변동성에 따른 담보가치가 급락할 우려가 있어 지정에서 제외

3 주식워런트증권의 특징

(1) 주식워런트증권의 경제적 기능

❶ 다양한 투자수단 제공 : 높은 레버리지를 수반하는 신상품으로 새로운 투자수단을 제공
하며 새로운 투자기회 및 투자전략의 수립을 가능하게 함
❷ 보유주식의 활용도 제고 : 발행자인 증권회사는 보유주식을 담보로 주식워런트증권을
발행함으로써 보유주식의 활용도를 높이고 프리미엄 확보 등 새로운 수익원을 창출
❸ 증권시장의 가격효율성 증대 : 증권시장에서는 주식워런트증권시장, 주식시장, 옵션시
장과의 다양한 형태의 차익거래 증가를 통한 균형 가격의 성립을 촉진하고 이는 증권시
장의 가격 효율성 증대에 기여함

(2) 주식워런트증권의 특징

❶ 레버리지효과 : 가장 큰 특징이자 경쟁력은 레버리지를 가진다는 점이다. 주식워런트증

권 거래는 실물자산에 대한 직접투자보다 큰 레버리지 효과가 있음

❷ 한정된 투자위험 : 투자자는 매수포지션만 보유하기 때문에 손실은 주식워런트증권 가격에 한정되는 반면, 이익은 무한대로 확대될 수 있음

❸ 위험헤지 기능 : 주식워런트증권 매수를 통해 보유자산의 가격이 반대방향으로 변화함에 따라 발생하는 위험을 회피하고 보유자산의 가치를 일정하게 유지할 수 있음

❹ 시장상황과 무관한 새로운 투자수단 : 활황장세, 침체장세 등 시장 상황과 무관하게 투자기회를 제공

❺ 높은 유동성 : 거래소에 상장되며 발행자의 유동성 공급으로 쉽게 거래가 가능할 수 있음

(3) 주식워런트증권의 위험

❶ 상품의 복잡성 : 상품구조가 복잡하다. 표준화되어 단순히 사거나 팔 수 있는 권리만 있는 것은 상품구조가 간단하나 비표준형인 경우는 상품의 손익구조가 복잡하여 투자자의 투자판단에 어려움을 야기. 또한 주식워런트증권의 경우 시황과 기업실적에 따라 가격이 변동하는 주식보다 가치 측정이 훨씬 더 어려움. 주식워런트증권 가치 측정을 위한 각종 투자지표들도 주식에 비해 이해하기에 많은 노력이 필요

❷ 높은 투자위험 : 레버리지 효과가 커서 적은 금액으로 고수익도 가능한 반면 반대의 경우 주가의 하락폭보다 더 큰 폭으로 가치 하락할 수 있는 위험성을 내포(콜 워런트 경우)하고 있음

❸ 자본이득 외에 소득이 없음 : 주식 직접투자 시 배당금을 수령할 수 있으나 주식워런트증권의 수입원은 주가 변동에 따른 자본이득뿐임

❹ 주주가 아니며 회사와 직접 관련이 없음 : 주식워런트증권 보유자는 회사와 직접적인 아무 관련이 없으므로 주주로서의 권리(의결권, 배당청구권)도 행사할 수 없음

4 주식워런트증권의 가격

(1) 가격구조

주식워런트증권 가격 = ① 행사가치 + ② 시간가치

❶ 행사가치 : 권리를 행사함으로써 얻을 수 있는 이익으로 내재가치(본질가치)라고 할 수 있음

ㄱ. 콜 워런트 행사가치＝기초자산의 가격－권리행사 가격 : 권리행사 시 대상주식을 시장 가격보다 낮은 가격에 매수할 수 있고 이를 곧바로 주식시장에 매도하여 얻을 수 있는 차액을 의미

ㄴ. 풋 워런트 행사가치＝권리행사 가격－기초자산의 가격 : 주식시장에서 주식을 매수하고 권리를 행사하여 높은 가격에 매도하여 얻을 수 있는 차액을 의미

❷ 시간가치 : 만기까지 잔존기간 동안 기초자산의 가격 변동성 등에 따라 얻게 될 기대가치로 프리미엄이라고도 한다. 만료일까지의 잔존기간 동안에 얻을 수 있는 이익과 회피할 수 있는 위험에 대한 기대가치이므로 만료일에 근접할수록 감소하며 프리미엄은 행사가치 또는 0(제로)에 접근

❸ 내가격, 등가격, 외가격 : ELW는 내재가치가 있는지 여부, 즉 돈이 되는 영역이 있는지 여부에 따라 내가격, 등가격, 외가격 ELW로 구분. 내재가치가 0보다 커서 현재 권리행사 가능 구간으로 돈이 되는 영역에 있는 경우를 내가격이라 하고, 행사 가격과 기초자산 가격이 동일한 경우를 등가격, 내재가치가 0보다 작아서 현재 권리행사 포기구간으로 돈이 되지 않는 영역에 있는 경우를 외가격이라고 함

(2) 가격결정 요인

주식워런트증권도 투자자의 매수·매도에 의해 가격이 결정된다. 만기 시에는 행사 가격과 시장 가격의 차이인 행사가치에 의해 가치가 결정되나 만기 이전에는 여러 요인에 의해 영향을 받는다.

❶ 기초자산의 가격 : 콜 워런트의 경우 기초자산 가격이 오를수록, 풋 워런트의 경우 기초자산 가격이 하락할수록 주식워런트증권 가격은 상승

❷ 권리행사 가격 : 콜 워런트의 경우 권리행사 가격이 낮을수록, 풋 워런트의 경우 권리행사 가격이 높을수록 가격이 상승. 그러나 주식워런트증권 발행 이후 행사 가격은 변하지 않기 때문에 특정한 주식워런트증권을 선택하고 나면 행사 가격은 주식워런트증권 가격에 영향을 주지 않게 됨

❸ 기초자산의 가격 변동성 : 기초자산의 가격 변동성이 클수록 콜, 풋 주식워런트증권에 관계없이 모두 주식워런트증권 가격은 높아짐

❹ 만기까지의 잔존기간 : 잔존기간이 길수록 콜, 풋 주식워런트증권 모두 가격은 비싸짐

❺ 금리 : 금리는 주식워런트증권 거래에서 발생하는 기회비용을 의미함. 콜 워런트의 경우 금리가 높아질수록 가격은 비싸지며 풋 워런트의 경우 반대가 됨. 그러나 주식워런트증권 가격 형성에 금리가 미치는 영향은 미미하다고 할 수 있음

❻ 배당 : 배당을 하면 주가가 낮아지게 된다. 콜 주식워런트증권 매수자는 불리해지며 배당이 클수록 가격은 싸지게 됨. 반대로 풋 주식워런트증권은 배당이 클수록 가격은 높아짐

5 ELW 관련 용어

(1) 변동성

ELW의 가격결정요소이면서 발행 시점부터 정해져 있는 행사 가격, 배당, 잔존만기 등과 달리 변화하는 값은 기초자산, 변동성, 금리 중에서 가장 고려할 점이 많은 지표다. 변동성은 기초자산 가격의 등락폭을 의미한다. 변동성이 커지면 기초자산 가격이 크게 오르거나 내려서 ELW의 권리행사가 될 가능성이 커지므로 콜과 풋에 상관없이 ELW의 가격이 상승하게 된다.

(2) 전환비율

만기에 ELW 1주를 행사하여 받을 수 있는 기초자산의 수를 말한다. ELW 1주로 사거나 팔 수 있는 기초자산의 수를 의미한다.

(3) 패리티(parity)

내재가치(행사가치)의 크기를 나타내는 측정지표다. 기초자산 가격과 행사 가격의 비율로 계산된다. 패리티가 100%보다 크면 내재가치가 있고 패리티가 100%보다 작으면 내재가치가 없다. 다시 말해 패리티가 100%보다 크면 내가격 ELW이고, 패리티가 100%보다 작으면 외가격 ELW를 의미한다.

(4) 레버리지(leverage)

ELW의 특징이 레버리지 효과다. ELW가 기초자산 가격에 비해 레버리지가 발생하는 이유

는 ELW가격이 기초자산 가격에 비해 상대적으로 낮기 때문이다. 지렛대를 사용하는 것처럼 기초자산 가격이 조금만 움직여도 ELW가격은 크게 변화한다.

(5) 기어링(Gearing)

기초자산을 대신하여 ELW를 매입할 경우 몇 배의 포지션이 되는지를 나타내는 것이다. 다시 말해 기초자산에 직접투자하면 ELW에 투자하는 것보다 몇 배의 매수비용이 드는 지를 나타내는 것이다. 기어링이 10인 ELW라면 기초자산 매입 시보다 ELW 매입 시 10배의 포지션 효과를 가지게 된다는 의미다. 기어링이 높을수록 레버리지 효과는 커진다.

$$기어링 = [기초자산\ 가격/ELW가격] \times 전환비율$$

(6) 손익분기점

ELW에 투자하기 위해서는 매수금액이 들어가므로 ELW에 투자할 때 손실을 보지 않고 ELW 매수금액을 만회하기 위해 기초자산이 만기까지 얼마 이상으로 올라야 하는지를 나타내는 것이다. 풋ELW의 경우 음수(−)값으로 표시된다. 손익분기점은 만기까지의 측정지표이므로 만기 이전 매매나 두 ELW 비교 등에는 적합하지 않다.

(7) 자본 지지점

기초자산과 ELW의 수익률이 같아지는 시점까지 도달하기 위해 필요한 기초자산의 연간 기대상승률을 의미한다. 다시 말해 동일 투자자금으로 기초자산이나 ELW 중 어느 하나를 보유하더라도 만기일의 최종 실현가치가 같아지게 되는 기초자산의 연간 기대상승률을 의미한다. 자본 지지점은 콜ELW의 가치 측정에, 손익분기점은 풋ELW의 가치측정에 사용하는 것이 적합하다.

환매조건부채권(RP)

1 **의의**

환매조건부채권이라 함은 ① 채권을 일정기간 후에 일정 가액으로 환매수할 것을 조건으로 매도(조건부 채권 매도) 하는 것과, ② 채권을 일정기간 후에 일정 가액으로 환매도할 것을 조건으로 매수(조건부 채권 매수)하는 거래를 의미한다. 즉 당초의 매도자는 일단 환매조건부매도를 했다가 후일에 환매수를 하는 것이고 당초의 매수자는 일단 환매조건부매수를 했다가 후일에 환매도를 하는 것이다.

2 **기능과 효과**

환매조건부채권 매매제도의 도입이 투자자 및 금융투자회사에 미친 영향을 살펴보면 다음과 같다.

(1) 투자자 측면

환매조건부채권은 고수익성의 확보, 거래의 안전성 및 환금성의 보장 등으로 투자자들에게 우량한 단기자금 운용수단을 제공하였다. 즉, 자기가 원하는 투자기간에 맞추어 확정이자를 얻을 수 있다.

(2) 증권회사 측면

금융투자회사는 환매조건부채권매도를 통하여 보유 상품채권 중 매도가 곤란한 채권(거래부진 등)을 이용하여 자체 자금조달 능력을 향상시킬 수 있으며 최근에는 CMA(Cash Management Account)계좌의 모계좌 역할을 통하여 수시입출금 및 단기 확정고수익 제공과 자금이체 등 관련 서비스 활성화로 증권회사의 단기자금 운용상품의 대표격으로 자리잡고 있다. 증권회사의 활성화 방안에 따라 향후 크게 매매가 늘어날 가능성이 많다.

3 구조와 운용

(1) 기관 간 조건부채권매매

은행, 종금, 농·수협, 상호신용금고, 신협, 새마을금고, 금융투자회사, 연기금 등 기관 간에 이루어지는 조건부채권매매를 의미한다.

(2) 대고객 조건부채권매매

금융투자회사, 은행, 종금사 등이 상기 (1)의 기관 이외의 법인 또는 개인과 행하는 조건부채권매매를 의미한다. 단, 유가증권의 매매영업을 허가받은 은행 및 종금사는 대고객 조건부채권매수 업무를 영위할 수 없다. 요약하면 증권회사는 대고객 조건부채권매도·매수를 모두 할 수 있으나 은행, 종금사는 대고객 조건부채권매도만 할 수 있다.

(3) 매매대상 유가증권

대고객 조건부채권매매의 대상은 국채증권, 지방채증권, 특수채증권, 금융회사 등이 원리금 지급보증을 한 보증사채권, 금융투자업규정 제5-18조 제1항 2호에 따른 모집 또는 매출된 채권, 자본시장법 시행령 제124조의2 제2항의 요건을 모두 충족하는 외국 정부가 발행한 국채증권으로 하고 있다.

(4) 매매단위

1만 원 이상 제한 없음(보통 100만 원 이상으로 회사별 자율 결정)

(5) 약정기간(가입 당시 약정된 고객 투자기간)

금융투자회사는 1일 이상 가능하나 은행의 경우 15일 이상으로 하여야 하며 만약 14일 이내에 출금하는 경우 7일까지는 0%, 8일~14일까지는 보통예금이율이 적용된다.

(6) 가입 당시 정하는 조건 5가지

투자원금, 약정기간(만기일), 이자율(확정금리), 약정 전 이율(중도해지 시 적용이율), 약정 후 이율(만기일 이후기간 적용이율)

(1) 환매조건부채권 매도

❶ 신규 발생(조건부채권 매도) : 조건을 정하여 채권을 조건부로 매도하고 고객으로부터 자금을 차입하는 형태

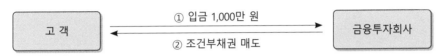

조건 :30일 투자, 약정이율 연 4%, 약정 전 연 1.5%, 약정 후 연 2.5%

❷ 만기상환(환매수) : 만기 시 고객에게 원리금을 지급하고 조건부로 매도한 채권을 환매수하는 형태

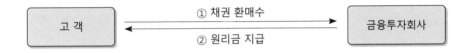

ㄱ. 만기 시 원리금 지급＝원금×(1＋약정이율×투자 일수÷365)이므로

＝10,000,000×(1＋0.04×30÷365)＝10,032,876(절사)

ㄴ. 25일 후에 중도 환매하는 경우

원리금 지급＝원금×(1＋약정 전 이율×투자일수÷365)이므로

＝10,000,000×(1＋0.015×25÷365)＝10,010,273(절사)

ㄷ. 39일 후에 만기 후 환매하는 경우

원리금 지급＝원금×[1＋{(약정이율×약정기간÷365)＋(약정 후 이율×초과기간

÷365)}]이므로

＝10,000,000×[1＋{(0.04×30÷365)＋(0.025×9÷365)}]

＝10,039,041(절사)

(2) 환매조건부채권 매수

❶ 신규 발생(조건부채권 매수) : 고객(개인제외, 등록법인 이상)이 보유하고 있는 채권을 조건부로 매수하고 고객에게 대출해 주는 형태

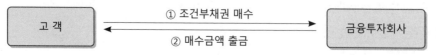

조건 : 30일 투자, 약정이율 연 4.5%, 약정 전 연 5.5%, 약정 후 연 6.5%

❷ 만기상환(환매도) : 만기 시 고객에게 채권을 환매도 하고 원리금을 회수하는 형태
※계산방식은 상기 RP와 같음

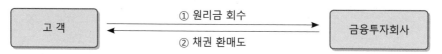

만기 시 고객에게 채권을 환매도 하고 원리금을 회수하는 형태이다.

(3) 환매조건부채권 매매 체계 요약

❶ 환매조건부채권 매도 : 신규 시 '조매도', 만기 시 '환매수'라 하며 이 거래를 RP라 함. 상품 종류에는 약정형과 예금형이 있음
❷ 환매조건부채권 매수 : 신규 시 '조매수', 만기 시 '환매도'라 하며 역RP라 함

---

5   **RP상품**

(1) 상품 내용

❶ 가입대상 : 개인, 법인 모두 가능
❷ 투자금액 : 1만 원 이상 제한 없음(취급기관 자율 제한 가능)
❸ 투자기간 : 1일 이상(취급기관 자율 제한 가능하며, 약정기간은 1년 이내로 정하나 연장 신청 가능함)

❹ 투자수익률 : 가입 당시 약정이율로 확정(약정이율은 취급기관마다 자율 제시하며 가입 후 시장금리 변동이나 편입채권의 표면이율과는 무관함)

❺ 상품종류 : 약정형, 예금형(규정상 분류가 아니며 업무처리 방식에 의한 실무적 구분)

❻ 기타 특징 : 입출금이 비교적 자유롭고 금액과 기간에 따라 차등 확정금리 적용

❼ 은행은 15일 이상 투자 가능(7일 이하 0%, 8일~14일 보통예금이율)

(2) 약정형 · 예금형 비교

표 3-2 **약정형 · 예금형 RP 비교**

구분	약정형	예금형
개념	원금, 투자기간, 약정이율, 약정 전 · 후 이율 등의 조건을 거래발생 시마다 건별 약정한다.	투자기간에 따른 적용이율을 미리 확정시켜 놓고 고객의 입출금 기간에 따라 일수 계산을 하여 이자를 지급한다.
특징	조건을 거래 건별 확정해야 하므로 번거로우나 실세금리를 제 때 반영해 주는 장점이 있다.	거래는 편리하나 실세금리를 제 때 반영해 주기가 어렵다.

6 증권사 CMA

1) CMA 개념

CMA(cash management account)는 1984년 8월 「종합금융회사법」에 따라 종금사 수신상품의 하나로 도입되었다. 증권회사들은 2003년 11월부터 취급하기 시작했다. 자본시장법 시행으로 2009년 7월부터는 은행 요구불예금 수준의 지급결제 서비스도 가능해졌다. CMA는 현금자산관리계좌로 불린다. 입출금이 자유로우면서 고객예탁금계좌와 연계해 주식 · 채권 · 펀드 매입자금으로 이체하거나 급여이체, 카드결제자금 이체, 각종 공과금 이체, 은행 자동화기기를 이용한 업무마감시간 이후 입출금 서비스를 이용할 수 있다. 이러한 편의성과 동시에 상대적으로 고수익이라는 장점도 있다.

CMA는 고객과 사전 약정에 따라 예치자금이 MMF, RP 등 특정 단기금융상품에 투자되도록 설계한 CMA계좌를 통해 거래한다.

2) CMA의 특징

입출금이 자유로운 상품에 각종 부가 서비스를 제공하여 편의성을 제고한 상품이다. 증권사 판매상품 중 현금을 받아 운용하여 고수익을 제공하면서 입출금이 자유로운 상품이다. 모계좌가 어떤 상품인지에 따라 MMF형 CMA, RP형 CMA, MMW형 CMA 등의 유형이 있다. 취급하는 모계좌 유형은 증권사별로 다르다.

국내 증권사에서 판매하는 CMA상품은 자동투자상품으로 운용된다. CMA통장의 자동투자란 통장에 돈이 입금되면 별도의 매수 절차 없이 자동으로 특정 CMA 자동투자상품에 투자되어 높은 수준의 수익을 추구할 수 있는 투자 방법이다. 고객은 CMA-MMW, CMA-MMF, CMA-RP 중 자신의 투자성향에 맞게 자동투자상품을 선택할 수 있다. 자동투자상품을 지정하지 않으면 입금한 금액은 '예수금'으로 남아 있다. 자동투자상품은 계좌 개설 시 선택할 수 있으며, 계좌 개설 후라도 언제든지 변경할 수 있다.

CMA-RP형의 입금액은 RP에, CMA-MMF형의 입금액은 MMF에, MMW형의 입금액은 증권금융 예수금 등에 투자된다.

RP와 MMF, MMW형의 입금액은 「예금자보호법」에 따라 예금보험공사가 보호하지 않는다. MMW형 및 MMF형은 운용 결과에 따라 투자원금의 손실이 발생할 수 있으며, 그 손실은 투자자에게 귀속된다. MMF는 시가와 장부가의 차이가 ±0.5%를 초과하거나 초과할 우려가 있는 경우 적용되는 기준 가격이 달라질 수 있다.

3) CMA의 유형별 비교

(1) MMF형 CMA

MMF(money market fund)형 CMA는 MMF에 투자하는 수시입출금 가능 상품으로 예금자보호가 되지 않는다. 운용실적에 따른 배당을 하는 실적배당상품이며 운용 결과에 따라 수익이 달라진다. MMF는 고객들의 자금을 모아 펀드를 구성하고, 국공채나 금리가 높은 만기 1년 미만의 기업어음과 양도성예금증서 등 단기금융상품에 집중 투자하여 얻은 수익을 고객에게 되돌려주는 상품이다. 국공채 및 우량한 CP, CD 등에 투자하여 운용성과에 따라 실적을 배당하는 상품이므로 확정금리가 아닌 실적배당을 원하는 고객에게 보다 적합한 상품이다.

(2) RP형 CMA

RP형 CMA는 RP(환매조건부채권)에 투자하는 상품으로 예금자보호가 되지는 않지만, 은행의 보통예금보다 높은 수익을 제공한다. 단기 약정수익 상품으로 국가나 지방자치단체, 은행 등이 발행한 우량한 채권에 주로 투자하여 안전성이 높다. CMA상품의 운용 대상인 RP의 수익률은 금리 상황에 따라 달라질 수 있다. 상품에 대한 상세 정보는 투자설명서 및 약관을 통해 확인해야 한다.

(3) MMW형 CMA

MMW(money market wrap)형은 랩어카운트 형태로 증권사 CMA의 운용 방식 중 하나다. 신탁은 아니지만 고객이 자산을 증권사에 맡기면 증권사가 신용등급 AAA 이상인 증권금융 등 우량한 금융회사의 예금·채권·발행어음·콜론(call loan) 등 단기 금융상품에 투자하고, 그에 따른 성과를 지급하는 실적배당형 상품이다. 일일정산을 통해 익일 원리금(원금＋이자)을 재투자하므로 복리 효과를 누릴 수 있다(영업일 기준). 이자, 수수료, 세금을 일일정산 방식으로 처리하므로 보수과세 효과가 있어 세전 수익률과 세후 환산 수익률이 일치하지 않을 수도 있다.

고정 확정수익률이 아닌 변동 수익률로 한국은행의 기준금리나 시장금리에 연동되기 때문에 금리 인상 시기에 유리하다. 수익률은 RP형·MMF형 등 CMA의 다른 상품들보다 낮지만 일복리로 계산되므로 예치 기간이 길수록 유리하고, 비교적 안정적이다.

01 다음 중 자본시장법에서 규정한 파생상품 집합투자기구의 투자대상이 아닌 것은?

① 부동산 집합투자기구　　　　　　　② 특별자산 집합투자기구
③ 단기금융 집합투자기구　　　　　　④ 혼합자산 집합투자기구

02 다음 중 자본시장법에 의한 집합투자기구의 관계회사 중 집합투자재산을 보관 및 관리를 담당하는 회사는?

① 신탁업자　　　　　　　　　　　　② 집합투자기구 평가회사
③ 일반사무관리회사　　　　　　　　④ 채권평가회사

03 다음 중 자본시장법에 의한 집합투자기구 종류가 아닌 것은?

① 증권 집합투자기구　　　　　　　　② 실물자산 집합투자기구
③ 부동산 집합투자기구　　　　　　　④ 단기금융 집합투자기구

04 다음 중 성격이 다른 여러 펀드에 분산투자하는 펀드로 소액으로도 여러 투자전략, 지역, 자산에 분산투자하는 효과가 가능한 상품은?

① 절대수익률 추구형 펀드　　　　　② 펀드 오브 펀드
③ 멀티클래스 펀드　　　　　　　　　④ 시스템 운용형 펀드

해설

01　③ 단기금융 집합투자기구(MMF)는 파생상품 집합투자기구의 투자대상이 아니다.

02　① 집합투자재산을 보관 및 관리를 담당하는 회사는 신탁업자이다.

03　② 자본시장법에서는 증권 집합투자기구, 부동산 집합투자기구, 단기금융 집합투자기구, 특별자산 집합투자기구, 혼합자산 집합투자기구의 5종류가 있다.

04　② ①은 주식시장이나 채권시장의 변동과 관계없이 일정한 수익률(실세금리+α)을 추구하는 펀드, ③은 펀드에 부과되는 보수·수수료의 차이로 인하여 동일펀드 내에서 기준 가격이 다른 여러 종류의 집합투자증권이 존재하는 상품, ④는 펀드매니저의 자의성을 배제하기 위해 운용전략상 시스템을 주로 이용하는 형태의 펀드

정답 01 ③ | 02 ① | 03 ② | 04 ②

part 07

자산유동화증권의 구조와 사례

certified investment manager

chapter 01

자산유동화증권(ABS)의 기본개념

section 01 **자산유동화의 기본개념**

자산유동화란 기업이나 금융기관이 보유하고 있는 자산을 표준화하고 특정 조건별로 집합(pooling)하여 이를 유동화회사에 양도하고, 해당 유동화전문회사가 이러한 자산을 기초로 하여 증권을 발행하고 기초자산의 현금흐름을 이용하여 증권을 상환하는 일련의 행위를 의미한다.

자산유동화에 따라 발생되는 자산유동화증권은 일반적으로 다음과 같은 특징을 지니고 있다.

❶ 자산유동화증권은 자산보유자의 신용도와 분리(true sales)되어 자산 자체의 신용도로 발행되는 증권

❷ 자산유동화증권의 신용도는 기초자산의 신용도와 신용보강(credit enhancement) 등에 의해

결정

❸ 자산유동화증권은 투자자의 선호에 부합하여 증권을 설계하기 때문에 일반적으로 다계
　　층증권(tranche)이 발행

❹ 자산유동화증권은 다양한 구조(structure)와 신용보강 등을 통해 일반적으로 자산보유자
　　보다 높은 신용도를 지닌 증권으로 발행

　국내의 경우 1998년 금융기관과 일반기업의 자금조달을 원활하게 하여 재무구조의 건전성
을 높이고 주택자금의 안정적인 공급을 통하여 주택금융기반을 확충하기 위하여 「자산유동화
에 관한 법률」을 제정하여 자산유동화제도를 도입하였다. 그러나 「자산유동화에 관한 법률」
에 근거한 자산유동화증권의 경우 발행에 있어 법상 다양한 제약조건이 존재하고 유동화계획
에 대한 금융감독원의 승인도 필요하다. 이에 따라 보다 간편한 방식으로 자산유동화증권을
발행하려는 유인이 증대되어 2000년대 중반부터 「자산유동화에 관한 법률」에 근거하지 않은
비등록유동화[1]가 도입되었다. 비등록유동화거래는 기업이나 금융기관이 보유한 자산을 기초
로 발행되며, 「상법」상 주식회사 또는 유한회사가 ABCP, 단기사채 등 채무증권을 발행하거나
대출을 받는 방식이 주로 활용되고 있다.

section 02 　자산유동화증권의 종류

　자산유동화증권은 유동화자산에 따라, 발행유동화증권의 현금수취방식에 따라 그리고 발
행유동화증권의 특성 등에 따라 다음과 같이 구분될 수 있다.

1 　현금수취방식

　자산유동화증권은 현금수취방식에 따라 지분이전증권(Pass-Through Securities)과 원리금이체

---

[1]　구분목적상 「자산유동화에 관한 법률」에 의한 유동화거래를 등록유동화라고 하고 「자산유동화에 관한 법률」에 근거하
　　지 않는 유동화거래를 비등록유동화거래라고 한다.

chapter 1　자산유동화증권(ABS)의 기본개념　261

채권(Pay-Through Bond)으로 구분할 수 있다.

❶ 지분이전증권은 유동화자산을 유동화중개기관에 매각하면, 유동화중개기관은 이를 집
합화하여 신탁을 설정한 후 이 신탁에 대해서 지분권을 나타내는 일종의 주식형태로 발
행되는 증권을 의미

❷ 이러한 유형의 증권화는 자산이 매각되는 형태이기 때문에 자산보유자의 자산에서 해
당 유동화자산이 제외(off-balance sheet treatment)되며 유동화자산이 매각됨으로써 발행자
는 유동화자산과 관련된 모든 위험을 투자자들에게 전가시키는 효과를 얻을 수 있음

❸ 원리금이체채권은 유동화자산집합에서 발생되는 현금흐름을 이용하여 증권화하되 그
현금흐름을 균등하게 배분하는 단일 증권이 아니라 상환우선순위가 다른 채권을 발행
하는 방식을 의미

2 기초자산에 따른 유동화증권의 종류

자산유동화증권의 기초자산은 다음과 같은 특징을 지니고 있다. 자산유동화증권 발행이 가
능한 대상자산의 제한이 존재하는 것은 아니지만 주로 유동화가 이루어지는 자산의 특성은
다음과 같다.

첫째, 자산의 집합(pooling)이 가능하고 자산의 특성상 동질성을 지니고 있는 자산이 주로 유
동화되고 있다. 둘째, 매매가 가능하고 자산보유자의 파산 시 파산재단에서 분리될 수 있는
자산이 주로 유동화가 되고 있다. 셋째, 자산의 현금흐름에 대한 예측이 가능하고 자산의 신
용도에 대한 분석이 가능한 자산이 주로 유동화되고 있다.

자산유동화증권의 기초자산은 다양한 유형이 있다. 자산유동화증권의 기초자산은 다양한 자
산이 될 수 있으며 주로 유동화가 이루어지는 자산들로는 주택저당채권, 자동차 할부금융, 대출
채권, 신용카드 채권, 리스채권, 기업대출, 기업매출채권, 부동산 PF 대출채권, 회사채 등이다.
최근에는 미래 현금흐름(future cash flow), 부실대출(nonperforming loan), 임대료(rental), 무형자산
등을 자산유동화하는 사례도 크게 증대하고 있다.

유동화자산은 다양한 특성에 의해 분류될 수 있다. 즉 이자율, 만기, 원리금 지불방법, 담보
자산의 유무, 고객구조, 원금규모, 고객의 신용도 등에 따른 분류기준이 도입될 수 있다. 예를

표 1-1 **자산유형별 자산유동화증권의 성숙도 분류**

단계	해당 자산
초기 개발단계 자산	복권지급, IP(intellectual property)
개발단계의 자산	fees, healthcare receivable, distressed asset
발전단계의 자산	sub prime auto, private label credit cards, students loan, insurance premium, franchise loan, tax liens
성숙단계의 자산	auto leasing, aircraft leasing, equipment leasing, CBO/CLO
대중화단계의 자산	auto, credit card, manufactured housing, home equity, stranded assets

들어 자동차 할부금융자산의 경우에도 지불방법이나 고객의 구조 또는 연체 시 담보자산의 회수 가능 여부 등에 따라 분류될 수 있으며 이와 같은 자산의 특성에 따라 신용도 분석방법도 다르게 적용될 가능성이 있다.

유동화거래의 발전과정과 시장 성숙도에 따른 분류방법도 있다. 미국의 경우 유동화거래의 발전과정과 시장 성숙도에 따른 자산분류기준을 보면 일반적으로 전통적인 자산(traditional assets)과 새로운 자산(new assets)으로 구분하고 있다. 즉 전통적인 자산은 유동화증권 발행에 널리 활용되는 주택저당채권, 자동차할부, 신용카드, 무형자산, 채권, 기업대출, 기업매출채권, 부동산 PF 대출채권, 리스 등의 자산을 의미한다. 새로운 유동화자산은 부실채권, 세수, 공연수입, 무형자산 등과 같은 미래 현금흐름 등을 의미한다.

| 표 1-2 | 자산특성에 따른 자산유동화증권 구조 |

구분	상환확정형자산			상환비확정형자산		
	자동차 할부	MBS	CDO	신용카드	매출채권	미래 현금흐름
자산의 특성	대표적인 소비자금융자산, 목적성 대출자산의 성과가 안정적임	대손의 가능성이 낮음. 중도상환이 현금흐름에 영향을 주는 주요 요소임	집중도와 개별 기업의 부도 가능성이 유동화구조에 영향을 미침	단기의 자산. 사용률, 연체율, 원금회수율 등이 유동화구조에 영향을 미침	연체율, 자산규모의 유지 및 거래조건이 유동화구조에 영향을 미침	자산화의 과정이 필요. 유동화가 가능한 산업이 제한되어 있음
자산의 현금흐름에 영향 요소	연체 중도상환	연체 중도상환 회수율	기업의 부도 집중도 회수율	당월 회수율 연체율 카드사용률	거래 기업부도 dilution	매출규모 연체율 생산 가능성
유동화 구조상의 특성	자산의 현금흐름과 유사한 증권 설계	담보가치의 회수율을 감안한 구조 설계	개별 기업의 신용도 측정 및 집중도 통제가 필요	자산의 변동성을 통제하는 구조의 도입이 필요	자산의 가치 변동에 대한 통제요소 필요	향후의 현금흐름 발생 가능성이 중요한 요소
신용보강을 결정짓는 요소	연체 중도상환	연체, 중도 상환율, 담보가치를 감안한 보강 수준	부도율 집중도 부도 타이밍 회수율	연체 당월 회수율 사용률 할당 구조	거래기업의 신용도 매출조건·연체 및 대손	초과 담보 수준, 자산보유자의 신용도, 생산 가능성
구조의 복잡성	단순함	단순함	단순함	복잡함	복잡함	복잡함

section 03 자산유동화증권 도입 의의

1 이론적 도입 의의

자산유동화증권은 발행기관의 신용도와 독립적으로 자산의 특성과 현금흐름 및 신용보강 (credit enhancement) 절차에 따라 높은 신용도를 지니는 증권의 발행이 가능하기 때문에 발행자의 입장에서는 다음과 같은 이득을 제공해 준다. 우선 상대적으로 낮은 비용의 조달이 가능하다는 장점을 지니고 있다. 자산유동화증권은 자산의 신용도와 신용보강의 효과로 인하여 자산보유자의 신용등급보다 높은 신용등급의 증권을 발행할 수 있기 때문에 조달비용을 낮추는 효과를 거둘 수 있다.

그러나 실제 조달비용이 절감되었는지를 살피기 위해서는 보다 엄밀한 비교가 필요하다. 조달수단의 가용성과 총 초달비용의 측면에서 다른 조달수단과의 엄밀한 비교가 이루어져야 한다. 특히 조달비용을 비교함에 있어 제반 비용을 포함한 총조달비용을 비교해야 한다. 자산유동화증권의 경우 회사채 조달과는 달리 유동화회사의 설립, 발행과 관련한 절차 및 신용 보강 등에 따른 비용이 발생하게 된다. 이러한 비용을 포함한 총 조달비용이 기존의 다른 조달수단의 비용에 비해 낮아야만 조달비용 측면에서 유리하다는 결론을 내릴 수 있기 때문이다.

대상 자산의 양도를 통해 자산의 부외화(off-balance)의 효과를 거둘 수 있기 때문에 특히 금융기관의 경우 자기자본 관리를 강화하는 방안으로 자산유동화를 추진하기도 한다. 과거에는 자산유동화의 부외화가 상대적으로 용이하였으나 IFRS가 도입된 이후 자산유동화를 통한 부외화의 인정기준이 강화되었다. 자산유동화거래를 통해 자산을 부외화하기 위해서는 자산보유자와 단절된 유동화회사를 설립해야 하고, 자산보유자가 후순위증권을 인수하지 않아야 하며, 또한 자산의 통제권을 유동화회사에 완전히 이전해야 한다.

자산보유자는 기존의 다른 자금조달 수단 이외에 자산을 활용한 자금조달을 통해 조달수단의 다양화를 도모할 수 있다. 자산유동화거래는 자산을 활용하여 자금을 조달할 수 있는 수단이기 때문에 자산유동화거래를 활용할 경우 자금조달수단이 확대되는 효과를 제공한다. 예를 들어 신용도가 낮은 기업이 높은 신용도를 지닌 거래처와 지속적인 매출을 하는 경우, 매출채권을 기초자산으로 하는 유동화증권 발행을 통해 기존 조달수단과는 차별화된 안정적이고 낮은 비용의 자금을 조달할 수 있게 된다.

또한 은행의 신용카드 부문이나 자동차 할부금융사 등은 자체적인 신용도에 근거한 자금조달이 유리함에도 불구하고 해당 사업부문에서 필요한 자금의 일정 비율을 자산유동화증권을 통해 조달하는 경우가 있다. 이는 유동화를 통하여 조달과 운용을 매칭시킴으로써 일정 마진을 지속적으로 발생시킬 수 있기 때문에 자산유동화증권을 사용하여 자금을 조달한다.

이 밖에도 유동화의 추진과정에서 자산보유자의 과거 연체, 자산의 회수 등 다양한 리스크 관리부문에 대한 점검을 하게 되고 이를 통해 리스크 관리를 강화하게 되는 간접적인 효과도 거둘 수 있다.

이에 따라 유동성에 문제를 지니고 있는 일부 금융기관뿐만 아니라 조달구조를 다양화하거나 조달비용을 절감하려는 많은 금융기관과 기업들이 유동화증권의 발행에 높은 관심을 보이고 있다. 투자자의 입장에서도 자산유동화는 다음과 같은 장점을 지니고 있기 때문에 투자자의 유동화증권에 대한 수요가 늘어나고 이에 따라 자산유동화시장이 확대되는 요인으로 작용하고 있다.

우선 자산유동화증권은 투자자의 선호에 부응하는 상품을 만들 수 있다는 장점을 지니고 있기 때문에 변화하는 투자자의 선호에 따른 상품을 공급한다는 장점을 지니고 있다. 자산유동화증권은 다양한 구조의 증권 설계가 가능한 유연성을 지니고 있기 때문에 투자자 입맛에 맞는 상품을 제공할 수 있다. 자산유동화증권은 신용도, 만기 및 투자규모 등에 있어서 투자자의 기호에 부합하는 상품구조를 설계할 수 있기 때문에 투자자에게 각광을 받는 상품이 되었다.

또한 상대적으로 높은 신용도를 지닌 증권에 대한 투자기회가 확대됨으로써 투자자 보유자산의 건전성을 제고한다는 효과를 지니고 있다. 자산유동화증권은 자산의 신용도와 다양한 신용보강을 도입하여 일반적으로 신용도가 높은 증권을 발행하며, 이에 따라 투자자에게 높은 신용도의 금융상품 제공을 확대하는 효과를 거둘 수 있다.

한편 유동화증권의 경우 구조적으로 복잡하기 때문에 유동성 비용(liquidity premium), 구조상의 프리미엄 등으로 인해 동급의 신용도를 지닌 다른 채권에 비해 상대적으로 높은 수익성을 거둘 수 있다는 장점이 있다.

이외에도 자산유동화 업무는 주간사회사에 있어 자산의 분석 및 신규 증권설계에 대한 노하우를 증진시킴으로써 전반적인 금융시장의 발전에 기여하는 역할을 하고 있으며 또한 다양한 이해당사자에게 새로운 수익원을 제공한다는 효과도 지니고 있다.

2 실제적 도입 의의

(1) 도입 연혁

❶ 국내의 경우 1997년 12월 금융위기를 겪으면서 자산유동화 내지 증권화에 대한 관심이 증대하였음. 한편 일부 금융기관의 경우 1997년 초부터 해외에서 자산유동화증권의 발행을 시도하였으나 국가신용등급의 하락과 유동화제도 및 여건 미흡 등으로 대부분의

기관들이 발행에 실패하였음

❷ 이러한 과정 속에서 1998년 9월에 「자산유동화에 관한 법률」이 제정되어 국내에서 자산유동화증권 발행을 위한 기본제도가 마련되었음

　ㄱ. 1998년 11월에는 자산유동화에 관한 금융감독위원회 규정이 마련되는 한편 조세부문의 보완도 이루어져 자산유동화증권 발행을 위한 제도가 모두 마련되었음

　ㄴ. 1999년에는 「자산유동화에 관한 법률」이 개정되고 시행령이 마련되어 유동화제도가 더욱 보완되었음

　ㄷ. 1999년에는 주택저당채권의 원활한 유동화를 지원하기 위해 「주택저당채권유동화회사법」이 제정되었음(2015. 7. 24 폐지)

　ㄹ. 주택금융의 원활한 공급과 MBS의 원활한 발행을 위해 2003년 12월 「한국주택금융공사법」이 제정되었고, 동 법에 근거하여 2004년 한국주택금융공사가 설립되었음

(2) 제도 특징

❶ 국내 자산유동화제도의 기본적 특징 중 하나는 자산보유자의 자격을 제한함으로써 자산유동화를 추진할 수 있는 대상을 제한하고 있다는 점임

　ㄱ. 즉 자산보유자와 관련하여 각종 금융기관과 금융위원회가 인정하는 법인 및 대통령령이 정하는 법인으로 그 자격을 한정하고 있음

　ㄴ. 이와 같이 자산보유자의 자격을 지닌 기관이 유동화를 하는 경우 「자산유동화에 관한 법률」에 근거한 제반의 특례혜택을 받을 수 있음

❷ 유동화자산과 관련한 제도를 보면 현행법상 그 대상이 될 수 있는 자산을 채권, 부동산 및 기타 재산권으로 포괄적으로 규정

❸ 자산유동화증권을 발행할 수 있는 특별목적기구는 자산유동화법에 근거한 유동화전문회사, 「자본시장과 금융투자업에 관한 법률」에 의한 신탁업자, 자산유동화전업 외국법인 등 세 가지 유형이 있음

❹ 「자산유동화에 관한 법률」에서 요구하는 진정한 양도(true sale) 요건에 부합하는 자산유동화거래만이 「자산유동화에 관한 법률」의 보호를 받아 발행할 수 있도록 제도화

　ㄱ. 「자산유동화에 관한 법률」 제13조에서 진정한 양도에 대한 기준이 마련되어 있음

　ㄴ. 진정한 양도의 요건은 매매 또는 교환에 의하여 양도가 이루어져야 하며, 유동화자산에 대한 수익권과 처분권은 양수인이 가져야 하며, 양도인은 유동화자산에 대한

반환청구권을 갖지 않고 양수인은 유동화자산에 대한 대가의 반환청구권을 갖지 않아야 하고, 양수인이 양도된 자산에 관한 위험을 인수해야 한다는 규정에 부합해야만 진정한 양도로 인정

❺ 자산유동화증권의 발행절차를 살펴보면 자산유동화계획의 등록, 자산의 양도, 자산양도의 등록, 유동화증권의 발행 및 대금지급의 순서로 진행

ㄱ. 자산유동화계획은 자산유동화증권 발행 이전에 금융위원회에 등록하도록 되어 있음

ㄴ. 자산유동화계획에는 등록인에 대한 사항, 자산보유자에 대한 사항, 유동화자산에 대한 사항, 자산유동화계획에 관한 사항 및 기타 투자자 보호를 위해 필요한 사항을 기재하게 되어 있음

ㄷ. 자산의 양도와 관련해서는 「자산유동화에 관한 법률」상 진정한 양도(true sale)와 관련한 요건을 충족하도록 요구하고 있음. 즉 자산유동화는 유동화자산을 자산보유자의 도산위험으로부터 분리하여 유동화자산만을 기초로 증권을 발행하므로 자산보유자와 유동화자산 간의 법률적 분리가 중요한 이슈가 됨

ㄹ. 현행 「자산유동화에 관한 법률」에서는 자산보유자가 유동화자산을 양도할 경우 특정한 방식으로 하도록 의무화하여 자산보유자와 유동화자산 간의 분리를 명확히 하도록 규정

❻ 「자산유동화에 관한 법률」에서는 유동화의 원활화를 도모하기 위해 채권양도의 대항요건에 대한 특례, 저당권 등의 취득에 관한 특례, 등기의 특례 및 기타 자본시장법 등 적용의 특례 등의 조항을 두고 있음

❼ 이와 더불어 「자산유동화에 관한 법률」에서는 유동화자산을 양도받고 그 여유자금을 운용하는 경우 신탁재산의 운용대상 제한규정의 적용이 배제. 유동화자산의 신탁에 대해서는 자기신탁이 가능하고, 유동화자산을 양도 또는 신탁하는 경우 국민주택채권 매입의무를 면제하는 조항도 존재

❽ 「자산유동화에 관한 법률」에 근거한 자산유동화거래의 경우 자산보유자 요건, 자산유동화계획등록, 자산양도등록의무와 같은 다양한 제약조건이 존재할 뿐만 아니라 유동화계획에 대한 승인을 요구하는 등 엄밀한 절차에 의해 발행이 이루어지고 있음. 이에 따라 보다 간편한 방식으로 유동화의 효과를 거둘 수 있는 방안에 대한 수요가 크게 증대하게 되어 「자산유동화에 관한 법률」에 근거하지 않는 비등록유동화시장이 도입되었고, 시장규모도 급격히 성장하게 되었음

ㄱ. 비등록유동화거래는 기업이나 금융기관이 보유하고 있는 다양한 자산 혹은 미래에 발생한 현금흐름을 바탕으로 기업어음(CP) 또는 단기사채를 발행하여 자금을 조달하는 단기금융상품이 주류를 이룸

ㄴ. CP는 채권에 비하여 발행절차가 간편하고 규제가 적다는 특성으로 인하여 신속한 자금조달 수단으로 활용되고 있음

ㄷ. 이와 같은 발행상의 편의성으로 인하여 2006년부터 ABCP시장이 도입되었고, 그 이후 전자단기사채(전자증권법 발효 이후 단기사채)가 급속히 증가되는 등 시장규모가 크게 증대하였음

(3) 발행 현황

❶ 자산유동화증권제도가 도입된 이래 국내에서는 다양한 자산을 기초자산으로 한 유동화증권 발행이 크게 증대하고 있음

이와 같이 자산유동화증권 발행이 급증하고 있는 것은 금융기관이나 기업이 당면한 재무상의 문제를 해결하는 데 자산유동화증권을 적극 활용하였고, 기업의 자금조달 방안으로 CDO가 활용되는 등 자산유동화증권 구조가 널리 활용된 데 기인

이와 더불어 투자자의 입장에서도 보수적인 투자행태를 견지함에 따라 상대적으로 신용도가 높은 채권의 투자수단을 마련해 주는 자산유동화증권의 투자를 늘림에 따라 유동화증권 시장이 높은 성장을 보이고 있음

❷ 1998년 9월 「자산유동화에 관한 법률」 제정을 통해 도입된 자산유동화증권 시장은 2000년부터 발행규모가 크게 증대하여 국내 자본시장에서 주요한 증권 부문으로 자리 잡고 있음. 최근 발행 추이를 보면 2019년에는 51.7조 원으로 전년대비 소폭 증가세를 보였으나 2020년에는 한국주택금융공사의 MBS 발행이 급증하면서 79.1조 원으로 크게 증가하였고, 2021년에는 전년대비 17.4조 원 감소한 61.7조 원 발행

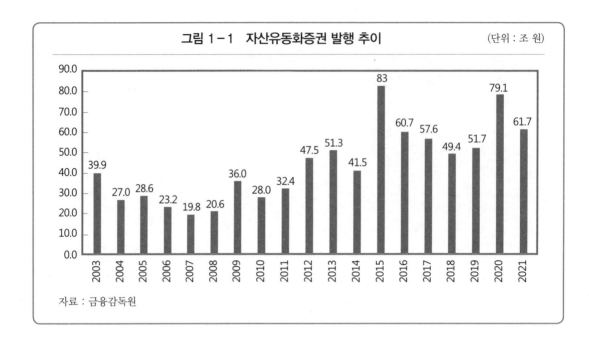

그림 1-1 자산유동화증권 발행 추이   (단위 : 조 원)

자료 : 금융감독원

chapter 02

자산유동화증권의 구조

기본구조

자산유동화증권은 자산에 근거하여 증권을 발행하고 자산의 현금흐름을 기초로 증권을 상환하기 때문에 비교적 복잡한 구조가 도입된다. 자산유동화증권의 기본적인 구조는 다음 그림과 같다. 이러한 자산유동화증권의 구조를 발행단계, 자산관리 단계 및 상환단계 별로 구분하여 살펴보기로 한다.

1 발행단계

발행단계는 유동화전문회사가 양도받은 자산에 근거하여 유동화증권을 발행하는 단계이다. 이 단계는 유동화증권 발행 타당성 검토, 유동화회사 설립, 자산 양도 및 증권 발행 등의 과정을 포함하고 있다.

자산보유자는 보유하고 있는 자산의 특성을 분석하고, 주관사의 자문을 받아 자산유동화증권의 발행 가능성과 그 효과를 검토한다. 자산유동화증권을 통한 자금 조달이 유리하다고 판

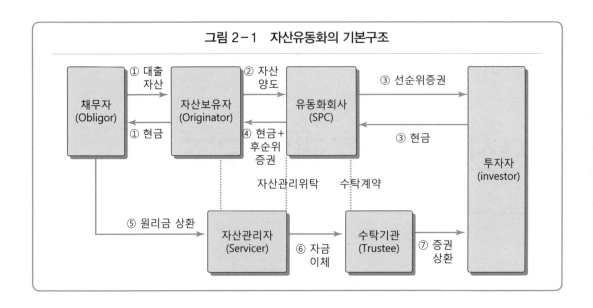

그림 2-1 자산유동화의 기본구조

단되는 경우 유동화증권 발행을 목적으로 하는 특별목적회사인 유동화회사를 설립한다. 국내의 경우 유동화회사는 설립이 간편한 유한회사의 형태로 설립할 수 있다.

유동화회사가 설립되면 자산보유자는 자산 실사와 양도기준 설정 등을 거쳐 양도 자산을 확정하게 된다. 자산유동화증권은 통상적으로는 자산의 현금흐름에 맞추어 다계층의 증권(tranche)으로 발행된다. 물론 일부 자산의 특성에 따라서는 한 종류의 증권이 발행되기도 한다.

국내의 경우 「자산유동화에 관한 법률」에 근거하여 자산유동화증권을 발행하는 경우에는 유동화증권 발행 이전에 유동화계획, 양도등록 및 증권신고 등의 법적인 절차를 밟아야 한다.

자산유동화증권은 증권사를 통해 투자자에게 매각된다. 특히 공모로 발행된 자산유동화증권은 증권신고 등의 절차를 거치고 주관사의 시장조성 등을 통해 시장 가격으로 매각하게 된다.

2 자산관리단계

자산유동화증권이 발행된 이후에는 사전에 선임된 자산관리자가 자산관리를 하게 된다. 일반적으로 자산관리업무는 자산보유자가 담당하는 경우가 많다. 즉 자산보유자는 유동화 이전에는 자신의 자산을 관리하다가 유동화를 하게 되면 유동화회사를 대신하여 자산관리자로서의 역할을 하게 된다. 자산관리업무는 자산의 특성에 따라 구체적인 절차나 내용이 각각 다르지만 일반적으로는 자산을 현금화하는 제반의 업무를 포함하고 있다.

일반적으로 자산이 현금화되는 경우 수탁회사를 통해 별도의 유동화회사 계좌에서 현금을 관리하는 구조가 도입된다. 또한 현금화된 자산은 사전에 설정된 재투자기준 등에 의해 재투자되며, 자산유동화증권의 원활한 상환에 쓰일 수 있도록 엄격한 관리기준을 사전에 설정한다.

3 상환단계

자산유동화증권의 만기에는 자산으로부터의 누적 현금흐름을 사용하여 증권을 상환한다. 이때 상환재원이 부족한 경우 사전에 설정한 신용보강을 사용하게 된다.

자산유동화증권은 일반적으로 선후순위의 계층적 증권으로 발행되기 때문에 상환에 있어서도 사전에 설정된 순서에 근거하여 상환이 이루어지게 된다. 즉 동일한 만기에 선순위증권과 후순위증권이 있는 경우 선순위증권을 우선적으로 상환하고 그 다음 순차적으로 차순위의 증권을 상환하게 되는 것이다. 만약 자산유동화증권이 적시에 상환되지 않는 경우에는 채무불이행(default) 사건이 발생하게 된다. 자산유동화증권 상환이 완료되어 유동화 목적이 달성된 경우 유동화회사는 청산을 한다.

그런데 유동화증권의 상환이 이루어진 이후에도 잔여자산이 남아 있으면 해당 자산을 처분하여 분배하는 문제에 당면할 수 있다. 일반적으로 증권상환 이후의 잔여자산은 시장 가격으로 매각하되 자산보유자가 우선적으로 자산을 매입할 수 있는 권리인 우선 매수청구권을 제공하여 자산보유자가 해당 자산을 되가져가도록 하는 구조를 도입한다.

section 02 발행과 관련한 다양한 주체

자산유동화증권의 발행과정에 참여하는 주요 기관으로는 자산보유자(originator), 자산관리자(servicer), 유동화전문회사(issuer), 업무위탁자, 신용보강기관 등이 있다. 자산보유자는 유동화대상 자산을 보유한 기관으로 실질적인 자산유동화의 수혜자라고 볼 수 있다. 자산관리자는 기초자산과 그로부터 발생하는 현금흐름의 관리와 보수에 책임을 지는 기관을 의미한다. 자산관리자는 유동화증권 상환단계에서 가장 중요한 역할을 담당하는 기관 중에 하나이다.

유동화전문회사는 유동화증권 발행을 원활히 하고 자산보유자로부터 자산을 분리하기 위해 설립하는 특수목적유한회사를 의미한다. 업무위탁자는 유동화전문회사의 업무를 대행하는 기관을 의미한다. 신용보강기관은 발행되는 증권의 전반적인 신용위험을 경감시키는 업무를 담당하는 기관을 의미한다. 이와 같은 신용보강기관은 외국의 경우에는 보험회사 등이 주로 담당하며 국내의 경우에는 주로 은행 또는 금융투자업자가 신용보강기관의 역할을 담당한다.

이외에도 유동화 관련 법률에는 명시되어 있지 않지만 혼장위험(commingling risk)을 통제하고 자산관리자의 업무수행을 감시하며, 지불대행 및 제반 통제업무를 담당하는 수탁기관(trustee)과 자산관리자가 본연의 자산관리업무를 수행하지 못할 때를 대비한 예비자산관리자(back-up servicer) 등이 도입될 수도 있다.

자산유동화증권 발행을 위해서는 사전적으로 다양한 계약내용에 근거하여 각종 참여자의 역할 및 기능이 설정되며 이에 따라 다양한 위험의 통제를 위해서는 사전적으로 계약내용에 각종 참여자의 역할 및 위험통제에 대한 기능 등이 명확히 설정되어야 한다.

이에 따라 자산유동화에 관한 금융위원회에 유동화등록을 위시하여 자산관리위탁계약서, 업무위탁계약서, 자산양도계약서, 신용공여계약서 및 기타 다양한 계약서에 대해 사전적인 검토가 요구된다. 이러한 계약서의 검토에 있어 기본적으로는 「자산유동화에 관한 법률」 및 기타 규정 등에 근거하여 각 참여자의 역할과 기능이 명확히 정의되었는가 하는 면과 자산유동화와 관련한 각종 위험이 계약서상 명확히 통제될 수 있는가가 문제이다.

이 밖에도 다양한 리스크 통제와 해당 유동화 자산의 진정한 매매와 관련한 각종 위험의 통제와 관련하여 계약서상 명확한 통제가 이루어졌는가를 살펴야 하며 필요시 이에 대한 제3의 법무법인에 대한 법률의견을 판단의 기초로 삼아야 한다.

section 03 현금흐름 분석과 신용보강

일반적으로 자산유동화증권은 상환의 불확실성을 통제하여 신용도 높은 증권으로 발행하는 특성을 지니고 있다. 신용도 높은 증권 발행을 위해 자산의 면밀한 분석에 근거하여 자산의 신용위험을 측정하고 자산의 현금흐름에 대한 각종 분석을 실시한다.

특히 자산의 특성별로 현금흐름에 영향을 미치는 요소가 다양하게 구성되어 있기 때문에 자산 포트폴리오 분석, 풀의 특성 분석 및 향후의 자산의 성과에 영향을 미치는 요소에 대한 분석에 근거하여 현금흐름 시나리오가 설정된다.

신용보강은 자산유동화증권은 상환 가능성을 제고시키기 위한 다양한 방안이 도입되고 있다. 현금흐름 분석에 근거하여 향후의 자산의 신용도에 영향을 미치는 불확실성을 제거하기 위한 신용보강(credit enhancement)이 도입된다. 신용보강 수준(credit enhancement level)은 자산의 특성 및 발행 증권의 목표등급에 따라 다른 수준이 요구된다.

신용보강방법은 지불의 우선순위를 달리하는 후순위 증권의 발행, 자산의 수익률과 발행증권의 수익률 차이에 따른 초과 스프레드(excess spread) 그리고 예치금(reserve) 등 다양한 방식이 도입되며, 이와 같이 자산의 현금흐름의 조정을 통한 신용보강을 내부 신용보강이라고 한다.

이와 더불어 신용도 높은 외부기관이 보증 및 신용공여 등에 의해 발행 유동화증권의 상환 가능성을 제고시키는 방법도 널리 사용되며, 이와 같이 외부의 신용보강기관에 의한 신용보강을 외부 신용보강방법이라고 한다.

chapter 03

자산유동화증권
주요 발행유형[1]

section 01 ‖ 단일 SPC 구조

가장 기본적인 유동화구조로 자산보유자가 유동화기구(SPC)에 보유자산을 매각하고 SPC는
동 자산을 기초로 채권형태의 ABS를 발행한다.

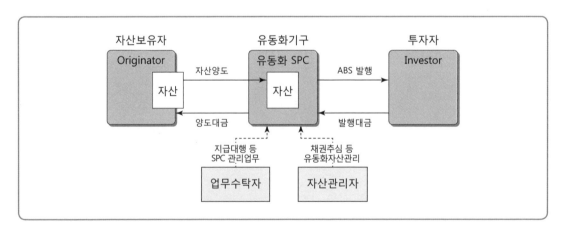

1 금융감독원 「자산유동화 실무안내」(2021.12) 인용

- 자산유형 : 부실채권(NPL), 회사채, 대출채권 등
- 유동화기구 : 회사형태의 단일 SPC
- 유동화증권 : 채권형태로 발행
- 주요사례 : NPL유동화, P−CBO,[2] PF ABS,[3] MBS 등

---

section 02 신탁을 통한 유동화구조

『신탁법』에 따라 설립된 유동화신탁을 통하여 수익증권형태의 ABS를 발행하며 통상 다른 유동화구조와 결합하여 사용된다.

---

2 다수의 중소기업이 신규발행하는 회사채를 증권회사가 먼저 총액인수하여 이를 유동화전문회사(SPC)에 매각하고, SPC 는 이를 기초로 ABS의 일종인 채권담보부증권(CBO)을 발행하여 자금조달을 지원

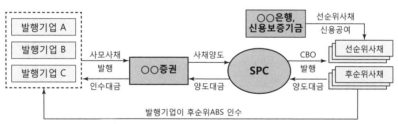

3 부동산개발사업을 위하여 금융회사가 시행사에 대출한 대출채권을 유동화한 것으로 시행사는 분양 이전까지 유동화할 수 있는 자산이 없으므로 브릿지대출을 통해 형식적인 유동화자산을 만들고 이를 SPC로 양도함. PF ABS의 경우 일반적 인 유동화구조와는 달리 실질적인 상환재원이 (시행사의) 분양대금채권이므로 투자자보호 등을 위하여 동 상환재원의 안전성 확보를 위해 다양한 사전검증을 거쳐 발행이 이루어짐.

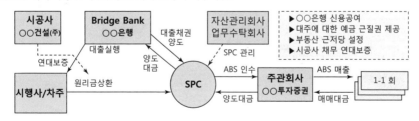

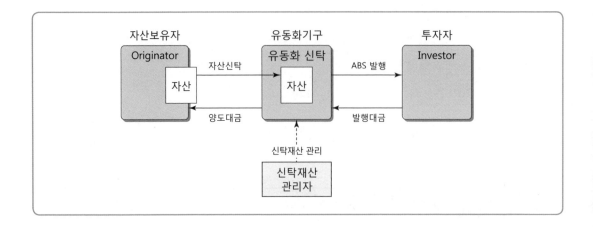

- 자산유형 : 주택담보대출
- 유동화기구 : 유동화신탁
- 유동화증권 : 수익증권형태로 발행
- 주요사례 : 한국주택금융공사 MBS[4]

section 03 유동화신탁 + 유동화SPC 2단계 구조

자산보유자가 신탁업자에 자산을 신탁하고 동 신탁재산을 기초로 수익증권을 발행하는

---

4 Mortgage Backed Securities. 은행 등 금융회사가 보유한 주택대출채권(보금자리론 등)을 한국주택금융공사가 매입하여
동 공사 내의 신탁계정을 거쳐 발행됨. 시중은행 등이 한국주택금융공사를 거치지 않고 직접 발행하기도 하지만 공사를
통하여 발행할 경우 낮은 금리로 발행이 가능함. 국내의 경우 시중은행이 직접 발행한 MBS는 공사발행 MBS와는 달리
신탁을 통하지 않고 회사형태의 SPC를 이용하여 발행됨.

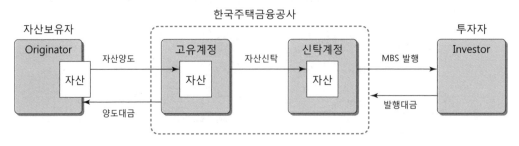

1단계 유동화와 유동화SPC가 신탁으로부터 선순위 수익권증서를 인수하여 ABS를 발행하는 2단계 유동화로 구성된다.

2단계 방식은 현금흐름이 불확실한 장래채권유동화 또는 카드채권과 같이 리볼빙(revolving) 구조가 필요한 단기채권의 유동화에 주로 이용된다.

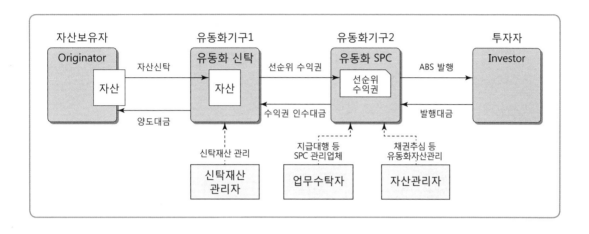

2단계 유동화의 경우 해외발행사례가 다수 있으며 이 경우 통화스왑 등을 통하여 기초자산 과 ABS의 현금흐름을 일치시킨다.

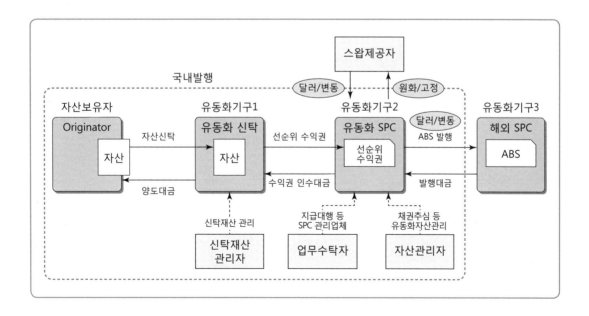

- 자산유형 : 카드채권, 자동차할부채권, 장래채권
- 유동화기구 : 유동화신탁＋유동화SPC
- 주요사례 : 카드론ABS, 오토론ABS, 장래채권 유동화

section 04 한국주택금융공사 주택저당채권 담보부채권

한국주택금융공사가 별도로 구분관리하는 주택담보대출채권을 담보로 법정커버드본드[5]의
일종인 MBB(Mortgage Backed Bond)를 발행한다.

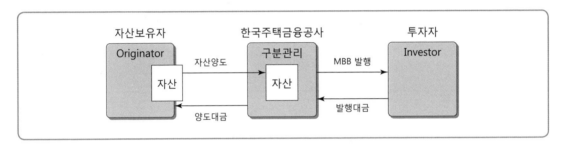

---

5 Covered Bond. 금융회사가 보유중인 우량자산을 담보로 발행하는 담보부 채권으로서 투자자에게 이중상환청구권(담보
   자산 and 발행자)이 부여됨. 통상 특별법에 근거하여 발행되는 법정 커버드본드와 구조화 기법을 이용하여 발행되는 구
   조화 커버드본드로 구분됨. 『이중상환권부 채권 발행에 관한 법률』의 제정으로 전형적인 법정 커버드본드의 발행이 가
   능하게 되었음. 한국주택금융공사의 주택저당채권담보부채권(MBB)도 법정 커버드본드에 해당될 수는 있지만 별도 법
   에 근거한 것이 아니라 유동화증권발행 근거법인 『한국주택금융공사법』상의 특정 조문을 근거로 발행되었다는 점에서
   전형적인 커버드본드로 보기는 어려움
      구조화 커버드본드는 우선변제권 및 파산절연효과 확보를 위하여 구조화기법을 사용하는 증권으로 은행이 보유하고
   있는 자산을 『자산유동화법』상 SPC에 양도하고 이를 근거로 발행한 외화ABS를 역외 SPC가 다시 인수하여 동 SPC가 커
   버드본드를 지급보증하는 다소 복잡한 구조임. 구조화 커버드본드는 발행비용이 높고 신용등급은 낮은 편이지만 법정
   커버드본드는 별도 법을 통하여 은행의 보유자산 중 우량자산을 담보로 특정하고 유사시 동 담보자산으로 커버드본드가
   우선 변제될 수 있도록 보장함으로써 발행구조가 단순하고 발행비용이 저렴한 한편 신용등급은 높다는 장점이 있음.

구조화 Covered Bond 발행구조

01 다음 중 유동화증권 발행이 가능한 자산의 특징이라고 볼 수 없는 것은?

① 매매가 가능할 것

② 자산의 집합이 가능할 것

③ 자산의 성격이 각각 다를 것

④ 자산의 신용도에 대한 분석이 가능할 것

02 다음 중 유동화자산의 적격기준에 대한 다음 설명으로 적절하지 않은 것은?

① 유동화자산의 풀(pool)을 확정짓기 위해 자산의 기본적인 특성과 선택기준을 정의하는 것을 자산의 적격기준이라고 한다.

② 적격기준은 정상자산만을 포함시키기 위한 기준이다.

③ 유동화자산의 적격기준은 유동화대상 자산 선택의 기본적인 기준을 설정하고, 자산 양도 이후에 발생할 수 있는 하자담보 등의 기준으로 활용된다.

④ 적격기준에 따라 선택된 유동화자산과 전체 포트폴리오의 관련성을 감안하여 해당 유동화자산의 신용도를 추정한다.

03 다음 중 자산의 혼합 관리 위험(commingling risk)을 통제하기 위한 방안이 아닌 것은?

① 분리관리 시스템의 구성   ② 유동화회사 명의의 계좌 개설

③ 유동화회사 업무의 위탁   ④ Trustee의 계좌 감시업무 설정

해설

01 ③ 자산유동화가 가능한 자산에 대한 제약은 없으나 일반적으로 유동화되는 자산의 특성은 자산의 성격이 유사하고 풀링이 가능한 자산들이다.

02 ② 적격자산이 반드시 정상자산일 필요는 없음

03 ③ 유동화회사 업무위탁은 자산의 혼합 위험을 통제하는 것과 관련이 없음

04 다음 중 수탁관리기관의 발행단계별 업무에 대한 설명으로 적절하지 않은 것은?

① 발행 이전에는 주요 계좌를 개설하고 계약에 대한 검토를 한다.

② 유동화증권 발행 시 유동화증권의 총액인수를 담당한다.

③ 유동화증권 발행 후에는 투자자 보호를 위한 감시업무 수행한다.

④ 유동화증권의 촉발사항이 발생한 경우 적절한 조치를 취한다.

05 다양하게 분산된 비교적 신용도가 낮은 회사채나 기업대출을 기초자산으로 하여 유동화증권을 발행하는 것을 무엇이라고 하는가?

① CMO(Collateralized Mortgage Obligation)

② CDO(Collateralized Debt Obligation)

③ Zero−coupon bond

④ Loan Participation

06 다음 중 자동차 할부 유동화증권의 자산분석에 있어 중점을 두는 부문이 아닌 것은?

① 자산의 기본 대손 가능성 분석　　② 자동차의 내용 연한

③ 중도상환 실적　　　　　　　　　④ 자동차 할부의 회수율

07 다음 중 CBO의 신용보강 수준을 결정하는 방식에 대한 설명으로 옳은 것은?

① 포트폴리오의 기대수익률과 실현수익률의 차이만큼을 보강한다.

② 가치 저하 위험(dilution risk)만큼을 보강한다.

③ pool의 채무불이행 위험(default risk)과 집중도 위험을 측정하여 목표등급별 신용보강 수준을 결정한다.

④ 유동화증권과 유동화자산의 수익률 차이만큼을 보강한다.

해설

04 ② 수탁관리기관은 총액인수를 하지 않음

05 ② 회사채나 기업대출을 기초자산으로 하여 발행된 증권은 CDO라고 한다.

06 ② 자동차의 내용연한은 자동차할부의 자산분석에 영향을 미치지 않음

07 ③ 풀의 신용도와 집중도 등을 고려하고 목표등급에 따라 신용보강 수준이 달라진다.

08 다음 중 자산유동화증권이 자산보유자에게 주는 이득이 아닌 것은?

① 조달비용의 절감　　　　　　　② 재무구조의 개선

③ 리스크 관리기법의 개선　　　　④ 상환청구권의 제공

09 다음 중 자산유동화증권의 발행에 있어 주요한 위험요소가 아닌 것은?

① 신용위험(credit risk)　　　　　② 유동성위험(liquidity risk)

③ 경영위험(managerial risk)　　　④ 구조의 위험(structural risk)

해설

08　④ 자산유동화증권은 자산보유자에게 상환청구권을 주지 않는 증권이다.

09　③ 자산유동화의 주요한 위험요소는 신용위험, 유동성 위험 및 구조의 위험이 있음

정답 01 ③ | 02 ② | 03 ③ | 04 ② | 05 ② | 06 ② | 07 ③ | 08 ④ | 09 ③

주택저당증권

chapter 01

주택저당증권(MBS)

저당대출시장(Primary Mortgage Market)

1 저당대출(Mortgage)의 정의

저당대출(mortgage)은 저당금융을 통칭하는 용어로 신용대출과 대비되는 부동산 담보대출을 의미하나 본래 모기지(mortgage)의 의미는 금전소비대차에 있어 차주의 채무변제를 담보하기 위해 차주 또는 제3자 소유의 부동산에 설정하는 저당권 내지 일체의 우선변제권을 지칭하거나 이를 내용으로 하는 제반서류를 말하며, 우리나라에서는 이에 상응하는 용어가 없으나 저당권과 양도담보를 포함하는 양도저당의 의미로 해석할 수 있다. 모기지라는 용어는 그 용례에 따라 저당대출(mortgage loan), 저당증서(mortgage deed), 저당금융제도(mortgage system) 등 여러 가지 의미로 사용된다. 모기지는 자금용도면에서 주택금융(housing loan)과 반드시 같은 의미는 아니나 실제 미국에서는 모기지를 주택금융제도로 인식, 발전시켜 왔기 때문에 흔히 모기지 제도는 곧 주택금융제도로 이해되고 있다.

2 　저당대출시장의 참여자

(1) Mortgage Originator

최초의 대출기관으로 은행, 할부금융사, 생명보험회사 등이 있다. 대출실행수수료(origination fee), 대출채권매각익(secondary marketing profit) 등이 주요 수입원이다. 대출 시 총부채 상환비율 (DTI : Debt To Income), 담보주택 가격 대비 대출금 비율(LTV : Loan To Value) 등을 심사기준으로 고려한다. 대출 후 저당대출채권(mortgage)을 자산으로 보유하거나, 투자자에게 매각하거나 증권발행의 담보로 활용한다.

(2) Mortgage Servicer

원리금 회수, 저당대출채권 소유자에게 수익 분배, 차주에게 상환에 대한 통지, 관련 장부 기록 유지, 필요 시 경매절차 진행 등 대출 후 사후관리업무를 수행한다. 관리수수료(servicing fee), 회수 시점과 지불 시점의 차이에 따른 자금운용수익, 연체수수료, 차주정보를 이용한 교차판매(cross-selling) 등이 주요 수입원이다.

(3) Mortgage Insurer

차주의 채무불이행 시 채무상환을 보증(통상적으로 LTV 한도를 초과하는 대출에 대해 보증)한다. 차주의 부담으로 대출기관이 가입하는 mortgage insurance와 차주가 직접 생명보험사에 가입하는 credit life insurance가 있는데, 대출기관의 입장에서는 mortgage insurance가 더 중요한 역할을 한다. 차주가 적격 수준의 총부채상환비율을 충족하면서 자기자금(down payment)이 부족할 경우에 채권회수 보호장치로 활용할 수 있기 때문이다.

3 　저당대출상품

(1) 저당대출의 특성

대출만기가 통상 20~30년인 장기금융상품으로 금리 리스크 및 조기상환 리스크에 노출될 가능성이 크다. 상환주기가 통상 월단위로 원리금이 동시에 상환되는 할부상환(amortization) 형태로 현금흐름이 안정적이다. 차주에 대한 신용평가, 담보물에 대한 감정평가 및 실사 등 많은 사무처리과정이 필요한 노동집약적 금융상품이다. 높은 회수(collection) 비용, 채무불이행과 관련된 비용 등으로 담보가 있음에도 불구하고 대출금리가 무위험이자율(risk free interest rate)보다 높다.

(2) 저당대출의 종류

❶ 원리금 균등상환 고정금리부 대출(level payment fixed rate mortgage)

가장 보편적인 대출형태로 만기까지 매월 동일한 원리금이 상환되어 만기에 완전히 상환이 완료되는 형식. 매월 상환될수록 원금잔액이 줄어들고 이에 따라 이자도 줄어들어 매월 상환액 중 이자부분은 점차 감소하고 원금부분은 점차 증가

❷ 변동금리부 대출(adjustable rate mortgage)

대출금리가 정기적으로 기준금리(reference rate)에 연동되어 변동되는 대출로 기준금리에 spread를 가산하여 금리가 결정. 여기에서 spread는 자금시장 상황, 변동금리부 대출방식의 성격, 고정금리부 대출과 비교한 관리비용(cost of servicing)의 증가 등을 반영한다. 기준금리는 두 가지 형태가 이용

ㄱ. 시장금리 : 미국의 경우 재무성증권 금리

ㄴ. 자금조달비용에 근거한 금리 : 미국의 경우 COFI(Eleventh Federal Home Loan Bank Board District Cost of Funds Index)와 National Cost of Funds Index 이용

　　a. OFI : 11구역(California주, Arizona주, Nevada주)의 저축금융기관(thrifts)의 평균조달금리(=월이자지출액/월중평균잔액)

　　b. National Cost of Funds Index : 연방정부 인가 저축대출조합(S&L : Saving and Loan Association)의 조달금리로 평균값이 아니라 중간값(median)임

변동금리부 대출의 특성 : 차주를 유인하기 위해 통상 최초 대출금리는 시장에서 통용되는 mortgage 금리보다 낮게 설정되며, 금리 재설정 시에 기준금리에 spread를 가산하는 형태로 보전. 기간에 따른 금리 상·하한(periodic caps and floors)이나 전 대출기간 동안의 금리 상·하한(lifetime rate caps and floors)을 두는 것이 보편적

(3) Balloon Mortgage

rollover 형태의 mortgage로 차주에게 장기로 대출하되 미래의 특정일에 대출금리를 재약

정하여 기존 대출금을 상환하고 새롭게 대출을 일으키는 재대출 형태의 대출이다. 대출기관이 장기대출을 실질적으로 단기로 대출하는 형태로 대출기관 입장에서 자금조달운용의 불일치 문제를 완화할 수 있다. 미국의 경우 대출금리 재약정은 3년, 5년 주기가 있으며, 연간 최대 금리 변동폭은 50bp로 5년 단위, 재약정대출의 경우 최대 250bp의 금리 변동을 인정한다.

(4) Two-Step Mortgage

고정금리부 대출로 만기 전 일정 시점에 금리를 조정하는 대출이다. 일정기간 후 금리가 조정되는 것은 balloon mortgage와 유사하나 재대출형식이 아니고 금리만 조정되는 형식으로 대출기간 동안 고정금리가 한번 조정되는 변동금리대출이다.

(5) 지분증가형 대출(Growing Equity Mortgage)

월상환액이 증가하는 고정금리부 대출로 최초 상환액은 원리금 균등방식과 동일하다. 원금상환을 위해 더 많은 월상환액이 요구되는 형태로 원금상환이 더 빨리 이루어지는 형태

(6) 체증식 대출(Graduated Payment Mortgage)

원리금 균등상환방식과 같이 금리와 기간은 고정되어 있으나 월상환액이 초기에는 원리금 균등상환방식보다 작다가 점차 증가하는 방식의 대출이다. 대출조건에 대출금리, 대출기간, 월상환액이 증가하는 기간, 월상환액의 연증가율이 포함된다. 초기에는 월상환액이 이자지급에 충분하지 않기 때문에 negative amortization이 발생한다.

(7) Tiered Payment Mortgage

고정금리부 월상환방식으로 최초 월상환액이 체증식대출(graduated payment mortgage)보다 작지만 이자상환 부족분이 buydown계정으로부터 충당되므로 negative amortization은 없다. buydown계정은 대출 시 차주로부터 받아 적립하는 데 대출금리를 내리는 효과를 가진다.

저당대출 유동화시장(Secondary Mortgage Market)

1 정의

주택금융기관이 주택자금을 대출(primary mortgage market)하고 취득한 저당대출채권을 집합화(pooling)하여 만기 전에 자본시장(secondary mortgage market)에서 제3자에게 매각하거나, 동 채권을 기초로 증권(Mortgage Backed Securities : MBS)을 발행하여 새로운 대출재원을 마련하는 제도이다.

❶ 직접매각 : 저당대출채권을 그대로 매각
❷ 증권화 : 비유동적(illiquid)인 대출채권을 집합화한 후 대출채권의 현금흐름(cashflow)이나 자산가치(asset value)를 이용하여 시장성 있는 증권을 발행

2 경제적 효과

(1) 주택금융기관

❶ 자본시장을 통한 주택자금 조달 확대
❷ 자기자본비율 제고
❸ 금리변동 위험 회피
❹ 유동성 위험 회피
❺ 자금조달비용의 감소
❻ 지역·금융기관 간의 주택자금 불균형 해소

(2) 차입자

❶ 주택자금 차입기회 확대
❷ 장기적으로 주택자금 공급 증가에 따른 금리 인하로 차입비용 절감

(3) 정책당국

주택경기 조절수단 확보

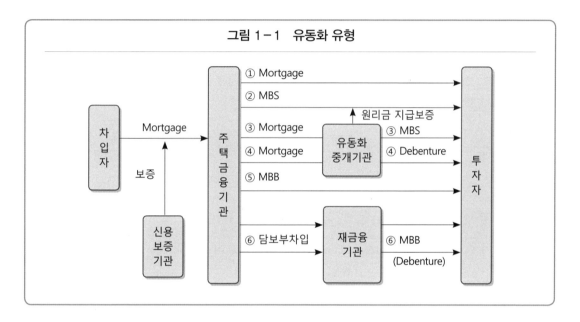

그림 1-1 유동화 유형

(1) 대출기관에 의한 직접매각 방식

❶ 주택금융기관이 보유 중인 저당대출을 증권화하지 않고, 개별 또는 집합의 형태로 타금
융기관에 직접 매각
❷ 사례 : 영국의 외국계은행, 보험회사, 대출전업회사(건축조합이나 상업은행에 매각)

(2) 대출기관에 의한 증권화 방식

❶ 대출기관이 특별목적회사(SPC) 또는 신탁 앞으로 저당대출채권을 양도한 후, SPC 명의
또는 신탁설정자 명의로 주택저당증권(MBS)을 발행
❷ 사례 : 미국·캐나다·영국의 저당대출기관(보증은 민간기관, 미국 GNMA, 캐나다 CMHC)

(3) 중개기관을 통한 증권화 방식

❶ 유동화중개기관이 대출기관으로부터 저당대출채권을 매입한 후 이를 기초로 주택저당 증권을 발행

❷ 사례 : 미국 FNMA · FHLMC, 홍콩 HKMC, 태국 SMC, 한국주택금융공사

(4) 중개기관에 대한 매각 방식

❶ 중개기관이 자본시장에서 무담보채권 발행으로 자금을 조달하여 대출기관으로부터 저 당대출을 매입하여 보유

❷ 사례 : 초기의 FNMA, 말레이시아 Cagamas

(5) 대출기관에 의한 담보부채권 발행 방식

❶ 대출기관이 주택저당채권을 담보로 자신의 부채로 직접 채권(Covered Bond)을 발행

❷ 사례 : 독일 등 유럽의 저당은행, 한국주택금융공사, 은행

(6) 담보부차입에 의한 재금융 방식

❶ 대출기관이 주택저당채권을 담보로 중개기관으로부터 차입

❷ 사례 : 프랑스 CRH, 인도네시아 SMF, 미국 FHLBs

---

section 03 | **MBS(Mortgage Backed Securities)**

---

1 주택저당증권(MBS)의 특성

❶ 주택저당대출 만기와 대응하므로 통상 장기로 발행

❷ 조기상환(prepayment)에 의해 수익이 변동

❸ 채권구조가 복잡하고 현금흐름이 불확실하기 때문에 국채나 회사채보다 수익률이 높음

❹ 대상자산인 주택저당대출의 형식 등에 따라 다양한 상품 구성

❺ 자산이 담보되어 있고 보통 별도의 신용보완이 이루어지므로 회사채보다 높은 신용등급의 채권 발행

❻ 미국의 경우 회사채보다 유동성이 뛰어남

❼ 매월 대출원리금 상환액에 기초하여 발행증권에 대해 매달 원리금 상환

❽ 채권상환과정에서 자산관리수수료 등 각종 수수료 발생

2 MBS의 종류

(1) MBS의 기본유형의 분류

표 1-1 MBS 유형 분류

구분		저당대출과 MBS의 현금흐름의 일치 여부	
		일치	불일치
저당대출의 소유권 매각 여부	매각	저당대출지분이전증권 (pass-through securities)	–
	보유	저당대출원리금이체증권 (pay-through securities)	저당대출담보부채권 (MBB : Mortgage-Backed Bond)

(2) MBS의 주요 유형별 특징

표 1-2 MBS 유형 분류

형태	성격	주요 특징
지분형	저당대출지분이전증권 (pass-through securities)	• 발행기관은 mortgage의 소유권을 투자자에게 매각 (→ mortgage는 off B/S) • 발행기관은 cash-flow를 그대로 투자자에게 이체
채권형	저당대출담보부채권 (Mortgage-Backed Bond : MBB)	• 발행기관은 mortgage의 소유권을 보유 (→ mortgage는 on B/S) • 발행기관은 cash-flow를 보유하고 투자자에게 별도의 계획에 의해 상환
지분·채권 혼합형	저당대출원리금이체증권 (pay-through securities)	• 발행기관은 mortgage의 소유권을 투자자에게 매각 (→ mortgage는 on B/S 또는 off B/S) • 발행기관은 cash-flow를 그대로 원리금 상환일정에 따라 투자자에게 변제

---

3   저당대출지분이전증권(Pass-Through Securities)

❶ 저당대출집합에 대해 지분권(undivided ownership interest)을 나타내는 증권으로서 관리수수료와 보증료 등의 비용을 제외한 대출상환 원리금이 투자자에게 그대로 이체되는 형태로, 저당대출집합으로부터 매월 수입된 원리금 총액 중 지분만큼 매월 상환받게 되고 또한 담보의 중도상환 시 지분만큼 중도상환을 받게 됨

❷ 한계

ㄱ. 조기상환위험 등 저당대출에 수반되는 제반 위험이 투자자에게 이전

ㄴ. 만기의 장기성으로 중단기 투자자 유인 곤란 : 다계층증권(CMO) 출현

ㄷ. 현금흐름의 예측 곤란성 : 조기상환 발생으로 현금흐름 불확실 : modified securities(원리금의 적기지급을 보증하는 증권) 출현

4 저당대출담보부채권(Mortgage Backed Bond : MBB 또는 Covered Bond)

❶ 회사채와 비슷한 형태로 발행기관이 보유 저당대출집합을 발행기관의 도산위험으로부터 절연된 담보로 하여 발행하는 채권으로 부채로 처리되며, 이자는 일정 주기로 지급되고 원금은 만기일에 일시 상환

❷ 투자자에게 지급되는 원리금이 저당대출집합에서 발생하는 cash flow(원리금 수입, 중도상환금 등)와는 직접적인 연결관계가 없으며, 발행기관에서 담보의 소유권을 가지고 담보로부터 발생하는 cash flow는 발행기관에 귀속

❸ 투자자 보호를 위해 보통 발행액의 105~125% 정도의 초과 담보 수준(overcollate-ralization)을 유지

❹ 발행채권 만기를 저당대출집합 만기와 대응할 필요가 없어 단기로 발행할 수 있으므로 장기채 시장이 미성숙한 우리나라 상황에 적합한 발행형태가 될 수 있음

❺ 한계

ㄱ. 초과담보로 자금조달비용 상승

ㄴ. 시장에서의 유통성이 떨어짐

❻ pass-through와 MBB의 비교

표 1-3 pass-through와 MBB 비교

구분	pass-through	MBB
만기	장기(통상 20년)	중장기(통상 5~10년)
interest risk	투자자 부담(변동금리)	발행자 부담(고정금리)
default risk	투자자 부담	발행자 부담
off-balance	가능	불가능(발행자의 부채)
mortgage pool에 대한 권리	투자자의 지분권(equity)	투자자의 담보(collateral)

❼ 현금흐름 비교

ㄱ. pass-through

a. 금리변동, 중도상환, 채무불이행 등으로 수익률 및 상환기간이 가변적

b. 원리금 상환 방식 : (원금+이자)를 일정 주기로 상환

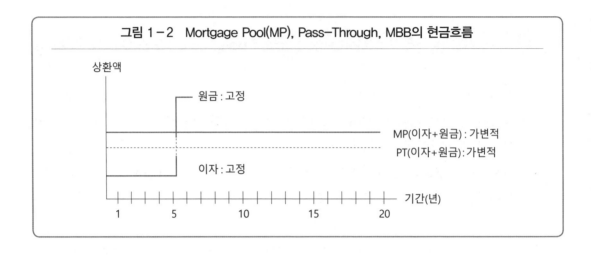

그림 1-2 Mortgage Pool(MP), Pass-Through, MBB의 현금흐름

ㄴ. MBB

　　a. 상환기간 및 수익률이 발행 시점에서 확정

　　b. 원금 일시상환 방식 : 매기 이자만 지급하다가 만기일에 원금 전액 상환

5　　저당대출원리금이체증권(Pay-Through Securities)

❶ pass-through는 저당대출채권의 현금흐름을 그 지분율에 따라 균등배분하는 pass-through와는 달리 상환우선순위를 달리하거나 저당대출의 조기상환금을 달리 분배하는 여러 증권을 발행하는 방식. 저당대출채권의 현금흐름에 대해 만기, 수익률, 조기상환 우선순위 등이 상이한 수 개의 tranche로 발행

❷ 원리금이 배당금 형태로 배분되는 것이 아니므로 trust와 투자자가 동시에 세금을 부담하게 되므로 이중과세문제가 발생할 수 있음

CMO(Collateralized Mortgage Obligation)

1 개요

❶ pass-through 투자자들은 기초 저당대출집합(underlying mortgage pool)에서 발생하는 조기상환위험(prepayment risk)에 노출되어 있으므로 다양한 만기를 가지는 여러 가지 tranche로서 하나의 상품을 구성함으로써 현금흐름의 안정성을 제고하여 조기상환위험을 완화시키기 위해 도입되었음

❷ 저당대출 또는 pass-through를 담보로 하여 복수만기(multiclass)의 채권을 발행기관의 부채형태로 발행

❸ 담보로부터 발생되는 cash flow는 CMO의 cash flow와 연결되나 원금상환은 선순위채부터 순차적으로 이루어지고 후순위채는 선순위채에 대한 원금상환이 완료된 이후에 이루어짐

　증권에 대한 원리금 지급순서는 각 계층(class or tranche)별로 이루어지는데 우선 모든 계층에 대한 이자를 지급하고 나머지 cash flow는 만기가 가장 빠른 계층(fastest class)에 우선적으로 원금지급하며, 첫째 계층의 원금이 전액 상환된 이후에 둘째 계층에 대한 원금상환이 개시

❹ CMO는 보통 이자가산채권(Accrual bond, Z-bond, Accretion bond) 계층을 보유하는데, 이는

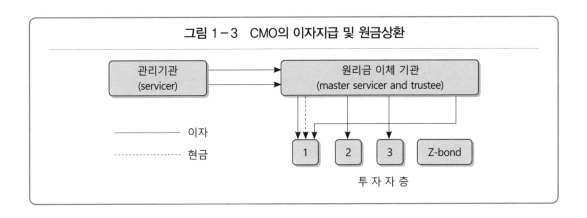

그림 1-3　CMO의 이자지급 및 원금상환

모든 선순위계층의 원금과 이자지급이 완료된 후에 원금과 이자지급을 받는 계층을 말하며, 투자자는 이자가산채권 원금에 복리계산에 의한 발생이자를 더한 금액을 지급받음

　이러한 이자가산채권은 재투자위험이나 중도상환위험을 회피하거나 이자채권에 의해 발생되는 가격 leverage 효과를 기대하는 투자자들이 주로 구입

❺ 이자가산채권계층에 대한 이자는 발생하지만 선순위계층(1, 2, 3계층)이 완전 상환된 후에 지급되며, 후순위계층에 대한 원금상환은 이자가산채권계층의 이자분도 포함되기 때문에 결과적으로 선순위계층에 대한 원금상환 속도가 가속화

2　CMO의 계층

(1) 변동금리 계층 CMO(floating-rate CMO, floater)

❶ 한 개 계층의 이자지급을 변동금리(예 : 3개월만기 LIBOR)에 연동
❷ 보통 만기가 빠른 첫째 계층을 변동금리 계층으로 구성하며 나머지 계층은 고정금리로 이자를 지급
❸ 연간 조정될 수 있는 상·하한을 설정함으로써 조정의 폭을 조정
❹ 보유부채의 금리변동에 따라 투자수익이 크게 변동하는 투자자가 선호

(2) Inverse Floater

❶ 금리변동의 반대방향으로 coupon rate가 변동
❷ 고정금리 부채보다 만기가 빨리 도래하는 고정금리 자산을 갖는 포트폴리오의 위험을 헤지하는 데 이용

(3) Superfloater

❶ 최초에는 LIBOR 이하에서 표면금리가 설정되지만 LIBOR 변동폭의 배수로 표면금리(coupon rate)가 변동
❷ 금리가 상승할 경우 일반 floater보다 높은 수익을 제공하고, 금리가 하락하거나 안정적일 때에는 일반 floater보다 낮은 수익을 제공

(4) PAC(planned amortization class)

❶ 예상 조기상환율 범위 밖에서는 다른 계층보다 원금상환에 우선권을 갖지만 예상조기상환율 범위 내에서는 다른 계층(companion tranche)이 초과분을 전액 흡수함으로써 현금흐름 패턴을 확정시키는 형태로 투자자는 채권(bond)에 투자한 것과 같은 효과를 얻음

ㄱ. 실제 조기상환율이 예상 조기상환율보다 낮을 경우 PAC이 원금상환에 우선권을 갖는다.

ㄴ. 실제 조기상환율이 예상 조기상환율보다 높을 경우 여타 계층이 초과분을 모두 상환받는다.

❷ 여타 계층(companion tranche) 투자자는 일반 CMO 투자 시보다 더 변동이 심하게 원리금을 지급받게 됨

여타 계층 투자자가 contraction risk(시중금리 하락으로 인한 pass-through 가격 상승이 저당대출의 조기상환율 증가로 작아지는 위험)와 extention risk(시중금리 상승으로 인한 pass-through 가격 하락이 저당대출의 조기상환율 하락으로 인해 더욱 커지는 위험)를 흡수

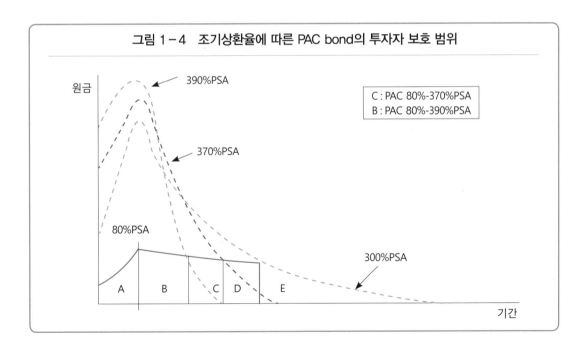

그림 1-4   조기상환율에 따른 PAC bond의 투자자 보호 범위

(5) TAC(targeted amortization class)

❶ 실제 조기상환율이 일정 조기상환율 이상일 경우 여타 계층이 초과분을 모두 상환받지만 조기상환이 TAC일정을 유지하는 데 필요한 속도 이하로 하락할 경우의 부족분을 우선적으로 상환받지 못함

❷ PAC보다는 조기상환에 따른 보호 기능이 약하며, 투자자는 contraction risk는 방어하지만 extention risk에는 노출되므로 PAC보다는 높은 수익률을 제공

(6) VADM(very accurately defined maturity) Bond

❶ Z-bond의 누적이자를 이용하여 이자와 원금을 지급하므로 확실성을 가지고 발행채권의 최종 만기일을 최대한 늦출 수 있음

❷ 조기상환이 늦어지더라도 extention risk를 효과적으로 방어

---

3   분할증권(Stripped MBS)

담보자산으로부터 발생하는 현금흐름을 지분율에 따라 채권 보유자에게 배분하는 pass-through와는 달리 현금흐름을 불균등하게 채권 보유자에게 배분한다.

(1) 합성금리 Pass-Through(synthetic-coupon pass-through)

❶ 원금은 동동하게 지급되지만 이자는 불균등하게 지급되거나 원금·이자 모두를 불균등하게 지급

❷ 할증증권(premium securities) : 원금보다 더 많은 비율의 이자를 지급받음

❸ 할인증권(discount securities) : 원금보다 더 적은 비율의 이자를 지급받음

(2) 이자부 증권(Interest Only securities)

❶ 원금은 전혀 받지 않고 이자만 전액 지급받는 증권

❷ 액면발행되며 조기상환이 늦어질수록 투자수익은 높아짐

❸ 저당대출금리가 채권 표면금리보다 낮아지면 IO(Interest Only)가격은 하락하며, 높아지면 IO가격은 상승할 수 있으나 높은 할인율로 인해 IO가격이 하락할 가능성도 있음

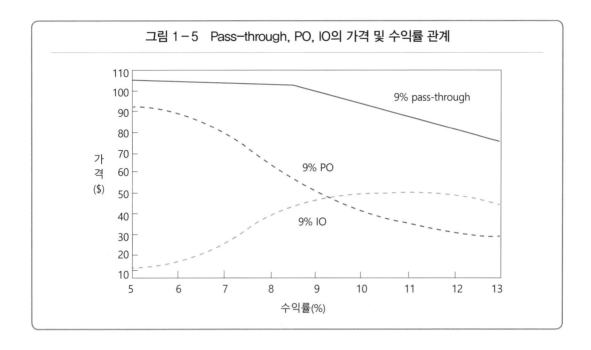

그림 1-5 Pass-through, PO, IO의 가격 및 수익률 관계

(3) 원금부증권(Principal Only securities)

❶ 이자는 전혀 받지 않고 원금만 전액 지급받는 증권
❷ 할인발행되며 조기상환이 빠를수록 투자수익은 높아짐
❸ 저당대출금리가 하락할 때 PO(Principal Only)가격은 상승하며, 상승할 때 PO가격은 하락

(4) CMO 분할증권(CMO strips)

PO나 IO가 CMO의 한 계층을 형성

4 REMIC(Real Estate Mortgage Investment Conduits)

❶ 1986년 개정된 Tax Reform Act의 특별조항을 근거로 창출
❷ 채권 발행이 부채형식이 아니라 자산매각으로 인정됨으로써 부외거래로 처리 가능
❸ Trust를 도관으로 취급하여 면세함에 따라 채권원리금 지급에 대한 이중과세를 방지
❹ 발행형태는 CMO와 동일

section 05 | 신용보강(Credit Enhancement)

1 | 신용평가 시 고려 요소

❶ 부동산유형(단독주택, 아파트 등)
❷ 대출형태(고정금리 원리금 균등상환, 변동금리 대출, balloon 대출 등)
❸ 대출기간
❹ 대출채권의 지역적 분산도
❺ 대출의 목적(구입, 차환(refinancing) 등)

2 | 신용보강방법

(1) 외부신용보강

❶ 일정 수준(예 10%)까지의 손실 보전을 제3자가 보증
❷ 법인보증(a corporate guarantee) : 발행기관이 자체신용으로 발행증권을 보증
❸ 신용장(a letter of credit) : 신용장 제공 방식의 보증으로 비용이 많이 들기 때문에 많이 이용되지 않음
❹ 저당대출집합 보험(pool insurance) : 채무불이행이나 경매로 인한 손실을 보전
❺ 채권보험(bond insurance)

　ㄱ. 증권의 원금, 이자를 보증하는 보험의 형태로 다른 신용보강 수단을 보충하는 형태로 사용
　ㄴ. 보증보험기관인 제3자가 신용위험에 직면하여 신용등급이 하락하게 되면 증권도 같이 신용등급이 하락하게 되는 것이 가장 큰 약점. 따라서 투자자 입장에서 담보(대출채권)와 제3보증보험자에 대한 신용분석이 필수적

(2) 내부신용보강

❶ 발행 채권 구조나 별도의 준비금 계정 등으로 내부적 신용을 보강

❷ 초과수익 계정(excess servicing spread accounts) : 변제기가 도래한 이자, 관리수수료 등을 지급한 후에 남는 초과수익(excess spread)을 별도의 준비금 계정(reserve account)에 적립하여 손실 발생 시 사용

❸ 선/후순위채 구조(senior/subordinated structures)

　ㄱ. 가장 널리 사용되는 내부 신용보강 수단

　ㄴ. 후순위채가 기초담보의 모든 손실을 흡수하여 선순위채의 신용을 보강

　ㄷ. 후순위채는 선순위채보다 높은 채무불이행 위험에 노출됨에 따라 프리미엄을 지급

　ㄹ. 대부분의 선/후순위채 구조는 예정된 계획에 따라 조기상환액이 불균등하게 선/후순위채에 배분되는 shift interest structure를 가짐

❹ 준비금(reserve funds) : 증권발행과 동시에 별도의 준비금을 적립하여 현금흐름 부족 시 사용

section 06　우리나라의 MBS 제도

1　법률체계

(1) 「자산유동화에 관한 법률」('98. 9. 16 제정 공포)

❶ 유동화방식을 유동화전문회사(Special Purpose Company : SPC) 또는 신탁업자를 통한 증권 발행으로 한정

❷ 금융기관 등 자산보유자가 SPC 또는 신탁업자에게 유동화자산을 양도하고, SPC 등은 이 자산을 근거로 유동화증권 발행

❸ SPC는 1회의 유동화업무만 취급하며, 「상법」상 유한회사 형태로 설립

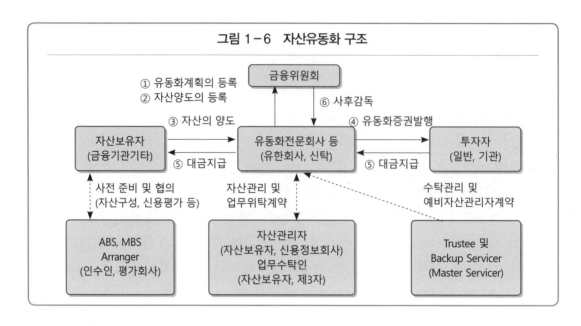

그림 1-6 자산유동화 구조

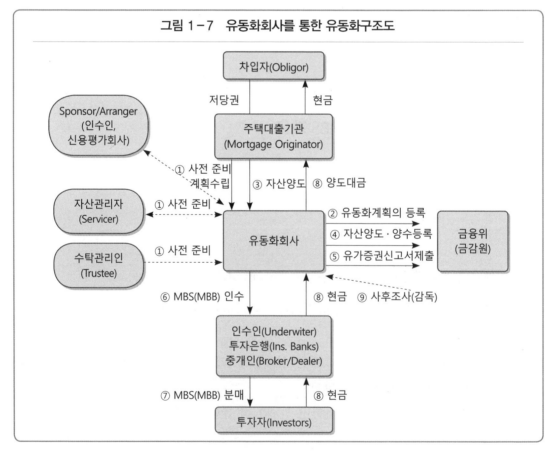

그림 1-7 유동화회사를 통한 유동화구조도

❹ 유동화증권은 주로 사채·수익증권 및 지분권(유동화자산의 지분권 표창)을 갖는 출자증권
으로 발행

(2) 「한국주택금융공사법」('03. 12 제정 공포)

❶ 법제정 목적 : 한국주택금융공사는 주택저당채권 등의 유동화와 주택금융신용보증 및
주택담보노후연금보증 업무 등을 통해 서민의 주거안정 및 주택금융시장의 활성화를
도모하는 것을 주요 목적으로 도입

❷ 도입 연혁 : 2004년 3월 1일 한국주택금융공사 설립, 2004년 3월 25일 모기지론 출시

❸ 자본금 2조 원을 정부와 한국은행이 전액 출자하여 한국주택금융공사 설립 : 「한국주택
금융공사법」에서는 높은 신용도의 MBS 발행을 확대하기 위해 발행하는 MBS에 대해
한국주택금융공사가 보증을 하고 있으며, 한국주택금융공사에 손실이 발생할 경우 정
부가 손실보전을 할 수 있는 근거도 마련

❹ 한국주택금융공사는 만기 10년 이상의 장기저리 모기지론을 공급하고 금융기관으로부
터 주택저당채권을 양도받아 이를 주택저당증권(MBS) 및 주택저당채권담보부채권(MBB)
을 발행하여 투자자에게 판매함으로써 시중 자금의 장기저리 조달을 통한 주택대출재
원을 확충하는 역할을 함. 또한 서민중산층의 주거안정을 위해 전세자금대출보증, 중도
금대출보증 등 주택 관련 보증업무를 수행

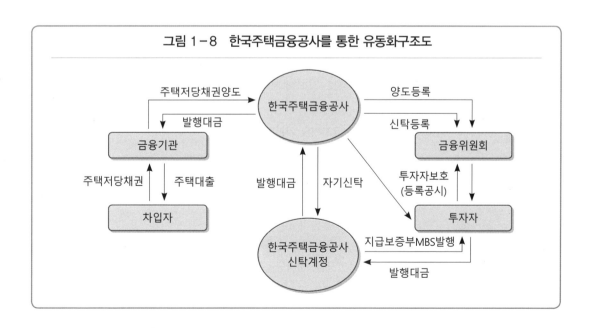

그림 1-8 한국주택금융공사를 통한 유동화구조도

주택저당증권(MBS)은 주택담보대출을 기초자산으로 자기신탁방식에 의해 수익증권을 발행하고 발행한 수익증권에 대해 한국주택금융공사가 지급보증을 하는 방식으로 발행하는 증권을 의미

주택저당채권담보부증권(MBB)은 금융기관이 보유한 주택담보대출을 담보로 설정하고 주택금융공사가 발행하는 담보부증권을 의미. MBB는 한국주택금융공사가 주택담보부대출을 담보로 공사 명의로 발행하는 채권이라는 점에서 MBS와 구별

2 한국주택금융공사

❶ 설립 : 2004년 3월 1일 「한국주택금융공사법」에 의하여 설립
❷ 자본금 : 2조 616억 원(2021. 9. 31일 기준)
❸ 주주현황 : 한국은행(31.3%), 기획재정부(63.5%), 국토교통부(5.2%)
❹ 목적
　ㄱ. 가계대출 급증에 따른 금융불안 해소 : 단기 주택대출의 리스크 분산, 금융기관 건전성 강화
　ㄴ. 금융시장 안정성 제고 : 시장금리 안정성 제고, 부동자금 흡수를 통한 금융시장 안정화, 부동산 시장에 대한 감시·관리 수단의 확보
　ㄷ. 장기금융시장의 활성화 : 장기채권시장 형성 기반 마련, 새로운 자산운용수단 제공
　ㄹ. 주택금융시장 선진화를 통한 주거복지의 향상 : 중산·서민층 내집마련 기회 확대, 주택금융의 선진화, 후분양제도 정착에 기여

표 1-4 　한국주택금융공사의 모기지론(보금자리론 기본형) 현황

대출만기	• 10~50년 만기(10, 15, 20, 30, 40, 50년)
대출금리	• 고정금리 　− 취급 금융기관에서 동일한 기준 대출금리 적용(공사 결정) 　− 담보주택 소재지가 투기지역인 경우 0.1% 부가금리 적용 　− 녹색건축(예비) 인증을 받은 경우 부가금리 면제
상환조건	• 매월 원리금균등분할상환, 원금균등분할상환, 체증식분할상환 중 택일
조기상환수수료	• 3년 이내 상환하면 최대 1.2% 이내

❺ 주요 업무

　ㄱ. 정책모기지 공급

　ㄴ. 유동화증권(MBS, Covered Bond) 발행

　ㄷ. 주택신용보증(개인전세자금대출 및 중도금대출보증, 주택사업자 건설자금), 주택연금보증 업무

❻ 주요 특징

　ㄱ. 공신력 제고를 위해 설립 자본금(법정자본금 5조 원)을 정부(한국은행 포함)가 전액출자하고, 손실보전 근거조항을 마련

　ㄴ. MBS 발행 원활화를 위한 등기 특례 등 마련

　　　a. 주택저당채권의 '양도통지' 간소화(2회 → 1회)

　　　b. 근저당권 피담보채권 확정에 대한 사전 승낙 근거 마련하여 유동화절차 간소화

　　　c. 저당권 관련 촉탁등기 특례 마련

　ㄷ. MBS의 경우 상대적으로 안정적인 주택저당채권에 의해 담보되는 점을 감안하여 지급보증 한도를 확대(30배→50배)

　ㄹ. 공사가 최적의 MBS발행 시점을 선택할 수 있도록 주택저당채권을 매입하여 일정기간 보유할 수 있도록 하고 장기주택금융 활성화를 위해 금융기관에 대하여 주택대출자금을 지원할 수 있는 근거를 마련

　ㅁ. 20년 만기의 고정금리를 적용하는 모기지론상품 제공

표 1-5　일반 MBS 발행사례[한국주택금융공사 2022-18(2022.9.2. 발행)]

종목	만기	발행금액	발행금리	기준금리[1]	스프레드	배당수익지급	콜옵션조건[2]
1-1	1년	194억 원	4.041%	3.291%	75bps	3개월 후급	-
1-2	2년	300억 원	4.731%	4.051%	68bps	3개월 후급	-
1-3	3년	500억 원	5.041%	4.051%	99bps	3개월 후급	-
1-4	5년	1,400억 원	5.228%	4.078%	115bps	3개월 후급	3개월 이후
1-5	7년	900억 원	5.395%	4.045%	135bps	3개월 후급	2년 이후
1-6	10년	800억 원	5.404%	4.004%	140bps	3개월 후급	3년 이후
1-7	15년	500억 원	5.414%	3.914%	150bps	3개월 후급	4년 이후
1-8	20년	100억 원	5.415%	3.815%	160bps	3개월 후급	5년 이후
1-9	30년	100억 원	5.200%	3.750%	145bps	3개월 후급	6년 이후
총합		4,794억 원	5.320%	가중평균발행금리(WAC) 5년 만기 국고채＋124.2bps			

주: 1) 한국금융투자협회에서 고시하는 해당 만기 국고채 시가평가기준수익률의 3영업일 종가평균(2022.9.21일~23일)
　　2) 종목별 발행금액의 1%배수단위로 매 3개월 예정배당수익 지급일에 행사가능

1 역모기지 정의

역모기지(Reverse Mortgage : RM)란 본인 명의의 주택에 대해 담보 및 대출계약을 체결한 뒤 일정 금액을 연금의 형태로 수령하는 최신 금융기법 중 하나이다. 역모기지계약이 체결될 경우 금융기관은 종신(終身) 시점까지 상환청구권(recourse)을 행사할 수 없으며 대출자는 중도상환 의무를 부담하지 않고 연금을 수령한다.

2 역모기지 의의

역모기지는 주택은 보유하고 있으나 일정한 소득이 없는 노인들이 보유주택을 담보로 하여 금융기관으로부터 매월 일정 금액을 연금형태로 지급받아 생계비 등으로 사용하는 저소득 노인층을 위한 금융제도이다. 미국 등 선진국에서는 수명 연장, 출산율 저하 등으로 인하여 고령화 사회가 진행됨에 따라 저소득 노인층의 복지를 지원하는 방안으로서 역모기지론이 도입되고 있다. 우리나라는 이미 2000년에 65세 이상 고령자가 전체 인구의 7% 이상인 고령화 사회에 진입하였고, 2008년에는 고령자 비중이 10% 이상으로 증가하였으며, 2017년에는 전체 인구의 14%를 돌파해 고령사회에 진입했다.

고령자 인구의 빠른 증가로 우리나라가 고령화 사회에서 고령사회로 진입하는 데 소요되는 시간은 17년으로 미국 75년, 영국 45년 등 구미 선진국은 물론 일본의 26년에 비해서도 매우

표 1-6 주요국의 인구고령화 속도

구분	미국	영국	프랑스	일본	한국
고령화 사회	1945	1930	1865	1970	2000
고령 사회	2020	1975	1980	1996	2017
소요연수	75년	45년	115년	26년	17년

짧다. 그런데 우리나라는 저소득층 지원을 위한 사회안전망(safety net)이 불충분하고 노인층에 대한 가족들의 경제적 지원도 점차 축소되고 있는 상황이다. 국가경제의 저성장, 실업증가, 전통적 유교관의 붕괴 및 핵가족화, 조기퇴직 등으로 직계 자손들의 부모에 대한 경제적 지원이 감소하여 서민 노인들의 경제적 어려움이 커지고 있다.

일부 금융기관에서 역모기지 상품을 판매하였거나 판매 중인 상황이지만 판매실적은 아주 미미한 실정이다. 이는 세제 등에 대한 미흡한 정부지원뿐만 아니라 금융기관이 역모기지 상품 판매로 인해 발생하는 위험에 대해 적극적인 관리가 어렵기 때문에 높은 대출금리, 낮은 대출한도 설정, 15~20년 사이의 대출기간 설정 등 보수적인 상품설계를 하게 되고 이로 인해 역모기지의 장점이 저해된 데 기인한다.

모기지의 경우 대출이 이루어지기 위해서는 신청자의 미래 상환능력 및 신청 시점까지의 신용기록이 중요하게 고려되며, 이때 주택소유권은 추가적인 담보의 역할을 하게 된다.

하지만, 역모기지의 경우 주택소유권을 기초로 대출계약이 성립되기 때문에 대출신청자의 신용상태 및 상환능력보다는 미래의 특정 시점에 예상되는 주택가치에 근거하여 대출금액이 결정된다.

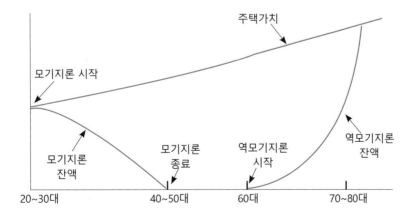

4 　 역모기지의 장·단점

역모기지의 이용은 대출자(특히 노년층)의 자산 포트폴리오 구성을 다양화하고 유동성 증가를 통해 소비를 증가시킬 수 있을 뿐만 아니라 주거안정을 도모할 수 있게 한다. 또한 대출상환 시점에 담보대상 주택이 시장에서 매각되기 때문에 시장의 거래량이 늘고 부동산 시장의 정보효율성을 제고하는 기능을 기대할 수 있다. 하지만, 역모기지의 이용이 단기에 그칠 경우 대출 시점에 발생한 거래비용에 대응하는 편익(benefit)을 얻지 못할 가능성이 있으며 역모기지 이용을 통해 수령한 금액의 성격이 연금으로 규정될 경우 더 높은 한계세율을 적용받을 가능성도 배제할 수 없다.

5 　 역모기지 관련 위험

(1) 금융기관 관련 위험

역모기지를 공급하는 금융기관은 장수위험(longevity risk), 이자율 위험(interest rate risk), 일반주택 가격평가 위험(general house appreciation risk), 특정 주택 가격평가 위험(specific house appreciation risk), 비용위험(expense risk)에 노출되어 있다.

장수위험이란 대출자가 계약 당시 예상수명보다 더 오래 살게 되어 총대출 금액이 주택 가격을 초과할 확률이 높아질 경우 발생하는 위험으로 장수할 확률이 높아질수록 역모기지 수요가 증가하는 역선택(adverse selection) 문제가 발생할 수 있다. 이자율 위험(interest rate risk)은 대출 시 적용하는 이자율이 고정이자율인가 아니면 변동이자율인가에 따라 다르게 나타나게 되는데, 고정이자율의 경우 대출 시점에서 자산의 현재가치를 산정할 수 있지만 시장이자율 변동에 따라 자산가치가 변동하는 위험이 존재하며 변동이자율의 경우 대출 시점에서 자산가치 산정 어려움으로 인해 불확실성이 존재하게 된다.

일반주택 가격평가 위험(general house appreciation risk)이란 담보대상 주택의 가격 상승률 예측과 미래가치 예측에 대한 어려움으로 인해 발생하는 위험을 의미한다.

특정 주택 가격평가 위험(specific house appreciation risk)이란 담보대상 주택의 미래 예상 가격의 확률분포 중 손실이 발생할 수 있는 확률을 말한다. 비용위험(expense risk)이란 역모기지 시장 형성과정에서 발생하는 마케팅 비용 및 규제 관련 비용 그리고 효과적인 전략을 선택하는 과정에서 발생하는 시행착오 비용을 의미한다.

(2) 대출자 관련 위험

역모기지를 이용하는 입장에서는 거래 금융기관의 파산 가능성 및 과세 문제와 관련된 위험에 직면할 수 있다. 역모기지 계약이 유효한 기간 중에 거래 금융기관이 파산할 경우 연금 수령에 불리한 영향을 미치게 되며 주택매매에 있어 구입 가격과 매매 가격의 차액은 자본이득(capital gain)으로 과세대상이 분명하지만 역모기지 계약의 경우 차액 발생 시 그 성격을 자본이득으로 파악할지의 여부에 대한 문제가 있다.

6 국내 역모기지 도입 현황

국내에서는 한국주택금융공사가 2007년부터 역모기지의 일종인 주택연금 상품을 도입하였다. 주택연금은 만 55세 이상의 주택소유자 또는 배우자가 소유주택을 담보로 맡기고 평생 혹은 일정한 기간 동안 매월 연금방식으로 노후생활자금을 지급받는 국가 보증의 금융상품(역모기지론)이다. 주택금융공사는 연금 가입자를 위해 은행에 보증서를 발급하고 은행은 공사의 보증서에 의해 가입자에게 주택연금을 지급한다. 주택연금은 가입자 부부가 사망한 후 주택을 처분하여 정산하며, 연금수령액 등이 집값을 초과하여도 상속인에게 청구하지 않으며, 반대로 집값이 남으면 상속인에게 잔액을 지급한다.

01 다음 설명 중 가장 옳은 것은?

① CMO를 통하여 조기상환위험을 완전히 제거할 수 있다.

② 시장이자율이 상승하면 IO(Interest Only securities)의 가격은 내려간다.

③ 저당대출담보부채권(Mortgage Backed Bond : MBB)을 발행할 경우 담보로 제공된 Mortgages는 발행기관의 대차대조표상 자산에서 제거된다.

④ 고정금리부저당대출(FRM)에 대응한 저당대출지분이전증권(pass-through securities) 발행 시 가장 중요한 변수 중 하나는 조기상환율 측정이다.

02 다음 설명 중 옳지 않은 것은?

① MBS가 활성화되기 위해서는 정상금리체계(장고단저, 대출금리＞채권수익률＞예금금리)가 이루어져야 한다.

② 미국에서 MBS(GNMAs, FNMA MBS 등)의 수익률이 유사한 만기구조의 정부채(T/B)보다 높은 것은 주로 신용리스크 때문이다.

③ 신용등급과 가격이 같을 경우 채권 투자가들이 선호하는 채권형태는 MBS(pass-through, CMO 등)보다는 MBB나 Straight Bond이다.

④ 실제 조기상환율이 예상 조기상환율과 크게 차이가 날수록 PAC(Planned Amortization Class) 이외의 여타 계통 투자자의 현금흐름 불안정성은 더욱 커진다.

해설

01 ④ 고정금리부저당대출의 경우 금리가 고정되어 있으므로 이를 기초자산으로 한 pass-through는 시장금리의 변동에 따른 조기상환 정도에 따라 수익이 크게 변동함

02 ② MBS가 정부채보다 수익률이 높은 것은 신용리스크보다는 정부채보다 채권구조가 복잡하고 현금흐름이 불확실한 데 따른 프리미엄 때문임

03 다음 중 MBS에 관한 설명으로 옳지 않은 것은?

① 국내 MBS 발행의 주요 근거 법률은 「자산유동화에관한법률」과 「한국주택금융공사법」이다.

② MBS 발행이 활성화되기 위해서는 주택자금대출(Mortgage)이 장기저리(長期低利)여야 유리하다.

③ 선·후순위구조로 MBS를 발행하는 것은 선순위 MBS의 신용보강이 주된 목적이다.

④ 국내에서는 원리금 자동이체 증권(pass-through) 형식으로 MBS가 발행된 사례가 많지는 않다.

04 다음 중 증권화(MBS 발행)에 유리한 주택자금대출(Mortgage)의 속성이 아닌 것은?

① 담보가치에 비해 대출비율(LTV)이 낮다.

② 중도상환율이 높다.

③ 신용위험에 비해 상대적으로 금리가 높다.

④ 집합화(pooling)가 용이하다.

해설

03 ② 주택자금 대출금리가 시장금리를 하회할 경우 MBS 발행기관 입장에서는 역마진이 발생하므로 주택자금 대출금리가 고리일수록 MBS 발행에 유리함

04 ② 중도상환율이 높으면 Mortgage pool의 excess spread가 줄어들게 되고 MBS가 pass-through 방식이 아닌 경우 SPC 입장에서 재투자 리스크(reinvestment risk)가 발생함

05 다음 중 저당대출(Mortgage)의 특성으로 적절하지 않은 것은?

① 장기금융상품으로 대출기관 입장에서는 금리리스크 및 신용리스크에 노출될 위험성이 크다.

② 월단위로 원리금이 동시에 상환되는 할부상환 형태가 일반적이나 최근에는 일시상환 방식 등 다양한 상품이 등장하고 있다.

③ 담보물에 대한 감정평가 및 실사 등 많은 사무처리과정이 필요한 노동집약적 금융상품이다.

④ 차주의 신용도보다는 LTV(Loan to Value) 등 담보가치가 중요하게 인식되는 금융상품이다.

06 다음 중 우리나라의 MBS와 관련한 설명으로 옳지 않은 것은?

① 국내 MBS 발행의 주요 근거 법률은 「자산유동화에관한법률」과 「한국주택금융공사법」이다.

② 한국주택금융공사가 발행한 MBS의 경우 일반적으로 한국주택금융공사의 보증에 의해 신용위험을 통제한다.

③ 한국주택금융공사가 발행한 MBS는 회사채 형태로 발행되고 있다.

④ 차주의 대출금 조기상환에 따른 위험을 완화하기 위해 국내에서는 pass-through 방식의 MBS 발행보다는 Call option이 활용되고 있다.

해설

05　① 주택이 담보가 되어 있는 관계로 신용리스크는 크지 않은 반면 단기로 자금을 조달하여 장기로 운용하는 관계로 유동성 리스크에 노출될 위험성이 큼

06　③ 한국주택금융공사 MBS는 자기신탁방식의 수익증권 형태로 발행되고 있다.

정답 01 ④ | 02 ② | 03 ② | 04 ② | 05 ① | 06 ③

part 09

퇴직연금

chapter 01

퇴직연금제도

우리나라의 노후보장체계

우리나라의 노후보장체계는 국민연금, 퇴직연금(퇴직금제도 포함), 개인연금으로 구성되어 있다. 그리고 사회안전망으로서 기초연금과 기초생활보장제도가 있다.

우선 국민연금은 근로자와 자영자 등 18세 이상 60세 미만의 모든 경제활동인구를 의무적용대상으로 하는 가장 기본적인 노후보장제도로 1988년에 도입되었다. 아울러, 기초연금은 2014년 7월 노령층의 노후소득을 보장하고 생활 안정을 지원하기 위해 도입된 제도로, 기존의 기초 노령연금을 확대 개편해 나온 정책이다. 소득 하위 70%에 해당하는 만 65세 이상 노인에게 최대 월 20만 원을 지급하는 것에서 시작해, 매년 물가상승률을 반영해 기준 연금액을 인상하고 있다.

퇴직연금제도는 2005년 「근로자퇴직급여보장법」을 제정, 시행하면서 퇴직금의 수급권과 노후보장기능을 강화할 수 있도록 하고 있다. 기존의 퇴직금은 대부분 기업에서 사내충당금

표 1-1 우리나라 연금제도별 비교

구 분	국민연금	퇴직연금	개인연금
노후위험 관리	• 장수위험으로부터 보호 • 인플레이션 위험 보호	• 퇴직 전까지 인플레이션 위험 보호 • DC의 경우 은퇴 후 개인연금과 동일	(보장형 보험의 경우) • 인플레이션 위험에 노출 • 종신연금 시 장수위험 보호 가능
투자효율성	• 투자 수익성 양호 • 세제혜택 우수 • 급부 인하 위험 있음	• DC의 경우 투자 수익성은 투자상품에 따라 차이 큼 • 세제혜택 우수	• 투자 수익성은 상품별 차이 큼 • 세제혜택 양호
재무(저축) 용이성	• 고통없는 자동저축으로 용이 • 고소득자 소득대체율 낮음	• 사외적립으로 수급권 보호됨 • 고소득자 소득대체율 제고 가능	• 본인이 판단 자율가입으로 참여율 저조 • 고소득자 소득대체율 제고 가능

(장부상으로만 기금적립) 형태로 적립함에 따라 기업의 도산이나 파산 시 수급권 보호가 미흡했고 일시금 형태로만 수급이 가능할 뿐만 아니라 중간정산도 가능하여 실질적인 노후보장기능이 미흡하였다. 특히, 인구고령화에 따른 공적연금의 급여 수준을 크게 낮추는 상황에서 퇴직연금의 내실화와 노후소득보장기능으로서의 역할은 더욱 강화될 것이다.

개인연금제도는 1994년 정부가 각종 비과세 저축제도를 폐지, 정비하면서 개인의 자발적 노력에 의한 노후준비저축을 촉진하기 위해 도입된 제도이다.

section 02 퇴직연금제도의 운영

1 퇴직연금제도 도입 배경

최근 우리 사회의 가장 큰 이슈 중 하나가 전 세계에서 가장 빠른 고령화속도이다. 2020년 기준으로 65세 이상 고령인구 비율이 전체 인구 중 16.4%로 초고령화 사회를 목전에 두고 있

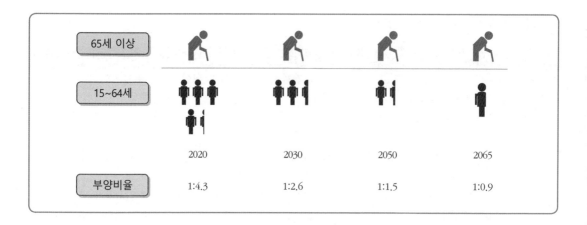

	2020	2030	2050	2065
65세 이상				
15~64세				
부양비율	1:4.3	1:2.6	1:1.5	1:0.9

다. 현 추세라면 2025년 경에는 65세 이상 고령인구 비율이 20% 이상을 차지하는 초고령화사회로 진입할 것으로 예상된다. 쉽게 말해 향후 5년 내 우리나라는 전체인구 5명 중 1명이 65세 이상인 초고령화 사회에 접어들게 된다.

인구 고령화와 맞물려 저출산에 따른 생산인구 감소도 우리 사회의 큰 부담으로 다가오고 있다. 현재의 저출산이 지속될 경우 2030년 경에는 생산가능 인구 2.6명이 노인 1명을, 2050년에는 1.5명이 노인 1명을 부양해야할 것으로 전망된다. 따라서 저출산으로 인한 생산가능 인구 감소와 급속하게 도래하는 인구고령화 현상은 더 이상 미룰 수 없는 우리 사회의 현안으로 떠오르고 있다.

우리나라 평균수명은 80세를 넘어 100세 시대도 멀지 않아 보인다. 그런데 우리나라 국민 두 명 가운데 한 명 이상이 은퇴라는 단어를 들으면 '재정적 위기(경제적 어려움)'부터 떠올려 준비되지 않은 노후에 대한 두려움을 가지고 있다. 실제 최근 발표된 은퇴·노후관련 보고서를 살펴보면 65세 이상 고령자의 경우 경제적인 문제와 건강문제로 가장 어려움을 겪고 있는 것으로 나타나고 있다.

따라서 공적연금과 사적연금에 대한 올바른 인식 제고와 제도적 뒷받침이 없이는 코앞에 닥친 초고령사회를 감당하기 어려울 수밖에 없다. 특히 노후소득보장체계의 근간이 되는 퇴직연금의 원만한 정착은 그 무엇보다 중요한 과제라 할 수 있다. 세계적 추세로 볼 때도 공적연금의 기능은 축소하면서 사적연금을 강화하여 노후소득보장정책을 추진하고 있어 퇴직연금의 중요성은 갈수록 커지게 될 것이다.

준비되지 않은 장수는 재앙이라는 말처럼 효율적인 은퇴준비 노력은 모든 연령에게 가장 중요하고 필요한 과제이다. 은퇴 후 긴 노후의 안정적인 삶을 위해서는 미리부터 치밀하게 계산하고 준비하지 않으면 큰 부담으로 다가오게 된다. 더구나 저출산에 따른 경제성장률 하락, 그리고 소득 감소, 청년실업과 조기퇴직, 저금리와 고물가 등 과거 경험해 보지 못한 복합적인 사회현상 악화가 체계적인 미래설계를 어렵게 하고 있다.

그렇지만 이제 노후준비, 은퇴설계는 선택이 아닌 필수이다. 생애 전반에 걸친 체계적인 은퇴계획을 수립하여 적극 실천하는 노력이 필요한 시점이다. 은퇴와 노후는 누구나 인생을 살아가며 맞이하게 되는 필연적인 숙명이기에 철저히 준비해야 한다.

2 퇴직연금제도의 특징 및 운영구조

퇴직연금은 2005년 「근로자퇴직급여보장법」 제정에 따라 도입된 것으로 기업이 사전에 퇴직연금사업자에게 근로자의 퇴직금에 해당하는 금액을 정기적으로 적립하고 근로자는 퇴직 시 퇴직연금사업자로부터 퇴직금을 일시금이나 연금으로 수령하는 제도이다. 기업이 사내에 적립하던 기존의 퇴직금제도를 대체하여, 사외 금융기관에 매년 퇴직금 해당 금액을 적립하여 효과적으로 운용한 후 근로자가 퇴직할 때 퇴직급여를 받아 노후설계가 가능하도록 한 제도이다.

퇴직연금은 기업이 근로자의 노후소득보장과 생활안정을 위해 근로자 재직기간 중 사용자가 퇴직금 지급재원을 외부 금융기관에 적립하고 이를 사용자(기업) 또는 근로자의 지시에 따라 운용하여 근로자 퇴직 시 연금 또는 일시금으로 지급하도록 하는 제도이다. 고용주는 퇴직하는 근로자에게 급여를 지급하기 위해 퇴직급여제도(퇴직금 또는 퇴직연금제) 중 하나 이상의 제도를 도입해야 한다.

퇴직연금제도를 도입하려고 하는 기업에서는 근로자 대표의 동의를 얻어 퇴직연금 규약을 작성하고 고용노동부장관에게 신고하는 절차를 거쳐야 한다. 퇴직연금규약이란 퇴직연금제도의 주요한 내용들을 정한 퇴직연금제도 설계서라고 볼 수 있다. 퇴직연금 규약의 내용은 노

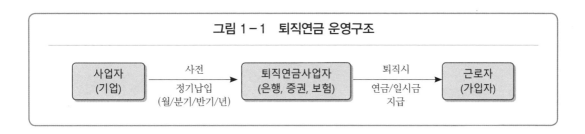

그림 1-1 퇴직연금 운영구조

사가 자율적으로 작성하게 되어 있지만, 법에서 정한 규약 필수 기재사항을 포함하며 이러한 요건을 모두 충족하여야만 지방노동관서에서 검토 후 3주 이내 수리하게 된다.

퇴직연금의 계약(자산관리계약)은 보험업법에 의한 특별계정으로 운영하는 보험계약, 자본시장법 시행령에 의한 특정금전신탁계약으로 하도록 되어 있다. 이는 퇴직연금제도 자산(적립금)이 사용자 또는 금융기관으로부터 독립되어 자산관리계약이 해지되거나 사용자 또는 금융기관이 도산하더라도 근로자(수익자)에게만 귀속되도록 하기 위한 법적 조치이다.

퇴직연금의 급여는 연금과 일시금으로 나뉜다. 급여를 받을 때 그간 운용되었던 퇴직금을 개인형 IRP로 대체하여 지급받기 때문에 연금수급 필요충분요건과 관계없이 55세 이후에 연금 또는 일시금 수급이 가능하다.

마지막으로, 퇴직연금제도 유형 선정 시 고려해야 할 사항으로 재무적, 인사적, 노사관계 측면에서 검토할 필요가 있다. 재무적 측면에서는 제도전환비용을 최소화하고 추가적인 수익기회를 최대화 하여야 한다. 또한 장기부채에 따른 부담을 완화하기 위하여 장부상 적립된 퇴직부채를 효과적으로 줄여나갈 수 있어야 한다. 인사적 측면에서는 근로자의 이직율을 줄이고 생산성 및 사기를 높이는 방향으로 제도 도입을 검토하여야 한다. 또한 근로자가 쉽게 이해하고 동의할 수 있도록 이해가 용이한 형태로 제도를 도입하여야 하며 필요시 근로자에 대한 보상과도 연계를 검토할 필요가 있다. 노사관계 측면에서는 근로자의 요구를 충족하고 근로자가 선호하는 형태로 제도가 도입되도록 할 필요가 있으며 근로자의 투자지식과 자산운용 능력 등을 고려하여 위험을 최소화하는 방향으로 제도를 도입하여야 할 것이다. 재무, 인사, 노사관계 측면 등 제도 선택 시 고려해야 할 사항과 현황 분석 결과 등을 토대로 근로자가 선호하고 기업의 부담도 최소화할 수 있도록 사업장 여건에 맞는 최적의 퇴직연금제도 형태를 근로자 대표와 협의하여 결정하는 것이 바람직하다.

section 03 | 퇴직연금제도 유형

퇴직급여제도는 노사협의를 통해 하나 이상의 제도를 도입할 수 있기 때문에 사업장의 여건과 근로자의 선호에 따라 노사가 자율로 제도를 운용할 수 있다. 퇴직연금제도에는 기존 법정퇴직금과 동일한 연금급여를 지급하는 확정급여형과 매년 정산되어 적립된 급부금액을 근로자가 운용의 주체가 되어 운용 후 지급받는 확정기여형이 있다. 그 밖에 하나의 기업이 확정급여형과 확정기여형제도를 동시에 가입할 수 있는 혼합형제도와 둘 이상의 사용자(기업)가 사전 인가받은 대표 사용자의 규약을 공동으로 사용하여 동일한 퇴직연금제도를 도입하는 연합형제도 운영도 가능하다.

1 확정급여형의 특징

확정급여형제도는 근로자의 근속기간 및 급여 수준에 따라 퇴직금이 사전에 결정되는 제도로 근로자가 퇴직 시 받을 수 있는 퇴직금이 정해져 있고, 기업이 운용의 주체로 퇴직자산을 운용하기 때문에 그 손익과 운용의 책임이 기업에 귀속되는 제도이다. 급여 수준이 기존 퇴직

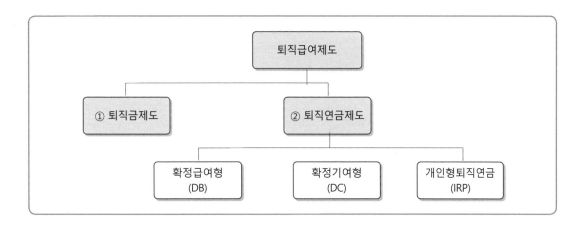

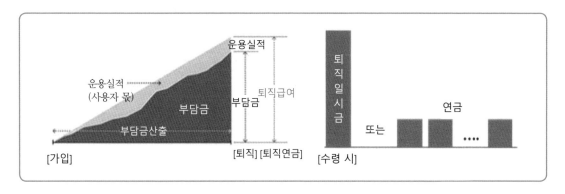

금과 동일하며 근로자는 퇴직 후 일정한 금액을 확정적으로 받을 수 있어 안정적으로 노후설계를 할 수 있는 형태이다.

확정급여형은 기업이 운용의 책임을 지고 퇴직급여 지급의 최종 책임을 지므로 도산 등 부득이한 경우를 대비해 금융기관에 적립해야 할 최저 수준을 법으로 정하고 있다. '22년 1월부터 제도 도입 시점 이후의 기간에 해당하는 기준책임준비금의 100%를 의무적으로 적립해야 하며 과거 근로기간분에 대해 소급하는 경우 일정한 기간에 걸쳐 적정 수준으로 이연상각하도록 하고 있다.

급여 수준은 가입자의 퇴직일을 기준으로 산정한 일시금의 금액이 계속근로기간 1년에 대하여 30일분의 평균임금에 상당하는 금액 이상으로 설정하여야 한다.

확정급여형은 도입 시에 임금상승률, 할인율, 퇴직률, 사망률 등 기초율을 예측하여 이를 기초로 부담금을 산정하여야 한다. 또한 기초율은 일정한 기간이 경과한 후 실제로 운영한 결과와의 차이를 반영하여 수정하고 매 결산 시 재정건전성 확보를 위해 연금재정상황을 정기적으로 검증하는 재정검증작업을 하여야 한다.

2 확정기여형의 특징

확정기여형제도는 기업이 부담해야 할 부담금 수준이 사전에 확정되고 근로자가 운용의 주체가 되어 적립금을 운용한 후 그 손익에 따라 근로자의 퇴직급여가 변동되는 제도이다.

기업은 개별 근로자 연간 임금총액의 12분의 1 이상의 금액을 근로자 개인별 지분계좌에 적립하고 근로자는 퇴직연금사업자가 제시하는 금융상품 중에서 본인이 선택하여 운용한 후 그 결과에 따라 연금 또는 일시금을 받게 된다.

확정기여형은 근로자 개인 지분 계좌에 당해연도분 퇴직금이 전액 적립되므로 기업이 도산해도 수급권이 100% 보장된다. 기업의 입장에서는 부담하는 비용이 일정하게 정해져 있고 당해연도 퇴직부채를 전액 정산함으로써 보다 효율적인 재정관리를 할 수 있다.

확정기여형의 경우 무주택자인 가입자의 주택구입, 가입자 또는 그 부양가족의 6개월 이상의 요양, 천재지변 등의 특별한 사유가 있는 경우, 그리고 회생절차 개시 결정을 받은 경우와 파산선고를 받은 경우에 중도인출이 가능하다.

퇴직연금사업자는 매 반기 1회 이상 원리금 보장상품을 포함한 위험과 수익구조가 서로 다

표 1-2 확정급여형과 확정기여형 비교

구 분	확정급여형	확정기여형
개념	근로자가 수령할 퇴직금 수준이 사전에 확정되어 있는 제도 (일시금이 현행 퇴직금 금액과 동일)	기업이 부담할 부담금 수준이 사전에 확정되어 있는 제도 (연간 임금총액의 1/12 이상)
사용자 부담금	퇴직금 추계액 또는 연금계리방식에 따라 산출된 금액으로 대통령령에서 최저 90%* 사외 적립해야 함 (적립금 운용 결과에 따라 부담금 변동) * 2022년 1월 1일 이후 100%	연간 임금총액의 1/12 이상 당해연도 전액 사외 적립해야 함
적립금 운용주체	사용자(운용손익 기업에 귀속)	근로자(운용손익 근로자에 귀속)
추가 납입 여부	개인형 IRP를 통해 가능 (연간 1,800만 원 한도)	제도 내에서 또는 개인형 IRP를 통해 가능(연간 1,800만 원 한도)
퇴직급여 수준	현행 퇴직일시금과 동일 (근속연수×30일분 평균임금)	근로자별 운용실적에 따라 다름
담보대출 및 중도인출	담보대출 가능 (대통령령에서 정한 사유 해당 시)	담보대출 및 중도인출 가능 (대통령령에서 정한 사유 해당 시)
퇴직급여 지급	개인형 퇴직연금(IRP) 의무 이전 후 해지 또는 55세 이후 연금수급	
이·전직 시 처리	개인형 IRP로 이전 통산함 (새로운 회사의 확정기여형제도에서 허용하는 경우 이전 가능)	
연금계리	필요	불필요
적합한 사업장	• 임금상승률이 높은 기업 • 장기근속을 유도하고자 하는 기업 • 연공급 임금체계, 누진제 적용 기업 • 경영이 안정적이고 영속적인 기업	• 연봉제, 임금피크제 적용 기업 • 재무구조 변동이 큰 기업 • 근로자들의 재테크 관심이 높은 기업

른 세 가지 이상의 적립금 운용방법을 제시해야 하며, 운용방법별로 이익 및 손실 가능성에 관한 정보 등 가입자가 적립금의 운용방법을 선정하는 데 필요한 정보를 제공하여야 한다. 근로자는 자신의 투자성향에 따라 적립금의 운용방법을 스스로 선정할 수 있고, 매 반기 1회 이상 적립금 운용방법을 변경할 수 있다.

「근로자퇴직급여보장법」 전면 개정을 거쳐 2012년 7월 26일부터 시행된 개인형 퇴직연금제도(이하 '개인형 IRP'라 한다)는 이직자 등의 은퇴자산 축적과 퇴직금의 일시적 소진을 막기 위해 가입자의 접근성을 높이면서 자산축적 수단으로의 기능을 높인 제도이다.

개인형 IRP는 근로자가 이직시 퇴직연금제도에서 수령한 퇴직금 또는 근로자 추가 납입금에 대해 과세를 유예 받으면서 계속 적립·운용한 후 은퇴 시 노후자금으로 활용할 수 있는 제도이다. 최근 빈번한 직장이동과 비정규직 근로자 증가 등으로 근속년수가 짧아지면서 퇴직금이 소진되는 폐단을 막기 위한 통산장치 수단은 물론 효과적인 노후자금 전용통장이라 볼 수 있다. 개인형 IRP는 근로자 개인명의로 관리된다는 점 외에 적립금 운용과 수급방법은 확정기여형과 동일하다.

이 밖에 상시근로자 10인 미만을 사용하는 특례 사업장에서 근로자대표 동의를 얻어 가입자의 개인퇴직계좌를 설정하는 기업형 IRP도 있다. 기업형 IRP는 영세사업장에서 퇴직연금제도를 원활하게 운용할 수 있도록 하기 위한 제도로 퇴직연금규약 작성의 면제, 가입자 교육 등의 관련 업무를 금융기관이 대행하기 때문에 확정기여형제도를 간편하게 만든 제도라고 할 수 있다.

개인형 IRP는 근로자가 퇴직으로 퇴직연금 급여를 지급받는 경우 급여를 의무 이전하도록 하여 퇴직연금 가입의 연속성을 높이고 과세이연 등의 부가혜택을 부여함으로써 2층 노후소득보장기능의 제도적 장치를 마련한 것이라 볼 수 있다.

현재 우리나라 퇴직연금은 개인연금과 합산하여 추가 납입금의 연 700만 원 한도로 세액공제 혜택을 주고 있다. 기존에는 확정기여형(DC)에서만 추가 납입이 가능하였으나 개인형 IRP 기능이 확대되면서 확정급여형(DB)에서도 개인형 IRP를 통해 연간 1,800만 원까지 추가 납입이 가능하게 되었다.

퇴직연금자산은 장기적인 관점에서 운용주체의 투자경험과 투자성향에 따라 운용방법을 선택하고 적절한 분산투자를 통해 위험을 효과적으로 관리하는 것이 중요하다.

적립금 운용을 효과적으로 잘 관리하면 확정급여형의 경우 회사는 부담금 납입을 줄일 수 있고 확정기여형의 경우 근로자는 퇴직급여를 더 많이 받을 수 있기 때문이다.

1 확정급여형 적립금 운용

확정급여형 적립금은 원리금 비보장자산에 전체 적립금의 70%까지 투자할 수 있다. 다만, 원리금 비보장자산이라도 증권에 대한 분산 투자 등으로 투자위험을 낮춘 운용방법인 경우 적립금의 100%까지 투자가 가능하다. MMF, 채권형펀드, 채권혼합형 펀드 등이 이에 해당된다.

확정급여형의 경우 연금부채를 상회할 수 있는 적립금 운용수익률이 필요하므로 이를 감안하여 적립금 운용전략을 수립해야 한다. 특히 확정급여형은 연금부채와 연금자산이 연계된 통합적 자산부채관리(ALM)로 적립비율을 안정적으로 관리하고 부담금 변동을 최소화하는 전략적 자산배분이 중요하다.

2021년 2월 확정급여형(DB형) 퇴직연금제도를 운영하는 300인 이상 사업장의 사용자에게 적립금운용위원회 구성 및 적립금운용계획서 작성을 의무화하는 퇴직급여법 개정안이 국회를 통과하였다.

적립금운용위원회는 퇴직연금 업무를 담당하는 임원을 위원장으로 하여 5명 이상 7명 이내로 구성하되, 최소적립금 이상을 적립하지 못한 경우에는 ① 근로자를 대표하는 사람, ② 퇴직연금제도 관련 업무 부서장, ③ 퇴직연금자산운용 관련 전문가를 각각 1명 이상 포함하도록 했다.

적립금운용계획서에 포함하여야 하는 내용으로는 적립금 운용목적 및 목표수익률, 적립금 운용방법(자산배분정책·투자가능상품 포함), 운용성과에 대한 평가 등이 있다. 이에 따라, 다른 유형에 비해 원리금 보장 비중은 높고 수익률은 낮은 확정급여형 퇴직연금의 합리적 자산운용을 유도할 것으로 기대된다.

표 1-3	퇴직연금 적립금 운용방법
증권	• 지분증권 : 국내외 상장주식, 국내 상장주식 예탁증서, 국내외 투자회사 주식 • 채무증권 : 국채, 지방채, 국내외(OECD 가입국) 채권 • 수익증권(펀드) : 국내외 자산운용사 발행 수익증권 • 기타 : 환매조건부 매수 계약, 위험회피목적의 장내외 파생상품 거래계약, 　　　　발행어음, 표지어음, 파생결합증권 등
예적금	• 확정금리형 － 종류 : 3개월, 6개월, 1년, 2년, 3년, 5년
보험계약	• 이율보증형 • 금리연동형 • 실적배당형 보험
기타운용방법	• 환매조건부채권 매수계약(RP) • 장내외 파생상품 거래계약(헷지목적) • 발행어음, 표지어음

2 확정기여형과 개인형 IRP의 적립금 운용

가입자는 개인별 적립금에 대한 자기책임원칙으로 운용한다. 규약과 계약약관에서 퇴직연금사업자가 제시한 적립금 운용방법 중 스스로 선정하여 적립금을 운용하게 된다.

확정기여형의 경우 적립금이 근로자의 책임과 권한 아래 운용된다는 점에서 주식 등 일부 고위험자산(전환사채, 후순위채권, 사모 펀드 등)은 투자를 금지하는 등 확정급여형보다 추가제약이 있지만 이 밖에는 동일한 규제를 적용받는다.

확정기여형과 개인형 IRP는 가입자가 어떤 운용상품을 선택하여 적립금을 운용하느냐에 따라 본인의 퇴직급여가 달라지는 제도이다. 따라서 운용상품의 특징과 위험 등에 대해 정확히 이해하는 것이 필요하다. 또한 금융시장 동향 및 금융상품 등에 대해 관심을 가지고 공부하여야 하며 사용자나 퇴직연금사업자가 실시하는 가입자 교육에도 적극 참여하는 것이 중요하다.

운용상품을 선정할 때에는 본인의 연령, 본인의 재테크 지식과 경험, 위험에 대한 감수 정도 및 수익률의 성향, 그리고 본인의 자산보유 상태 등을 고려하여 결정해야 한다. 일반적으로 연령이 젊을수록 위험자산 편입비율이 높은 상품의 비중을 늘리고 연령이 높아질수록 위

구분		투자금지대상
증권	지분증권	전체 투자 금지
	채무증권	전환사채, 신주인수권부사채, 교환사채 등
	수익증권	사모펀드
	파생결합증권	사모발행, 최대손실률 △40% 초과
	증권예탁증권	전체 투자 금지
	투자계약증권	전체 투자 금지
파생상품		위험회피 목적 이외의 파생상품 계약
실적배당형 보험		수익증권과 동일한 기준 적용

표 1-4 원리금 비보장자산 종류별 투자금지대상

험자산 투자비율을 줄여 안정적으로 포트폴리오를 운용하는 것이 바람직하다. 미국 등 선진국에서 선호하고 있는 '타깃데이트형 펀드(TDF)'가 초보 가입자에게 좋은 운용 모델이 될 수 있다. 이 생애주기형 펀드는 목표퇴직 시점이 다가올수록 위험도가 높은 주식에 대한 투자비율을 줄이고 안정적인 채권투자비율을 늘려가는 펀드이다.

확정기여형은 근로자 본인의 투자성향과 투자기간(연령 및 정년)을 고려한 장기 투자전략이 필요하다. 일반적으로 퇴직연금자산은 수시로 상품을 교체매매하거나 자사배분비율을 변경하는 것이 쉽지 않고 또 바람직하지도 않다. 따라서 자신의 투자성향과 투자목표를 정하고 적절히 분산된 자산배분 전략에 따른 포트폴리오를 구성하여 꾸준히 지켜가는 것이 중요하다.

일반적으로 투자상품에 경험이 없거나 보수적인 투자성향의 가입자라면 원리금보장상품이나 채권중심으로 위험자산의 투자비중을 최소화하여 안정적으로 운용하는 것이 바람직하고 공격적인 투자성향의 가입자라면 위험자산(주식)비중을 높여서 장기 적립식투자 전략을 구사해 보는 것이 수익률을 높이는 데 도움이 된다. 투자기간이 길어지면 분산투자 효과로 변동성위험이 축소되면서 투자수익률을 안정적으로 관리할 수 있기 때문이다.

퇴직연금 자산운용은 가입자의 최후 보루자금으로 노후생활의 재원임을 감안하여 과도한 운용수익 보다는 장기 안정적인 운용성과를 염두해 두어야 한다. 특히, 퇴직연금은 근로자 노후생활을 위한 자금으로 근로자들이 올바른 투자결정을 할 수 있도록 기업에서도 관심을 가져야 한다.

전문성 및 시간 부족 등으로 적극적인 자산운용이 어려운 근로자들의 퇴직연금 적립금 운용을 돕기 위하여 사전지정운용제도 도입을 내용으로 하는 근로자퇴직급여 보장법 개정안이

2021년 12월 국회를 통과하여 2023년 7월 12일 시행되었다.

사전지정운용제도란 흔히 디폴트옵션(Default Option)이라고 불리는 제도로서 근로자가 본인의 퇴직연금 적립금을 운용할 금융상품을 결정하지 않을 경우 사전에 정해둔 운용방법으로 적립금이 자동 운용되도록 하는 제도이다.

사전지정운용방법이란 사전지정운용제도가 적용될 때 적립금이 운용되는 방법으로 원리금 보장상품, 펀드상품 또는 이를 혼합한 포트폴리오형 상품이 가능하며 퇴직연금사업자는 사용자와 가입자에게 제시할 사전지정운용방법을 마련하여 고용노동부 소속 심의위원회 심의를 거쳐 고용노동부장관의 승인을 받아야 한다.

이후, 퇴직연금사업자는 고용노동부로부터 승인받은 사전지정운용방법에 대한 주요 정보를 사용자에게 제시하고 사용자는 제시받은 사전지정운용방법 중 사업장에 적용할 사전지정운용방법을 선택하여 제도에 관한 사항과 함께 퇴직연금규약에 반영해야 한다. 이때, 근로자 대표 동의 절차를 반드시 거쳐야 한다. 근로자는 규약에 반영된 상품에 대한 주요 정보를 사업자로부터 제공받아 그중 본인의 사전지정운용방법을 선정하게 된다.

실제 사전지정운용방법은 근로자가 기존 상품의 만기가 도래했음에도 4주간 운용지시가 없는 경우 퇴직연금사업자로부터 "2주 이내 운용지시를 하지 않으면, 해당 적립금이 사전지정운용방법으로 운용됨"을 통지받게 되며, 통지 후 2주 이내에도 운용지시가 없을 경우 적립금이 사전지정운용방법으로 운용된다. 또한, 사전지정운용방법으로 적립금을 운용하고 있지 않은 근로자는 언제든지 사전지정운용방법으로 본인의 적립금을 운용하는 것을 선택(OPT-IN)할 수 있고, 사전지정운용방법으로 운용 중에도 근로자의 의사에 따라 언제든지 원하는 다른 방법으로 운용지시가 가능(OPT-OUT)하다.

퇴직연금 운영 경험이 풍부한 미국, 영국, 호주 등 주요 선진국에서는 가입자의 적절한 선택을 유도하여 노후소득보장을 강화하는 것이 정부의 사회적 책무라는 인식하에, 이미 오래전부터 퇴직연금제도에 디폴트옵션을 도입하여 운영해 왔으며, 연평균 6~8%의 안정적 수익률 성과를 내고 있다.

3 퇴직연금제도 유형선택과 적립금 운용

확정급여형과 확정기여형 중에 어느 쪽이 더 유리한가 여부는 임금상승률과 운용수익률이라는 두 가지를 어떻게 설정하느냐에 따라 다르다. 임금상승률이 운용수익률보다 높으면 확정급여형이 확정기여형에 비해 더욱 많은 퇴직급여가 나오게 되므로 유리하게 된다. 확정급여형은 퇴직 직전의 임금에 따라 퇴직급여가 결정되므로 임금상승률이 중요한 것이다. 따라서 높고 꾸준한 임금상승을 기대할 수 있다면 확정급여형을 채택하는 것이 근로자 입장에서는 유리하다.

근로자 입장에서 확정급여형을 선택하면 수급권이 보장되면서 기존 퇴직금과 동일한 금액을 수급하게 된다. 또한 적립금 운용에 대한 책임이 사용자(기업)에 있기 때문에 자산운용 등에 신경 쓰지 않고 현업에 충실할 수 있다는 장점이 있다. 반면에 운용수익률이 임금상승률보다 높을 경우에는 확정기여형이 유리하다.

section 05 | 퇴직연금제도 도입 효과

1 사용자의 장점

퇴직연금은 매년 1회 이상 정기적으로 부담금을 납입하므로 기업부담이 평준화되어 재정운용의 장기적인 계획과 가시성이 높아지는 효과가 있다. 기존의 퇴직금제도에서는 근로자의 대규모 이직에 따른 불규칙적으로 발생하는 거액의 퇴직일시금 부담으로 인하여 경영 예측성이 저해되었으나, 퇴직연금제도에서는 퇴직급여 지급을 위한 장단기 자금흐름을 예측할 수 있다는 장점이 있다.

(1) 재무구조의 개선과 법인세 절감 효과

퇴직급여를 회사 내부에 퇴직급여 충당금으로 적립하는 것은 기업이 향후 지급해야 할 장기고정부채에 해당된다. 이를 외부의 금융기관에 적립함으로써 그만큼 퇴직부채가 줄어들게 되므로 부채비율의 감소와 유보율의 향상 등 재무구조의 개선 효과가 있다. 확정급여형의 경우 사외적립된 퇴직연금 운용자산이 확정급여채무의 차감항목으로 계상되므로 순부채가 감소하게 되고, 확정기여형의 경우 회사가 납부하는 부담금을 당해연도 비용으로만 인식하고 퇴직연금 관련 부채를 인식하지 않기 때문에 부채비율 개선효과가 있다.

아울러 기업이 부담하는 부담금 전액이 손금산입 됨으로써 법인세 절감 효과가 크다(확정급여형의 경우 확정급여채무의 100%에 해당하는 금액까지만 손금산입).

(2) 노무 관련 업무처리의 사외위탁 효과

확정급여형의 경우 퇴직부채 계상 시 국제회계기준에 따라 예측급여채무(PBO)를 산출하여 반영해야 하는데 일련의 연금계리적 업무절차를 금융사업자의 도움을 받아 처리할 수 있고, 확정기여형의 경우 퇴직 시 원천징수처리를 포함하여 가입자 교육 등 일련의 퇴직급여 관련 업무를 금융사업자에게 아웃소싱하는 효과를 가져올 수 있다.

(3) 노사 간의 상호 신뢰를 다질 수 있는 기회 제공

퇴직연금제도는 제도 도입 시 근로자 대표의 동의를 받도록 함으로써 노사 간의 충분한 협의를 거쳐 상호 신뢰와 화합을 더욱 다질 수 있는 계기가 된다. 더 나아가 제도에 대해 충분히 이해하고 스스로의 은퇴설계를 통하여 회사와 근로자가 서로 대화하는 분위기를 조성할 수 있는바 노사 간 상생(win-win)할 수 있는 좋은 프로그램으로 활용될 수 있다.

(4) 다양한 인사제도 도입과 탄력적인 조직개편이 용이

시대흐름에 맞게 연봉제나 성과급제도 또는 임금피크제 등의 다양한 인사제도를 고려하는 기업으로서는 퇴직연금제도를 용이하게 활용할 수 있다. 또한 지금처럼 기업의 구조조정이 상시적으로 일어나는 상황에서는 퇴직금 재원을 미리 확보해 둠으로써 과거보다 탄력적인 조직개편과 노무관리가 가능하다는 점도 간과할 수 없는 효과이다.

---

2 근로자의 장점

(1) 퇴직금 수급권 강화

확정기여형 퇴직연금의 경우 전액 사외적립되기 때문에 퇴직금을 전혀 떼일 염려가 없다. 확정급여형 퇴직연금은 2018년에 퇴직부채의 80% 이상을 금융기관에 적립하게 되어 퇴직금제도보다 근로자의 수급권이 많이 개선된 데 이어 근퇴법 개정안이 시행됨에 따라 2019년부터 확정급여형의 의무적립비율이 90%로 상향되었고, 2022년부터는 100%로 높아짐으로써 수급권 보호가 한층 강화될 것으로 기대된다.

(2) 안정적인 노후생활자금 보장

새로이 도입된 개인형 IRP는 이전직에 따른 일시금 소진의 부작용을 최소화하기 위해 통산장치로 의무화 하였다. 더불어 과세를 은퇴 후 퇴직금을 수령하는 시점까지 이연시켜 줌으로써 실질소득이 증가할 수 있도록 했다. 즉, 직장을 이동할 때마다 퇴직금을 쓰지 않고 세금혜택을 받아가면서 개인형 IRP계좌에 충분히 쌓아 두었다가 일시금 또는 55세 이후 연금으로 수령할 수 있게 된 것이다.

(3) 개인별 맞춤 노후설계 가능

확정기여형의 경우, 사용자 부담금 이외에 개인연금과 합산하여 연간 1,800만 원 한도까지 근로자의 추가 납입이 가능하고 연 700만 원까지 세액공제 혜택도 받을 수 있다. 즉, 노후생활 재원을 보다 충분히 마련하고자 하는 근로자는 각자의 선택에 따라 다양한 혜택이 부여되는 퇴직연금 플랜에 추가적인 재원을 납입할 수 있는 것이다.

(4) 금융환경 변화에 대한 이해와 활용능력 제고

퇴직연금제도에서는 근로자에게 퇴직연금제도 운영에 관한 가입자 교육을 실시하는 것이 의무화 되어 있다. 따라서 사용자는 전문금융기관인 퇴직연금사업자에게 위탁하여 다양한 금융정보 및 투자와 관련된 지식을 제공받아 가입자 교육에 활용할 수 있다. 퇴직연금 교육 뿐만 아니라 자산관리, 은퇴설계, 각종 세미나 등을 통해 근로자들의 생애 재무설계능력을 지원할 수 있다.

section 06 ㅣ 개인연금의 역할

　　우리나라 개인연금은 1994년 개인의 노후자금 마련을 목적으로 도입되었다. 연간 납입액의 40%(연간 72만 원 한도)까지 소득공제 혜택이 있었는데 2001년 「조세특례제한법」에 근거한 연금저축의 시행으로 2001년부터 판매가 중단되었다.

　　연금저축은 개인의 안정적인 노후생활보장을 위해 「조세특례제한법」에 의하여 「소득세법」에 따른 신연금저축계좌가 도입되기 이전인 2001년부터 2013년 2월까지 판매된 상품으로 근로소득자 및 자영업자에게 연간 납입보험료 100%(400만 원 한도)를 소득공제해준 바 있다.

　　개인연금제도가 지금과 같은 모습을 갖춘 것은 비교적 최근이다. 가입조건과 세제혜택, 자산운용방식 등이 획기적으로 개선된 '신연금저축계좌' 제도가 2013년 2월 도입되었다. 연금저축의 골격이 바뀌는 것은 2001년 이후 12년 만의 일로 그동안 「조세특례제한법」(제86조 2항)의 적용을 받았지만, 2013년부터는 「소득세법」의 적용을 받았다. 그간의 개인연금상품은 저축, 보험, 펀드 등 상품별로 가입해야 했으나 신연금저축제도는 하나의 '연금계좌'를 통해 권역별로 여러 개 상품에 가입하여 노후자금을 보다 효율적으로 운용할 수 있게 하였다.

　　의무납입기간이 10년에서 5년으로 줄어드는 대신 수령 시 세제혜택을 받기 위해서는 최소 10년 이상 받도록 하고 연금소득세는 연령대별로 차등 적용됐다. 또한 해지가산세도 없어 중도해지에 따른 비용부담이 줄어들게 되었다.

　　신연금저축(계좌)는 종전 분산되었던 법률을 「소득세법」으로 일원화 시켜 연금저축계좌와 퇴직연금계좌를 모두 연금계좌로 정의한 것이다. 계약의 주체를 자산운용사가 아니라 증권사로 하는 것은 증권사가 자산운용사를 선택할 수 있게 되어 하나의 신연금저축계좌에 여러 자산운용사와 펀드를 라인업하는 것이 가능하도록 변경하였음을 의미한다. 가입대상은 나이와 거주지에 관계없이 누구나 가입할 수 있다.

　　신연금저축계좌의 가장 큰 특징은 운용방법에 있다고 하겠다. 신연금저축계좌는 '계좌방식'으로 운용되므로 동일 계좌 내에서 자신이 원하는 펀드를 다양한 종류와 비중으로 운용할 수 있다. 즉, 구연금저축펀드의 경우 하나의 특정 자산운용사의 연금펀드에 가입하던 형태였다면 신연금저축펀드는 각 자산운용사의 연금펀드뿐만 아니라 연금저축용으로 지정된 일반 펀드에도 자금을 투자할 수 있게 되었다. 따라서 계좌 내에서 자유로운 포트폴리오 투자 및 시장 상황에 따른 탄력적인 대응이 가능해졌다. 아울러 목돈으로 적립하는 금액과 월납입금

표 1-6   금융기관별 연금저축 비교

구 분	연금저축신탁	연금저축펀드	연금저축보험
판매사	은행	증권, 은행, 보험	보험, 은행
수익률	실적배당	실적배당	공시이율
운용	안전자산 위주 투자	공격적 운용	안정적 운용
종류	안정형 : 채권 90%, 주식10% 채권형 : 채권 100%	주식형 : 주식편입 60% 이상 혼합주식형 : 주식편입 50% 이상 혼합채권형 : 주식편입 50% 미만 채권형 : 채권편입 60% 이상	–
특징	원금보장, 예금자보호	고수익 추구	원금보장, 예금자보호, 종신연금수령 가능

에 대해 다른 투자방법으로 운용할 수 있게 되었다. 다시 말해 목돈은 안정형 상품으로 매수하고 장래 납입되는 월적립액은 투자형상품으로 투자할 수 있다.

납입한도는 구연금저축에서 연 1,200만 원, 분기당 300만 원이었지만 신연금저축계좌에서는 연 1,800만 원으로 늘어났다. 분기당 한도도 사라져 개인 자금사정이나 시장 상황에 따라 자유롭게 추가 납입이 가능하게 되었다. 세제혜택은 세액공제 방식으로 바뀌고 퇴직연금 추가 납입금 합산 연 900만 원까지이다.

구연금저축상품은 중도에 돈이 필요한 경우 계좌를 해지하거나 연금을 담보로 대출을 받아야 했지만 신연금저축계좌는 수수료나 이자부담 없이 자유롭게 중도인출이 가능해졌다. 신연금저축계좌는 구연금저축에서 계약이전이 가능하고 신연금저축계좌 간에도 이전이 자유롭다. 기존 상품을 신연금저축계좌로 갈아탈 때는 가입일을 종전 가입일 또는 신규 가입일로 선택을 해야만 한다. 그에 따라 연금지급기간(5년 이상 또는 10년 이상), 해지가산세 유무, 가입자 사망 시 과세 비율 등이 달라지기 때문이다.

01 다음 중 우리나라 근퇴법에서 정하고 있는 퇴직연금제도에 해당되지 않는 것은?

① 확정급여형제도   ② 확정기여형제도

③ 개인형 퇴직연금제도   ④ 개인연금제도

02 다음 중 우리나라 퇴직연금 적립금 운용방법에 관한 설명으로 적절하지 않은 것은?

① 현행 관련 법규와 감독규정에서 적립금 투자금지 방법을 규정하고 있다.

② 확정급여형제도에서 주식을 70%까지 직접 투자할 수 있다.

③ 확정기여형 적립금 운용시 반드시 원리금 보장상품을 투자해야 한다.

④ 확정기여형은 위험자산에 대해 총량 70% 한도까지 편입할 수 있다.

03 다음 중 퇴직연금제도 도입 시 사용자(기업) 장점에 해당되지 않는 것은?

① 기업부담이 평준화되어 재정운용의 장기적인 계획과 가시성이 높아진다.

② 법인세 절감효과가 있다.

③ 다양한 인사제도 도입과 탄력적인 조직개편이 용이하다.

④ 퇴직금 수급권이 강화된다.

04 다음 중 생애주기에 따라 목표 퇴직 시점이 다가올수록 자동적으로 위험도가 높은 주식에 대한 투자 비율을 줄이고 안정적인 채권투자비율을 늘리는 금융상품은?

① 금리연동형 보험   ② 타깃데이트형 펀드

③ 채권혼합형 펀드   ④ 안정형 신탁

해설

01 ④ 퇴직급여제도에는 퇴직금제도를 포함하여 확정급여형, 확정기여형, 개인형 퇴직연금으로 구성되어 있다.

02 ③ 확정기여형 적립금 운용방법으로 원리금보장상품을 포함하여 위험과 수익구조가 다른 3개 이상을 제시하기는 하나 반드시 원리금 보장상품을 편입해야 하는 것은 아니다.

03 ④ 퇴직금 수급권 강화는 근로자(가입자) 장점에 해당된다.

04 ② 타깃데이트형 펀드(TDF)는 초보가입자에게 좋은 운용모델이 될 수 있다.

정답 01 ④ | 02 ③ | 03 ④ | 04 ②

part 10

부동산 개론

certified investment manager

chapter 01

부동산 투자의 기초

---

section 01 부동산의 개념과 특성

1 부동산의 개념

부동산이란 일반적으로 토지와 그 정착물(fixture)을 의미한다. 그러나 부동산은 바라보는 시각에 따라 다양한 의미를 가지고 있는데, 부동산을 단순하게 어느 한 측면에서만 바라보고 인식하는 것은 부동산을 제대로 이해하지 못할 수 있다. 즉, 부동산은 그 개념을 파악할 때 부동산을 바라보는 다양한 측면을 복합적으로 이해해야 한다는 것이다. 이를 부동산의 복합개념(compound concept)이라고 한다.

부동산을 바라보는 측면은 크게 유형적 측면과 무형적 측면으로 나눌 수 있다. 유형적 측면으로서 부동산은 물리적·기술적인 면에서 자연물, 공간, 위치, 환경 등의 속성을 가진다. 무형적 측면은 다시 경제·사회적 측면과 법률적 측면으로 구분하며, 경제·사회적 측면으로서 부동산은 자산, 생산요소, 자본, 소비재, 공공재 등의 속성을 가지며, 법률적 측면으로서 부동산은 소유권 등 권리의 목적물이 되는 물건이며, 정부의 각종 규제 대상으로서의 물건 등의

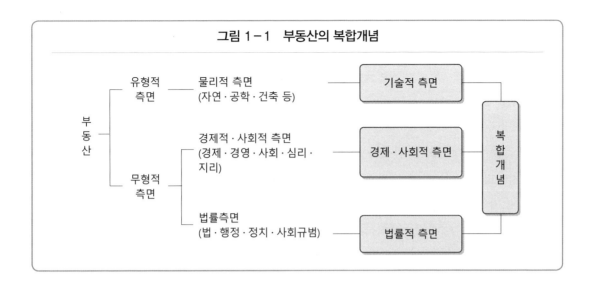

그림 1-1 부동산의 복합개념

속성을 가진다.

(1) 부동산의 물리적 개념

부동산은 물리적 개념으로 자연물, 공간, 위치 등으로 이해할 수 있다.

부동산은 자연물이기 때문에 그 자연적 특성에 의하여 일반 경제이론을 적용하기 어렵게 된다. 그리고 부동산은 수평, 공중, 지중의 3차원 공간의 속성이 있다. 농촌의 토지이용은 주로 수평공간으로 부동산을 이용하는 것이며, 도시지역은 주로 입체공간(공중과 지중공간)으로 부동산을 이용하는 데, 부동산의 가격은 이 3차원의 각 공간의 가격을 합한 것이라고 할 수 있다. 또한 지리적 위치가 고정되어 있는 부동산은 곧 위치(입지)의 속성을 가진다. 부동산은 그 위치와 접근성에 따라서 용도가 결정되기 때문에 입지와 접근성에 대한 선호도(preference)를 유발하여 그 가격을 발생시킨다. 즉, 위치에 따른 부동산의 이용은 그 부동산의 경제적 가치를 결정하게 된다.

(2) 부동산의 경제적 개념

부동산은 경제적 개념으로 자산, 생산요소, 자본, 소비재 등으로 이해할 수 있다.

부동산은 부의 증식을 가능케 하는 투자대상으로서의 자산의 속성을 가진다. 자산을 금융자산과 실물자산으로 구분할 때 부동산은 실물자산에 속한다. 특히 토지는 노동, 자본, 경영과 함께 생산요소들 중의 하나이며, 주택은 내구소비재이며 소비자의 자본으로 인식되기도 한다.

(3) 부동산의 법·제도적 개념

부동산은 법률적 개념으로 소유권 등 권리의 목적물이 되는 물건이다. 부동산은 토지 및 그 정착물(민법 제99조 제1항)을 말하며, 부동산 이외의 물건은 동산(민법 제99조 제2항)이다.

토지는 무한히 연속되고 있으나 편의상 지표에 인위적으로 선을 그어 구획하여 필지를 정하고 필지마다 지번을 붙여 토지대장 또는 임야대장에 등록하게 된다(공간정보의 구축 및 관리 등에 관한 법률 제64조 제1항 참조). 토지에 부착된 정착물은 토지와 독립된 물건으로 간주되는 건물과 토지의 일부로 간주되는 수목, 돌담, 교량 등이 있다.

이 밖에 등기·등록 등의 공시방법을 갖춤으로써 부동산에 준하여 취급되는 특정의 동산이나 동산과 일체로 된 부동산의 집단으로서 광업재단, 공장재단, 선박(20톤 이상), 항공기, 자동차, 건설기계, 어업권, 입목(立木) 등이 있으며, 이를 의제부동산 또는 준부동산이라고 한다.

표 1-1 **부동산과 동산의 차이점**

3대측면	구분	부동산	동산
물리적 측면	위치	고정성(비이동성)	유동성(이동성)
	용도	용도의 다양성	용도의 한계성
경제적 측면	가치	비교적 크다	비교적 작다
	구매기간	장기	단기
	시장구조	추상적 시장 불완전경쟁시장	구체적 시장 완전경쟁시장 가능
	가격 형성	1물1가의 원칙 배제	1물1가의 원칙 지배
법률적 측면	공시방법·권리변동	등기 등기·등록	점유 인도
	공신력	불인정	인정(선의취득)
	취득시효	20년(등기:10년)	10년(선의·무과실의 경우 5년간 점유)
	용익물권의 설정 담보물권의 설정	가능 질권은 설정(×)	지상권·지역권·전세권(×) 저당권은 설정(×)
	무주물의 귀속	국유(민법 제252조)	선점자의 소유(민법 제252조)
	강제집행 시 집행기관	'법원'에서 강제경매·강제관리	'집행관'의 압류에 의함
	환매기간	5년(민법 제591조)	3년(민법 제591조)

2 | 부동산의 특성

부동산, 특히 토지는 일반 경제재와는 다른 여러 가지 특성을 가지고 있다. 이런 특성은 부동산 자체가 본원적으로 가지고 있는 물리적 특성으로서 자연적 특성과 부동산과 인간과의 관계에서 비롯되는 경제적·제도적 특성으로서 인문적 특성으로 구분된다. 부동산의 특성에 있어서 건물을 토지와 독립된 물건으로 간주할 때 건물은 그 특성이 다른 경우도 있다는 것을 염두에 두어야 한다.

1) 자연적 특성

(1) 부동성(지리적 위치의 고정성)

부동산의 지리적 위치는 인위적으로 통제할 수 없다. 따라서 그 위치는 부동산의 효용과 유용성(예 : 토지의 이용)을 지배하게 된다. 이는 동산과 부동산을 구별하여 공시방법을 달리하는 근거가 되고, 부동산 현상을 국지화시킴으로써 부동산 활동은 임장활동 및 정보활동이 될 수밖에 없다. 이는 부동산 시장을 추상적 시장, 불완전경쟁시장화시킨다.

정착물로서 건물은 원칙적으로 부동성이 있으나 오늘날 이축기술의 발달로 이동이 가능함으로써 그 특성이 모든 건물에 적용된다고 볼 수는 없다.

(2) 영속성(내구성·불변성·비소모성)

부동산은 물리적인 면에서 시간의 경과나 사용에 의해 소모·마멸되지 않는다. 그러나 부동산의 경제적인 유용성에 있어서는 변화할 수 있음에 유의해야 한다. 또한 건물의 경우에는 인위적인 구조물이므로 재생산이 가능한 내구소비재로서 내용연수를 가지기 때문에 영속적이라고 할 수 없다.

영속성으로 말미암아 일반 재화와 같이 가치가 소모되지 않기 때문에 투자대상으로 선호된다. 물리적 상태의 토지는 소모를 전제로 하는 재생산 이론을 적용할 수 없기 때문에 부동산 감정평가에 있어서 원가방식은 적용하기 어렵다. 또한 토지는 소모·마멸되지 않는다는 점에서 감가상각이 배제되지만, 건물의 경우에는 이를 적용한다.

(3) 부증성(비생산성)

부동산은 생산비나 노동을 투입하여 물리적 절대량을 늘릴 수 없으며 재생산할 수도 없다. 공유수면의 매립이나 택지의 조성은 토지의 물리적인 증가라기 보다는 토지이용의 전환이라는 측면에서 파악해야 한다. 건물의 경우에는 장기적으로 건축을 통하여 양적인 증가가 있을 수 있으며 증축 등으로 규모가 늘어날 수 있지만, 결국 토지의 부증성에 따른 제한을 받게 된다.

토지는 생산비의 법칙이 적용되지 않고 완전 비탄력적 공급곡선을 가지게 되어 균형 가격의 성립을 불가능하게 한다. 토지의 희소성으로 지가의 앙등과 같은 지가문제를 유발하게 되며, 토지이용을 집약화하는 원인이 된다. 이 부증성은 독점 지대 이론의 기초가 되고 지대를 발생시키는 원인이 된다.

(4) 개별성(비동질성 · 비대체성)

부동산은 지리적 위치가 고정되어 있기 때문에 물리적으로 위치, 지형, 지세, 지반 등이 완전히 동일한 복수의 토지가 없다는 것이다. 그러나 사회 · 경제적인 면에서는 용도의 유용성이 유사한 토지는 다수 존재할 수도 있다. 또한 건물의 경우에는 인위적인 구조물인 점에 있어서 동일한 형이나 구조 및 규격의 건물을 생산할 수 있지만, 건물이 토지의 정착물이라는 점을 고려하면 완전한 동질성이 있다고 볼 수는 없다.

개별성으로 인하여 부동산은 가격 및 수익이 개별적으로 형성되어 일물일가의 법칙이 적용되지 못하므로 그 가격을 평가하기 위한 전문가의 활동을 요구한다. 부동산 현상을 개별화시키고 비교를 곤란하게 함으로써 감정평가 및 투자분석 시 개별 분석을 필요로 하게 한다.

2) 인문적 특성

(1) 용도의 다양성

부동산은 주거용, 상업용, 공업용, 공공용, 제1차 산업용(농경지, 임야 등) 등의 여러 가지 용도로 이용될 수 있다. 이와 같이 다양한 용도로 인하여 두 개 이상의 용도가 동시에 경합하는 경우가 있으며, 용도의 전환 또는 용도의 병존이 있을 수 있다. 경합되는 용도 중에서 어떤 용도를 선택할 것인가에 대한 판단은 당해 부동산으로부터 가장 많은 수익을 올릴 수 있는 이용을 추구하는 최유효이용의 원칙에 따른다.

(2) 합병·분할의 가능성

부동산은 그 이용목적에 따라 법률이 허용하는 한도 내에서 그 면적을 인위적으로 큰 규모로 합치거나 작은 규모로 나눌 수 있다. 즉, 토지는 2필지 이상을 1필지로 합병할 수 있으며, 1필지를 2필지 이상으로 분할할 수 있다. 건물의 경우에도 1동의 건물을 분할하여 구분소유할 수 있으며, 구분소유된 건물을 합병할 수 있다.

부동산은 합병·분할을 통하여 다양한 용도 중에서 최유효이용을 기할 수 있는 용도의 선택을 가능하게 한다는 점에서 용도의 다양성과 밀접한 관계가 있다.

(3) 사회적·경제적·행정적 위치의 가변성

부동산은 사회적·경제적·행정적인 환경의 변화에 따라 그 가치나 용도가 변하게 되는데, 이를 위치의 가변성이라고 한다. 사회적 위치가 변화(개선 또는 악화)하는 경우는 인구 및 가구 수의 변화, 도시형성 및 공공시설의 상태, 주거환경의 개선 또는 악화 등을 들 수 있다. 경제적 위치가 변화하는 경우는 소득 수준, 경기순환, 물가, 실업률 등의 변화와 기술혁신 및 산업구조, 교통체계의 변화 등을 들 수 있다. 그리고 행정적 위치가 변화하는 경우는 토지이용계획, 부동산 세제의 강화, 임대주택건설계획 등 각종 부동산 정책의 변화를 들 수 있다.

---

section 02 부동산의 법률적 측면

법률적 측면에서 부동산은 소유권 등 권리의 목적물이 되는 물건이며, 정부의 각종 규제의 대상이 되는 물건이다. 부동산을 규율하는 법률은 소유권 등 권리에 관한 사인(私人)간의 법률관계를 규율하는 부동산 사법과 공공복리나 사회적 목표를 달성하기 위하여 개인의 소유권에 대한 정부의 각종 규제, 지도, 부담, 강제, 관리 등을 규율하는 부동산 공법으로 구분할 수 있다. 부동산 관련 법률은 결국 재산권으로서의 부동산 소유권과 그 제한을 규율하는 법률을 의미한다.

토지 및 그 정착물로서 부동산은 동산과 함께 유체물에 해당된다. 민법에서 물건은 유체물뿐만 아니라 전기 기타 관리할 수 있는 자연력을 포함한다. 이러한 물건을 직접적으로 지배하여 이익을 얻을 수 있는 배타적인 권리를 물권이라고 한다.

물권은 법률 또는 관습법에 의하는 것 외에는 임의로 창설하지 못하는데(물권법정주의), 민법이 인정하는 물권으로는 다음과 같이 분류된다. 여기에서 부동산 물권은 점유권, 소유권, 지상권, 지역권, 전세권, 유치권, 저당권 등이 있다.

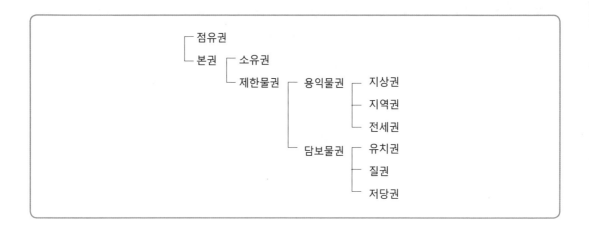

1) 물권의 본질

물권은 지배성, 배타성, 절대성을 가진다. 첫째, 지배성으로 물권이 특정인의 어떤 행위를 요구하지 않고 물건을 직접 지배할 수 있는 권리로서, 권리의 실현을 위하여 타인의 행위를 요하는 채권과 근본적으로 다르다. 둘째, 배타성으로 물권은 하나의 물건에 대하여 어떤 자의 지배가 성립하면 그 이익에 관하여 다른 자의 지배를 인정할 수 없는 배타적 권리로서 하나의 물건 위에는 하나의 물권만이 존재하는 것이 원칙이다(일물일권주의). 배타성이 없어 이중 매매가 있을 수 있는 채권과는 다르다. 예외적으로 등기한 임차권과 같이 채권도 등기함으로써 배타성을 가질 수는 있다. 셋째, 절대성으로 물권은 모든 사람에게 주장할 수 있는 절대적 권리이다.

2) 물권의 효력

물권에는 여러 가지의 종류가 있고 각각 특유한 효력이 있으나 모든 물권이 가지는 일반적 효력으로는 우선적 효력과 물권적 청구권이 있다.

우선적 효력이란 첫째, 물권은 그 배타성에도 불구하고 종류, 성질, 범위, 시간을 달리하는 물권은 동일 물건 위에 함께 성립할 수 있는데, 물권 상호 간에는 먼저 성립한 물권이 이후에 성립한 물권에 우선한다. 둘째, 동일 물건 위에 물권과 채권이 함께 성립하는 경우에는 그 성립의 선후에 관계없이 물권이 채권에 우선한다. 여기에는 예외가 있는데, 부동산에 관한 물권의 변동을 청구하는 채권이 가등기된 경우, 부동산 임차권이 등기된 경우, 「주택임대차보호법의 적용을 받는 주택임차권의 경우 등은 후순위 물권에 우선한다.

물권적 청구권이란 물권이 방해를 당하거나 방해 당할 염려가 있는 경우에 그 방해의 제거 또는 예방에 필요한 일정한 행위를 요구할 수 있는 권리이다. 물권적 청구권의 종류에는 물권적 반환청구권, 물권적 방해제거청구권, 물권적 방해예방청구권 등이 있다.

3) 소유권과 제한물권

(1) 부동산 소유권

부동산 소유권이란 법률의 범위 내에서 부동산을 자유로이 사용·수익·처분할 수 있는 권리로서 타인의 부동산을 부분적·일시적으로 지배하는 제한물권과 구별된다. 사용·수익이란 그 부동산이 가지는 사용가치를 실현하는 것이며, 처분이란 그 부동산이 가지는 교환가치를 실현하는 것이다. 토지 소유권의 범위는 지표는 물론 정당한 이익이 있는 범위 내에서 토지의 상하에 미친다. 따라서 토지 소유자의 이익을 침해하지 않는 공중과 지중에서의 타인의 이용을 금지하지 못한다. 특히 지중의 광업권의 객체가 되는 미채굴의 광물은 토지 소유권의 효력이 미치지 아니한다.

(2) 제한물권

제한물권이란 일정한 목적을 위하여 타인의 물건을 제한적으로, 즉 부분적·일시적으로 지배하는 물권으로 등기능력이 있는 권리이다. 제한물권의 종류에는 용익물권으로서 지상권·지역권·전세권과 담보물권으로서 유치권·질권·저당권으로 구분되는데, 부동산 물권으로는 지상권, 지역권, 전세권, 유치권, 저당권 등이 있다.

❶ 지상권 : 타인의 토지 위에 건물 기타의 공작물이나 수목 등을 소유하기 위하여 그 토지를 사용할 수 있는 물권. 이 경우 지상권에 의하지 않고 토지임대차계약에 의하여 동일한 목적을 달성할 수도 있으나 양자 사이에는 효력면에 있어서 강약의 차이가 있음. 그 차이는 첫째, 지상권은 배타성을 가지고 토지를 직접 지배할 수 있는 물권이고, 임차권은 임대인에 대하여 토지를 사용·수익하게 할 것을 청구할 수 있는 채권. 둘째, 지상권은 제3자에 대한 대항력이 있으나, 임차권은 제3자에 대한 대항력이 없는 것이 원칙. 셋째, 지상권은 자유로이 양도하거나 담보로 제공할 수 있으나, 임차인은 임대인의 동의 없이 임차권을 양도하거나 임차물을 전대하지 못함. 넷째, 지상권은 최단기간에 대한 제한(견고한 건물이나 수목은 30년, 기타 건물은 15년, 건물이외의 공작물은 5년)은 있으나 최장기간에 대한 제한이 없고, 임차권은 최장기간에 대한 제한(20년)은 있으나 최단기간에 대한 제한은 없음. 다섯째, 지상권의 성립에 있어서 지료가 그 요소는 아니나 지료를 지급하기로 약정한 경우에는 2년 이상 지료를 지급하지 아니한 때 지상권 설정자는 지상권의 소멸을 청구할 수 있고, 임차권의 성립에 있어서 차임은 그 요건이며 차임의 연체액이 2기의 차임액에 달하는 경우 임대인은 임대차계약을 해지할 수 있음

❷ 지역권 : 설정행위에서 정한 일정한 목적을 위하여 타인의 토지를 자기 토지의 편익에 이용하는 물권. 즉, 요역지(편익을 받는 토지)의 이용가치를 증대시키기 위하여 승역지(편익을 제공, 승낙하는 토지)를 일정한 방법으로 지배하는 물권. 예컨대, 요역지를 위한 인수(引水)·인근토지의 건축제한 등이다. 요역지는 반드시 1필의 토지이어야 하나 승역지는 토지의 일부이어도 됨. 지역권은 토지소유자 사이에서만 성립하는 것이 아니고, 지상권, 전세권, 임차권을 취득한 자는 그들이 사용하는 토지의 편익을 위하여 지역권을 설정할 수 있음. 그리고 요역지의 소유권 등이 이전되거나 다른 권리의 목적이 되는 경우에는 지역권도 이전되거나 다른 권리의 목적이 됨

❸ 전세권 : 전세금을 지급하고 타인의 부동산을 점유하여 그 용도에 따라 사용·수익하는 물권
　전세권이 소멸하면 목적 부동산으로부터 전세금을 우선변제 받을 수 있는 담보물권의 성질도 가지고 있는 우리나라 특유의 제도. 전세권은 전세권 설정자와 전세권자 간의 전세권 설정계약과 전세금의 수수 및 등기에 의하여 성립. 전세권의 존속기간은 최소한 1년이어야 하며, 10년을 넘지 못함. 전세권자는 전세권 설정자와 별도의 약정에

의해 전세권의 목적물을 양도·임대·전전세 등을 할 수 없도록 한 경우가 아니고서는 원칙적으로 전세권 설정자의 동의없이 양도·임대·전전세 등을 할 수 있으며, 전세권 위에 저당권을 설정할 수 있음

❹ 유치권 : 타인의 물건이나 유가증권을 점유한 자가 그 물건이나 유가증권에 관하여 생긴 채권이 변제기에 있는 경우에 그 채권을 변제받을 때까지 그 물건이나 유가증권을 유치할 수 있는 물권. 법정담보물권이며, 점유로써 공시되므로 등기가 필요 없음. 유치권이 성립하려면 목적물이 타인의 물건 또는 유가증권이어야 하고, 피담보채권이 목적물과 견련관계가 있어야 하며, 채권이 변제기에 있어야 하고, 유치권자가 목적물을 점유하고 있어야 하며, 당사자 사이에 유치권의 발생을 배제하는 특약이 없어야 함

❺ 저당권 : 채무자 또는 제3자가 채권의 담보로 제공한 부동산을 담보제공자의 사용·수익에 맡겨 두면서 채무의 변제가 없는 경우에 그 부동산의 가격으로부터 다른 채권자보다 우선하여 변제를 받을 수 있는 권리. 저당권은 점유를 포함하지 않으므로 반드시 등기·등록에 의하여 공시되어야 함. 저당권자는 경매를 실행하여 그 대금으로부터 순위에 따라 우선변제를 받는 효력을 가짐. 다른 채권자가 경매를 실행하는 경우에도 마찬가지임. 저당부동산의 경매대가로부터 채권을 완전히 변제받지 못한 경우에는 일반채권자로서 다른 경매의 배당에 참가할 수 있음

(3) 비전형담보제도

비전형담보제도로서 가등기담보 등에 관한 법률의 규정에 의한 가등기담보와 양도담보가 있다. 가등기담보는 채권을 담보할 목적부동산에 대하여 대물변제의 예약 또는 매매의 예약을 하고 채무불이행에 대비하여 소유권이전청구권보전을 위한 가등기를 하는 방법을 말한다. 양도담보는 채권을 담보할 목적으로 부동산의 소유권을 채권자에게 이전한 후 채무불이행이 있는 경우에는 그 목적물로 변제에 충당하고 채무를 이행한 경우에는 목적물을 반환하는 방법이다.

2 부동산 소유권의 공적 제한

부동산 소유권의 행사는 권리남용의 법리에 의하여 제약을 받는 동시에 공공복리나 사회적

목표를 달성하기 위하여 법률에 의한 제한을 받게 된다. 특히, 토지 소유권은 토지의 사회성·공공성으로 인하여 그 제한이 점차 확대되고 있다. 이러한 제한은 정부의 부동산 정책의 방향과 연관되어 개별 법률의 제정이나 개정에 의해 이루어진다. 이들 법률을 부동산 공법이라고 하며, 이는 부동산 권리 분석, 부동산 경매·공매, 부동산 개발과 같은 실무에서 매우 유용하게 사용된다.

부동산 공법으로 분류되는 개별 법률을 소유제한, 이용, 개발에 관한 법으로 구분하여 보면 뒤의 〈표 1-2〉와 같으며, 이들 법률 중 중요하게 여겨지는 법률을 간략하게 살펴본다.

국토기본법은 과거 국토건설종합계획법을 보완·발전시켜 국토에 관한 계획 및 정책을 수립·시행함에 있어서 지향하여야 할 이념과 기본방향을 명시하고, 국토계획의 수립과 이의 체계적인 실천을 위한 제도적 장치를 마련하여 국토의 지속 가능한 발전을 도모하기 위하여 2003년 1월 제정된 법률이다.

지역 개발 및 지원에 관한 법률은 종전 지역균형개발 및 지방중소기업 육성에 관한 법률과 신발전지역 육성을 위한 투자촉진 특별법에 분산되어 있는 다양한 지역개발제도를 하나의 "지역개발계획" 및 "지역개발사업계획"으로 통합·단일화하여, 지역 개발사업의 추진체계를 지방자치단체와 민간 주도로 전환하고, 지역 개발 및 지원에 관한 지역 간, 기관 간 조정 장치를 마련하며, 각종 인·허가 의제, 원형지 개발방식 도입, 입주기업에 대한 조세 감면, 국·공유재산 임대료 감면 등을 통해 개발사업 지원을 강화하고자 제정된 법률이다.

국토의 계획 및 이용에 관한 법률은 종전 도시계획법(도시지역), 국토이용관리법(비도시지역)으로 이원화하여 운용함으로써 국토의 난개발 문제가 대두됨에 따라 비도시지역에도 도시계획법에 의한 도시계획기법을 도입할 수 있도록 하기 위하여 이들 두 법을 통합하여 제정하였다.

동법은 2003년 1월 1일 시행되었으며, 국토의 계획적·체계적인 이용을 통한 난개발의 방지와 환경친화적인 국토이용체계의 구축을 도모하기 위한 법률이다.

동법은 전국토를 종전의 5개 용도지역(도시·준도시·농림·준농림·자연환경보전지역)에서 4개 용도지역(도시·관리·농림·자연환경보전지역)으로 축소하고, 종전에 난개발 문제가 제기되었던 준농림지역이 편입되는 관리지역을 보전관리지역·생산관리지역·계획관리지역으로 세분하여 관리하도록 함으로써 난개발 문제의 해소를 도모하고 있다.

건축법은 건축허가, 건축물의 구조 및 재료와 설비, 용도지역별 건축 가능한 건축물의 용도, 용도분류 및 용도전환, 도로 및 건축선, 면적 및 높이제한, 일조권 등을 규정하고 있다.

개발제한구역의 지정 및 관리에 관한 특별조치법은 종전 도시계획법상 개발제한구역 관련

표 1-2   소유, 이용, 개발 측면의 분류표

구분			관련 법률	비고
소유 제한	농지		• 농지법	농지소유제한 및 소유상한
	택지		• 택지소유상한에 관한 법률	1998년 9월 19일 폐지
이용	국토계획	전국	• 국토기본법	국토기본법 2003.1.1. 시행
		지역	• 수도권정비계획법 • 지역 개발 및 지원에 관한 법률	지역균형개발 및 지방중소기업 육성에 관한 법률과 신발전지역 육성을 위한 투자촉진 특별법의 통합에 의한 지역 개발 및 지원에 관한 법률 2015.1.1. 시행
	도시계획		• 국토의 계획 및 이용에 관한 법률 • 건축법 • 개발제한구역의 지정 및 관리에 관한 특별조치법	국토이용관리법과 도시계획법의 통합에 의한 국토의 계획 및 이용에 관한 법률 2003.1.1. 시행
개발	지역개발		• 제주특별자치도 설치 및 국제자유도시조성을 위한 특별법	
	토지의 개발	택지	• 도시개발법 • 도시 및 주거환경정비법 • 택지개발촉진법 • 주택법	도시재개발법은 2002년 12월 30일 폐지되고, 도시 및 주거환경정비법이 2003년 7월 1일부터, 주택법은 2003년 11월부터 시행
		농지	• 농지법	농지의 이용, 농지의 보전 및 전용
		초지	• 초지법	
		산업입지	• 산업입지 및 개발에 관한 법률 • 산업집적활성화 및 공장설립에 관한 법률	
		수자원	• 댐 건설 및 주변지역지원 등에 관한 법률	
		공유수면	• 공유수면관리 및 매립에 관한 법률	
공공용지의 취득			• 공익사업을 위한 토지 등의 취득 및 보상에 관한 법률	2003.1.1. 시행

규정이 일부 헌법불합치 결정을 받게 됨에 따라 새로 제정된 법률이다.

   동법은 개발제한구역의 지정절차와 개발제한구역의 종합적·체계적인 관리를 위한 법적 기반으로서 개발제한구역의 보전과 주민의 생활편익의 조화를 도모하며, 개발제한구역으로 지정된 토지에 대하여 정부에 매수를 청구할 수 있도록 함으로써 국민의 재산권을 보장하는 등 위헌의 소지를 없애기 위한 법률이다.

도시개발법은 도시개발구역지정권자, 민간의 도시개발참여방안, 사업방식별 특징, 개발이 익환수장치, 토지상환채권, 기반시설설치관련 장치, 환지계획, 환지예정지, 환지처분 등을 규정하고 있다. 이는 그 동안의 도시개발이 주택단지개발, 산업단지개발 등과 같은 단일목적의 개발방식으로 추진되어 신도시의 개발 등 복합적 기능을 갖는 도시를 종합적·체계적으로 개발하는 데는 한계가 있었는 바, 종전의 도시계획법의 도시계획사업에 관한 부분과 토지구획정리사업법을 통합·보완하여 도시개발에 관한 기본법으로서 제정되었다. 또한 도시개발에 대한 민간부문의 참여를 활성화함으로써 다양한 형태의 도시개발이 가능하도록 하고 있다.

도시 및 주거환경정비법은 도시기능의 회복이 필요하거나 주거환경이 불량한 지역을 계획적으로 정비하고 불량건축물을 효율적으로 개량하기 위해 필요한 사항을 규정하고 있다.

주택법은 주택의 건설·공급 및 주택시장의 관리 등에 관한 사항으로 주택조합, 주택건설절차, 주택건설자금, 주택공급, 공동주택의 관리·보수 등을 규정하고 있다.

산림법은 2005년 산림법이 폐지되면서 산림법에 있던 내용을 산림자원의 조성 및 관리에 관한 법률, 국유림의 경영 및 관리에 관한 법률 및 산림문화·휴양에 관한 법률 3개의 법률로 분법화하여 산림자원의 조성 및 관리에 관한 내용을 규정하고 있다.

농지법은 농지의 소유에 대한 규제(소유제한 및 소유상한, 농지취득자격증명 등), 농지의 이용, 농지의 보전 및 전용 등을 내용으로 한다. 농지법은 농지개혁법·농지의 보전 및 이용에 관한 법률·농지임대차관리법·농어촌발전특별조치법 등 여러 법률에 복잡하게 분산 규정되어 있는 농지 관련 법률과 제도를 통합·정비한 농지에 관한 종합적이고 기본적인 법률로서 1994년 제정되었다.

공익사업용지의 취득과 손실보상에 관한 제도로서 토지수용법과 공공용지의 취득 및 손실보상에 관한 특례법은 2003년 1월 1일부터 공익사업을 위한 토지 등의 취득 및 보상에 관한 법률로 통합되었으며, 이는 손실보상에 관한 절차와 기준을 체계화하고 각종 불합리한 제도를 개선하여 국민의 재산권을 충실히 보호함과 아울러 공익사업의 효율적인 추진을 도모하려는 법률이다.

3 부동산 소유권의 공시제도

물권에는 배타성이 있으므로 제3자에게 영향을 미치거나 해치는 일이 많으므로 물권을 공시할 필요가 있는 바, 이를 부동산 등기제도라 한다. 부동산 등기란 등기관이 부동산 등기법령이 정하는 절차에 따라 등기부에 부동산의 표시 및 부동산에 관한 권리관계를 기재하는 것, 또는 그 기재자체를 말한다.

등기의 대상은 부동산 등기법에 의하여 토지, 건물에 대한 소유권, 지상권, 지역권, 전세권, 저당권(지상권, 전세권 목적 저당권 포함), 권리질권(저당권부), 부동산 임차권, 환매권 등이고, 기타 특별법에 의한 입목, 공장재단, 광업재단, 선박 등에 대한 소유권, 저당권 등이 있다.

등기의 효력에 있어서 본등기는 ① 물권 변동적 효력, ② 순위 확정적 효력, ③ 형식적 확정력, ④ 대항적 효력, ⑤ 권리존재 추정력, ⑥ 점유적 효력 등을 가진다. 가등기는 실체법상 요건이 불비한 때 권리의 설정, 이전, 변경, 소멸의 청구권을 보전하기 위한 등기로서 ① 본등기 전에는 청구권보전의 효력을 가지며, ② 본등기 후에는 순위보전적 효력을 갖는다.

section 03 부동산의 경제적 측면

1 부동산 시장의 개념 및 특징

부동산 시장이란 부동산 권리의 교환, 상호 유리한 가액으로의 가액결정, 경쟁적 이용에 따른 공간배분, 토지이용 및 공간이용의 패턴 결정 및 수요와 공급의 조절 등이 일어나는 추상적인 기구를 말한다.

부동산 시장은 부동산의 특성 때문에 일반 재화의 시장과는 다른 특성을 가지는데, 이는 시장의 국지성, 거래의 비공개성, 부동산 상품의 비표준화성, 시장의 비조직성, 수요공급의 비조절성 등을 가진다.

첫째, 시장의 국지성으로서, 이는 부동산 시장이 부동산의 지리적 위치의 고정성으로 인하여 공간적 적용범위가 일정 지역에 국한됨으로써 그 지역의 사회·경제·행정적인 환경의 변화에 크게 영향을 받는다는 것이다. 따라서 지역에 따라 다른 가격이 형성되기 때문에 당해 지역의 시장에 대한 정보에 정통한 지역 내 중개업자의 역할을 필요로 한다. 즉, 지역적으로 한정된 불완전한 시장형태를 가지기 때문에 적정한 시장 가격을 도출하기 어려워 그 가격을 산출하기 위하여 부동산 감정평가법인등의 역할도 요구된다.

둘째, 거래의 비공개성으로서, 이는 부동산의 개별성과 행정적 규제나 사회적 관행으로 인해 일반 재화와는 달리 거래사실이나 거래내용을 외부에 공개하기를 꺼리는 관행이 있다는 것이다. 따라서 부동산 시장 내의 정보수집이 어렵고 정보탐색에 많은 비용이 소요된다. 그러나, 최근에는 국토교통부 실거래가 공개시스템(https://rt.molit.go.kr/)과 이를 활용한 프롭테크 서비스(https://www.valueupmap.com/, https://hogangnono.com/ 등)를 통해 거래의 비공개성이 일정부분 해소되고 있다.

셋째, 부동산 상품의 비표준화성으로서 이는 부동산의 개별성으로 인하여 부동산 상품의 표준화가 불가능하여 일물일가의 법칙이 적용되지 않는다는 것이다. 따라서 시장에서 이루어지는 각각의 부동산 거래는 협상을 통하여 이루어지기 때문에 부동산 가격이 개별적으로 형성 된다.

넷째, 시장의 비조직성으로서 이는 앞서 거론한 시장의 국지성·거래의 비공개성 및 부동산 상품의 비표준화성 등으로 인하여 시장이 일반시장에서와 같이 도매상·소매상 등의 조직화가 곤란하게 된다는 것이다.

다섯째, 수요공급의 비조절성으로서 이는 부동산의 부증성으로 인하여 부동산의 공급이 비탄력적이기 때문에 수요 증가로 가격이 상승하더라도 일반재화처럼 공급을 증가시키기 어렵다는 것이다. 즉, 수요와 공급의 자동조절기능이 제대로 작용하지 못하여 부동산 시장이 불완전한 시장이 되는 것이다.

이 밖에 일반시장에 비하여 매매기간이 장기적이며, 법적 규제가 과다하며, 부동산 금융에 영향을 많이 받게 되는 특징이 있다.

2 부동산가격의 개념과 기능

(1) 부동산가격의 개념

부동산가격은 시장을 통해 확인되는 부동산의 가치를 말한다. 즉, 수요-공급 가격 메커니즘을 통해 생성되는 개념이다. 부동산 수요는 소비자가 부동산을 구입하고자 하는 욕구와 구입할 수 있는 유효수요를 의미한다. 가격과 수요량은 음(-)의 관계를 갖는다. 부동산 수요량의 결정요인으로는 대상 부동산의 가격, 대체 부동산의 가격, 인구 규모와 구조, 부동산의 밀도, 인근지역의 환경 등이 있다. 부동산 공급은 부동산 생산자가 대상 부동산을 시장에 팔기를 원하는 것이다. 가격과 공급량은 양(+)의 관계를 갖는다. 부동산 공급량의 결정요인으로는 대상 부동산의 가격, 대체 부동산의 가격, 건설이자, 시공비용, 세금, 수요자 동향 등이 있다.

또한, 부동산의 소유에서 비롯되는 장래 이익에 대한 현재가치로 설명되기도 한다. 모든 재화는 '장래이익의 현재가치'의 성격을 지니고 있으나, 부동산은 용도가 다양하고 내구성이 크기 때문에 장래가치에 대한 불확실성이 큰 편이다.

표 1-3 부동산 수요량, 공급량의 결정요소

구분	부동산 수요량	부동산 공급량
내용	• 대상 부동산의 가격 • 대체 부동산의 가격 • 인구 규모와 구조 • 부동산의 밀도 • 인근지역의 환경 • 주식 가격 • 물가수준 및 변동률 • 가격통제의 수단 • 부동산규제의 정도 • 경쟁지역의 다양한 요소들 • 선호의식 • 토지계획 • 사회경제환경 변화 • 기타 수많은 요소들	• 대상 부동산의 가격 • 대체 부동산의 가격 • 건설이자 • 시공비용 • 임금수준 • 건설 부대비용 • 개발부담금 • 세금 • 지역계획 • 수요자들의 동향 • 기술혁신 • 권리양도의 원활성 • 기타 수많은 요소들

(2) 부동산가격의 기능

부동산가격은 부동산활동에서 중요한 기능을 수행한다. 부동산활동에 있어 구체적인 활동 방향을 가리키는 신호의 기능을 하며, 부동산 배분에 있어서 양과 질을 조정하는 기능을 지니기도 한다. 또한, 부동산시장에서의 생산과 분배가 유연성 있게 자동 조절되도록 하는 매개기능을 갖는 등 여러 가지 기능을 지니고 있다.

---

3 부동산의 경기변동

(1) 부동산 경기변동의 개념 및 특징

부동산 경기는 일반적으로 주거용 부동산의 건축경기를 말하며, 보다 넓은 의미의 부동산 경기는 공업용·상업용 부동산의 건축경기를 포함시키며, 더욱 넓게는 토지의 경기를 포함시킨다. 부동산 경기변동이란 부동산 시장이 일반경기변동과 같이 확장, 후퇴, 수축, 회복의 네 가지 국면을 주기적으로 갖는 것을 말한다.

이러한 부동산 경기변동의 특징으로 부동산 경기의 주기는 일반경기에 비해 길게 나타나는 경향이 있다. 또한 부동산 경기는 일반경기의 변동에 비해 저점(trough)이 깊고 정점(peak)이 높은 편이다. 이는 부동산 경기가 일반경기의 변동에 대응하여 민감하게 작용하지 못하는 타성이 있기 때문이며, 이로써 부동산 경기는 일반경기보다 시간적으로 뒤지는 경향이 있다. 부동산 경기는 일반적으로 지역적·국지적으로 나타난 후에 전국적·광역적으로 확대되는 경향이 있다.

부동산 경기는 부문시장별 변동의 시차가 존재하는 데, 이는 상업용·공업용 부동산의 경기는 일반경기변동과 대체로 일치하지만, 주거용 부동산의 경기는 그와 역순환을 보이는 경우가 있다.

(2) 부동산 시장의 경기별 유형

부동산 시장은 일반경기순환의 확장, 후퇴, 수축, 회복의 4국면 외에 부동산 고유의 특성인 안정시장이라는 특수한 국면을 가지고 있다.

❶ 하향시장 : 일반 경기의 수축에 해당한 부동산 시장으로 부동산의 가격이 하락하며 거

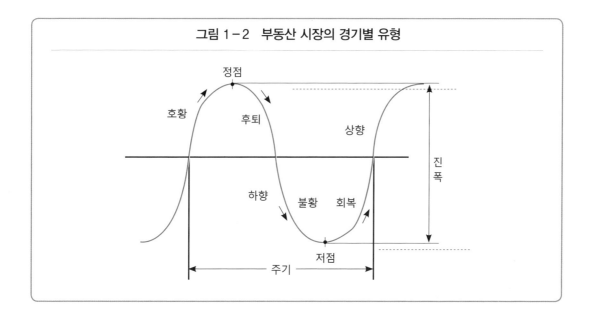

그림 1-2 부동산 시장의 경기별 유형

래는 한산하고 금리와 공실률이 높아짐. 과거의 사례 가격은 새로운 거래 가격의 상한 선이 되며 부동산 전문가의 활동에 있어서 매수자 중시 현상이 커짐

❷ 회복시장 : 불황이던 시장이 잠에서 깨어나 거래가 늘어나기 시작하는 단계로 경기의 회복은 개별 혹은 지역별로 회복되는 것이 통상임. 가격의 하락이 중단·반전하여 가격 이 상승하기 시작하기 때문에 투자 또는 투기심리 작용의 여지가 높고 과거의 사례 가 격은 새로운 가격의 기준 가격이 되거나 하한선이 됨

❸ 상향시장 : 일반 경기의 확장에 해당하는 부동산 시장으로 부동산 가격이 활발하나 경 기가 후퇴할 가능성을 가짐. 과거의 사례 가격은 새로운 거래 가격의 하한선이 되며 부 동산 전문가의 활동에 있어서 매도자 중시 현상이 커짐

❹ 후퇴시장 : 가격의 상승이 중단·반전(하락)하여 경기의 후퇴가 시작하여 거래는 점차 한 산해지고 금리는 높고 여유 자금은 부족해짐

❺ 안정시장 : 부동산 시장만이 지니고 있는 특수한 국면으로 시장이 안정되어 감. 가격은 가벼운 상승을 유지하거나 안정되고 불황에 강한 부동산, 즉 위치가 좋은 적정규모의 주 택 등이 대상이 됨. 과거의 사례 가격은 새로이 신뢰할 수 있는 거래의 기준이 됨

(3) 부동산 경기 측정의 지표

부동산 경기의 측정은 단순지표에 의존할 것이 아니라, 건축의 양·가격 변동·거래량의 3 지표를 통한 종합적인 측정이 가장 바람직하다. 부동산 경기측정의 지표는 이외에도 미분양 재고량, 공실률, 임대료 수준, 주택금융상태 등을 통해 측정하기도 한다.

❶ 건축의 양 : 건축량은 경기측정의 적절한 지표가 될 수 있으며, 특히 건축의 착공량은 부동산 경기의 측정지표로서 매우 빈번하게 사용. 이는 건축허가량이나 착공량에 관한 자료는 다른 자료들보다 상대적으로 용이하게 구할 수 있기 때문임

❷ 부동산의 가격 변동 : 토지 등의 부동산 가격의 상승을 통해서 부동산 경기를 측정하려 는 일반적인 경향이 있음. 그러나 부동산의 가격 변동을 경기변동의 유일한 지표로 삼 는 것은 문제가 있음. 즉, 건축비는 자재비, 인건비 등의 변동에 따라 민감한 영향을 받 으므로 건축비의 상승으로 건축물 가격이 상승한 경우 그 거래도 활발하다고 단언하기 어렵기 때문임. 그리고 투기현상이 심한 경우에는 지가의 상승과 건축활동은 별도의 양 상을 보이는 경우도 있어 부동산 경기가 호황이라고 속단하기 어려움

❸ 부동산의 거래량 : 부동산의 거래량은 부동산 경기를 측정하는 적절한 지표가 될 수 있 으며, 특히 건물의 공실률의 동향은 부동산 경기의 선행지표가 될 수 있음. 또한 택지의 분양실적도 부동산 경기를 측정하는 지표로 이용될 수 있으나, 이에는 지역성이나 개별 성이 크게 작용하므로 보편적인 지표로서 이용 시에는 유의해야 함. 즉, 택지의 분양이 얼마나 활발하게 전개되는가는 부동산 경기로 받아들일 것이 아니라 부동산 경기의 선 행현상의 하나라고 보아야 할 것임

chapter 02

부동산 투자의 이해

부동산 투자 결정 과정

부동산 투자란 확실한 현재의 소비를 희생하여 이에 대한 보상으로 미래의 불확실한 수익의 획득을 목적으로 부동산에 자본을 투입하는 행위이다. 즉, 부동산에 투자하는 투자가의 행동은 보다 큰 부를 얻기 위하여 부동산을 매입하고 매도하는 일련의 활동으로 이루어져 있다. 부동산 투자는 일반적으로 투자기간이 길고 투자자금의 규모가 크기 때문에 다른 투자자산보다 신중한 투자결정이 요구된다.

따라서 부동산 투자자는 투자를 실행하기 전에 자신의 투자목적을 달성하기 위한 예측으로부터 결정까지의 전체적인 투자 실행 계획을 세워야 하는데, 이를 투자 결정 과정이라고 한다. 투자 결정 과정은 당해 부동산 투자가 투자자의 투자목적을 만족시키는 합리적인 타당성을 가지고 있는가를 분석하는 과정이다.

부동산 투자 결정 과정은 기본적으로 5가지의 단계를 거친다. 첫째, 투자의 목적 및 제약조건을 명확히 한다. 둘째, 부동산 투자에 영향을 미치는 경제적, 법적 및 사회·정치적 환경을 분석한다. 셋째, 부동산 투자로부터 기대되는 현금흐름(cash flow)을 예측·분석한다. 넷째, 예측된 현금흐름을 투자 결정 판단기준에 의하여 투자의 타당성을 분석한다. 다섯째, 이상의 분석결과에 의하여 투자의 실행을 최종적으로 결정한다. 이러한 과정을 보다 자세하게 살펴보기로 한다.

1 투자의 목표 및 제약조건

(1) 투자의 목표

부동산 투자의 목표는 투자자들이 원하는 수준의 기대수익률과 위험이라고 할 수 있다. 일반적으로 나이가 많은 투자자들은 기대수익률이 낮더라도 위험이 적은 부동산에 투자하고자 하며, 젊은 투자자들은 보다 큰 위험을 부담하더라도 높은 기대수익률을 원한다. 이와 같이 투자자들이 목표로 하는 기대수익률과 위험의 수준은 투자자의 투자동기, 연령 등에 따라 달라진다.

일반적으로 부동산에 투자하는 이유는 다음과 같은 것들이 거론된다. 첫째, 다른 투자자산에 비하여 상대적으로 투자의 안전성이 높다고 인식된다. 많은 투자자들은 부동산의 부증성으로 인하여 수요의 증가에 따른 가격 상승은 필연적이라고 생각하여 왔다. 둘째, 소득이득과 자본이득을 향유할 수 있으며, 특히 매 기간 말 발생하는 소득이득은 투자자의 관심을 끌게 된다. 셋째, 인플레이션 헤지의 수단으로 인식되는 데, 과거 부동산 가격의 상승은 대부분 일반물가상승률을 상회하여 왔다고 보기 때문이다. 넷째, 부동산은 이를 담보로 부채를 이용할 수 있기 때문에 레버리지 효과를 기대할 수 있으며, 부채를 상환(원리금 상환)함으로써 자기자본을 축적할 수 있다는 것이다.

(2) 제약조건

투자자들은 사회적 또는 개인적 제약조건에 의하여 행동하기 때문에 시장에서 거래되는 모든 부동산을 마음대로 선택할 수 없다. 일반적으로 부동산 투자자의 행동을 제약하는 조건으로는 다음과 같은 것이 언급된다.

❶ 투자자금의 규모 : 현실적으로 투자자에게 가장 중요한 제약조건은 투자자금의 규모임. 부동산 투자는 일반적으로 투자자금의 규모가 큼. 따라서 부동산 투자자는 부동산을 담보로 하는 부채를 이용하게 됨. 부채의 사용으로 유리한 레버리지의 효과를 얻을 수 있

는 장점이 있음. 이는 부채가 커지면 커질수록 그만큼 더 자기자본의 수익률이 증가한다는 것이지만 부채의 이용에 따른 금융위험(financial risk)의 증가에 대하여 신중히 고려가 필요

❷ 유동성 : 유동성이란 어떤 자산을 공정한 가격을 받고 어느 정도 용이하게 또는 신속하게 처분할 수 있는가를 의미. 부동산은 다른 투자자산에 비하여 상대적으로 유동성이 낮다는 단점이 있음. 따라서 부동산 투자자는 투자자금을 어느 정도 긴급하게 회수할 필요가 있는가를 고려하여 투자결정을 하여야 함

❸ 투자기간 : 투자기간은 투자자금의 전부 또는 일부를 회수하고자 예정하는 기간을 의미. 일반적으로 부동산은 장기적인 투자기간을 가짐. 그 이유 중의 하나로서 투자기간이 단기인 경우 그 자본이득에 대한 양도소득세의 세율이 상대적으로 높다는 점이 고려됨

❹ 분석 및 예측능력 : 부동산에 대한 분석능력과 예측능력도 투자자들의 투자행동을 제약하는 조건으로 작용. 특히, 부동산 시장은 일정 지역에 국한되는 국지성을 가지므로 그 지역에 정통한 중개업자나 감정평가법인등과 같은 전문가의 도움을 받아야 할 필요성이 있음

❺ 규제 및 세금 : 투자자들은 토지 및 주택에 대한 정부의 정책적 규제에 따라 제약을 받게 됨. 특히 투자자들은 세후 투자수익을 자신의 소득으로 가져갈 수 있다는 점에서 절세효과나 세금 부담에 대한 검토가 필요

이 밖에 투자자에 대한 제약요건은 투자자 고유의 사정, 다른 투자수단과의 비교 등이 있을 수 있다.

2 　부동산 투자환경의 분석

부동산 투자 결정 과정의 2단계에서는 투자 결정에 영향을 미치는 부동산 투자환경을 분석한다. 투자환경은 시장환경, 법적 환경, 사회정치적 환경 등으로 이를 분석함으로써 위험에 영향을 주는 요인을 명백히 확인하는 것이다. 위험이란 '미래에 실제로 얻게 될 수익률(또는 가격이나 부)이 기대했던 수익률로부터 편차를 갖게 될 가능성'을 의미한다. 부동산 투자에 있어서 위험은 부동산 투자환경의 변화에 따라 미래의 임대료, 공실률, 부동산 가격 등이 예상을

벗어나 기대수익률로부터 편차를 갖게 될 가능성을 말하며, 이는 사업상의 위험, 법적 위험, 인플레이션위험, 금융위험 등으로 구분된다.

사업상의 위험은 부동산 시장에서의 수요공급의 변화에 따른 위험이고, 법적 위험은 정부의 부동산 정책, 각종 법적 규제의 변화에 따른 위험이고, 인플레이션 위험은 물가상승률의 변화에 따른 위험이며, 금융위험은 부채를 이용한 부동산 투자에 있어서 투자수익의 변화에 따른 채무불이행의 위험이다.

(1) 시장분석

시장분석은 당해 부동산 투자가 산출하는 미래의 세후 현금흐름에 초점을 두고 투자의 타당성에 영향을 미치는 부동산 시장의 수요공급의 관계를 조사·검토하는 것이다.

부동산 시장은 전국의 부동산 시장, 지역의 부동산 시장 등 시장의 수준에 따른 분석과 주거용, 상업용, 공업용 등 부동산의 용도에 따른 부동산 시장을 나누어 분석할 필요가 있다.

이 분석과정에서 인구의 증감, 이동패턴, 고용의 변화, 소득 수준, 물가 수준 등 투자의 위험에 영향을 미치는 요인들을 분석하여야 한다. 특히 당해 부동산의 잠재적 이용자, 즉, 임차인의 특징과 선호성을 주의 깊게 분석할 필요가 있다. 이와 같은 시장분석에 의하여 투자자는 임대료, 공실률, 대상 부동산의 미래의 가격 동향 등을 예상할 수 있다.

(2) 법적 환경분석

부동산을 소유한 자는 이를 자유로이 사용·수익·처분할 수 있는 소유권을 가지며, 타인에게 지상권·지역권·전세권 등의 용익물권을 설정하여 주거나 임대차 계약에 의하여 이를 사용·수익하게 할 수 있다. 부동산 투자에 있어서 이러한 권리관계를 명확하게 확인할 필요가 있다. 또한 투자자의 소유권은 정부의 토지이용계획이나 주택건설계획 등 부동산 정책에 의한 제한을 받고 있다. 따라서 정부의 부동산 정책의 변화나 부동산 관련 조세의 변화에 따라 투자수익의 불확실성을 야기한다. 또한 정부의 화폐정책이나 재정정책에 따른 시장이자율의 변화도 부동산의 수익성에 영향을 미친다.

(3) 사회정치적 환경분석

부동산 투자는 특히 대규모 개발인 경우에는 사회 전체의 공익과 관련을 가지게 된다. 또한 지역사회의 가치관도 투자 결정 과정에서 고려하여야 한다. 특정 투자개발을 요구하는 수요가 있고 그 개발이 합법적이라고 할지라도 그에 반대하는 주민감정이 있다든지 정치적으로 허락되지 않는 경우가 있다.

3 현금흐름(Cash Flow)의 예측

투자 결정 과정에서 제3단계는 부동산 투자에 있어서 예상되는 현금흐름을 예측하는 것이다. 현금흐름의 예측은 투자자가 투자대상 부동산을 보유하고자 하는 기간 전체에 걸쳐 이루어져야 한다. 투자자는 투자대상 부동산에 관한 과거의 자료나 기타 부동산 투자환경에 대한 분석에서 추출된 자료를 분석함으로써 투자로부터의 현금흐름을 예측한다.

부동산 투자에 의한 현금흐름은 원천적으로 운용에 의한 현금흐름과 매도에 의한 현금흐름을 예측하여야 한다.

(1) 운용에 의한 현금흐름

〈표 2-1〉에서 보는 바와 같이 운용에 의한 현금흐름은 투자자의 예상 보유기간 동안 1년을 단위로 현금흐름표를 작성하여야 한다. 현금흐름을 예측하는 것은 투자분석에 있어서 가장 중요한 일이다. 보유기간 전체의 현금흐름표를 작성하기 전에 기본적으로 고려하여 할 것

표 2-1   현금흐름의 산출(각 연도)

	연간 단위당 임대료 × 단위수
	잠재 총소득(Potential Gross Income : PGI) − 공실 등 + 기타 소득
	실제 총소득(Effective Gross Income : EGI) − 운용비용(Operating Expenses : OE)
	순 운용소득(Net Operating Income : NOI) − 부채상환액(Debt Service : DS)
	세전 현금흐름(Before−Tax Cash Flow : BTCF) − 소득세(Taxes from Operation : TO)
	세후 현금흐름(After−Tax Cash Flow : ATCF)

은, 첫째, 예상되는 임대료, 공실률, 운용비용의 수준을 확인하고 보유기간 동안 그 수준의 변화를 추정하여야 하며, 둘째, 투자자금의 조달에 부채를 이용하는 경우에 부채의 유형 및 규모와 그 영향 등을 분석한다. 셋째, 소득구간별 적용 세율, 소득세의 감면 등 소득세의 영향을 분석한다.

운용에 의한 현금흐름을 산출하기 위해서는 우선 순 운용소득을 구해야 한다. 부동산 투자환경으로서 시장분석에서 현재 및 미래에 있어서 투자대상 부동산에 대한 임차인의 수요 및 시장에서의 유사부동산과의 경쟁(경합되는 부동산의 수, 질, 임대료) 등을 통한 임대료 수준에 대한 예측이 선행되어야 한다. 그 예측에는 임대료 규제 등과 같은 법적·사회정치적 환경에 대한 분석에 의해서도 영향을 받는다. 예측된 임대료와 단위수를 고려하여 당해 부동산의 잠재적 총소득을 산출할 수 있다. 그러나 부동산을 운용하는 실제에 있어서는 공실이 발생하거나 임대료를 징수하지 못할 가능성이 있으며, 기타 주차장의 임대료, 자동판매기 등에 의하여 소득이 발생할 수 있다. 즉, 공실 등에 의한 손실을 공제하고 기타 소득을 합산하여 실제 총소득을 산출한다. 이와 같이 구해진 실제 총소득에서 부동산의 운용에 따른 비용을 공제하여 순 운용소득이 산출된다. 부동산을 운용하는 데 드는 비용은 변동비용(관리비, 수선비, 광고비)과 고정비용(재산세 등, 손해보험료)을 포함한다. 변동비용은 당해 부동산의 입거율에 의하여 변동되는 비용을 의미한다. 고정비용에는 재산세, 종합부동산세, 지역자원시설세, 지방교육세 등과 같은 부동산 보유 관련 조세가 포함된다.

운용에 의한 현금흐름은 순 운용소득에서 부채의 이용에 따른 부채상환액(원리금 지급액)과 소득세 등을 공제한 금액을 의미한다. 순 운용소득에서 부채상환액을 공제한 금액은 세전 현금흐름이라고 하며, 세전 현금흐름에서 소득세를 공제한 금액은 세후 현금흐름이라고 한다. 여기에서 세후 현금흐름은 투자자가 가장 관심을 가지는 금액이 될 것이다.

투자자금의 조달에 대한 결정은 현금흐름표를 작성할 때 기본적으로 고려되어야 한다. 투자자가 그 조달에 부채를 이용하는 경우에는 부채의 유형, 규모 및 그 영향을 분석해야 하는데, 이를 위해서는 평균이자율 및 대출기간, 그리고 레버리지 비율이 파악되어야 한다. 레버리지 비율은 투자대상 부동산의 자본구조, 즉, 부채의존도를 나타내는 재무비율들로서 대출비율(LTV)과 부채상환비율(DSCR)이 있으며, 이는 금융위험을 나타내는 척도로 이용된다.

❶ 대출비율(loan-to-value ratio) : 대출비율은 저당대출원금을 부동산 가격으로 나누어 계산하며, 부동산 투자의 자본구조를 나타내는 중요한 비율. 대출자(금융기관 등)의 입장에서의 대출비율은 부채의 안전도를 나타내는 것으로 대출비율이 크다는 것은 채무불

이행위험이 크다는 것을 의미. 부동산의 가격은 변동성을 가지고 있으므로 부동산 가격이 하락하는 경우에 채무불이행 위험이 커질 수 있으므로 대출자는 부동산의 가격에 대한 일정한 비율(예 : 주택담보대출의 대출비율을 70%로 정하는 경우)을 정하여 대출하게 됨. 투자자의 입장에서 대출비율은 금융위험을 나타내는 재무비율로 해석. 즉, 대출비율이 클수록 이자부담이 증가할 것이며, 이는 금융위험의 증가를 의미하기 때문임

$$대출비율 = \frac{대출잔고}{부동산의\ 가격}$$

❷ 부채상환비율(debt-service coverage ratio) : 대출비율은 부동산 투자에 있어서 일정 시점의 자본구조만을 나타내 주는 재무비율이기 때문에 부채의 원리금 상환능력을 적절하게 측정해 주지 못한다는 단점을 가지고 있음. 따라서 부동산 투자의 원리금 상환능력을 측정하기 위한 보조적인 재무비율로서 부채상환비율이 사용. 부채상환비율은 순 운용소득을 부채상환액으로 나누어 계산. 즉, 부채상환비율은 부채상환에 사용할 수 있는 순 운용소득이 부채상환액의 몇 배인가를 계산함으로써 부채의 안전도를 분석할 수 있다는 것임

$$부채상환비율 = \frac{순\ 운용소득}{부채상환액}$$

(2) 매도에 의한 현금흐름

부동산 투자에 의한 현금흐름은 매년 운영으로부터의 현금흐름을 산출하고 그 처분에 따른 현금흐름을 예측하여야 한다. 투자자는 보유기간의 종료 시에 매도에 의하여 예상되는 현금흐름을 예측하기 위하여 우선 예상되는 매도 가격을 추정해야 한다. 예상되는 매도 가격으로부터 중개수수료 등의 매도 비용을 공제하면 매도 순수익이 산출된다. 부채를 이용한 부동산 투자의 경우에는 매도 순수익에서 보유기간 동안 상환되지 않은 저당대출잔고를 공제해야 하는데, 그 공제된 금액을 세전 수취 자기자본이라고 한다. 세전 수취 자기자본에서 양도소득세를 공제한 금액이 투자자가 관심을 가지는 매도에 의한 현금흐름이며, 이는 세후 수취 자기자본이라고 한다. 양도소득세는 소득세법의 규정에 의하여 산출된 양도소득 과세표준에 보유기

	예상 매도 가격(selling price)
	− 매도 비용(selling expense)
=	매도순수익(net sales proceeds)
	− 미상환 저당대출잔고(unpaid mortgage balance)
=	세전 수취 자기자본(before−tax equity reversion)
	− 양도소득세(capital gain tax)
=	세후 수취 자기자본(after−tax equity reversion)

간이나 등기 여부에 의하여 구분된 각각의 세율을 적용하여 계산된다.

4 투자의 타당성 분석

투자 결정 과정에서 앞에서 구해진 현금흐름을 이용하여 투자 결정을 위한 판단기준에 의하여 비교·분석해 보아야 한다. 여기에서 중요한 문제는 당해 부동산에 지불해야 할 투자금액은 얼마인가, 일정한 투자금액에 대한 당해 부동산의 수익률은 얼마인가 또는 예상되는 수익률은 위험을 보상할 수 있을 것인가 등에 대한 답을 구해야 한다.

투자의 타당성을 분석하기 위한 판단기준으로서 투자분석기법에는 간편법, 현금흐름 할인법, 전통적인 감정평가법 등이 있다.

(1) 간편법

간편법은 투자 결정을 위한 처음 단계에서 개략적으로 간단하게 계산할 수 있어 유익한 지침이 되기도 하지만, 그 이용에는 신중을 기할 필요가 있다. 이는 간편법이 미래의 현금흐름을 할인하지 않는다는 점에서 어느 한 가지 방법에 의해 계산된 비율은 다른 방법에 의해 계산된 비율과 직접 비교하기 곤란하다는 한계를 지니기 때문이다.

일반적인 간편법에는 순소득승수, 투자이율, 자기자본수익률 등의 개념이 있다.

❶ 순소득승수(net income multiplier) : 순소득 승수는 순 운용소득에 대한 총투자액의 배수를 말하며, 자본회수기간으로도 이용

$$순소득\ 승수 = \frac{총투자액}{순\ 운용소득}$$

❷ 투자이율 : 총투자액에 대한 순 운용수익의 비율이며, 이는 순소득 승수의 역수

$$투자이율 = \frac{순\ 운용소득}{총투자액}$$

❸ 자기자본수익률 : 자기자본투자액에 대한 세전 현금흐름의 비율

$$자기자본수익률 = \frac{납세\ 전\ 현금흐름}{자기자본투자액}$$

(2) 현금흐름 할인법(Discounted Cash Flow Method)

현금흐름 할인법은 현재의 부동산 가격이 장래의 현금흐름을 할인한 현재가치와 똑같다는 인식을 기초로 하고 있다. 이는 현재의 1원은 미래의 1원보다 더 큰 가치를 가지고 있는 것으로 평가되기 때문이다. 이 개념을 화폐의 시간가치(time value of money)라 한다. 현금흐름 할인법에는 순현재가치, 내부수익률, 수익성지수의 세 종류가 있다.

❶ 순현재가치 : 순현재가치는 현금유입의 현재가치에서 현금유출의 현재가치를 뺀 값으로 정의. 부동산 투자에 있어서 현금유출은 초기의 투자자금이며, 현금유입은 운용에 의한 현금흐름으로서 매년 세후 현금흐름과 매도에 의한 현금흐름으로서 세후 수취자기자본

$$NPV = \sum_{t=1}^{T} \frac{ATCF_t}{(1+k)^t} + \frac{ATER_T}{(1+k)^T} - I_0$$

단, $ATCF_t$: t기의 세후 현금흐름
$ATER_t$: T기(보유기간 말)의 매도에 의한 세후 수취 자기자본
I_0 : 최초의 부동산 투자자금
k : 부동산 투자로부터 얻어져야 할 최소한의 요구수익률
t : 현금흐름이 얻어지는 시기 $t = 0, 1, 2, \cdots, T$

순현재가치를 계산하기 위하여 사용하는 할인율은 당해 부동산 투자로부터 얻어져야 할 최소한의 요구수익률로서 투자의 위험도를 반영하여 결정. 요구수익률은 시간에 대한 대가와 위험에 대한 대가를 포함하는 데, 투자자는 위험이 없더라도 시간의 경과에 대한 대가를 얻어야 하며, 위험의 수준이 높으면 높을수록 더 높은 수익률을 요구하게 됨. 부동산 투자의 위험도가 크면 클수록 더 높은 할인율을 적용하게 되고 이에 따른 순현재가치도 적어지게 됨. 이는 현금흐름의 현재가치가 할인율이 높을수록 그리고 기간이 길수록 작아지기 때문임. 여기에서 부동산 투자에 있어서 이용되는 수익률은 요구수익률과 함께 기대수익률과 실현수익률이 있음. 기대수익률은 투자자가 투자로부터 예상되는 현금유출과 현금유입으로부터 얻을 수 있다고 기대하는 수익률을 말하며, 실현수익률은 투자를 한 후에 실제로 달성된 수익률로서 사후적인 수익률을 말함

부동산 투자의 실행 여부를 판단함에 있어서 순현재가치가 0보다 크거나 같으면 당해 투자안을 채택하고, 0보다 적으면 기각. 여러 개의 상호배타적 부동산 투자안의 우선순위를 결정하고자 할 경우에도 순현재가치가 큰 순서로 투자의 우선순위를 정함

> 채택 여부 : 투자안의 순현재가치(NPV) ≥ 0 이면, 채택
> 투자안의 순현재가치(NPV) < 0 이면, 기각
> 우선순위 : 투자안의 순현재가치(NPV)가 큰 것부터 우선함

❷ 내부수익률 : 내부수익률(IRR : Internal Rate of Return)은 투자안의 현금유입의 현재가치와 현금유출의 현재가치를 일치시키는 할인율을 말함. 이는 부동산 투자에 있어서 운용에 의한 현금흐름의 현재가치와 매도에 의한 현금흐름의 현재가치를 합한 총현재가치와 초기의 부동산 투자자금을 일치시키는 할인율을 의미하며, 순현재가치를 0으로 만드는 할인율과 같음

$$NPV = \sum_{t=1}^{T} \frac{ATCF_t}{(1+R)^t} + \frac{ATER_T}{(1+R)^T} - I_0 = 0$$

R은 내부수익률로서 현금흐름 자료로부터 구해짐. 부동산 투자의 실행 여부의 판단은 당해 부동산 투자의 내부수익률과 그 투자로부터 얻어져야 할 최소한의 요구수익률

인 k를 비교하여 결정. 만약 내부수익률이 요구수익률보다 크거나 같으면 그 투자안은 채택되어야 하고, 내부수익률이 요구수익률보다 작으면 기각되어야 함. 따라서 요구수익률 k는 투자안의 채택 여부를 결정하는 기준으로서의 의미를 가짐. 또한 여러 개의 부동산 투자안들이 있는 경우 그 우선순위는 내부수익률이 큰 순서로 결정

> 채택 여부 : 투자안의 내부수익률(IRR) $\geq$ 요구수익률(k)이면, 채택
> 투자안의 내부수익률(IRR) $<$ 요구수익률(k)이면, 기각
> 우선순위 : 투자안의 내부수익률(IRR)이 큰 것부터 우선함

❸ 수익성지수 : 수익성지수(PI : Profitability Index)는 부동산 투자로부터 얻어지게 될 장래의 현금흐름의 현재가치를 최초의 부동산 투자액으로 나누어 계산. 수익성지수는 투자로부터 얻어지는 편익(장래의 현금흐름의 현재가치)을 비용(최초의 부동산 투자액)으로 나눈 비율이라는 점에서 편익/비용비율(Benefit/Cost ratio : B/C ratio)이라고도 함.

$$PI = \left\{ \sum_{t=1}^{T} \frac{ATCF_t}{(1+R)^t} + \frac{ATER_T}{(1+R)^T} \right\} \div I_0$$

수익성지수는 최초 투자액에 비하여 부동산 투자로부터 얻어지게 될 장래의 현금흐름의 현재가치가 몇 배인가를 구하고자 하는 것임.

부동산 투자의 실행 여부의 결정은 수익성지수가 1보다 큰 부동산 투자안은 채택되고, 1보다 작은 부동산 투자안은 기각되며, 수익성지수는 투자의 우선순위를 결정하는 경우에 주로 사용됨.

수익성지수가 최초 부동산 투자액에 대한 순현재가치의 상대적 크기를 나타내고 있기 때문에 투자규모의 차이가 나는 여러 부동산 투자안들의 우선순위를 결정하고자 하는 경우에는 수익성지수가 적절한 투자 결정기준이 될 수 있음. 즉, 수익성지수는 순현재가치가 투자규모의 차이를 충분히 고려하지 못한다는 단점을 보완할 수 있는 투자 결정기준이 됨.

> 채택 여부 : 투자안의 수익성지수(PI) ≥ 1 이면, 채택
> 투자안의 수익성지수(PI) < 1 이면, 기각
> 우선순위 : 투자안의 수익성지수(PI)가 큰 것부터 우선함

(3) 전통적인 감정평가방법

전통적인 감정평가방법은 감정평가사가 평가방법으로서 거래사례비교법, 수익환원법, 원가법을 적용하여 투자대상 부동산의 정상 가격을 산출하는 것이다. 여기에서 산출된 부동산의 정상 가격과 최초의 부동산 투자액을 비교하여 부동산 투자의 실행 여부를 결정하는 것이다.

부동산의 감정평가에 의한 정상 가격이 최초의 부동산 투자액보다 큰 부동산 투자안은 채택되고, 적은 부동산 투자안은 기각된다.

5 투자 결정

부동산 투자 결정 과정의 최종단계로서 이상에서 언급한 분석 결과에 의하여 투자의 실행 여부를 최종적으로 결정한다. 투자 결정 과정의 각 단계를 신중하게 재검토하여 투자자 자신의 목표에 적합한지의 여부를 판단하여 부동산 투자를 최종 결정하는 것이다.

section 02 부동산 투자 개요

1 부동산 투자의 이해

자산운용 포트폴리오상 부동산은 환금성도 낮고 직접 이자 등은 발생하지 않지만 어떠한 시대에도 통용되는 자산으로서의 '유용성'이 중시되어 온 것만은 사실이다.

표 2-2   부동산 투자자의 경우(투자 결정 시 반드시 고려해야 할 사항)

시기적 측면	• 매수 시점인가의 여부 • 투자 후 개발할 것인가, 환가할 것인가?(예상 시기)
자금 측면	• 보유자금의 규모는? • 투자 가능 자금의 규모와 투자대안의 적절성 여부
지역의 선정	• 수도권인가, 특정 지역인가?
용도의 선정	• 토지(대지, 전, 답, 임야)인가? 상가·주택·기타 상품인가?
방법의 선정	• 일반매매인가? 경매·공매인가?

표 2-3   부동산 보유자의 경우(보유 또는 처분의 결정 시 반드시 고려해야 할 사항)

보유할 것인가?	현황 보유	• 보유 시 지가전망은? • 보유에 따른 부담은?		
	개발 보유	• 개발 임대사업인가? • 개발 직영사업인가?		
처분할 것인가?	현황 처분	• 왜? • 얼마만큼을?	• 누구에게? • 얼마에?	• 언제? • 제세금은?
	개발 처분	• 누구와? • 무엇으로? • 얼마를 투입하여?	• 언제? • 어떻게? • 얼마에?	• 얼마만큼을?

　　부동산 투자는 부동산을 보유한 자나 보유하지 않은 자 모두 나름대로 고민과 동시에 희망을 가지는 데서 출발한다. 부동산을 보유하지 않은 자는 언제, 어떤 부동산을 투자해야 하는지에 대해 고민을 하게 되는데 이를 보면 투자의 시기, 투자자금의 규모, 투자지역, 투자용도, 투자방법이 주요내용이다.

　　부동산 보유자의 경우도 계속 보유를 해야 하는지, 그렇다면 현재 상태 그대로 보유할 것인가 그럴 경우 지가전망은 어떤가, 보유에 따른 관련 조세공과는 어떤가, 아니면 개발하여 보유할 것인가, 처분할 것인가 등에 대한 나름대로의 고민에 처하게 된다.

　　이와 같이 부동산을 매개로 한 고민은 보다 적절한 투자 또는 개발의 시기나 방법 등을 통해 높은 수익의 거양을 위한 것이다.

　　부동산 투자의 구체적인 방법은 ① 단순 매매차익 또는 보유이득을 노리는 투자와 ② 개발

활용(신축, 리모델링 등)을 통한 부동산 개발 투자가 있다. ①의 경우 향후 개발에 따른 전망 있는 지역이나 투자안에 대한 자료수집과 연구가 필요하지만, 다소 구시대적인 투자 방법이라는 비판이 있다. ②의 경우 ①보다 적극적이고 높은 투자수익을 기대할 수 있지만, 개발 리스크, 시장환경 변화, 각종 법령상 제한이 많아 부동산 투자 결정시 고려사항과 Risk가 많은 단점이 있다.

| 2 | 부동산 투자의 유형 및 투자 결정 시 고려사항 |

부동산 투자에 있어서 고려사항으로는 환금성, 안정성, 자본가치 증대 가능성, 산출의 확실성, 개발 리스크, 순이익의 재투자 가능성, 레버리지효과, 세금효과, 투자시기 등이 있다. 이와 같은 사항은 모든 부동산 투자에 있어 고려해야 할 사항이지만, 부동산 유형에 따라 별도로 고려해야 할 사항도 있다. 용도별 투자 유형 및 부동산 유형에 따른 투자시 고려사항은 아래와 같다.

표 2-4 **부동산 투자 유형 및 유형별 고려사항**

대분류	소분류	유형별 고려사항
주거용	아파트	주거환경, 학군, 세대수, 아파트브랜드 등
	연립, 다세대, 다가구주택	빌라 밀집도, 향후 재개발 가능성 등
	재개발, 재건축	사업시행 진척도, 입주권 가능성 등
	오피스텔	임대 시세, 공실률, 주택 포함 여부 등
상업, 업무용	근린상가	배후세대, 유동인구, 동선흐름 등
	중심상가	외부 유입 수요, 면적, 층수 등
	테마상가	상품 자체 응집력, 타겟 수요층 등
	오피스(업무시설)	교통시설 접근성, 업무시설 밀집도 등
공업용	지식산업센터	투자 및 대출가능 여부, 인근 분양가 및 임대료 등
	산업단지 공장	산업단지 혜택, 입주업종 등
	개별 공장	추가 부지 확보 가능여부, 인근 민원 가능성 등
토지	대지	건축가능 건축물의 수요 및 개발비용 등
	전, 답	추가적인 개발 가능 여부, 인근 개발계획 등
	임야	공법상 제한, 면적, 지분 등

3   부동산의 조사 · 확인

1) 부동산 조사 확인방법

부동산 조사 확인은 관련 공부에 의한 경우와 현장답사에 의한 조사 확인방법이 있다. 면적이나 지목 등과 소유권, 제한물권의 상태, 공법상 이용제한 등은 관련 공부에 의하여 기본적으로 확인하며, 소재지와 실제 면적, 현실지목 등은 현장을 살펴봄으로써 확인이 될 수 있다.

표 2-5   **부동산 조사 확인방법**

① 공부상 확인	• 소재지, 면적, 지목, 면적, 개별공시지가 – 토지대장, 임야대장 • 소재지, 건물명칭, 구조, 대지면적, 건축면적, 연면적, 층별 용도 등 – 건축물대장 • 소유권, 제한물권 – 등기사항증명서 • 공법상 이용제한 – 토지이용계획확인서 • 위치, 형상 및 경계 확인 – 지적도
② 현장답사	• 토지 – 소재지, 면적, 지목 기타 지세, 지형, 지반, 토질, 도로 상황 • 건물 – 연면적, 용도, 구조, 방향, 부대설비의 설치상태 • 입목 – 생육상태 • 공장재단, 광업재단 – 재단목록의 내용과 실제현황의 일치 여부 • 기타 – 등기부상 소유자와 실제상의 소유자 일치 여부, 주택임대차보호법에 의해 보호 대상이 되는 입주자 존부 여부, 법정지상권, 유치권, 분묘기지권, 채석권, 점유권, 특수지역권과 같이 등기를 요하지 않는 권리의 존부 여부

2) 부동산 기본적 조사 확인사항

부동산의 기본적 조사 확인사항으로는 토지의 경우 소재지, 지목, 면적, 경계, 지형과 지세, 도로 및 교통관계 등을 보며, 건물의 경우 구조와 건축연도, 면적, 건물의 용도 등이 있다.

표 2-6 　부동산 기본적 조사 확인사항

① 소재지	• 토지의 경우 – 지번까지 확인 • 위치 확인 – 지형도·지적도를 통해서 확인 • 건물의 경우 – 건축물대장에 의하여 도로명주소를 확인 　(최근에는 네이버지도, 다음지도 등 어플리케이션으로 GPS를 활용하여 교차확인 가능)
② 지목	• 공부상 지목과 실제 이용상황의 일치 여부를 조사확인 • 임야의 경우 – 개간 가능성 • 환지예정지의 경우 – 종전의 지목이 전·답·임야 등으로 되어 있어도 실제로는 대지로 조성되는 경우가 많으므로 이를 확인 • 지목의 종류 및 부호(28개) – 전(전), 답(답), 과수원(과), 목장용지(목), 임야(임), 광천지(광), 염전(염), 대(대), 공장용지(장), 학교용지(학), 주차장(차), 주유소용지(주), 창고용지(창), 도로(도), 철도용지(철), 하천(천), 제방(제), 구거(구), 유지(유), 양어장(양), 수도용지(수), 공원(공), 체육용지(체), 유원지(원), 종교용지(종), 사적지(사), 묘지(묘), 잡종지(잡)
③ 면적	• 토지는 토지대장, 임야대장에 필지별로 표시, 건물은 건축물대장에 전체 연면적, 건축면적, 층별 면적 등 표시함. 만약 토지대장·임야대장·건축물대장과 등기부등본상의 면적이 상이할 경우에는 대장의 면적을 기준으로 함(*지적공부와 등기부등본상 소유자가 다른 경우에는 등기부등본이 기준임) • 토지구획정리사업 등에 의하여 환지예정지가 지정된 경우에는 환지예정지지정증명원에 의해 면적 확인 • 토지와 건물의 면적단위는 m^2가 원칙 　– 1평 = 3.3058m^2, 1m^2 = 0.3025평 　　1정 = 3,000평, 1단 = 300평, 1무 = 30평
④ 경계	• 대지 – 지적도로 경계 판별, 주변의 건축물 도로 등을 기준으로 확인 • 임야 – 임야도로 경계 판별, 능선·계곡·도로·하천 등을 기준확인 • 농지 – 지적도로 경계 판별, 한 필지가 여러 개의 논둑으로 구분되어 있는 것에 유의하여 논둑을 기준으로 확인
⑤ 지형과 지세	• 지형 : 정방형, 가로장방형·세로장방형, 삼각형, 사다리꼴형, 부정형 　– 농지는 정방형, 주택지는 정방형, 장방형, 상가는 도로와 접한 부분이 가장 많은 가로장방형이 유용성이 높음 • 지세 : 토지의 경사도 – 주택은 완만한 경사지나 평지, 농지는 평지가 유리
⑥ 개별 공시지가 및 건물 기준시가	• m^2당 개별 공시지가는 지방세 및 국세의 과세자료로 활용되고 있으므로 토지대장, 임야대장에서 확인 • 건물의 경우 공동주택가격, 개별주택가격, 국세청 고시 기준시가 등을 확인

⑦ 도로 및 교통
관계
	• 도로 : 공도 · 사도 여부, 도로 포장상태, 폭등을 조사
	  − 도로의 종류, 구조, 폭, 포장여부, 차량의 출입 가능성, 노폭, 통과차량, 도로의 높
	    낮이 등 토지의 유용성에 영향을 주는 요인 조사
	  − 도로와 접하는 토지의 위치, 토지의 유형(3면가로, 각지, 맹지 등) 조사
	• 교통관계 : 이용 가능한 대중교통수단과 당해 토지에의 차량접근 여부, 거리 및 주차
	  가능성 등을 조사
	  − 주택은 도심지와의 접근성 여부, 상가는 지역 내 교통체계, 농지는 농산물 출하시
	    장과의 거리 등
	  − 거리의 유형 : 실거리, 시간거리, 의식거리, 비용거리

⑧ 건물의 기본적
사항
	• 건축물의 구조 및 건축연도
	  − 현장확인과 건축물대장에 의한 구조 및 건축연도 조사 · 확인
	  − 구조유형 : 철근콘크리트조, 철골철근콘크리트조, 철골조, 석조, 연와조, 경량철골
	    조, 철파이프조, 콘크리트 블록조, P · C조, 목조, 석회 및 흙 혼합벽돌조, 흙벽돌조,
	    돌담 및 토담조 등
	  − 건물의 내용연수와 비교한 향후 경제적 내용연수 예상
	    * 내용연수 : 관리상태에 따라 다르나 철근콘크리트건물은 50~80년, 연와조는
	      50~60년, 시멘트조와 P · C조, 목조는 40~50년, 흙벽돌조와 토담조는 30년 정도
	• 건물의 면적 : 실제 면적과 공부상 면적이 불일치하는 경우 거래가액 결정에 주요 요
	  인으로 작용할 수도 있어 이를 조사 · 확인
	• 건물의 용도 : 건축법상 28개 용도
	  − 건축물의 용도분류 : 단독주택, 공동주택, 제1종 근린생활시설, 제2종 근린생활시
	    설, 문화 및 집회시설, 종교시설, 판매시설, 운수시설, 의료시설, 교육연구시설, 노
	    유자시설, 수련시설, 운동시설, 업무시설, 숙박시설, 위락시설, 공장, 창고시설, 위
	    험물저장 · 처리시설, 자동차 관련 시설, 동물 및 식물 관련 시설, 분뇨 · 쓰레기처리
	    시설, 교정 및 군사시설, 방송통신시설, 발전시설, 묘지 관련 시설, 관광휴게시설,
	    그 밖에 대통령령이 정하는 시설
	• 건축물의 방향 : 건물의 방위가 건물의 환경과 가격에 큰 영향을 끼치므로 동서남북
	  의 위치 및 향을 조사 확인함(특히 주거용 건물)

3) 공법상의 제한사항 확인

표 2-7　공법상의 제한사항

① 이용제한의 조사·확인 방법	• 토지이용계획 확인서로 확인 　- 토지의 소재지, 지번, 지목, 면적 　- 국토의 계획 및 이용 관련 사항(용도지역·지구, 토지거래 허가구역 해당 여부, 개발계획 등의 수립 여부 도시계획시설, 도시 및 환경정비사업, 기타 도시계획입안사항) 　- 군사시설보호구역 해당 여부 　- 농업진흥구역 해당 여부 　- 보전산지 해당 여부 　- 공원구역, 공원보호구역 해당 여부 　- 상수원보호구역 해당 여부
② 공법상의 이용 제한	• 국토의 계획 및 이용에 관한 법률의 제한 : 전국을 4개 용도지역으로 구분 　- 도시지역, 관리지역, 농림지역, 자연환경보전지역 　- 용도지역·지구·구역으로 분류 행위제한 • 건축법상의 제한 : 개별적으로 건축행위(신축, 증축, 개축, 재축, 이전, 대수선, 용도변경)를 위주로 규제 • 기타법률상의 제한 : 그 외 산림법, 도로법, 산업집적활성화 및 공장설립에 관한 법률 등에 의해서도 토지 및 건축물 규제를 하는 경우가 있음
③ 공법상의 거래 제한	• 토지거래허가제 : 토지이용계획확인서로 확인 　- 허가의 대상 : 허가구역 내 토지의 소유권, 지상권 등을 대가를 받고 이전 또는 설정하는 계약 　- 허가기준면적 : 일정 면적 초과 시 허가 대상 　- 근거법령 : 부동산 거래신고 등에 관한 법률 • 허가의 절차 　- 당사자 공동으로 시장·군수·구청장에게 신청하여야 함 　- 시장·군수 또는 구청장은 허가신청서를 받은 때에는 민원사무 처리에 관한 법률의 규정에 의한 처리기한 내에 허가 또는 불허가의 처분을 하고, 그 신청인에게 허가증을 교부하거나 불허가처분 사유를 서면으로 통지하여야 함 　- 위 규정에 의한 기간 이내의 허가증의 교부 또는 불허가처분 사유의 통지가 없는 때에는 당해 기간이 만료한 다음 날에 허가가 있은 것으로 봄 　- 이의신청 : 허가관청의 처분에 이의가 있는 경우 그 처분을 받은 날로부터 1월 이내에 시장·군수 또는 구청장에게 이의 신청할 수 있음 　- 매수청구권 : 불허가처분통지받은 경우 1월 이내에 시장·군수·구청장에게 토지에 대한 권리의 매수를 청구 가능 • 토지거래신고제 : 폐지 • 개별법에 의한 취득 및 양도제한

- 산업용지 등의 처분제한(산업집적활성화 및 공장설립에 관한 법률 제39조)
- 학교법인의 기본재산의 양도제한(사립학교법 제28조)
- 향교재산매매 등 금지(향교재산법 제4조)
- 자유무역지역 내의 토지 또는 공장 등의 처분제한(자유무역지역의 지정 및 운영에 관한 법률 제25조)
- 농지취득자격증명제(농지법 제8조)

4) 부동산 현황 확인 관련 서류

'부동산은 현장이다'라는 말이 있다. 그만큼 현장 확인이 중요하다는 것이다.

부동산 활용에 있어 관련 공부(公簿)들이 나름대로 표시를 하고 있다. 면적에 관하여는 토지대장이, 토지의 형상에 관하여는 지적도가, 토지의 용도지역지구제 적용에 따른 활용 가능성에 대해서는 토지이용계획 확인서 등이 있다.

(1) 토지이용계획 확인서

❶ 신청 : 구청, 시청, 읍사무소 등에서 발급, 온라인의 경우 정부24(https://www.gov.kr/)에서 발급, 토지이음(http://www.eum.go.kr/)에서 열람 가능

❷ 구성내용 : 대상지의 지번, 용도지역, 해당 토지의 위치·경계

❸ 핵심 점검사항

ㄱ. 국토의 계획 및 이용에 관한 사항

ㄴ. 그 외 군사시설에 관한 사항, 농지(농업진흥구역 및 농업보호구역)에 관한 사항, 산림에 관한 사항, 자연공원, 수도, 문화재 및 토지거래에 관한 사항의 점검

❹ 활용

ㄱ. 도로에의 저촉 여부, 공원계획에의 포함 여부 등 도시계획시설 저촉 여부를 알 수 있음

ㄴ. 건축물의 용도나 규모를 결정할 지역·지구 등을 확인

ㄷ. 토지의 형태나 도로의 너비, 도로에 접했는지 여부 등을 확인

(2) 지적공부(토지대장·임야대장·지적도·임야도·경계점좌표등록부)

❶ 신청 : 시·군·구청, 읍·면·동사무소 등에서 발급, 온라인의 경우 정부24(https://www.

gov.kr/)에서 발급 가능

❷ 구성내용 : 토지 지번, 지목, 면적, 소유자, 경계, 축척

❸ 핵심 점검사항 : 지목, 면적, 소유자, 경계

❹ 활용

　　ㄱ. 토지면적과 지목을 알 수 있음

　　ㄴ. 토지의 분할·합병 등 역사를 알 수 있음

　　ㄷ. 토지의 형상을 알 수 있음

　　ㄹ. 도로와의 저촉 여부를 알 수 있음

(3) 건축물대장

❶ 신청 : 건축물 소재지, 시·군·구청, 읍·면·동사무소 등에서 발급, 온라인의 경우 정부24(https://www.gov.kr/)에서 발급 가능

❷ 종류 : 일반건축물대장, 집합건축물대장(표제부, 전유부)

❸ 구성내용 : 건축허가연월일, 사용승인일, 건축주, 구조, 용도, 건축물면적, 소유자

❹ 핵심 점검사항 : 층수, 면적, 용도

❺ 활용

　　ㄱ. 건축물의 규모(면적/층수)와 구조·준공일자·사용검사일 등을 알 수 있음

　　ㄴ. 건축물의 용도와 용도변경내역을 알 수 있음

(4) 개별 공시지가 확인서

❶ 신청 : 토지소재지의 시·군·구청, 읍·면·동사무소 등에서 발급, 온라인의 경우 정부24 (https://www.gov.kr/)에서 발급 가능

❷ 구성내용 : 신청인, 용도, 신청대상토지, 확인내용, 직인

❸ 핵심 점검사항 : 기준연도, 지번, 개별 공시지가(참고로 토지대장에서도 개별공시지가를 확인할 수 있음)

(5) 등기사항증명서

❶ 신청 : 해당 토지 관할 등기소, 온라인의 경우 인터넷등기소(http://www.iros.go.kr/)에서 발급 가능

❷ 구성내용

  ㄱ. 표제부 : 지번, 지목, 면적

  ㄴ. 甲구 : 소유권에 관한 변동사항(최초 소유자, 중간 소유자, 현 소유자, 압류, 가등기, 가처분 등)

  ㄷ. 乙구 : 소유권에 대한 제한물권, 기타의 권리

❸ 핵심 점검사항

  ㄱ. 표제부에 나와 있는 정확한 번지, 면적은 토지대장과 비교

  ㄴ. 갑구의 소유권에서 현소유자 대조

  ㄷ. 근저당, 지상권 등 을구란에서 확인

(6) 등기권리증(등기필증)

❶ 신청 : 해당 토지 관할 등기소

❷ 의의 : 등기 완료의 증명서로서 진정한 등기권리자의 확인과, 나아가 허위등기를 예방하여 진정한 등기를 보장하기 위한 제도

❸ 발급절차

  ㄱ. 등기신청서에 신청인이 등기원인을 증명하는 서면 또는 신청서부본에

  ㄴ. 신청서의 접수연월일, 접수번호, 순위번호와 등기필의 취지를 기재하여

  ㄷ. 등기소인을 날인한 후

  ㄹ. 신청인에게 교부

❹ 주의사항 : 등기필증은 분실 또는 멸실하였을 때 재교부되지 않음. 부득이 등기권리증이 없는 상태에서 등기를 하고자 할 때에는 등기의무자가 등기소에 출석하여 등기의무자 본인임을 확인받아(확인조서) 신청할 수 있고, 변호사나 법무사에게 위임하여 등기를 신청하는 경우에는 확인서면 2통을 신청서에 첨부하여 등기신청을 할 수 있음

4 부동산 가격의 결정

1) 부동산 가격의 개념 및 분류

부동산 가격은 부동산 시장에서 교환의 대가로 매수인과 매도인 간에 실제 지불된 금액이

며, 이러한 가격은 평가목적이나 가격 형성 동기 등에 따라 다양하게 표현될 수 있다.

어디에 적용하느냐에 따라 거래를 위한 시가, 과세를 목적으로 하는 기준시가와 시가표준액, 담보 등의 특정 목적을 위한 감정평가액, 토지의 경우 가격을 매년 정부에서 조사하여 공시하는 공시지가로 나눌 수 있다. 시가를 제외한 나머지는 각기 시가를 반영하는 수준이 다르다.

현재의 시장 가격(시가)를 100이라 한다면 보통 도심지의 공시지가는 시가의 50~70%, 담보목적의 감정평가액은 시가의 약 95~100%를 반영하는 것이 통상이고, 기준시가 및 시가표준액은 시가의 약 50~70%에 불과한 것이 일반적이다.

(1) 시장 가격

❶ 부동산 거래현장에서 매도·매수 호가에 의해 정해지는 가액을 말함
❷ 시가는 매도·매수호가의 중간에서 결정되는 것이 일반적이나 거래 시점과 상황에 따라 기복이 심할 수도 있다는 것이 특징

(2) 세법상 과세표준가액

❶ 기준시가
  ㄱ. 국세청이 부동산 거래 등에 따른 양도소득세와 상속세·증여세를 매길 때 기준으로 삼는 가격을 말함. 즉, 소득세법에 의한 양도소득세 계산 시 양도가액과 취득가액의 산정과 상속세 및 증여세법에 의한 상속재산(또는 증여재산)가액 산정의 기준이 되는 가격을 지칭
  ㄴ. 보통 양도소득세에 적용되나, 상속 또는 증여 당시의 시세가 불분명한 경우 상속세와 증여세를 매길 때도 보충적으로 사용
  ㄷ. 토지 공시지가, 공동주택 공시가격, 단독주택 공시가격, 비주거용 부동산(오피스텔 및 상업용건물, 그 외) 기준시가, 골프회원권 기준시가 등이 있음
  ㄹ. 공동주택의 경우 2006년 이후 국토교통부장관이 평가·공시하며(2005년 이전에는 국세청장이 평가·고시), 단독주택과 토지는 지자체장이 평가·공시. 국세청 기준시가 사이트(https://teht.hometax.go.kr/)에서 조회할 수 있음
❷ 시가표준액
  ㄱ. 취득세, 등록세 등 각종 지방세의 과세기준을 정하기 위해 공시된 토지, 건축물 및 주택의 가격을 말함

ㄴ. 지방세법에서 적용하는 토지 및 주택에 대한 시가표준액은 부동산 가격공시에 관한 법률에 따라 공시된 가액

ㄷ. 개별 공시지가 또는 개별 단독주택 가격이 공시되지 않은 경우에는 시장·군수 또는 구청장이 토지 가격 비준표 또는 주택 가격 비준표를 사용하여 산정한 가액으로 하고, 공동주택 가격이 공시되지 않은 경우에는 지역별, 단지별, 면적별, 층별 특성 및 거래가격 등을 고려하여 시장·군수가 산정

ㄹ. 기준시가와 유사한 경우가 대부분이며, 위택스(https://www.wetax.go.kr/)에서 시가표준액을 조회할 수 있음

(3) 감정평가액

❶ 감정평가액은 한국감정원, 감정평가법인, 감정평가사사무소 등에 소속된 감정평가사가 조사·평가한 가액을 말함

❷ 감정평가는 담보, 경매, 보상, 국가·지자체·공공기관의 매입·처분, 재개발·재건축시 조합원 분담금 산정을 위한 종전·종후자산 평가, 세무서제출용 목적 등으로 평가되며, 대부분 시장가치를 기준으로 함

2) 공시지가

공시지가는 부동산 가격공시에 관한 법률에 의한 절차에 따라 국토교통부장관이 조사·평가하여 매년 1월 1일 공시한 표준지의 단위면적당(m^2) 가격을 말한다. 여기에서 표준지는 전국의 약 4,000만 필지 중에서 거래가 가능하고 대표적인 토지로 선정된 45만 필지의 토지를 말한다.

개별 공시지가는 국토교통부장관이 매년 공시하는 공시지가를 기준으로 하여 지가형성요인에 관한 비준표(토지 가격 비준표)상의 토지특성의 차이에 따른 가격배율을 곱하여 산정하고, 토지소유자의 의견수렴과 토지평가위원회의 심의 등을 거쳐 시장·군수·구청장이 결정·고시하는 개별 토지의 단위면적당(m^2) 가격을 말한다.

(1) 공시지가의 효력 및 적용

공시지가는 토지시장의 지가정보를 제공하고 일반적인 토지거래의 지표가 되며, 국가·지

방자치단체 등의 기관이 그 업무와 관련하여 지가를 산정하거나 감정평가법인등이 개별적으로 토지를 감정평가하는 경우에 그 기준이 된다.

공시지가는 국가·지방자치단체 등의 기관이 다음의 목적을 위하여 공시지가를 적용할 수 있다. ① 공공용지의 매수 및 토지의 수용·사용에 대한 보상, ② 국·공유토지의 취득 또는 처분, ③ 국토의 계획 및 이용에 관한 법률, 기타 법령에 의하여 조성된 공업용지·주거용지·관광용지 등의 공급 또는 분양, ④ 도시개발법에 의한 도시개발사업, 도시 및 주거환경정비법에 의한 정비사업 또는 농어촌정비법에 의한 농업생산기반정비사업을 위한 환지·체비지의 매각 또는 환지신청, ⑤ 토지의 관리·매입·매각·경매·재평가 등이다.

또한 개별 공시지가는 개발이익환수에 관한 법률에 의한 개발부담금의 부과, 기타 국세·지방세의 과세표준의 산정을 위한 지가산정에 사용한다.

(2) 공시지가의 절차

❶ 표준지의 선정 : 표준지는 표준지의 선정 및 관리지침에 의거하여 대표성·중용성·안정성·확정성이 있는 토지를 선정

❷ 공시지가 절차의 개요 : 표준지 선정 → 표준지 가격 조사·평가 → 시장·군수·구청장의 의견청취·시·군·구 부동산평가위원회 심의 → 중앙부동산평가위원회 심의 → 지가공시(관보) → 시·군·구에 송부·이의신청

❸ 이의신청 : 표준지 공시지가에 대하여 이의가 있는 자는 표준지 공시지가의 공시일부터 30일 이내에 서면(전자문서 포함)으로 국토교통부장관에게 이의신청을 하고, 국토교통부장관은 이의신청기간이 만료된 날부터 30일 이내에 이의신청을 심사하여 그 결과를 서면으로 통지하여야 하는데, 이 경우 이의신청의 내용이 타당하다고 인정될 때에는 당해 표준지 공시지가를 조정하여 다시 공시하여야 함

(3) 개별 공시지가의 산정 및 절차

❶ 시장·군수·구청장의 지가산정 : 토지특성조사 → 비교표준지 선정 → 가격배율 산출 → 지가산정 → 산정지가 검증(감정평가업자)

❷ 주민열람을 통한 의견청취(20일 이상) 및 시·군·구의 부동산평가위원회 심의

❸ 지가결정 및 공시 : 시·군·구 및 읍·면·동 게시판(매년 5월 31일)

❹ 이의신청 : 토지소유자 등 → 시장·군수·구청장(지가결정공시일로부터 30일 내)

3) 부동산 가격에 영향을 주는 요인

부동산의 가격은 효용, 희소성, 유효수요 등이 상호 결합하여 발생하는 부동산의 경제가치를 화폐액으로 표시한 것이다. 효용, 희소성, 유효수요를 부동산 가격 발생의 3요소라고 한다. 부동산의 효용이란 부동산을 사용함으로써 얻어지는 수익성, 쾌적성, 생산성 등을 말한다. 부동산은 부증성, 개별성 등 부동산의 특성에 의하여 일반 경제재에 비하여 상대적인 희소성을 보인다. 유효수요는 구매력이 있는 수요를 말한다. 이들 부동산 가격 발생의 3요소에 영향을 미치는 요인은 크게 일반적 요인, 지역요인, 개별 요인으로 구분된다.

(1) 일반적 요인

일반 경제사회에 있어서 부동산의 상태 및 부동산 가격 수준에 영향을 미치는 요인으로는 사회적, 경제적, 행정적 요인 등이 있다.

❶ 사회적 요인 : 인구, 가족 구성 및 가구 분리 등의 상황, 도시형성 및 공공시설의 정비상황, 교육 및 사회복지의 수준, 부동산 거래 및 사용·수익의 관행, 건축양식, 사회활동에 대한 태도, 정보화 상황, 생활양식의 상황 등

❷ 경제적 요인 : 저축·소비 및 투자의 수준, 재정 및 금융 상황, 물가·임금 및 고용의 수준, 조세부담의 정도, 기술혁신 및 산업구조, 교통체계 등

❸ 행정적 요인 : 토지제도, 토지의 이용계획 및 규제 상황, 택지 및 주택에 관한 정책, 토지 및 건축물의 구조·방재 등의 정책, 부동산 가격 및 임대료 규제, 부동산 세제, 지가 공시제도 등

(2) 지역요인

지역요인이란 일반적 요인이 부동산이 갖는 부동성으로 인하여 지역적인 범위로 축소된 것이다. 즉, 일반적 요인이 대상 지역의 자연적 조건과 결합하여 지역의 규모와 특성을 형성하여 그 지역에 속하는 부동산의 상태 및 가격 수준에 영향을 미친다.

❶ 주택지의 지역요인 : 주로 쾌적성과 편리성에 영향을 미치는 요인으로 기상상태, 사회적 환경, 가로의 폭·포장, 도심과의 거리 및 교통수단, 상점가의 배치 상황, 상하수도·가스·전기 등의 공급처리 상태, 학교·병원·공원 등 공익시설의 배치 상황, 위험·혐오

시설의 유무, 재해·공해발생 상황, 획지의 면적과 배치 및 이용 등의 상황, 지역의 자연적 환경, 지역의 규모 등

❷ 상업지의 지역요인 : 주로 수익성에 영향을 미치는 요인으로 배후지 및 고객의 질과 양, 고객의 교통수단 실태, 영업의 종류 및 경쟁 상황, 번영 및 성쇠의 정도 등

❸ 공업지역의 지역요인 : 주로 비용성, 채산성에 영향을 미치는 요인으로 제품의 판매시장 및 원재료 구입시장과의 위치관계, 간선도로·항구·철도 등 수송시설과의 관계, 동력자원 및 용·배수, 노동력 확보의 용이성, 연관산업과의 위치관계, 온도·습도·풍우 등 기상상태 등

❹ 농업지역의 지역요인 : 주로 농업생산성에 영향을 미치는 요인으로 일조·온도·습도·풍우 등 기상의 상태, 기복·고저 등 지세, 토양의 양부, 소비자와의 거리, 출하시장과의 관계, 수리 및 수질의 상황 등

❺ 임업지역의 지역요인 : 주로 임업생산성에 영향을 미치는 요인으로 임도 등의 정비 상황, 일조·온도·습도 등 기상의 상태, 표고·지세 및 토층의 상황 등

(3) 개별 요인

개별 요인이란 부동산의 특수한 상태·조건 등 개별성을 말하며, 이는 대상 부동산의 가격 형성에만 영향을 미치는 요인이다.

❶ 토지의 개별 요인 : 위치·면적·지세·지질·지반 등, 접면 너비·깊이·형상, 일조·통풍·건습 등, 고저·각지·접면가로와의 관계, 접면가로의 계통·구조, 공공시설·상업시설의 접근정도, 상하수도 등 공급처리시설의 상황, 위험 또는 혐오시설의 접근 정도, 공·사법상의 규제 및 제약 등

❷ 건물의 개별 요인 : 면적·높이·구조·재질 등, 설계·설비 등의 양부, 시공의 질과 양, 공·사법상의 규제 및 제약, 건물과 그 환경과의 적합 정도 등

chapter 03

부동산의 이용 및 개발

부동산의 이용에 대한 규제

1 토지이용계획

토지는 그 이용의 합리화, 고도화를 도모하고 때로는 이용을 억제하고, 장래에 보전하기 위해 전체적인 계획체계가 그려져 있다.

토지이용계획은 일반적으로 일정 면적의 이용만을 대상으로 하며 장래 어떤 시기에 실현하여야 할 목표로서 구상되는 마스터플랜으로서의 기능을 가진다. 그러나 그 자체가 건축제한의 법적 구속력을 지니는 것은 아니다. 그 효용은 오히려 법적인 구속력이나 집행력을 갖는 구체적인 계획이나 시책의 합리적인 기준과 방향을 제시하여 상호 일치성을 확보하여 효과를 보증하는 데 있다.

토지이용계획은 단지 토지나 공간의 이용계획만이 아니라 이로 인해 바람직한 인구나 산업의 배치도 행하는 것이기 때문에 그 범위는 아주 광범위하다.

(1) 토지이용계획체계

국토계획은 국토를 이용·개발 및 보전함에 있어서 미래의 경제적·사회적 변동에 대응하여 국토가 지향하여야 할 발전방향을 설정하고 이를 달성하기 위한 계획으로 국토종합계획·도종합계획·시군종합계획·지역계획 및 부문별계획으로 구분된다(국토기본법 제6조). 국토종합계획은 도종합계획 및 시군종합계획의 기본이 되며, 부문별계획과 지역계획은 국토종합계획과 조화를 이루어야 하며 도종합계획은 당해 도의 관할구역 안에서 수립되는 시군종합계획의 기본이 된다.

국토종합계획은 20년을 단위로 하여 수립되며, 도종합계획·시군종합계획·지역계획 및 부문별계획의 수립권자는 국토종합계획의 수립주기를 감안하여 그 수립주기를 정하여야 한다. 국토종합계획은 다른 법령에 의하여 수립되는 국토에 관한 계획에 우선하며 그 기본이 된다. 다만, 군사에 관한 계획에 대하여는 그러하지 아니하다.

2003년 1월 1일부터 국토의 계획 및 이용에 관한 법률이 시행됨으로써 국토의 이용·개발 및 보전을 위하여 광역도시계획과 도시계획이 수립·집행되고 있다. 광역도시계획은 국토교통부장관이 지정한 광역계획권의 장기발전방향을 제시하는 계획을 말한다. 광역계획권은 국토교통부장관이 2이상의 특별시·광역시·시 또는 군의 공간구조 및 기능을 상호 연계시키고 환경을 보전하며 광역시설을 체계적으로 정비하기 위하여 필요한 경우에 인접한 2이상의 특별시·광역시·시 또는 군의 관할구역의 전부 또는 일부를 일정한 절차에 따라 지정한 권역을 말한다.

도시계획은 특별시·광역시·시 또는 군(광역시의 관할구역 안에 있는 군 제외)의 관할 구역에 대하여 수립하는 공간구조와 발전방향에 대한 계획으로서 도시기본계획과 도시관리계획으로 구분한다. 국토의 계획 및 이용에 관한 법률에 따르면 전국의 토지를 도시지역, 관리지역, 농림지역, 자연환경보전지역으로 구분·지정하고 도시지역과 관리지역을 다시 세분하여 용도지역을 지정하고 있으며, 용도지구(10개)와 용도구역(4개)을 지정하고 있다.

수도권정비계획법은 수도권에 과도하게 집중된 인구 및 산업의 적정배치를 유도하여 수도권의 질서있는 정비와 균형있는 발전을 위하여 수도권을 과밀억제권역·성장관리권역·자연보전권역으로 나누어 각 권역별 행위제한을 규정하고 있다. 이는 수도권안에서의 국토의 계획 및 이용에 관한 법률에 의한 도시계획 기타 다른 법령에 의한 토지이용계획 또는 개발계획 등에 우선하며, 그 계획의 기본이 된다. 다만, 군사에 관한 사항에 대하여는 그러하지 아니하다.

지역 개발 및 지원에 관한 법률에 의한 지역개발계획은 성장 잠재력을 보유한 낙후지역 또는 거점지역 등과 그 인근지역을 종합적·체계적으로 발전시키기 위하여 수립하는 계획으로 시·도지사가 수립하는 계획을 말한다. 이 경우 지역개발계획을 수립하려는 대상지역이 둘 이상의 광역시, 특별자치시 또는 도의 관할구역에 걸쳐 있는 경우에는 관할 시·도지사가 공동으로 수립하여야 한다.

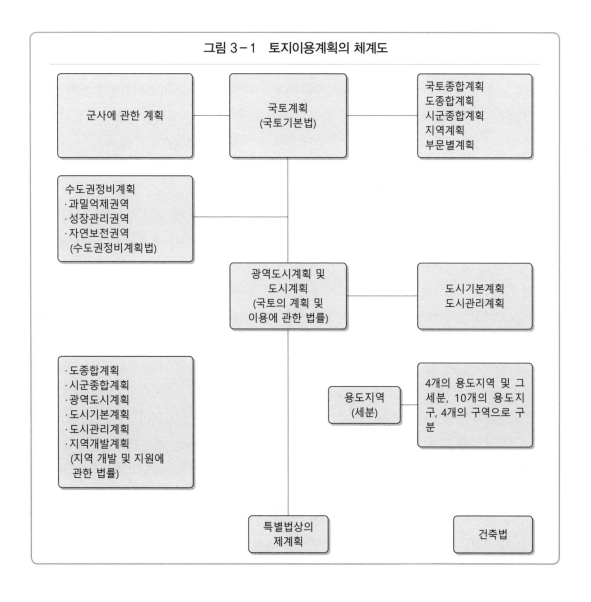

그림 3-1 토지이용계획의 체계도

투자선도지구란 지역의 성장거점으로 육성하고 특별히 민간투자를 활성화하기 위하여 국토교통부장관이 중앙행정기관의 장 또는 시·도지사의 신청을 받아 지역의 성장거점으로 육성하거나 특별히 민간투자를 활성화할 필요가 있는 지역이다.

지역활성화지역이란 낙후지역 중 개발수준이 다른 지역에 비하여 현저하게 열악하고 낙후도가 심하여 지역의 발전을 위하여 국가 및 지방자치단체의 특별한 배려가 필요한 지역으로서 국토교통부장관이 낙후지역 중 개발수준이 다른 지역에 비하여 현저하게 열악하고 낙후도가 심한 지역에 대하여 도지사의 요청을 받아 지역활성화지역으로 지정하는 지역이다.

〈그림 3-1〉에서 보는 바와 같이 토지이용계획체계는 국토기본법에 의한 국토계획으로서 국토종합계획을 정점으로 하여 전국의 토지에 대한 광역도시계획과 도시계획(도시기본계획·도시관리계획)이 이루어지고 있다. 이밖에 수도권정비계획법에 의한 수도권정비계획은 국토의 계획 및 이용에 관한 법률에 의한 광역도시계획이나 도시계획보다 상위에 위치하고 있다. 또한 지역의 성장 잠재력을 개발하고 공공과 민간의 투자를 촉진하여 지역개발사업의 효율적인 시행을 목적으로 하는 지역 개발 및 지원에 관한 법률에 의한 지역개발계획이 있다.

(2) 국토의 계획 및 이용체계

도시계획체계는 체계상 상위계획인 도시기본계획과 그 밑에 이를 보다 구체화한 도시관리계획 그리고 이를 시행하기 위한 사업으로 이루어진다. 국토교통부장관에 의하여 광역계획권이 지정된 경우 수립되는 광역도시계획은 당해 지역의 도시기본계획이 광역도시계획에 부합되어야 하므로 보다 상위의 계획으로 존재한다.

광역도시계획은 광역계획권의 장기발전방향을 제시하는 계획으로서, 그 내용은 ① 광역계획권의 공간구조와 기능분담에 관한 사항, ② 광역계획권의 녹지관리체계와 환경보전에 관한 사항, ③ 광역시설의 배치·규모·설치에 관한 사항, ④ 경관계획에 관한 사항, ⑤ 기타 광역계획권에 속하는 특별시·광역시·시 또는 군 상호 간의 기능연계, 즉, 광역계획권의 교통 및 물류유통체계와 광역도시권의 문화·여가공간 및 방재에 관한 사항 등이다.

도시기본계획은 특별시·광역시·시 또는 군의 관할구역에 관하여 기본적인 공간구조와 장기발전방향을 제시하는 종합계획으로 도시관리계획수립의 지침이 되는 계획을 말한다. 도시관리계획은 특별시·광역시·시 또는 군의 개발·정비 및 보전을 위하여 수립하는 토지이용·교통·환경·경관·안전·산업·정보통신·보건·후생·안보·문화 등에 관한 구체적 계획이다.

도시계획사업은 도시계획시설을 설치하는 도시계획시설산업, 도시개발사업 및 정비사업을 말한다. 도시계획시설은 도시기반시설 중 도시관리계획으로 결정된 시설이며 국토의 계획 및 이용에 관한 법률에 의하여 이를 설치하는 사업을 도시계획시설사업이라고 한다. 도시개발사업은 도시개발법에 의한 도시개발 사업을 말하며, 정비사업은 도시 및 주거환경정비법에 의한 정비사업을 말한다.

도시관리계획은 5년마다 관할구역의 도시관리계획에 대하여 그 타당성 여부를 전반적으로 재검토하여 정비하여야 한다. 도시계획을 재정비함에 있어서 도시관리계획(도시계획시설결정)의 고시일부터 10년 이내에 당해 도시계획시설의 설치에 관한 도시계획시설사업이 시행되지 아니한 때에는 당해 도시계획시설결정의 타당성을 검토하여 그 결과를 도시관리계획입안에 반영하여야 한다. 또한 도시기본계획을 수립하지 아니한 시장·군수는 도시계획을 재정비하는 때에는 도시계획설명서에 당해 시·군의 장기발전구상을 포함시켜야 하며, 공청회를 개최하여 이에 관한 주민의 의견을 들어야 한다.

(3) 공간정보의 구축 및 관리 등에 관한 법률 각 필지의 용도

전국의 모든 토지는 각 필지별로 그 주된 사용목적 또는 용도에 따라 토지의 종류를 구분·표시하고 있는 바, 이를 지목이라고 한다.

❶ 전(전) : 물을 상시적으로 이용하지 아니하고 곡물·원예작물(과수류 제외)·약초·뽕나무·닥나무·묘목·관상수 등의 식물을 주로 재배하는 토지와 식용으로 죽순을 재배하는 토지

❷ 답(답) : 물을 상시적으로 직접 이용하여 벼·연·미나리·왕골 등의 식물을 주로 재배하는 토지

❸ 과수원(과) : 사과·배·밤·호도·귤나무 등 과수류를 집단적으로 재배하는 토지와 이에 접속된 저장고 등 부속시설물의 부지. 다만, 주거용 건축물의 부지는 '대'로 함

❹ 목장용지(목) : 축산업 및 낙농업을 하기 위하여 초지를 조성한 토지, 축산법의 규정에 의한 가축을 사육하는 축사 등의 부지, 그리고 이들 토지와 접속된 부속시설물의 부지. 다만, 주거용 건축물의 부지는 '대'로 함

❺ 임야(임) : 산림 및 원야(原野)를 이루고 있는 수림지·죽림지·암석지·자갈땅·모래땅·습지·황무지 등의 토지

❻ 광천지(광) : 지하에서 온수·약수·석유류 등이 용출되는 용출구와 그 유지(維持)에 사용되는 부지. 다만, 온수·약수·석유류 등을 일정한 장소로 운송하는 송수관·송유관

및 저장시설의 부지 제외

⑦ 염전(염) : 바닷물을 끌어 들여 소금을 채취하기 위하여 조성된 토지와 이에 접속된 제염장 등 부속시설물의 부지. 다만, 천일제염방식에 의하지 아니하고 동력에 의하여 바닷물을 끌어들여 소금을 제조하는 공장시설물의 부지 제외

⑧ 대(대) : 영구적 건축물 중 주거·사무실·점포와 박물관·극장·미술관 등 문화시설과 이에 접속된 정원 및 부속시설물의 부지와 국토의 계획 및 이용에 관한 법률 등 관계법령에 의한 택지조성공사가 준공된 토지

⑨ 공장용지(장) : 제조업을 하고 있는 공장시설물의 부지, 산업집적활성화 및 공장설립에 관한 법률 등 관계법령에 의한 공장부지조성공사가 준공된 토지, 그리고 이들 토지와 같은 구역 안에 있는 의료시설 등 부속시설물의 부지

⑩ 학교용지(학) : 학교의 교사와 이에 접속된 체육장 등 부속시설물의 부지

⑪ 주차장(차) : 자동차 등의 주차에 필요한 독립적인 시설을 갖춘 부지와 주차전용 건축물 및 이에 접속된 부속시설물의 부지. 다만, 주차장법에 따른 노상주차장 및 부설주차장과 자동차 등의 판매목적으로 설치된 물류장 및 야외전시장 제외

⑫ 주유소용지(주) : 석유·석유제품 또는 액화석유가스 등의 판매를 위하여 일정한 설비를 갖춘 시설물의 부지와 저유소 및 원유저장소의 부지와 이에 접속된 부속시설물의 부지. 다만, 자동차·선박·기차 등의 제작 또는 정비공장 안에 설치된 급유·송유시설 등의 부지 제외

⑬ 창고용지(창) : 물건 등을 보관 또는 저장하기 위하여 독립적으로 설치된 보관시설물의 부지와 이에 접속된 부속시설물의 부지

⑭ 도로(도) : 일반 공중의 교통운수를 위하여 보행 또는 차량운행에 필요한 일정한 설비 또는 형태를 갖추어 이용되는 토지, 도로법 등 관계법령에 의하여 도로로 개설된 토지, 고속도로의 휴게소 부지, 그리고 2필지 이상에 진입하는 통로로 이용되는 토지. 다만, 아파트·공장 등 단일 용도의 일정한 단지 안에 설치된 통로 등 제외

⑮ 철도용지(철) : 교통운수를 위하여 일정한 궤도 등의 설비와 형태를 갖추어 이용되는 토지와 이에 접속된 역사·차고·발전시설 및 공작창 등 부속시설물의 부지

⑯ 제방(제) : 조수·자연유수·모래·바람 등을 막기 위하여 설치된 방조제·방수제·방사제·방파제 등의 부지

⑰ 하천(천) : 자연의 유수(流水)가 있거나 있을 것으로 예상되는 토지

❶⑱ 구거(구) : 용수 또는 배수를 위하여 일정한 형태를 갖춘 인공적인 수로·둑 및 그 부속 시설물의 부지와 자연의 유수가 있거나 있을 것으로 예상되는 소규모 수로부지

⑲ 유지(유) : 물이 고이거나 상시적으로 물을 저장하고 있는 댐·저수지·소류지·호수·연 못 등의 토지와 연·왕골 등이 자생하는 배수가 잘되지 아니하는 토지

⑳ 양어장(양) : 육상에 인공으로 조성된 수산생물의 번식 또는 양식을 위한 시설을 갖춘 부 지와 이에 접속된 부속시설물의 부지

㉑ 수도용지(수) : 물을 정수하여 공급하기 위한 취수·저수·도수(導水)·정수·송수 및 배 수시설의 부지 및 이에 접속된 부속시설물의 부지

㉒ 공원(공) : 일반 공중의 보건·휴양 및 정서생활에 이용하기 위한 시설을 갖춘 토지로 국 토의 계획 및 이용에 관한 법률에 의하여 공원 또는 녹지로 결정·고시된 토지

㉓ 체육용지(체) : 국민의 건강증진 등을 위한 체육활동에 적합한 시설과 형태를 갖춘 종합 운동장·실내체육관·야구장·골프장·스키장·승마장·경륜장 등 체육시설의 토지와 이에 접속된 부속시설물의 부지. 다만, 체육시설로서의 영속성과 독립성이 미흡한 정구 장·골프연습장·실내수영장 및 체육도장, 유수를 이용한 요트장 및 카누장, 산림안의 야영장 등의 토지 제외

㉔ 유원지(원) : 일반 공중의 위락·휴양 등에 적합한 시설물을 종합적으로 갖춘 수영장·유 선장·낚시터·어린이놀이터·동물원·식물원·민속촌·경마장 등의 토지와 이에 접속 된 부속시설물의 부지. 다만, 이들 시설과의 거리 등으로 보아 독립적인 것으로 인정되 는 숙식시설 및 유기장의 부지와 하천·구거 또는 유지(공유(公有)의 것에 한함)로 분류되는 것 제외

㉕ 종교용지(종) : 일반 공중의 종교의식을 위하여 예배·법요·설교·제사 등을 하기 위한 교회·사찰·향교 등 건축물의 부지와 이에 접속된 부속시설물의 부지

㉖ 사적지(사) : 문화재로 지정된 역사적인 유적·고적·기념물 등을 보존하기 위하여 구획 된 토지. 다만, 학교용지·공원·종교용지 등 다른 지목으로 된 토지 안에 있는 유적· 고적·기념물 등을 보호하기 위하여 구획된 토지 제외

㉗ 묘지(묘) : 사람의 시체나 유골이 매장된 토지, 도시공원 및 녹지 등에 관한 법률에 의한 묘지공원으로 결정·고시된 토지 및 장사 등에 관한 법률 제2조 제9호의 규정에 의한 봉안시설과 이에 접속된 부속시설물의 부지. 다만, 묘지의 관리를 위한 건축물의 부지 는 '대'로 함

㉘ 잡종지(잡) : ① 갈대밭, 실외에 물건을 쌓아두는 곳, 돌을 캐내는 곳, 흙을 파내는 곳(다만, 원상회복을 조건으로 돌을 캐내는 곳 또는 흙을 파내는 곳으로 허가된 토지 제외), 야외시장 및 공동우물, ② 변전소, 송신소, 수신소, 송유시설 등의 부지, ③ 여객자동차터미널, 자동차운전학원 및 폐차장 등 자동차와 관련된 독립적인 시설물을 갖춘 부지, ④ 공항시설 및 항만시설 부지, ⑤ 도축장, 쓰레기처리장 및 오물처리장 등의 부지, ⑥ 다른 지목에 속하지 않는 토지

2 도시계획

도시계획은 특별시·광역시·시 또는 군(광역시의 관할구역 안에 있는 군 제외)의 관할구역에 대하여 수립하는 공간구조와 발전방향에 대한 계획으로서 도시기본계획과 도시관리계획으로 구분된다.

도시기본계획은 특별시·광역시·시 또는 군의 관할구역에 대하여 기본적인 공간구조와 장기발전방향을 제시하는 종합계획으로서 도시관리계획수립의 지침이 되는 계획을 말한다. 도시기본계획의 내용은 ① 지역적 특성 및 계획의 방향·목표에 관한 사항, ② 공간구조, 생활권의 설정 및 인구의 배분에 관한 사항, ③ 토지의 이용 및 개발에 관한 사항, ④ 토지의 용도별 수요 및 공급에 관한 사항, ⑤ 환경의 보전 및 관리에 관한 사항 ⑥ 기반시설에 관한 사항, ⑦ 공원·녹지 및 경관에 관한 사항, ⑧ 기후변화 대응 및 에너지절약에 관한 사항, ⑨ 방재·방범 등 안전에 관한 사항, ⑩ 위에 규정된 사항의 단계별 추진에 관한 사항 등에 대한 정책방향이 포함되어야 한다.

도시관리계획은 특별시·광역시·시 또는 군의 개발·정비 및 보전을 위하여 수립하는 토지이용·교통·환경·경관·안전·산업·정보통신·보건·후생·안보·문화 등에 관한 구체적 계획을 말한다.

그 내용은 ① 용도지역·지구의 지정 및 변경에 관한 계획, ② 개발제한구역·도시자연공원구역·시가화조정구역·수산자원보호구역의 지정 또는 변경에 관한 계획, ③ 기반시설의 설치·정비 또는 개량에 관한 계획, ④ 도시개발사업 또는 정비사업에 관한 계획, ⑤ 지구단위계획구역의 지정 또는 변경에 관한 계획과 지구단위계획 등이 포함된다.

1) 용도지역·지구·구역

국토의 계획 및 이용에 관한 법률상 용도지역·지구·구역제는 도시관리계획에 의하여 전국의 토지를 대상으로 특정한 용도지역·지구 또는 구역을 지정하고, 그 용도에 따라 토지의 이용 및 건축물의 용도·건폐율·용적률·높이 등을 제한함으로써 토지를 경제적·효율적으로 이용하고 공공복리의 증진을 도모하기 위한 제도이다.

용도지역은 전국의 토지에 대하여 중복되지 않도록 지정되는 데, 지역의 지정은 일시에 할 필요가 없으며 순차적으로 지정해도 되므로 지역의 지정이 없는 토지가 있을 수 있다. 용도지구는 용도지역을 보완하기 위하여 건축물의 용도(시설보호지구) 또는 형태·구조(미관지구·방화지구) 등을 규제하는 것으로 국지적으로 지정되며, 중복지정도 가능하다. 용도구역은 도시의 무

표 3-1 용도지역의 유형 및 그 구분

지역 및 그 구분	지정목적
도시지역	인구와 산업이 밀집되어 있거나 밀집이 예상되어 당해 지역에 대하여 체계적인 개발·정비·관리·보전 등이 필요한 지역
주거지역 상업지역 공업지역 녹지지역	• 거주의 안녕과 건전한 생활환경의 보전을 위하여 필요한 지역 • 상업 그 밖에 업무의 편익증진을 위하여 필요한 지역 • 공업의 편익증진을 위하여 필요한 지역 • 자연환경·농지 및 산림의 보호, 보건위생, 보안과 도시의 무질서한 확산을 방지하기 위하여 녹지의 보전이 필요한 지역
관리지역	도시지역의 인구와 산업을 수용하기 위하여 도시지역에 준하여 체계적으로 관리하거나 농림업의 진흥, 자연환경 또는 산림의 보전을 위하여 농림지역 또는 자연환경보전지역에 준하여 관리가 필요한 지역
보전관리지역 생산관리지역 계획관리지역	• 자연환경보호, 산림보호, 수질오염방지, 녹지공간확보 및 생태계보전 등을 위하여 보전이 필요하나, 주변의 용도지역과의 관계 등을 고려할 때 자연환경보전지역으로 지정하여 관리하기가 곤란한 지역 • 농업·임업·어업생산 등을 위하여 관리가 필요하나, 주변의 용도지역과의 관계 등을 고려할 때 농림지역으로 지정하여 관리하기가 곤란한 지역 • 도시지역으로의 편입이 예상되는 지역 또는 자연환경을 고려하여 제한적인 이용·개발을 하려는 지역으로서 계획적·체계적인 관리가 필요한 지역
농림지역	도시지역에 속하지 않는 농지법에 의한 농업진흥지역 또는 산지관리법에 의한 보전산지 등으로서 농림업의 진흥과 산림의 보전을 위하여 필요한 지역
자연환경보전지역	자연환경·수자원·해안·생태계·상수원 및 문화재의 보전과 수산자원의 보호·육성 등을 위하여 필요한 지역

질서한 확산·시가화를 방지하고 개발행위를 유보·제한하거나 수자원의 보호·육성을 위하여 이미 지정된 용도지역이나 지구와는 관계없이 독자적으로 지정된다.

국토의 계획 및 이용에 관한 법률상 용도지역은 국토를 도시지역, 관리지역, 농림지역, 자연환경보전지역으로 구분하고 있으며, 종전의 준도시지역과 준농림지역은 관리지역으로 결정·고시된 것으로 간주한다(국토의 계획 및 이용에 관한 법률 부칙 제14조). 도시지역은 주거지역, 상업지역, 공업지역, 녹지지역으로 구분되고 각 용도지역을 지정목적에 따라 다시 세분하고 있으며, 관리지역은 보전관리지역, 생산관리지역, 계획관리지역으로 세분하고 있다.

표 3-2 도시지역의 세분

도시지역의 구분 및 세분		지정목적
주거 지역	전용주거지역 – 제1종 – 제2종 일반주거지역 – 제1종 – 제2종 – 제3종 준주거지역	• 양호한 주거환경을 보호하기 위하여 필요한 지역 – 단독주택 중심의 양호한 주거환경 보호 – 공동주택 중심의 양호한 주거환경 보호 • 편리한 주거환경을 조성하기 위하여 필요한 지역 – 저층주택 중심의 편리한 주거환경 조성 – 중층주택 중심의 편리한 주거환경 조성 – 중고층주택 중심의 편리한 주거환경 조성 • 주거기능을 위주로 이를 지원하는 일부 상업·업무 기능을 보완하기 위하여 필요한 지역
상업 지역	중심상업지역 일반상업지역 근린상업지역 유통상업지역	• 도심·부도심의 업무 및 상업기능의 확충을 위하여 필요한 지역 • 일반적인 상업 및 업무기능을 담당하게 하기 위하여 필요한 지역 • 근린지역에서의 일용품 및 서비스의 공급을 위하여 필요한 지역 • 도시 내 및 지역 간 유통기능의 증진을 위하여 필요한 지역
공업 지역	전용공업지역 일반공업지역 준공업지역	• 주로 중화학공업·공해성공업 등을 수용하기 위하여 필요한 지역 • 환경을 저해하지 아니하는 공업의 배치를 위하여 필요한 지역 • 경공업 기타 공업을 수용하되, 주거·상업·업무기능의 보완이 필요한 지역
녹지 지역	보전녹지지역 생산녹지지역 자연녹지지역	• 도시의 자연환경·경관·수림 및 녹지공간을 보전할 필요가 있는 지역 • 주로 농업적 생산을 위하여 개발을 유보할 필요가 있는 지역 • 도시의 녹지공간의 확보, 도시확산의 방지, 장래 도시용지의 공급 등을 위하여 보전할 필요가 있는 지역으로 불가피한 경우에 한하여 제한적인 개발이 허용되는 지역

표 3-3 용도지구의 유형 및 그 세분

지구명	지구의 지정목적 및 지구의 세분
경관지구	• 경관을 보전·관리·형성하기 위하여 필요한 지구 • 자연경관지구 : 산지, 구릉지 등 자연경관의 보호 또는 도시의 풍치를 유지 • 시가지경관지구 : 지역 내 주거지, 중심지 등 시가지 도시경관을 보호·유지·형성 • 특화경관지구 : 지역 내 주요 수계 수변, 문화적 보존가치가 큰 건축물 등 특별한 경관을 보호·유지·형성
고도지구	쾌적한 환경조성 및 토지의 고도이용과 그 증진을 위하여 건축물의 높이의 최고한도를 규제할 필요가 있는 지구
방화지구	화재위험을 예방하기 위하여 필요한 지구
방재지구	풍수해, 산사태, 지반의 붕괴 기타 재해를 예방하기 위하여 필요한 지구
보호지구	문화재, 중요시설물 및 문화적·생태적으로 보존가치가 큰 지역의 보호와 보존을 위하여 필요한 지구 • 역사문화환경보호지구 : 문화재·전통사찰 등 역사·문화적으로 보존가치가 큰 시설 및 지역의 보호와 보존 • 중요시설물보호지구 : 국방상 또는 안보상 중요한 시설물의 보호와 기능 유지 및 증진 • 생태계보호지구 : 야생동식물서식처 등 생태적으로 보존가치가 큰 지역의 보호와 보존
취락지구	녹지지역·관리지역·농림지역·자연환경보전지역·개발제한구역 또는 도시자연공원구역의 취락을 정비하기 위한 지구 • 자연취락지구 : 녹지지역·관리지역·농림지역·자연환경보존지역 안의 취락의 정비 • 집단취락지구 : 개발제한구역 안의 취락의 정비
개발진흥지구	주거기능·상업기능·공업기능·유통물류기능·관광기능·휴양기능 등을 집중적으로 개발·정비할 필요가 있는 지구 • 주거개발진흥지구 : 주거기능을 중심으로 개발·정비 필요 • 산업·유통개발진흥지구 : 공업기능 및 유통·물류기능을 중심으로 개발·정비 필요 • 관광·휴양개발진흥지구 : 관광·휴양기능을 중심으로 개발·정비 필요 • 복합개발진흥지구 : 주거, 공업, 유통·물류기능 및 관광·휴양기능 중 2이상의 기능을 중심으로 개발·정비 필요 • 특정 개발진흥지구 : 위 기능 외의 기능을 중심으로 특정한 목적을 위하여 개발·정비 필요
특정 용도제한지구	주거 및 교육 환경 보호나 청소년 보호 등의 목적으로 청소년 유해시설 등 특정 시설의 입지를 제한할 필요가 있는 지구
복합용도지구	지역의 토지이용 상황, 개발 수요 및 주변 여건 등을 고려하여 효율적이고 복합적인 토지이용을 도모하기 위하여 특정시설의 입지를 완화할 필요가 있는 지구

표 3-4 구역의 지정과 의미

구역명	지정목적	행위제한 등
개발제한 구역	• 도시의 무질서한 확산 방지, 도시주변의 자연환경 보전, 도시민의 건전한 생활환경 확보, 국방부장관의 요청이 있어 보안상 도시의 개발을 제한할 필요가 있다고 인정하는 경우에 지정	개발제한구역의 지정 및 관리에 관한 특별조치법의 규정
도시자연 공원구역	• 도시의 자연경관을 보호하고 도시민의 건전한 여가·휴식 공간을 제공하기 위하여 도시지역의 식생이 양호한 산지의 개발을 제한할 필요가 있다고 인정하는 경우에 지정	도시공원 및 녹지 등에 관한 법률의 규정
시가화 조정구역	• 도시의 무질서한 시가화 방지, 도시의 계획적·단계적 개발을 도모하기 위하여 일정기간 시가화를 유보할 필요가 있다고 인정하는 경우에 지정	국토의 계획 및 이용에 관한 법률의 규정
수산자원 보호구역	• 수산자원의 보호·육성을 위하여 필요한 공유수면이나 그 인접된 토지에 지정 또는 변경	수산자원관리법의 규정

2) 용도지역 · 지구 · 구역에 따른 행위제한

(1) 용도지역에 따른 행위제한

용도지역에서의 행위제한은 건축제한, 건폐율에 의한 제한, 용적률에 의한 제한 등으로 구분된다.

❶ 용도지역의 건축제한 : 용도지역 안에서의 건축물 그 밖의 시설의 용도·종류 및 규모 등의 제한은 당해 지역의 지정목적에 적합한 범위 내에서 대통령령으로 정함(국토의 계획 및 이용에 관한 법률 시행령 제71조 제1항 관련 별표 2내지 별표 22 참조). 이는 용도지역별로 건축할 수 있는 건축물과 도시계획조례가 정하는 바에 의하여 건축할 수 있는 건축물로 나누고 각 용도의 건축물을 예시하고 있음. 예컨대, 건축물의 용도가 공동주택으로서 아파트인 건축물은 제2종 전용주거지역, 일반주거지역(제2종, 제3종), 준주거지역, 근린상업지역(공동주택으로서 다른 용도와 복합되고 주거용으로 사용되는 부분의 면적이 연면적 합계의 90% 미만인 것, 이하 주상복합형), 일반상업지역(주상복합형)에서 건축을 할 수 있으며, 이 밖에 도시계획조례가 정하는 바에 의하여 중심상업지역(주상복합형), 일반상업지역, 근린상업지역, 준공업지역에서 건축을 할 수 있음. 즉, 아파트는 제1종 전용주거지역, 제1종 일반주거지역,

유통상업지역, 전용공업지역, 일반공업지역, 보전녹지지역, 생산녹지지역, 자연녹지지역, 보전관리지역, 생산관리지역, 계획관리지역, 농림지역, 자연환경보전지역에서는 건축을 전혀 할 수 없다는 것을 알 수 있음

❷ 용도지역의 건폐율 : 건폐율은 대지면적에 대한 건축면적(대지에 2 이상의 건축물이 있는 경우에는 이들 건축면적의 합계)의 비율을 의미

국토의 계획 및 이용에 관한 법률에서는 용도지역의 건폐율의 최대한도를 정하고, 그 범위 내에서 관할구역의 면적 및 인구규모, 용도지역의 특성 등을 감안하여 특별시·광역시·시 또는 군의 도시계획조례로 용도지역의 건폐율의 최대한도를 정하고 있음. 즉, 용도지역의 건폐율은 도시계획조례로 정하는 비율을 초과하여서는 안 됨

〈표 3-5〉에서는 국토의 계획 및 이용에 관한 법률상 용도지역의 건폐율의 최대한도가 나타나 있음

ㄱ. 건폐율의 별도 규정 : 다음에 해당하는 지역 안에서의 건폐율에 관한 기준은 80% 이하의 범위 안에서 대통령령이 정하는 다음 기준의 범위 안에서 특별시·광역시·시 또는 군의 도시계획조례가 정하는 비율을 초과해서는 안 됨

    a. 취락지구 : 60% 이하(집단취락지구에 대하여는 개발제한구역의 지정 및 관리에 관한 특별조치법령이 정하는 바에 의함)

    b. 도시지역 외의 지역에 지정된 개발진흥지구 : 40% 이하(자연녹지지역인 경우 30% 이하)

    c. 수산자원보호구역 : 40% 이하

    d. 자연공원법에 의한 자연공원 : 60% 이하

    e. 산업입지 및 개발에 관한 법률 규정에 의한 농공단지 : 70% 이하

    f. 공업지역 안에 있는 산업입지 및 개발에 관한 법률 규정에 의한 국가산업단지, 일반산업단지 및 도시첨단산업단지, 국가산업단지 및 지방산업단지와 같은 준산업단지 : 80% 이하

ㄴ. 건폐율의 완화 : 일반상업지역·근린상업지역·전용공업지역·일반공업지역·준공업지역 중 방화지구의 건축물로서 주요 구조부와 외벽이 내화구조인 건축물 중 도시계획조례로 정하는 건축물은 80% 이상 90% 이하의 범위 안에서 도시계획조례로 정할 수 있음

ㄷ. 건폐율의 강화 : 특별시장·광역시장·시장 또는 군수는 도시의 과밀화를 방지하기 위하여 건폐율을 낮추어야 할 필요가 있다고 인정되는 경우에는 특별시·광역시·

표 3-5 　용도지역별 건폐율과 용적률

용도지역			건폐율		용적률	
			국토의 계획 및 이용에 관한 법률(제77조)	동법 시행령 (제84조)	국토의 계획 및 이용에 관한 법률(제78조)	동법 시행령 (제85조)
도시지역	주거지역	제1종전용주거지역	70% 이하	50% 이하	500% 이하	50% 이상 100% 이하
		제2종전용주거지역		50% 이하		50% 이상 150% 이하
		제1종 일반주거지역		60% 이하		100% 이상 200% 이하
		제2종 일반주거지역		60% 이하		100% 이상 250% 이하
		제3종 일반주거지역		50% 이하		100% 이상 300% 이하
		준주거지역		70% 이하		200% 이상 500% 이하
	상업지역	중심상업지역	90% 이하	90% 이하	1,500% 이하	200% 이상 1,500% 이하
		일반상업지역		80% 이하		200% 이상 1,300% 이하
		근린상업지역		70% 이하		200% 이상 900% 이하
		유통상업지역		80% 이하		200% 이상 1,100% 이하
	공업지역	전용공업지역	70% 이하	70% 이하	400% 이하	150% 이상 300% 이하
		일반공업지역		70% 이하		150% 이상 350% 이하
		준공업지역		70% 이하		150% 이상 400% 이하
	녹지지역	보전녹지지역	20% 이하	20% 이하	100% 이하	50% 이상 80% 이하
		생산녹지지역		20% 이하		50% 이상 100% 이하
		자연녹지지역		20% 이하		50% 이상 100% 이하
관리지역		보전관리지역	20% 이하	20% 이하	80% 이하	50% 이상 80% 이하
		생산관리지역	20% 이하	20% 이하	80% 이하	50% 이상 80% 이하
		계획관리지역	40% 이하	40% 이하	100% 이하	50% 이상 100% 이하
농림지역			20% 이하	20% 이하	80% 이하	50% 이상 80% 이하
자연환경보전지역			20% 이하	20% 이하	80% 이하	50% 이상 80% 이하

　　　시 또는 군의 도시계획위원회의 심의를 거쳐 구역을 정하고, 그 구역에 적용할 건폐율의 최대한도를 40% 이상의 범위 안에서 도시계획조례로 따로 정할 수 있음

　ㄹ. 농지법에 의해 건축 가능한 건축물의 특례 : 보전관리지역·생산관리지역·농림지역 또는 자연환경보전지역에서 농지법 제32조 제1항의 규정에 의하여 건축할 수 있는 건축물의 경우에는 당해 건축물에 적용할 건폐율을 60% 이하의 범위 안에서 특별시·광역시·시 또는 군의 도시계획조례가 정하는 비율을 초과해서는 안 됨

❸ 용도지역의 용적률 : 용적률은 대지면적에 대한 건축물의 지상층 연면적(대지에 2 이상의 건축물이 있는 경우에는 이들 연면적의 합계)의 비율을 의미

국토의 계획 및 이용에 관한 법률에서는 용도지역의 용적률의 최대한도를 정하고, 그 범위 내에서 특별시·광역시·시 또는 군의 도시계획조례로 용도지역의 용적률의 최대한도를 정하고 있음. 즉, 용도지역의 용적률은 도시계획조례로 정하는 비율을 초과하여서는 안 됨. 〈표 3-5〉에서는 국토의 계획 및 이용에 관한 법률 상 용도지역의 용적률의 최대한도가 나타나 있음

ㄱ. 용적률의 별도 규정 : 다음에 해당하는 지역 안에서의 용적률은 200% 이하의 범위 안에서 대통령령이 정하는 다음의 범위 안에서 특별시·광역시·시 또는 군의 도시계획조례가 정하는 비율을 초과해서는 안 됨

a. 도시지역 외의 지역에 지정된 개발진흥지구 : 100% 이하

b. 수산자원보호구역 : 80% 이하

c. 자연공원법에 의한 자연공원 : 100% 이하

d. 산업입지 및 개발에 관한 법률에 의한 농공단지(도시지역 외의 지역에 지정된 농공단지에 한함) : 150% 이하

ㄴ. 용적률의 완화 : 건축물의 주위에 공원·광장·도로·하천 등의 공지가 있거나 이를 설치하는 경우에는 다음에서 정하는 바와 같이 도시계획조례에 의하여 용적률을 완화할 수 있음

a. 일반적 완화 : 준주거지역·중심상업지역·일반상업지역·근린상업지역·전용공업지역·일반공업지역 또는 준공업지역 안의 건축물로서 다음에 해당하는 건축물의 경우 교통·방화 및 위생상 지장이 없다고 인정되는 때에는 그 용적률을 해당지역 용적률의 120% 이하의 범위 안에서 도시계획조례가 정하는 비율로 할 수 있음

• 공원·광장(교통광장 제외)·하천 기타 건축이 금지된 공지에 접한 도로를 전면도로로 하는 대지 안의 건축물이나 공원·광장·하천 기타 건축이 금지된 공지에 20m 이상 접한 대지안의 건축물

• 너비 25m 이상인 도로에 20m 이상 접한 대지 안의 건축면적이 1,000m^2 이상인 건축물

b. 해당 용적률의 200% 이하 완화 : 건축주가 상업지역, 도시 및 주거환경정비법에 따른 재개발사업 및 재건축사업을 시행하기 위한 정비구역 안에서 대지의 일부

를 공공시설부지로 제공하는 경우에는 당해 건축물에 대한 용적률을 해당 용적률의 200% 이하의 범위 안에서 대지면적의 제공비율에 따라 도시계획조례가 정하는 비율로 할 수 있음

(2) 용도지구에 따른 행위제한

❶ 지구 안에서의 건축제한(국토의 계획 및 이용에 관한 법률 시행령 제72조~제82조) : 용도지구에서의 건축물 그 밖의 시설의 용도·종류 및 규모 등의 제한에 관해서는 국토의

표 3-6　지구 안에서의 건축제한

구분	건축제한
경관지구	① 그 지구의 경관의 보호·형성에 장애가 된다고 인정하여 도시계획조례가 정하는 건축물은 건축할 수 없다. (특별시장·광역시장·시장·군수가 조례로 정하는 기준에 적합하다고 인정하여 지방자치단체에 설치된 도시계획위원회의 심의를 거친 경우는 예외 – 이하 '예외') ② 도시계획조례로 정하는 사항 　• 건폐율·용적률·건축물의 높이·최대 너비·색채·대지 안의 조경
고도지구	도시관리계획으로 정하는 높이를 초과하거나 미달하는 건축물을 건축할 수 없다.
방재지구	풍수해·산사태, 지반의 붕괴, 지진 기타 재해예방에 장애가 된다고 인정하여 도시계획조례가 정하는 건축물은 건축할 수 없다('예외' 있음).
보호지구	세분된 용도지구(역사문화환경보호지구, 중요시설물보호지구, 생태계보호지구)별로 도시계획조례가 정하는 건축물에 한하여 건축할 수 있다('예외' 있음).
취락지구	① 자연취락지구 안에서는 시행령과 도시계획조례가 정하는 건축물은 건축할 수 있다. ② 집단취락지구 안에서의 건축제한은 개발제한구역의 지정 및 관리에 관한 특별조치법에 따른다.
개발진흥지구	개발진흥지구 안에서는 지구단위계획 또는 관계법률에 의한 개발계획에 위반하여 건축물을 건축할 수 없다. 개발계획이 수립되기 전에는 개발진흥지구의 계획적 개발에 위배되지 아니하는 범위 안에서 도시계획조례가 정하는 건축물을 건축할 수 있다.
특정 용도제한지구	특정 용도제한지구 안에서는 주거기능 또는 청소년 정서에 유해하다고 인정하여 도시계획조례가 정하는 건축물을 건축할 수 없다.
복합용도지구	해당 용도지역에서 허용되는 건축물 외에 도시계획조례가 정하는 건축물을 건축할 수 있다('예외' 있음).
기타 용도지구	기타 지구 안에서의 건축제한에 관하여는 지구지정의 목적 달성에 필요한 범위 안에서 도시계획조례로 정한다.

* 방화지구 안의 건축제한은 건축법(제41조)에 의함

계획 및 이용에 관한 법률 또는 다른 법률에 특별한 규정이 있는 경우를 제외하고는 동법 시행령이 정하는 기준에 따라 도시계획조례로 정할 수 있음(용도지구 안에서의 건축제한에 관해서는 다음의 〈표 3-6〉 참조)

❷ 건축제한의 예외(국토의 계획 및 이용에 관한 법률 시행령 제83조)

ㄱ. 도시계획시설에 대한 용도지구 안의 건축제한 적용 배제 : 용도지역·용도지구 안의 도시계획시설에 대하여는 용도지구 안의 행위제한에 관한 규정을 적용하지 아니함

ㄴ. 리모델링이 필요한 건축물에 대한 건축제한 완화 적용 : 건축법 시행령에 의한 리모델링이 필요한 건축물에 대하여는 경관지구 또는 고도지구 안에서 건축물의 높이·규모 등의 제한을 완화하여 제한할 수 있음

(3) 용도구역에 따른 행위제한

❶ 개발제한구역의 행위제한 : 개발제한구역 안에서 그 지정목적에 위배되는 ① 건축물의 건축 및 용도변경, ② 공작물의 설치, ③ 토지의 형질변경, ④ 죽목의 벌채, ⑤ 토지의 분할, ⑥ 물건을 쌓아놓는 행위 등은 원칙적으로 금지. 그러나 개발제한구역의 지정 및 관리에 관한 특별조치법은 이들 행위에 대하여 시장·군수 또는 구청장의 허가를 받거나 신고를 해야하는 행위들을 구분하여 규정(동법 제12조 참조)

❷ 도시자연공원구역에서의 행위제한 : 도시자연공원구역에서는 건축물의 건축 및 용도변경, 공작물의 설치, 토지의 형질변경, 토석의 채취, 토지의 분할, 죽목의 벌채, 물건의 적치 또는 국토의 계획 및 이용에 관한 법률의 규정에 의한 도시계획사업의 시행을 할 수 없음. 다만 일정한 행위(도시공원 및 녹지 등에 관한 법률 제27조)는 특별시장·광역시장·시장 또는 군수의 허가를 받아 이를 할 수 있음

❸ 시가화조정구역의 행위제한 : 시가화조정구역 안에서의 도시계획사업은 원칙적으로 국방상 또는 공익상 그 구역 안에서 사업시행이 불가피한 것으로서 관계 중앙행정기관의 장의 요청에 의하여 국토교통부장관이 시가화조정구역의 지정목적 달성에 지장이 없다고 인정하는 사업만 시행이 가능. 도시계획사업에 의하는 경우를 제외하는 국토의 계획 및 이용에 관한 법률 제81조 제2항에서 규정하고 있는 일정한 행위는 특별시장·광역시장·시장 또는 군수의 허가를 받아 이를 할 수 있음

❹ 수산자원보호구역의 행위제한 : 수산자원보호구역 안에서의 도시계획사업은 국방상 또는 공익상 그 구역 안에서 사업시행이 불가피한 것으로서 관계 중앙행정기관의 장의 요

청에 의하여 국토교통부장관이 수산자원보호구역의 지정목적 달성에 지장이 없다고 인정하는 도시계획사업에 한하여 이를 시행할 수 있음. 도시계획사업에 의하는 경우를 제외하고는 수산자원관리법 제52조에 규정된 행위에 한하여 그 구역을 관할하는 관리청장의 허가를 받아 할 수 있음

3) 지구단위계획

지구단위계획이란 도시·군계획 수립 대상지역의 일부에 대하여 토지 이용을 합리화하고 그 기능을 증진시키며 미관을 개선하고 양호한 환경을 확보하며, 그 지역을 체계적·계획적으로 관리하기 위하여 수립하는 도시·군관리계획을 말한다.

(1) 지구단위계획의 수립

❶ 지구단위계획의 수립기준 등은 대통령령으로 정하는 바에 따라 국토교통부장관이 정함
❷ 지구단위계획은 다음 각 호의 사항을 고려하여 수립
　ㄱ. 도시의 정비·관리·보전·개발 등 지구단위계획구역의 지정목적
　ㄴ. 주거·산업·유통·관광휴양·복합 등 지구단위계획구역의 중심기능
　ㄷ. 해당 용도지역의 특성
　ㄹ. 그 밖에 대통령령으로 정하는 사항

(2) 지구단위계획구역 및 지구단위계획의 결정

지구단위계획구역 및 지구단위계획은 도시·군관리계획으로 결정

(3) 지구단위계획구역의 지정 등

❶ 국토교통부장관, 시·도지사, 시장 또는 군수는 다음 각 호의 어느 하나에 해당하는 지역의 전부 또는 일부에 대하여 지구단위계획구역을 지정할 수 있음
　ㄱ. 국토의 계획 및 이용에 관한 법률 제37조에 따라 지정된 용도지구
　ㄴ. 도시개발법 제3조에 따라 지정된 도시개발구역
　ㄷ. 도시 및 주거환경정비법 제8조에 따라 지정된 정비구역
　ㄹ. 택지개발촉진법 제3조에 따라 지정된 택지개발지구

ㅁ. 주택법 제15조에 따른 대지조성사업지구

ㅂ. 산업입지 및 개발에 관한 법률 제2조제8호의 산업단지와 같은 조 제12호의 준산업단지

ㅅ. 관광진흥법 제52조에 따라 지정된 관광단지와 같은 법 제70조에 따라 지정된 관광특구

ㅇ. 개발제한구역·도시자연공원구역·시가화조정구역 또는 공원에서 해제되는 구역, 녹지지역에서 주거·상업·공업지역으로 변경되는 구역과 새로 도시지역으로 편입되는 구역 중 계획적인 개발 또는 관리가 필요한 지역

ㅈ. 도시지역 내 주거·상업·업무 등의 기능을 결합하는 등 복합적인 토지 이용을 증진시킬 필요가 있는 지역으로서 대통령령으로 정하는 요건에 해당하는 지역

ㅊ. 도시지역 내 유휴토지를 효율적으로 개발하거나 교정시설, 군사시설, 그 밖에 대통령령으로 정하는 시설을 이전 또는 재배치하여 토지 이용을 합리화하고, 그 기능을 증진시키기 위하여 집중적으로 정비가 필요한 지역으로서 대통령령으로 정하는 요건에 해당하는 지역

ㅋ. 도시지역의 체계적·계획적인 관리 또는 개발이 필요한 지역

ㅌ. 그 밖에 양호한 환경의 확보나 기능 및 미관의 증진 등을 위하여 필요한 지역으로서 대통령령으로 정하는 지역

❷ 국토교통부장관, 시·도지사, 시장 또는 군수는 다음 각 호의 어느 하나에 해당하는 지역은 지구단위계획구역으로 지정하여야 함. 다만, 관계법률에 따라 그 지역에 토지 이용과 건축에 관한 계획이 수립되어 있는 경우에는 그러하지 아니함

ㄱ. 도시 및 주거환경정비법 제8조에 따라 지정된 정비구역과 택지개발촉진법 제3조에 따라 지정된 택지개발지구에서 시행되는 사업이 끝난 후 10년이 지난 지역

ㄴ. ❶의 각 호 중 체계적·계획적인 개발 또는 관리가 필요한 지역으로서 대통령령으로 정하는 지역

❸ 도시지역 외의 지역을 지구단위계획구역으로 지정하려는 경우 다음 각 호의 어느 하나에 해당하여야 함

ㄱ. 지정하려는 구역 면적의 100분의 50 이상이 국토의 계획 및 이용에 관한 법률 제36조에 따라 지정된 계획관리지역으로서 대통령령으로 정하는 요건에 해당하는 지역

ㄴ. 국토의 계획 및 이용에 관한 법률 제37조에 따라 지정된 개발진흥지구로서 대통령

령으로 정하는 요건에 해당하는 지역

ㄷ. 국토의 계획 및 이용에 관한 법률 제37조에 따라 지정된 용도지구를 폐지하고 그 용도지구에서의 행위 제한 등을 지구단위계획으로 대체하려는 지역

(4) 지구단위계획의 내용

❶ 지구단위계획구역의 지정목적을 이루기 위하여 지구단위계획에는 다음 각 호의 사항 중 ㄷ과 ㅁ의 사항을 포함한 둘 이상의 사항이 포함되어야 함

다만, ㄴ을 내용으로 하는 지구단위계획의 경우에는 그러하지 아니함

ㄱ. 용도지역이나 용도지구를 대통령령으로 정하는 범위에서 세분하거나 변경하는 사항

ㄴ. 기존의 용도지구를 폐지하고 그 용도지구에서의 건축물이나 그 밖의 시설의 용도·종류 및 규모 등의 제한을 대체하는 사항

ㄷ. 대통령령으로 정하는 기반시설의 배치와 규모

ㄹ. 도로로 둘러싸인 일단의 지역 또는 계획적인 개발·정비를 위하여 구획된 일단의 토지의 규모와 조성계획

ㅁ. 건축물의 용도제한, 건축물의 건폐율 또는 용적률, 건축물 높이의 최고한도 또는 최저한도

ㅂ. 건축물의 배치·형태·색채 또는 건축선에 관한 계획

ㅅ. 환경관리계획 또는 경관계획

ㅇ. 교통처리계획

ㅈ. 그 밖에 토지 이용의 합리화, 도시나 농·산·어촌의 기능 증진 등에 필요한 사항으로서 대통령령으로 정하는 사항

❷ 지구단위계획은 도로, 상하수도 등 대통령령으로 정하는 도시·군계획시설의 처리·공급 및 수용능력이 지구단위계획구역에 있는 건축물의 연면적, 수용인구 등 개발밀도와 적절한 조화를 이룰 수 있도록 하여야 함

❸ 지구단위계획구역에서는 국토의 계획 및 이용에 관한 법률 제76조부터 제78조까지의 규정과 건축법 제42조·제43조·제44조·제60조 및 제61조, 주차장법 제19조 및 제19조의2를 대통령령으로 정하는 범위에서 지구단위계획으로 정하는 바에 따라 완화하여 적용할 수 있음

(5) 지구단위계획구역의 지정에 관한 도시·군관리계획 결정의 실효 등

❶ 지구단위계획구역의 지정에 관한 도시·군관리계획 결정의 고시일부터 3년 이내에 그 지구단위계획구역에 관한 지구단위계획이 결정·고시되지 아니하면 그 3년이 되는 날의 다음날에 그 지구단위계획구역의 지정에 관한 도시·군관리계획 결정은 효력을 상실. 다만, 다른 법률에서 지구단위계획의 결정(결정된 것으로 보는 경우를 포함)에 관하여 따로 정한 경우에는 그 법률에 따라 지구단위계획을 결정할 때까지 지구단위계획구역의 지정은 그 효력을 유지

❷ 국토교통부장관, 시·도지사, 시장 또는 군수는 ❶에 따라 지구단위계획구역 지정이 효력을 잃으면 대통령령으로 정하는 바에 따라 지체 없이 그 사실을 고시하여야 함

(6) 지구단위계획구역에서의 건축 등

지구단위계획구역에서 건축물을 건축 또는 용도변경하거나 공작물을 설치하려면 그 지구단위계획에 맞게 하여야 한다. 다만, 지구단위계획이 수립되어 있지 아니한 경우에는 그러하지 아니하다.

4) 개발행위의 허가

도시계획사업에 의하지 아니하고 건축물의 건축, 토지의 형질변경 등 개발행위를 하고자 하는 자는 특별시장·광역시장·시장 또는 군수의 허가를 받아야 한다. 개발행위에는 ① 건축물의 건축 또는 공작물의 설치, ② 토지의 형질변경(경작을 위한 형질변경은 제외), ③ 토석채취, ④ 토지분할(건축법 제57조의 규정에 의한 건축물이 있는 대지는 제외), ⑤ 녹지지역·관리지역 또는 자연환경보전지역에 물건을 1개월 이상 쌓아놓는 행위

그러나 개발행위의 허가를 받지 아니하고 행할 수 있는 행위로는 ① 재해복구 및 재난수습을 위한 응급조치, ② 건축법에 의한 신고에 의하여 설치할 수 있는 건축물의 증축·개축 또는 재축과 이에 필요한 범위 안에서의 토지의 형질변경(도시계획시설사업이 시행되지 아니하고 있는 도시계획시설의 부지인 경우에 한함), ③ 허가를 받지 아니하여도 되는 경미한 행위 등이다. 여기에서 허가를 받지 아니하여도 되는 경미한 행위는 다음과 같다.

❶ 건축법에 의한 건축허가 또는 건축신고대상에 해당하지 아니하는 건축물의 건축

❷ 공작물의 설치로서 도시지역 또는 지구단위계획구역에서 무게가 50톤 이하, 부피가 50m³ 이하, 수평투영면적이 50m² 이하인 공작물의 설치, 도시지역·자연환경보전지역 및 지구단위계획구역 외의 지역에서 무게가 150t 이하, 부피가 150m³ 이하, 수평투영면적이 150m² 이하인 공작물의 설치, 녹지지역·관리지역 또는 농림지역 안에서의 농림어업용 비닐하우스(비닐하우스 안에 설치하는 육상어류양식장 제외)의 설치 등

❸ 토지의 형질변경으로서 높이 50cm 이내 또는 깊이 50cm 이내에서 절토·성토·정지 등, 도시지역·자연환경보전지역·지구단위계획구역 및 기반시설부담구역 외의 지역에서 면적이 660m² 이하인 토지에 대한 지목변경을 수반하지 아니하는 절토·성토·정지·포장, 조성이 완료된 기존 대지에서의 건축물 기타 공작물의 설치를 위한 토지의 형질변경, 국가 또는 지방자치단체가 공익상의 필요에 의하여 직접 시행하는 사업을 위한 토지의 형질변경

❹ 토석채취로서 도시지역 또는 지구단위계획구역에서 채취면적이 25m² 이하인 토지에서의 부피 50m³ 이하의 토석채취, 도시지역·자연환경보전지역 및 지구단위계획구역 외의 지역에서 재취면적이 250m² 이하인 토지에서의 부피 500m³ 이하의 토석채취

❺ 토지의 분할로서 사도법에 의한 사도개설허가를 받아 분할하는 경우, 토지의 일부를 공공용지 또는 공용지로 하고자 하는 경우, 행정재산 중 용도폐지되는 부분을 분할하거나 잡종재산을 매각·교환 또는 양여하기 위하여 토지를 분할하고자 하는 경우, 토지의 일부가 도시계획시설로 지형도면고시가 된 당해 토지의 분할, 너비 5m 이하로 이미 분할된 토지의 건축법 제57조 제1항의 규정에 의한 분할제한 이상으로의 분할하는 경우 등

❻ 물건을 쌓아 놓는 행위로서 녹지지역 또는 지구단위계획구역에서 면적이 25m² 이하인 토지에 전체 무게 50t 이하, 전체 부피 50m³ 이하로 물건을 쌓는 행위, 관리지역(지구단위계획구역으로 지정된 지역 제외)에서 면적 250m² 이하인 토지에 전체 무게 500t 이하, 전체 부피 500m³ 이하로 물건을 쌓는 행위

3 건축법

건축법은 건축물의 대지·구조·설비 기준 및 용도 등을 정하여, 건축물의 안전·기능·환경 및 미관을 향상시킴으로써 공공복리의 증진에 이바지함을 목적으로 한다.

1) 건축법의 적용범위

건축법의 적용범위는 건축법을 적용하는 지역과 대상물, 그리고 대상행위로 나눌 수 있다. 그 적용지역은 국토의 계획 및 이용에 관한 법률에 의하여 지정된 도시지역 및 제2종 지구단위계획구역, 동 또는 읍의 지역(동·읍이 속하는 섬은 인구 500인 이상인 경우에 한함)에 전면적으로 적용하며, 상기 지역 이외의 지역은 건축법을 부분적으로 적용하지 아니한다. 적용대상물은 건축물, 대지, 건축설비, 옹벽 등의 공작물이다. 적용행위는 건축·대수선·용도변경 행위이다.

(1) 건축

건축이란 건축물의 신축·증축·개축·재축·이전을 말한다.

❶ 신축 : 건축물이 없는 대지(기존 건축물이 철거 또는 멸실된 대지 포함)에 새로이 건축물을 축조하는 것. 부속건축물만 있는 대지에 새로이 주된 건축물을 축조하는 것도 신축에 포함

❷ 증축 : 기존 건축물이 있는 대지 안에서 건축물의 건축면적·연면적·층수 또는 높이를 증가시키는 것. 기존 건축물이 있는 대지에 담장을 축조하는 것도 증축이며, 동일대지 내의 별동 건축물의 건축행위, 1개층의 건물을 나누어 2개층으로 만드는 것도 연면적의 증가이므로 증축에 해당

❸ 개축 : 기존 건축물의 전부 또는 일부(내력벽·기둥·보·지붕틀 중 3 이상이 포함되는 경우)를 철거하고 그 대지 안에 종전과 동일한 규모의 범위 안에서 다시 축조하는 것

❹ 재축 : 건축물이 천재지변 기타 재해에 의하여 건축물의 전부 또는 일부가 멸실된 경우에 그 대지 안에 종전과 동일한 규모의 범위 안에서 다시 축조하는 것

❺ 이전 : 건축물의 주요 구조부를 해체하지 아니하고 동일한 대지 안에서 다른 위치로 이전하는 것

ㄱ. 대수선 : 건축물의 주요 구조부에 대한 수선 또는 변경과 건물의 외부형태의 변경으로서 다음에 해당하는 것. 건축물의 주요 구조부는 내력벽·기둥·바닥·보·지붕틀 및 주계단을 말함

a. 내력벽을 증설·해체하거나 내력벽의 면적을 $30m^2$ 이상 수선 또는 변경하는 것

b. 기둥을 증설·해체하거나 기둥을 3개 이상 수선 또는 변경하는 것

c. 보를 증설·해체하거나 보를 3개 이상 수선 또는 변경하는 것

d. 지붕틀을 증설·해체하거나 지붕틀을 3개 이상 해체하여 수선 또는 변경하는 것

e. 방화벽 또는 방화구획을 위한 바닥 또는 벽을 해체하거나 수선·변경하는 것

f. 주계단·피난계단 또는 특별 피난계단을 해체하거나 수선·변경하는 것

g. 다가구주택의 가구 간 경계벽 또는 다세대주택의 세대 간 경계벽을 증설·해체 하거나 수선·변경하는 것

h. 건축물의 외벽에 사용하는 마감재료(건축법 제52조 제2항)를 증설 또는 해체하거나 벽면적 30m² 이상 수선 또는 변경하는 것

ㄴ. 리모델링 : 건축물의 노후화 억제 또는 기능 향상을 위하여 대수선 또는 일부 증 축·개축하는 행위

(2) 용도변경

용도변경은 사용승인을 받은 건축물의 최초 용도가 아닌 다른 용도로 바꾸어 사용하는 것을 말한다. 건축물의 시설군과 용도는 〈표 3-7〉에서 보는 바와 같으며, 용도별 건축물의 종

표 3-7 건축물의 시설군과 건축물의 용도

건축물의 시설군	건축물의 용도	
① 자동차 관련 시설군	• 자동차 관련 시설	
② 산업 등 시설군	• 운수시설 • 공장 • 자원순환 관련 시설 • 장례식장	• 창고시설 • 위험물저장 및 처리시설 • 묘지 관련 시설
③ 전기통신시설군	• 방송통신시설	• 발전시설
④ 문화집회시설군	• 문화 및 집회시설 • 위락시설	• 종교시설 • 관광휴게시설
⑤ 영업시설군	• 판매시설 • 숙박시설	• 운동시설 • 제2종 근린생활시설 중 다중생활시설
⑥ 교육 및 복지시설군	• 의료시설 • 노유자시설 • 야영장시설	• 교육연구시설 • 수련시설
⑦ 근린생활시설군	• 제1종 근린생활시설 • 제2종 근린생활시설(다중생활시설은 제외)	
⑧ 주거업무시설군	• 단독주택 • 업무시설	• 공동주택 • 교정 및 군사시설
⑨ 그 밖의 시설군	• 동물 및 식물 관련 시설	

류는 건축법 시행령 제3조의5 관련 별표 1과 같다. 건축물의 용도를 변경하고자 할 때는 상위 군으로 변경하고자 할 때는 시장·군수·구청장에게 허가를 받아야 하고, 하위군으로 변경하고자 할때는 시장·군수·구청장에게 신고를 하여야 한다. 같은 시설군 내 용도변경시에는 건축물대장 기재내용의 변경을 신청한다.

2) 건축허가 · 신고

(1) 건축허가

건축물을 건축 또는 대수선하고자 하는 자는 시장·군수·구청장의 허가를 받아야 한다. 다만, 21층 이상의 건축물 등 대통령령이 정하는 용도 및 규모의 건축물을 특별시 또는 광역시에 건축하고자 하는 경우에는 특별시장 또는 광역시장의 허가를 받아야 한다.

(2) 건축신고

(1)에 해당하는 허가대상 건축물이라 하더라도 다음 각 호의 어느 하나에 해당하는 경우에는 미리 시장·군수·구청장에게 국토교통부령이 정하는 바에 의하여 신고함으로써 건축허가를 받은 것으로 본다.

❶ 바닥면적의 합계가 $85m^2$ 이내의 증축·개축 또는 재축
❷ 국토의 계획 및 이용에 관한 법률에 의한 관리지역·농림지역 또는 자연환경보전지역 안에서 연면적 $200m^2$ 미만이고 3층 미만인 건축물의 건축. 다만, 지구단위계획구역, 방재지구 등 재해취약지역 등 구역의 건축은 제외한다.
❸ 연면적이 $200m^2$ 미만이고 3층 미만인 건축물의 대수선
❹ 주요 구조부의 해체가 없는 등 시행령(제11조 제1항)으로 정하는 대수선
❺ 그 밖에 소규모 건축물로서 시행령(제11조 제2항)으로 정하는 건축물의 건축

(3) 허가 · 신고사항의 변경

건축주는 허가를 받았거나 신고를 한 사항을 변경하고자 하는 경우에는 대통령령이 정하는 바(시행령 제12조 제1항)에 의하여 이를 변경하기 전에 허가권자의 허가를 받거나 시장·군수·구청장에게 신고하여야 한다. 다만, 대통령령이 정하는 경미한 사항(신축·증축·개축·재축·이전 또

는 대수선에 해당하지 아니하는 변경)의 변경에 대하여는 그러하지 아니하다.

(4) 용도변경

사용승인을 얻은 건축물의 용도를 변경하고자 하는 자는 다음 각 호의 구분에 따라 국토교통부령이 정하는 바(제12조의2)에 의하여 시장·군수·구청장의 허가를 받거나 신고를 하여야 한다.

❶ 허가대상 : 건축법 제19조 제4항 각 호(〈표 3-7〉)의 어느 하나에 해당하는 시설군(施設群)에 속하는 건축물의 용도를 상위군(건축법 제19조 제4항 각 호(〈표 3-7〉)의 번호가 용도변경하고자 하는 건축물이 속하는 시설군보다 작은 시설군을 말한다)에 해당하는 용도로 변경하는 경우

❷ 신고대상 : 건축법 제19조 제4항 각 호(〈표 3-7〉)의 어느 하나에 해당하는 시설군에 속하는 건축물의 용도를 하위군(제4항 각 호(〈표 3-7〉)의 번호가 용도변경하고자 하는 건축물이 속하는 시설군보다 큰 시설군을 말한다)에 해당하는 용도로 변경하는 경우

3) 건축규모 및 밀도의 제한

건축규모 및 밀도의 제한은 기본적으로 건폐율과 용적률에 의하며, 대지의 분할제한과 건축물의 높이제한이 있다.

(1) 건폐율과 용적률

건축물의 건폐율과 용적률의 최대한도는 국토의 계획 및 이용에 관한 법률 제77조(건폐율기준), 제78조(용적률기준)의 규정에 의한다. 다만, 이 법에서 그 기준을 완화 또는 강화하여 적용하도록 규정한 경우에는 그에 의한다(건축법 제55조, 제56조).

(2) 대지의 분할제한

건축물이 있는 대지는 용도지역별 대지의 분할제한 범위 안에서 당해 지방자치단체의 조례가 정하는 면적에 미달하게 분할할 수 없다.

❶ 주거지역 : 60m^2
❷ 상업지역 : 150m^2

❸ 공업지역 : 150m²

❹ 녹지지역 : 200m²

❺ 기타지역 : 60m²

(3) 건축물의 높이제한

건축물의 높이제한은 건축물의 안전·일조·채광·통풍·전망 등 위생적이고 쾌적한 주거 환경을 확보하고 도시의 미관을 유지하여 나아가 효율적인 토지이용을 통한 토지의 합리적 이용을 도모하는 데 있다.

❶ 가로구역(도로로 둘러싸인 일단의 대지)을 단위로 하는 높이제한 : 허가권자는 가로구역을 단위로 건축법 시행령이 정하는 기준과 절차에 따라 건축물의 최고 높이를 지정·공고할 수 있음. 또한 허가권자는 가로구역의 최고 높이를 완화할 필요가 있다고 판단되는 대지에 대하여는 그 정하는 바에 의하여 건축위원회의 심의를 거쳐 최고 높이를 완화할 수 있음

❷ 전면도로의 너비에 의한 제한(도로에 의한 사선제한) : 허가권자에 의한 최고 높이가 정하여지지 아니한 가로구역의 경우에는 건축물 각 부분의 높이는 그 부분으로부터 전면도로 반대쪽 경계선까지의 수평거리의 1.5배를 초과할 수 없다. 대지가 2 이상의 도로, 공원, 광장, 하천 등에 접하는 경우 당해 지방자치단체의 조례로 따로 정할 수 있음

❸ 일조 등의 확보를 위한 높이제한 : 일조 등의 확보를 위한 높이제한의 내용은 다음과 같음

ㄱ. 전용주거지역 및 일반주거지역 안의 건축물

  a. 높이 9m 이하 부분 : 정북방향 인접대지 경계선으로부터 1.5m 이상 이격

  b. 높이 9m 초과 부분 : 정북방향 인접대지 경계선으로부터 각 부분 높이의 1/2 이상 이격

ㄴ. 공동주택에 대한 강화(중심 및 일반상업지역 제외) : 공동주택의 경우에는 위 ㄱ의 규정에 적합하여야 하는 것 외에 다음에 적합하게 건축하여야 함

  a. 건축물(기숙사는 제외)의 각 부분의 높이는 그 부분으로부터 채광을 위한 창문 등이 있는 벽면에서 직각방향으로 인접대지경계선까지의 수평거리의 2배(근린상업지역 또는 준주거지역의 건축물은 4배) 이하로 할 것(다만, 채광을 위한 창문 등이 있는 벽면에서 직각 방향으로 인접대지경계선까지의 수평거리가 1m 이상으로서 건축조례가 정하는 거리 이상인 다세대 주택인 경우는 이를 적용하지 아니한다).

b. 동일한 대지 안에서 2동 이상의 건축물이 서로 마주보고 있는 경우(1동의 건축물의 각 부분이 서로 마주보고 있는 경우를 포함)의 건축물 각 부분 사이의 거리는 다음에서 규정한 거리 이상을 띄어 건축할 것

    i) 채광을 위한 창문 등이 있는 벽면으로부터 직각방향으로 건축물 각 부분의 높이의 0.5배(도시형 생활주택의 경우에만 0.25배) 이상

    ii) i)에 불구하고 서로 마주보는 건축물 중 남측 방향(마주보는 2동의 축이 남동에서 남서방향에 한한다)의 건축물의 높이가 낮고 주된 개구부(거실과 주된 침실이 있는 부분의 개구부를 말함)의 방향이 남측을 향하는 경우에는 높은 건축물 각 부분의 높이의 0.4배(도시형 생활주택의 경우에는 0.2배) 이상이고 낮은 건축물 각 부분의 높이의 0.5배(도시형 생활주택의 경우에는 0.25배) 이상

    iii) 채광창(창넓이 0.5m² 이상의 창을 말함)이 없는 벽면과 측벽이 마주보는 경우에는 8m 이상

    iv) 측벽과 측벽이 마주보는 경우(마주보는 측벽 중 1개의 측벽에 한하여 채광을 위한 창문 등이 설치되어 있지 아니한 바닥면적 3m² 이하의 발코니—출입을 위한 개구부를 포함—를 설치하는 경우를 포함)에는 4m 이상

ㄷ. 신개발지의 건축물의 높이제한 : 정남방향의 인접대지 경계선으로부터의 거리에 따라 상기 ㄱ의 높이의 범위 안에서 시장·군수·구청장이 정하여 고시하는 높이 이하로 할 수 있음

    여기에서 신개발지는 택지개발지구, 대지조성사업지구, 지역 개발 및 지원에 관한 법률에 의한 지역개발사업구역, 산업입지 및 개발에 관한 법률에 의한 국가산업단지·일반산업단지·도시첨단산업단지·농공단지, 도시개발법에 의한 도시개발구역, 도시 및 주거환경정비법에 의한 정비구역 등이다.

ㄹ. 2층 이하로서 높이가 8m 이하인 건축물에는 해당 지방자치단체의 조례로 정하는 바에 따라 일조권 등의 확보를 위한 건축물의 높이제한 규정을 적용하지 아니할 수 있다.

ㅁ. 건축물을 건축하려는 대지와 다른 대지 사이에 공원(도시공원 및 녹지 등에 관한 법률 제2조 제3호에 따른 도시공원 중 지방건축위원회의 심의를 거쳐 허가권자가 공원의 일조 등을 확보할 필요가 있다고 인정하는 공원은 제외), 도로, 철도, 하천, 광장, 공공공지, 녹지, 유수지, 자동차전용도로·유원지, 그밖에 건축이 허용되지 아니하는 공지가 있는 경우에는 그 반

대편의 대지경계선(공동주택은 인접대지경계선과 그 반대편의 대지경계선과의 중심선)을 인접 대지경계선으로 한다.

4) 기타 관련 법규의 검토

이상의 법규 외에 관련한 제반 법규를 살펴보아야 하는데 이에는 도시지역에서는 주로 주상복합의 세대수와 규모를 규정한 주택법이나 주차장 설치에 관해 규정한 주차장법, 상업시설의 기준에 관한 유통산업발전법, 기타 그 외에 시설유치 사안별로 체육시설의 설치·이용에 관한 법률, 학교보건법, 학원의 설립·운영 및 과외교습에 관한 법률 등 사업관련 제반 법규 등도 살펴보아야 한다.

---

section 02　부동산 개발

1　부동산 개발의 개념 및 개발방안

부동산 개발이란 최적입지에 만들어진 공간을 소비자에게 제공하는 것을 말한다. 따라서 부동산 개발은 토지 위에 건물이나 공작물을 건축하여 부동산 공간을 창출하는 것은 물론 건축이 이루어질 수 있도록 택지나 공장부지 등을 조성하는 것도 포함한다. 부동산 개발이 부동산의 최유효이용을 위한 부동산 활동이라고 한다면, 기존의 건축물을 용도전환 또는 리모델링하거나 토지의 합필·분필도 부동산의 최유효이용을 위한 활동이라고 할 수 있다.

부동산의 최유효이용의 측면에서 보유 부동산을 현상태 그대로 매각할 것인가, 건물의 용도전환이나 토지의 분합을 한 후에 매각할 것인가, 개발한 후에 임대 또는 매각할 것인가에 대한 결정을 하여야 한다. 이를 보다 구체적으로 살펴보면 〈표 3−8〉에 나타나 있다.

표 3-8   보유 부동산의 최유효이용 방안

최유효이용방안 (현금환가)	내용
현상태 보유 (후 매각)	매입 후 인위적인 추가 투자를 하지 않고 매각 환가 • 법적제약으로 개발이 불가능한 경우(그린벨트, 농지, 도로) • 개발 타당성이 없고 가공의 실익이 없는 경우 • 적정개발규모 과대로 자금적 문제(리스크)가 있는 경우 • 개발규모 과소로 개발실익이 적은 경우 • 입지여건상 개발이 어려운 경우 • 건축규제 등에 의해 공동개발이 강제되나 인접지 소유자의 동의가 어려운 경우 • 도로폭 4m 이하의 도로에 접하는 소규모 토지로서 인접 부동산 매입이 어려운 경우 • 기존 용도외 타용도 전환이 어려운 경우 • 개발 시 현저한 민원발생으로 개발이 어려운 경우
가공 보유 (후 매각)	건물의 경우 대수선, 용도전환, 기타 개량을 하거나 토지를 합필·분필 또는 형질변경 등을 행한 후 매각 환가 • 연접한 소규모 토지를 합필함으로써 자산가치가 증대되는 경우 • 넓은 면적으로 분할 이용(매각)이 타당한 경우 • 토지의 조성 또는 형질변경 등을 통하여 토지가치를 증대시킬 수 있는 경우 • 건물의 용도전환이 가능하고 이로 인한 가치증대가 기대되는 경우 • 철거보다는 리모델링이 유용한 경우
개발 보유 (후 매각)	• 대지 위에 건물을 신축하여 이용(매각)하거나 일정기간 임대 후 매각하는 경우 • 나지로서 개발에 따른 타당성이 인정되는 경우 • 현상태보다는 개발 후 가치가 증대될 경우

2 부동산 개발의 과정

부동산 개발의 과정은 일반적으로 ① 구상단계, ② 예비적 타당성 분석의 단계, ③ 부지모색과 확보단계, ④ 타당성 분석의 단계, ⑤ 금융단계, ⑥ 건설단계, ⑦ 마케팅단계의 일곱 단계로 구성되어 있다. 이는 부동산 개발업자의 목적이나 개발사업의 성격에 따라 각 단계가 생략되거나 통합되는 경우가 있을 수 있다.

(1) 제1단계(구상단계)

부동산 개발의 1단계는 아이디어의 창출에서 비롯된다. 최유효이용을 위한 아이디어는 구체적으로 어떤 용도의 공간을 만들 것인가, 그 공간의 입지는 어디로 할 것인가 등으로 현실화되어야 한다. 즉, 부동산을 보유하지 않은 상태에서는 개발사업에 적합한 부지의 모색과 확보가 요구된다. 부동산을 보유한 경우에는 제2단계와 제3단계가 생략될 수 있다. 〈표 3-9〉의 기초단계에서의 기본구상과 개발방향의 설정과 연계된다.

(2) 제2단계(예비적 타당성 분석단계)

부동산 개발에 대한 구상 이후에는 개발사업의 완료 후 예상되는 현금흐름으로부터 수익성을 검토해 보아야 한다. 이는 앞에서 논의된 투자 결정 과정의 흐름에 있어서 투자의 타당성 분석에 의한 투자 결정과 동일한 단계를 거쳐야 한다. 〈표 3-9〉의 기초단계에서의 기초조사 단계에 해당되며 이로써 기본구상과 개발방향이 설정된다.

(3) 제3단계(부지의 모색과 확보단계)

예비적 타당성 분석에 의하여 개발사업의 실행이 가능하다는 판단하에 개발사업에 적합한 부지를 모색하고 확보하여야 한다. 부동산을 보유하고 있는 경우에는 생략될 수 있는 단계이지만, 보유 부동산이 개발사업에 적합한지의 여부를 부동산 투자환경에 대한 분석을 통하여 판단하여야 한다. 또한 부지의 모색은 여러 가지 대안적 부지 중에서 최선의 부지를 선택·확보하여야 한다. 이는 부동산 투자환경에 대한 분석, 특히 시장분석을 통하여 각 대안 부지를 비교함으로써 판단하여야 한다.

(4) 제4단계(타당성 분석의 단계)

개발사업에 적정한 부지가 확보되면 당해 부지에 대한 개발사업의 실행 가능성, 즉, 투자의 타당성 분석을 행하여야 한다. 이는 앞에서 논의된 투자 결정 과정의 각 단계를 거치는 것으로 부동산 투자환경의 분석, 현금흐름의 예측, 투자의 타당성 분석을 거쳐 투자 결정을 하는 것이다. 〈표 3-9〉의 사업기획단계에서의 타당성 검토에 해당된다.

(5) 제5단계(금융단계)

타당성 분석의 결과 부동산 개발사업이 실행 가능하다면, 개발사업을 시행하기 위한 자금 조달의 필요성이 있다. 자금조달은 건축대출(시설자금대출)과 저당대출이 있는데, 건축대출은 개발사업의 착공에서 완공까지 소요되는 자금을 일시적으로 조달하는 것이고, 저당대출은 개

표 3-9　부동산 개발의 일반적 절차

단계	흐름도		내용	세부사항
기초단계	기초조사		현지조사	• 교통, 주변사항 • 진입로, 부지사항 등
			토지이용규제	토지이용계획확인서
			권리관계	등기부등본
	기본구상		건축규제 확인	건축법
			개략적 기획	용도, 규모, 수준
	개발방향		개발방향 설정	
			개발사업방식의 검토	
사업기획 단계	타당성 검토		최유효이용방안 검토	study
			최적 개발사업방식 결정	각 사업방식 검토
			자금계획수립	수지검토
	기본계획		설계 착수	
인 · 허가 단계	심의		입지 · 토목 심의	공동주택(20세대 이상)
			건축 · 구조 · 에너지	
			교통 · 환경영향평가	교통 · 상수원 · 생태계
			수도권정비계획 심의	
	승인		사업계획승인	• 공동주택(20세대 이상) • 관광사업(콘도 · 호텔)
			건축허가	• 공동주택 • 일반건축 • 관광사업
건설 · 판매 단계	본 계약		사업확정	
	착공 · 시공	분양 · 임대 계획		• 착공신고 • 분양계획승인
	임시사용승인	분양 · 임대		• 임시사용승인서
	사용승인			• 사용승인서 • 보존등기 • 건축물대장 등재
사업완료 단계	입주			
	이전등기			
	하자보수			

발사업의 완공 후 당해 부동산을 담보로 제공하고 자금을 조달하는 것이다. 일반적으로 건축대출은 개발사업의 완료 후 저당대출로 전환된다. 이러한 금융의 유형 및 규모는 타당성 분석에 의하여 결정되어야 한다. 즉, 투자 결정 과정에서 금융위험에 대한 고려는 매우 중요한 요소이기 때문이다. 〈표 3-9〉에서의 사업기획단계의 자금계획의 수립과 연계되어 있다는 것이다.

(6) 제6단계(건설단계)

개발사업의 착공으로부터 완공에 이르기까지의 건설단계는 개발사업의 성패에 중요한 영향을 미친다. 실제 건설에 소요되는 비용이 타당성분석에서 예상된 비용을 초과하는 경우 또는 건설기간이 예정된 기간보다 장기화되는 경우 등은 개발사업의 비용을 증가시켜 전반적인 개발사업의 수익성에 큰 영향을 미치기 때문이다.

(7) 제7단계(마케팅단계)

개발사업이 완료된 후 만들어진 부동산 공간에 대한 임대 또는 매각은 그 공간의 시장성(marketability)에 달려 있다. 부동산 공간의 공실 및 미분양은 개발사업의 수익에 영향을 미쳐 개발사업의 수익성에 큰 영향을 미친다. 따라서 개발사업의 기획단계에서 부동산 공간의 마케팅에 대한 전략을 미리 구상하여야 한다. 즉, 잠재적인 임차인 또는 매수자에 대한 타겟을 설정하고 적정한 임대료 또는 분양가를 산정하여 두어야 한다. 특히 수익성 부동산의 경우에 주요 임차인(anchor tenant)을 미리 확보하여야 한다. 개발사업의 시장성은 개발에 의한 부동산 공간이 시장에서 매매되거나 임대될 가능성으로 이에 대한 분석을 시장성분석(marketability study)이라고 한다. 이와 관련하여 흡수율 분석(absorption rate analysis)이 자주 이용되는 데, 이는 부동산 시장에 공급된 부동산 공간이 일 년 동안 시장에서 얼마만큼의 비율로 흡수되었는가를 분석하는 것이다. 즉, 지난 일 년 동안 공급·분양된 아파트가 일정지역에서 80%의 분양률을 보였다면 그 흡수율은 80%에 달한다. 이와 같이 흡수율분석은 부동산 시장의 추세를 파악하는 데 이용된다.

3 부동산의 최유효이용안 기획

부동산의 최유효이용안에 대한 기획은 〈표 3-9〉에서의 부동산 개발의 일반적 절차의 사업기획단계까지의 절차에 해당된다.

　이는 부동산 투자 결정 과정과 동일한 단계를 거치는 것이며, 개발사업이라는 점에서 개발에 대한 구상과 마케팅전략의 구상 등이 포함된다는 특색을 지닌다.

　여기에서 최유효이용안에 대한 기획의 흐름(flow)을 살펴본다(〈그림 3-2〉 참조).

그림 3-2　최유효이용안에 대한 기획 흐름

최유효이용의 목적	• 최유효이용에 대한 목적의 명확화(투자목적의 확인)

▽

시장분석	• 지역분석 · 입지환경　　• 상위계획 · 법규 • 상권구조분석　　　　• 경쟁구조분석 • 부동산 시장분석　　　• 생활패턴분석 • 사회경제분석　　　　• 지역잠재력분석

▽

최유효이용을 위한 시설(용도) 검토	• 도입 가능한 건축물의 용도에 따른 시설의 기초 검토 • 시설별 타당성 검토

▽

최유효이용방안 (개발안)구상	• 개발컨셉 설정 • 개발대안 전개 • 대안의 평가 및 선택 • 개발계획

▽

마케팅전략구상	• 마케팅시장분석 • 잠재 임차인 또는 매수인에 대한 목표 타켓의 설정 • 레벨포지셔닝 검토 • 개발안의 분양 및 임대전략 수립

▽

투자손익 검토 (개발의 타당성 분석)	• 자금수지분석 • 사업수지분석 • 위험분석(risk checking)

▽

결론	• 결론 • 기타 사항

4 시장분석

시장분석은 부동산 개발·투자 결정 과정에서 부동산 개발·투자환경에 대한 분석과정에 해당된다. 개발사업에 있어서도 법적 환경에 대한 분석과 사회·정치적 환경에 대한 분석이 요구된다. 특히 개발사업에 있어서의 시장분석은 보유 부동산의 최유효이용방안의 결정에 중요한 역할을 한다. 즉, 특정 부지를 어떠한 용도로 개발할 것인가, 또는 현재의 용도를 다른 용도로 전환할 필요성은 없는가에 대한 정보를 제공한다.

개발사업의 구상에 따른 특정 용도에 어떠한 위치에 어떤 부지가 적합할 것인가에 대한 결정에도 중요한 역할을 한다. 즉, 여러 가지 대안적 부지 중에서 개발사업에 적합한 최선의 부지를 선택·확보하기 위하여 필요한 정보를 제공한다. 그리고 주어진 자본을 투자할 대안을 찾는 투자자에게 정보를 제공하기 위해서도 시장분석이 행해지기도 한다.

시장분석의 구성요소는 지역분석과 개별분석으로 구분된다.

1) 지역분석

부동산은 개개가 독립적으로 존재하고 있는 것이 아니라 거의 동일한 지역조건, 사회조건, 행정적 조건 등의 요인을 공유하는 다른 부동산과 함께 하나의 지역을 구성하고 있다.

분석의 대상이 되는 지역은 개발사업의 성격이나 규모에 따라 그 공간적 크기가 다르다. 지역은 국가 전체일 수도 있으며 특정 도시일 수도 있다.

(1) 지역개황의 분석

❶ 기존의 도시 특성, 각종 개발계획과의 관계, 발전연혁, 주요 산업, 인구, 개발사업 등의 지역의 발전과정
❷ 지형적 특성(토양, 경사의 정도, 지반 등)과 주택공급현황이나 그 수준, 교통체계 등의 기반시설 현황파악
❸ 공공, 교육, 문화, 판매, 업무, 금융기관 등 주요 시설의 분포상황

(2) 인구의 분석

① 인구구조(연령별/성별 인구피라미드, 부양인구비)

② 인구이동(이전거주지, 인구이동 MATRIX, 이동률 – 전입, 전출)

③ 인구성장(배후지의 변화, 인근 주택 착공 및 준공 현황, 인근 상가의 추가 공급 가능성 등)

(3) 지역 경제분석

① 경제기반 모형(economic base model)의 검토

② 지방재정의 파악

(4) 지역주민의 소득 · 소비(구매관습) 분석

① 소득 수준, 소비 수준, 소비성향 등

② 상권 내 거주자들의 지역적 이동경로

일반적으로 소득 수준이 높을수록 구매력도 높고 그에 따라 개발되는 시설의 이용도도 높아지게 마련이다. 지역에 따라 소비자의 소비습관, 소비성향 등이 다르다. 지역에 따라 판매가 잘되는 상품의 종류가 다를 수도 있고 상업구조에 따라 다를 수도 있다. 고객이 구매습관은 장기간에 걸쳐 비교적 일정 수준을 형성하며 쉽게 변화하지 않는 것이 보통이며, 뿐만 아니라 지역에 따라서는 거주자의 구매관습이 달라서(예컨대 값진 물건은 도심에서 구매하고 지역에서는 일용품만 조금씩 구매하는 등) 매상고 또는 팔리는 상품의 양과 종류에 영향을 미치는 수도 있다.

예를 들면 여자 고객이 특히 많다든가, 고객이 붐비는 시간이 언제이고, 그 수는 얼마나 되는가, 한꺼번에 많이 구매하는가, 조금씩 자주 구매하는가 등 여러 가지 특징이 있다.

(5) 교통환경분석

① 교통체계 및 도로의 상태 : 혼잡도, 주요 교통방향, 간선도로상의 주요 교차로, 병목현상

② 주차시설 : 수용능력

(6) 토지이용의 검토

① 토지이용현황 및 건축현황조사

　　ㄱ. 토지이용의 행태, 표준적인 이용상황

표 3-10 │ 부동산 개발을 위한 기초적 체크리스트

구분	체크항목	평가		
		상	중	하
시간적 측면	부동산의 전반적 경기			
	동종 업종의 시장 경기			
	시사성(EVENT) 유무			
	규제조치 / 보호·육성 조치의 유무			
공간적 측면	교통의 편리성 정도			
	주변의 현황			
	편익시설의 정도			
	수요의 대상은 누구인지			
	어느 지역까지가 수요의 대상인지			
상품적 가치	건물의 주용도(유치시설)			
	법적인 개발 가능성			
	최대 규모는			
	적정규모는			
	건축물의 수준은			
분양성 측면	분양가격의 수준은			
	시장가격의 수준은			
	분양은 어느 정도 될지			
	임대는 잘 될지			
	언제 분양·임대하면 좋은지			
	그러면 언제 착수할지			
	운영 시 장사는 잘 될지			
자금수지 측면	사업자금 조달능력은			
	사업기간 중 자금흐름의 예상은			
	사업성은			

ㄴ. 주요 시설물의 현황, 부지와 경쟁관계 또는 경쟁예상부지의 현황

ㄷ. 지역 내 각 용도별 건축현황, 또한 건축허가실적과 그 추이 파악, 지역 내 주요 시설의 건축허가 신청현황 등

❷ 기타 지역별 특성과 지가수준의 검토

ㄱ. 지역 내 중심상업지역의 분포 및 주요 취급품, 전문상가, 유흥가, 업무기능의 분포도

ㄴ. 부지에 미치는 영향

ㄷ. 가격의 현황 및 추세 파악 : 이들 분석 시 요령은 ① 가장 가까운 역의 이용객 수를 본다든지(당해 상업지역으로의 고객의 유입량을 파악하는 수단이 된다), ② 가장 가까운 역까지의 거리, 간선도로의 연속성을 살피거나, ③ 중심이 되는 상업시설, 공공시설의 접근정도, ④ 상업시설이나 사무실의 집적도를 지도로 살펴보는 방법 등을 사용하며, ⑤ 지역 전체의 동향(당해 지역이 발전기에 있는가, 성숙기인가, 쇠퇴기인가를 파악)을 살펴 봄

2) 개별 요인의 조사

개별 요인의 조사란 앞에서 말한 지역분석에 기초하여 대상 부동산의 형상, 도로와의 접면 상황 등 개별적 요인 및 그것들이 대상 부동산에 미치는 영향 등을 파악·분석함으로써 대상 부동산을 가장 유효하게 이용하는 방법을 판정하는 것이다.

개별 요인에는 다음과 같은 것들이 있다.

❶ 면적 : 건물의 용도에 따라 통상적으로 필요로 하는 면적의 충족 정도
❷ 형상(너비, 깊이) : 너비와 깊이의 비율에 의한 토지의 형상, 부정형의 토지나 삼각지 등은 이용효율이 떨어지는 경우가 많음
❸ 접면도로의 노폭 : 최저 4m는 필요한 데 용도에 따른 적정한 노폭은 고객의 통행량, 사람의 흐름 형태, 상품의 반출입 등에 미치는 영향에 따라 결정
❹ 접면도로와의 관계 : 한 면만이 도로에 면해있는 토지보다 두 면, 세 면이 도로에 접해있는 토지가 상업지로서의 활용도가 높고 또 도로면과 높낮이가 심한 토지는 출입의 불편 때문에 일반적으로 활용도가 낮음
❺ 인접지의 상황 : 대상 부동산의 인접지나 주위의 고객을 유인하는 시설 등이 있으면 수익성이 높아짐(예를 들면, 유명한 명소, 공공용 시설, 전통있는 상점 등이 있는 경우). 또 중고층 건물을 건축하는 경우에는 일조, 전파장해 기타의 근린문제가 발생할 가능성에 대해서도 조사가 필요

3) 조사의 방법

(1) 접근성 분석

접근성이란 얼마나 쉽게 대상토지에 도달할 수 있는가를 의미한다. 점포의 경우는 소요되는 교통시간이나 교통비, 교통의 혼잡도와 쾌적성, 입·출구의 위치 등 양적인 면과 질적인 면에 의해서 결정되며, 소비자는 이러한 점들을 종합적으로 분석하여 접근성이 쉬운 곳을 택하게 된다.

통상 접근성을 분석할 때 주요 간선도로망과의 관계를 살펴보는데, 이를 위하여 해당 토지 주위의 교통망이 자세히 그려져 있는 교통지도를 구입하여 도로망의 체계를 조사한 후 일정한 시간적 간격을 갖고 직접 주행하여 조사한다. 이 때 조사자는 간선도로의 노면상태, 교통체증의 여부, 신호등의 수, 주행시간 등을 분석한 후 이러한 요인들 때문에 고객이 다른 지역에서 상품구매를 할 것인가를 판단하여야 한다. 접근성에 영향을 미치는 것으로는 교통요인뿐만 아니라 강, 호수, 언덕 등과 같은 자연적 요인 및 접면도로와의 관계도 고려할 필요가 있으며, 주차장에의 접근이 용이한지 여부도 중요한 항목이다.

예를 들어 출점할 장소의 출·입구 주위가 항상 차량으로 분비고 있어 점포에 진입하기 위하여 고객이 여러번 좌회전이나 유턴을 하여야 할 경우에는 접근성이 현저히 감소하게 된다.

(2) 통행량 분석

상업시설이나 은행과 같이 많은 사람이 오고 가는 시설인 경우 점포를 개설하기 전에 출점예정지를 통과하는 통행량이나 보행자의 수를 조사하게 된다. 이러한 조사를 실시하는 이유는 통행량의 크기와 패턴은 해당 상가의 특성을 결정지으며, 또한 대상 점포의 판매량과는 일정한 관계가 있기 때문이다.

통행량을 측정하기 위하여는 우선 조사지점을 선정하며 일반적으로 점포의 여러 진입도들이 주요 대상이 된다. 그러나 예산이 충분하다면 상권지역에 조사원을 일정한 거리간격으로 배치시킴으로써 보다 정확한 통행방향을 파악할 수 있다. 예컨대 버스에서 내릴 사람들의 수가 주요 지점을 통과할 때마다 어떻게 변화하는가를 조사하며, 또한 대다수의 행인이 어떤 진입로를 이용하며 어떻게 상점 내를 움직이는 가를 조사할 필요가 있다. 그리고 통행량 조사시간은 일반적으로 점포의 영업시간으로 하며, 필요한 경우에는 조사시간을 조정할 수 있다.

이렇게 조사된 통행량은 확대된 지도 위에 표시하여 각 조사지점에서의 시간대별로 통행량의 변화를 파악하게 된다. 우선 출점 예정지를 통과하는 수가 매시간 변화하게 되는데 그 원인이 도로별 지역의 어떤 특성 때문인가를 파악하여야 한다.

(3) 인구의 추정

지역분석을 위하여는 정부나 민간경제연구소에서 발표한 통계자료가 자주 이용된다. 이중에서 특히 인구통계자료는 부동산의 수요를 추산하는 데 중요하다. 그러나 이런 인구통계 자료들은 타당성 분석을 위하여 수집된 것이 아니기 때문에 타당성 분석을 하는 데는 통계조사 대상지역과 입지분석 대상지역이 정확히 서로 일치하지 않는 경우 즉, 예를 들어 통계자료가 수집된 행정지역의 경계가 분석대상인 상권의 경계와 일치하지 않을 수가 있어 이런 것은 적절히 보완할 필요가 있으며, 통계조사의 실시기간이나 최근자료가 아닌 경우 역시 보완하거나 적절히 사용할 필요가 있다.

(4) 공실률 및 임대료 분석

공실률은 임대료의 상승과 하락을 예측할 수 있는 지표가 된다. 임대료 분석에서는 ① 인근지역의 지가, 분양가, 임대료 수준, 관리비 수준, ② 초과공급에 따른 분양가 할인료, 임대료, 할인률, 이사비용의 제공 여부, ③ 임대료 상승률, ④ 임대료 예측과 같은 내용들을 조사하여야 한다.

이러한 분석결과를 통하여 법률적으로 타당한 업종 중에서 경제적으로 타당하지 못한 업종들을 배제시킬 수 있다.

(5) 경쟁관계 분석

대상 부동산의 경제적, 법률적, 물리적 특성과 상권이 파악되면 대상 부동산과 경쟁관계에 있는 부동산을 분석하게 된다. 경쟁 부동산이란 대상 부동산과 유사한 특징을 지니면서 같거나 유사한 소비자를 고객으로 하는 부동산을 의미한다.

경쟁분석에서 조사할 내용은 ① 경쟁 부동산의 상권범위, ② 재정적 성격(단위면적당 임대료와 임대협정의 유형 및 임대감소 허용과 다른 임차 물건의 공급량), ③ 구조적 요인(소매공간의 면적, 수명, 공간 상태, 임차규모 증대의 정도), ④ 부지 특성(진입도, 주차의 질과 양), ⑤ 인접지역 및 입지적 특성(주요 동선의 분포와 연결성, 소매공간에 근접한 곳에 직장을 갖고 있는 일일 보행자들의 근접성, 핵심지역에 가까운 소매시설의 수명과 상태, 쇼핑센터 내 또는 인접한 다른 상점의 수와 형태), ⑥ 경쟁점포의 업종구성, ⑦ 판매액(평당, 점원당, 점포입점 형태별)과 주고객층 분석과 매출규모, ⑧ 전략상품의 종류, 제품 가격, 상품의 품질, ⑨ 기존 시설에 대한 고객의 만족도, ⑩ 인근 나대지의 개발 가능성 등이며 이들 내용들을 조사하여 요약하게 된다.

이를 근거로 대상 부동산과 경쟁 부동산과의 차이점을 파악할 수 있다. 그리고 일반적으로 시장에서 수용하는 표준규격을 파악할 수 있다. 또한 장래 건물이 신축될 경우에 위의 사항들이 어떻게 변화할 것인가를 예측하여 대상 부동산의 대외경쟁력을 높여야 한다. 이를 위해서는 동일 수급권 내에 위치할 유사 부동산을 관찰하면 많은 정보를 얻을 수 있다.

(6) 설문조사

부동산의 최유효이용방안을 마련하기 위해서 필요한 경우에 설문조사를 실시한다. 설문조사는 소비자의 일반적인 행태 및 소비형태에 대한 분석을 가능하게 한다. 소비자의 행태분석은 소비자의 생활스타일, 가치관, 생활환경에 대한 만족도 등을 평가하는 것을 의미하며, 소비형태분석이란 일반적 구매형태 및 유통시설의 이용형태를 분석하는 것이다. 또한 설문조사를 통하여 경쟁 부동산의 어떠한 특성이 임대율이나 분양에 중요한 영향을 미치는가를 알 수 있다. 오직 고객의 욕구를 잘 만족시키는 경쟁 부동산만이 주어진 동일 가격에서 높은 분양률을 달성할 수 있을 것이다.

일반적으로 설문조사의 질문내용은 ① 응답자 특성(연령, 성별, 직업, 소득, 거주지), ② 소비형태(상품별 구매, 직업별 물품구매, 구매금액, 방문목적, 방문빈도, 체류시간), ③ 유통시설의 이용형태(해당 점포의 선택이유, 경쟁점포의 인지도), ④ 통행패턴(교통수단, 소요시간, 출발지와 도착지 분석), ⑤ 고객의 만족도(만족 수준, 필요시설) 여부 등을 조사한다.

5 개발사업방식의 유형

1) 개발사업방식의 유형

개발은 토지제공부터 개발비까지 모두를 스스로가 부담하는, 즉 사업자가 모두를 단독으로 부담하는 경우도 있으나, 규모가 어느 정도 이상인 경우 토지는 지주가 제공하고 자금이나 건설은 투자가 또는 건설사가 부담하여 과실을 분배하여 가지는 지주공동사업 등이 있다.

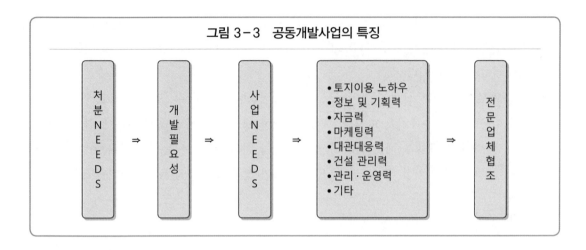

그림 3-3　공동개발사업의 특징

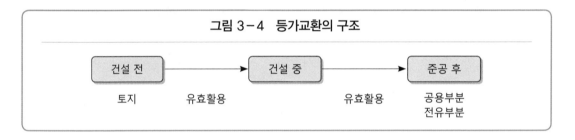

그림 3-4　등가교환의 구조

(1) 자체사업(지주자력개발)

도급방식으로 토지제공, 개발비 제공은 모두 사업자가 담당한다.

(2) 지주공동사업

❶ 등가교환방식 : 출자율별 대물(사업 후 각자 판매·운영)

❷ 합동개발방식(분양형) : 출자율별 분양수익(공동분양)

❸ 사업수탁방식(임대형) : 지주가 임대하여 개발비 지급(기성지급)

❹ 토지신탁방식

　ㄱ. 임대형 토지신탁 : 지주는 토지 위탁, 수탁자가 사업시행 임대

　ㄴ. 분양형 토지신탁 : 지주는 토지 위탁, 수탁자가 사업시행 분양

❺ 차지개발방식

(3) 투자형 부동산 개발사업

❶ 시설임차조건부 개발분양방식

    ㄱ. 사업자가 개발분양 후 임차받아 운영

    ㄴ. 투자자(피분양자)는 시설별 구분소유하면서 시설임대

❷ 시설지분 개발분양방식

    ㄱ. 사업자가 개발분양 후 임차받아 운영

    ㄴ. 투자자(피분양자)는 시설별 공유(지분소유)하면서 시설임대

❸ 주주모집방식 : 사업자가 주주모집→토지매입→시설건축→시설운영→수익배당

일반적으로 부동산 보유자의 경우 부동산 개발활용에서 주로 활용할 수 있는 부분은 지주공동사업으로 상당수의 개발사업들이 이러한 과정을 통하여 건설되어 왔다.

2) 지주공동사업의 내용

(1) 등가교환방식

등가교환방식이란 토지소유자와 개발업자(developer)가 공동으로 건물 등을 건설하는 방식으로 지주가 토지의 일부 또는 전부를 개발업자에게 제공하는 한편 개발업자는 토지를 개발하고 건축물을 건설하여 토지평가액과 건설비를 기준으로 양자가 토지와 건축물을 공유 또는 구분소유하는 것이다.

이 방식으로 토지소유자는 그 토지의 유효이용에 대한 개발 노하우를 아무 것도 갖고 있지 않아도 빌딩건설 등을 할 수 있게 된다.

예컨대 지주가 스스로 건축물을 건설하여 분양하려고 할 경우 자금조달, 건설, 분양, 계약 등 복잡한 업무를 담당하지 않으면 안되고 게다가 미분양에 대한 리스크도 부담할 수 있다. 이때 주택건설회사와 같은 개발업자가 개입하여 자금을 조달하고 노하우를 제공하여 건물을 건축한 후 건물의 일부분을 지주에게 인도하고 나머지는 실수요자에게 분양 또는 임대하여 투입한 자금을 회수하고 건설이윤을 취하게 한다면 양자는 서로 이득을 보게 되는데, 이것이 등가교환방식의 일반적인 형태이다.

이 등가교환의 분배비율은 시공 전 토지의 평가액을 산정하여 양자 간의 계약으로 정하는데, 지주의 입장에서 보면 소유하고 있던 토지의 일부는 개발업자에게 양도하여 주고 그 대신

건물의 일부를 받는 것이다.

(2) 합동개발방식

합동개발방식이란 지주(토지소유자)는 토지를 제공하고, 건설회사, 자본가, 컨설팅회사 등의 개발업자는 건축공사비를 위시한 관련 경비 등의 개발비를 부담, 사업을 시행하여 분양 또는 임대를 통해 발생한 수익을 개발사업의 각 주체가 투자한 토지 가격과 건축공사비 등을 금액으로 환산한 투자비율에 따라 수익을 배분하는 방식을 말한다.

부동산 개발에 필요한 자금과 그에 대한 경험, 노하우 등이 없어 자신이 소유하고 있는 토지를 개발하는 데 대한 확신을 갖지 못하는 지주와 개발, 건축, 분양, 기타 사후관리에 대한 많은 경험과 지식, 우수한 조직력을 보유하고 있는 개발업자 간 각 주체가 보유하고 있는 자본적 요소를 투자하여 상호 협의에 따라 수익을 배분하게 되는데, 국내에서는 이 방식이 지주 공동개발사업에 많이 이용되어 왔다.

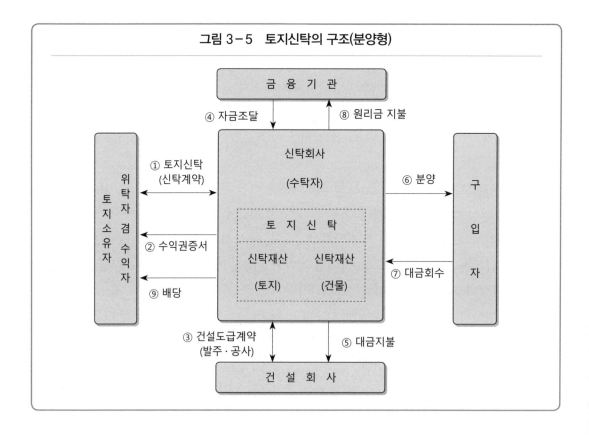

그림 3-5 토지신탁의 구조(분양형)

(3) 사업수탁방식

사업수탁방식은 개발업자 등이 사업의 기획에서부터 설계, 시공, 임대유치 및 운영관리에 이르기까지 일체 업무를 수탁받아 건물을 완공한 후 건물을 일괄임대받음으로써 사실상 사업수지를 보증하는 방식이다.

완성 후의 건물의 종합적인 관리·운영을 하기 위하여 개발업자가 완성한 건물을 일괄 임차하므로 토지소유자는 매월 일정일에 임대수입금의 입금상황을 확인하면 되는 것이다.

이 방식에 따르면 앞서 서술한 등가교환방식과 같이 지주의 토지를 양도하거나 토지에 지상권 등 제한물권을 설정하지 않고 토지의 최유효활용면에서 이점이 있다.

또한 지주는 사업자금조달, 시공자에 발주, 임차인 모집, 임대료 개정 등의 임차인과의 교섭, 건물의 관리 등에 대해서 개발업자의 풍부한 노하우를 활용할 수 있다. 따라서 차입금에 의한 사업이기 때문에 세금대책에 유리할 뿐더러 개발업자에게 일괄임대하는 등의 방법에 의해 안정된 수익을 확보할 수가 있으나 토지소유자에게는 신용할 수 있는 개발업자와 연결이 될 때 사업수탁방식이 적합하다.

(4) 토지신탁방식

토지신탁이란 토지소유자가 그 보유토지의 유효이용을 도모하기 위하여 부동산 신탁회사에 위탁하고 수탁자인 신탁회사는 필요자금의 조달, 건물의 건설 및 그 분양·임대를 하고 그 수익의 일부를 신탁배당으로서 수익자인 토지 소유자에게 반환하는 방식이다. 이것은 건설이 후 임대이냐, 분양이냐에 따라 '임대형 토지신탁'과 '분양형(처분형) 토지신탁'으로 나눌 수 있다.

(5) 차지개발방식

차지방식은 개발업자가 지주로부터 특정 토지에 대한 이용권을 설정받아 그 토지를 개발하고 건축물을 건설하여 그 건축물을 제3자에게 양도 또는 임대하거나 개발업자가 직접 이용하여 지주에게 임차료를 지불하고, 차지권의 기한이 도래했을 때에 토지를 무상으로 원래 지주에게 반환하고 건물에 대해서는 일정한 금액으로 지주에게 양도하는 방식이다.

이는 한편으로 지주가 토지소유권을 유보하면서 장래에 걸쳐 안정된 지대 수입을 확보할 수 있으며 토지의 유효이용을 도모할 수 있기 때문에 차지공급을 촉진할 수 있다. 이 방식은 일본에서 쓰이는 사업방식으로 우리나라에서는 관행상 적합하지 않은 사업방식이다.

01 다음 중 부동산의 개념에 대한 설명으로 옳은 것은?

① 민법상 부동산이란 토지 및 그 정착물과 준부동산을 포함한다.

② 우리나라 민법상 물건 중 동산이 아닌 것은 모두 부동산이다.

③ 민법상 건물만을 독립된 부동산으로 볼 수 없다.

④ 원칙적으로 부동산이라 함은 토지와 건물만을 의미한다.

02 다음 중 부동산의 복합개념에 관한 설명으로 적절하지 않은 것은?

① 부동산의 복합개념은 유형적 측면과 무형적 측면으로 파악할 수 있다.

② 부동산의 유형적 측면은 기술적 측면을 말한다.

③ 부동산의 무형적 측면은 법률적 · 경제적 · 사회적 측면을 말한다.

④ 부동산의 법률적 측면은 부동산에 관한 사법분야만을 말한다.

03 다음 중 각 부동산 시장에서 일어나는 현상에 대한 설명으로 적절하지 않은 것은?

① 하향시장 – 부동산 가격이 하락하고 거래가 한산하게 된다.

② 회복시장 – 부동산 가격이 상승하기 시작하고 거래도 활기를 띠기 시작한다.

③ 상향시장 – 부동산 가격은 상승 일로에 있고 경기가 더욱 활발해질 가능성을 내포한다.

④ 후퇴시장 – 부동산 가격이 하락하기 시작하며 거래도 점차 한산해 진다.

해설

01 ② 부동산이란 일반적으로 토지와 그 정착물을 의미하며, 정착물이란 건물과 공작물을 말한다. 공작물은 담장, 수도시설, 철도, 교량 등과 같이 토지를 떠나서는 그 유용성을 발휘할 수 없는 것을 말한다. 민법상 토지와 건물은 각각 독립된 부동산으로 본다.

02 ④ 부동산의 법률적 측면은 부동산의 사법분야 뿐만 아니라 공법분야, 행정, 정치, 사회규범도 포함된다.

03 ③ 상향시장에 있어서 부동산 가격은 상승일로에 있고 거래도 활발하다. 그러나 후퇴시장의 전국면의 시장으로 경기가 후퇴할 가능성을 내포하고 있다. 대조적으로 하향시장이 회복시장의 전국면의 시장으로 회복 가능성을 내포하고 있다.

04 다음 중 부동산 투자분석의 과정에서 투자환경에 대한 설명으로 옳지 않은 것은?

① 투자환경은 시장환경, 법적 환경, 사회정치적 환경 등으로 이를 분석함으로써 위험에 영향을 주는 요인을 명백히 확인하는 것이다.

② 부동산 투자에서의 위험은 사업상의 위험, 법적 위험, 인플레이션 위험, 금융위험 등으로 구분된다.

③ 금융위험은 부채를 이용한 부동산 투자에 있어서 투자수익의 변화에 따른 채무불이행의 위험이며, 사업상의 위험은 투자자의 재산의 불투명성을 말한다.

④ 법적 위험은 정부의 부동산 정책, 각종 법적규제의 변화에 따른 위험을 말하며, 인플레이션 위험은 물가상승률의 변화에 따른 위험이다.

05 다음 중 도시관리계획에 관한 설명으로 옳지 않은 것은?

① 국토건설종합계획에 위배되게 수립되어서는 안 된다.

② 용도지역의 지정·변경과 용도지역별 행위제한 내용을 정하는 계획이다.

③ 도시관리계획은 행정기관은 물론 일반국민에 대해서도 부작위의무를 가하게 된다.

④ 도시관리계획은 현재뿐만 아니라 장래의 토지이용에 관한 계획이다.

06 국토의 계획 및 이용에 관한 법률에 의한 용도지역 안에서의 행위에 관한 설명으로 옳은 것은?

① 농림지역 중 초지인 경우에는 산림법의 규정을 준용한다.

② 자연환경보전지역 안의 공원보호구역이 지정되면 도시공원법이 적용된다.

③ 자연환경보전지역 안의 상수원보호구역이 지정되면 하수도법이 적용된다.

④ 계획관리지역 안에서의 행위제한에 대하여는 「국토의 계획 및 이용에 관한 법률」이 적용된다.

해설

04 ③ 사업상 위험은 부동산 시장에서 수요공급의 변화에 따른 위험이다.

05 ② 용도지역별 행위제한은 도시관리계획에 포함되지 않는다.

06 ④ ① 관리지역 중 초지인 경우에는 초지법이 정하는 바에 의한다. ② 자연환경보전지역 안에 공원보호구역으로 지정되면 자연공원법이 적용된다. ③ 자연환경보전지역 안에 상수원보호구역이 지정되면 수도법이 적용된다.

07 다음 중 용도지구 안에서의 건축제한에 관한 설명으로 적절하지 않은 것은?

① 용도지구에서의 건축제한은 법률에 특별한 규정이 있는 경우를 제외하고는 도시계획 조례로 정할 수 있다.

② 집단 취락지구 안에서의 건축제한은 「국토의 계획 및 이용에 관한 법률」에 따른다.

③ 고도지구에 대한 건축물의 규제 높이는 도시계획으로 결정·고시된다.

④ 용도지구 안의 도시계획시설에 대하여는 용도지구 안의 행위제한에 관한 규정을 적용하지 아니한다.

08 다음 중 부동산 개발과정의 순서로 옳은 것은?

① 구상단계	② 부지의 모색과 확보단계
③ 타당성 분석의 단계	④ 예비적 타당성 분석단계
⑤ 건설단계	⑥ 금융단계
⑦ 마케팅단계	

① ①-④-②-③-⑥-⑤-⑦   ② ①-④-②-③-⑥-⑤-⑦

③ ④-①-②-③-⑥-⑤-⑦   ④ ②-①-④-③-⑤-⑥-⑦

해설

07   ② 집단취락지구 안에서의 건축제한은 「개발제한구역의 지정 및 관리에 관한 특별조치법」에 따른다.

08   ②

정답 01 ② | 02 ④ | 03 ③ | 04 ③ | 05 ② | 06 ④ | 07 ② | 08 ②

part 11

부동산 투자상품의 이해

certified investment manager

chapter 01

부동산 투자 구분

section 01 부동산 투자방식별 비교

1 직접투자 vs 간접투자(부동산 펀드)

부동산 펀드를 통한 간접투자를 하는 경우 세제효과, 운용의 전문성, 상품의 다양성, 안정성 등으로 인하여 직접투자보다 유리한 편이다.

세제효과	• 재산세 분리 과세, 종합 부동산세 없음 • 법인세 및 매각 차익에 대한 과세 없음
운용 전문성	• 부동산 전문 인력을 통한 철저한 투자 리스크 검토 및 대응 방안 마련 • 설정 이후에도 다수의 경험을 바탕으로 프로젝트의 체계적인 관리
상품의 다양성	• 국내외 다수의 기관들과 공동투자 용이 • 각 기관의 자금 속성에 맞춘 상품 설계가 가능
안정성	• 폐쇄형 공모펀드의 경우 한국거래소에 상장되므로 직접투자 대비 유동성 제고 • 각종 보고 및 공시 의무로 자금집행 및 관리의 투명성 확보

2 공모 vs 사모

❶ 부동산 투자의 특성(물건 확보 경쟁과열, 거래의 복잡성 등)으로 인하여 사모투자가 부동산 펀드 시장의 주를 이루어 왔으나, 최근 공모형 부동산 펀드의 설정이 늘어나는 추세임

❷ 향후 부동산 간접투자 시장이 확대될 것으로 예상되며, 이로 인하여 공모펀드시장의 활성화가 예상됨

❸ 투자 물건의 특성 및 투자 자금의 성격에 따라 공모·사모투자 방식 선택 가능

	공모	사모
투자방식	주로 실물자산의 지분 매입	다양한 지분 출자 및 대출 실행
상장 여부	폐쇄형의 경우 상장 의무	비상장
유동성	Moderate-High	Low
투자금액	투자금액 산정이 비교적 자유로움	일정 규모 이상
Return	Relatively-Low	Relatively-High
투자조건	조건 변경 불가	투자자 요구사항에 따른 계약조건 및 상품구조 변경 가능

3 Equity vs Debt 투자

❶ 투자자금의 속성(투자자 성향·기대수익·투자기간 등)에 따라 Equity/ Debt 투자가 결정됨

❷ 부동산 시장의 상승기에는 고수익 창출이 가능한 Equity 투자에, 하락기에는 안정적인 Debt 투자에 집중되는 경향이 있음

	Debt	Equity	
투자방식	대출형(PF, 담보대출)	실물매입형(Equity)	개발형(Equity)
펀드기간	단기(3~5년)	중기(5~7년)	중장기(7년~)
투자기간	3~5년	5~7년	개발기간(3~5년) 소요
수익원천	이자수익	운영이익 ＋자산가치 상승	개발이익 ＋운영이익 ＋자산가치 상승

현금흐름	Fixed Income	Fixed Income, 청산 시 매각차익	사업 청산 시 대부분 수익 발생
기대수익률	Low	Moderate	High
예상 Risk	Low	Moderate	High
주요 Risk	차주 리스크, 담보가치 리스크	시장 리스크, 임차인 리스크	시행사, 인허가, 파이낸싱, 시장 리스크

부동산 투자기구별 비교

1 **부동산 투자기구 개요**

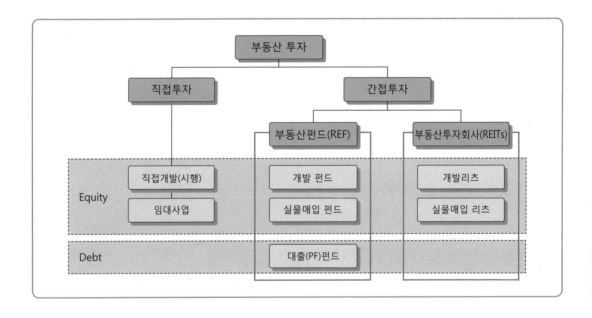

2 부동산 펀드와 부동산 투자회사(REITs)

(1) 부동산 펀드(Real Estate Fund)

❶ 펀드는 집합투자업자가 다수의 투자자(사모의 경우 50인 미만)로부터 투자를 받아 주식, 채권, 파생상품, 부동산, 실물 등에 투자한 후, 이로부터 발생하는 수익을 투자자에게 배분하는 부동산 집합투자기구(금융감독원 관리·감독)

❷ 펀드에는 집합투자재산을 운용할 집합투자업자(운용사), 펀드를 투자자에게 매매하거나 중개하는 투자매매업자 또는 투자중개업자(판매사), 집합투자재산을 보관 및 관리하는 신탁업자, 펀드의 회계 및 일반사무를 담당하는 일반사무관리회사가 관련되어 있음

❸ 부동산 펀드는 펀드 재산의 50%를 초과하여 '부동산 등'에 투자하는 집합투자기구를 의미함

❹ 다른 집합투자기구(증권, 특별자산)도 '부동산 등'에 투자할 수 있으나 그 비율은 50% 미만이어야 함. 다만 혼합자산펀드의 경우 비율제한이 없음.

(2) 부동산 투자회사(REITs : Real Estate Investment Trusts)

❶ 다수의 투자자로부터 자금을 모아 부동산에 투자 및 운용하고 그 수익을 투자자에게 돌려주는 부동산 간접투자기구(국토교통부 관리·감독)

❷ 리츠는 부동산 시장의 가격안정과 외환위기로 인한 부실기업의 구조조정 및 소액 투자자들에 대한 부동산 투자기회의 확대라는 취지로 2001년 4월 7일 부동산 투자회사법 제정을 통해 국내에 도입

❸ 리츠는 자금의 집합체가 아니라 상법상 주식회사이므로 법인과 같이 주주총회, 이사회, 감사 등의 내부 구성요소를 지님

❹ 자산관리회사(AMC : Asset Management Company) : 리츠가 위탁한 리츠 보유 부동산의 관리 및 운용업무를 수행함(보유 부동산에 대한 제반 운용활동을 수행하며, 부동산의 임대차, 관리, 유지보수, 사무수탁 등 부동산 서비스업도 수행할 수 있음).

❺ 설립절차 : 정관 작성 → 정관 인증 → 주식발행사항의 결정 → 주식인수와 납입 → 임원 선임 → 회사 설립 조사보고 → 대표자 선출 → 설립등기

3 부동산 펀드 vs 부동산 투자회사(REITs)

부동산 펀드(투자신탁)		부동산 투자회사(REITS)
자본시장과 금융투자업에 관한 법률	근거법	부동산 투자회사법
금융감독원 등록	설립	발기설립-국토교통부의 영업인가
계약(법인격 없음)	법적 성격	상법상 주식회사
제한 없음	최소 자본금	50억(자기관리형 리츠 : 70억)
부동산 개발·대출·실물매입 및 운용 (부동산 등에 50% 이상 투자)	자산운용	부동산 개발·실물매입 및 운용 (부동산에 70% 이상 투자)
실물 부동산 매입 시 1년 이상 보유	투자기간	실물 부동산 매입 시 1년 이상 보유
제한 없음	주식분산	1인당 50% 이내 (단, 연기금·공제회 등의 소유지분은 제한 없음)
일반적으로 리츠보다 낮음	운용보수	별도 관리조직 유지 등에 따라 다소 높음
순자산의 2배 이내 (일반 사모펀드는 4배 이내)	자금차입	자기자본의 2배 가능 (주총 특별결의 : 10배 가능)
순자산의 100% 이내	자금대여	금지
법인세 과세 대상 아님	법인세	자기관리형 : 부과, 위탁관리형&CR REITs : 면제

chapter 02

부동산 펀드의 이해

펀드의 기본 투자구조 및 자금흐름

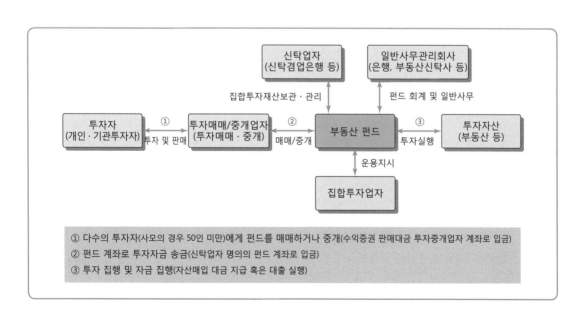

① 다수의 투자자(사모의 경우 50인 미만)에게 펀드를 매매하거나 중개(수익증권 판매대금 투자중개업자 계좌로 입금)
② 펀드 계좌로 투자자금 송금(신탁업자 명의의 펀드 계좌로 입금)
③ 투자 집행 및 자금 집행(자산매입 대금 지급 혹은 대출 실행)

부동산 펀드의 유형별 특징

1 대출형(PF) 펀드

(1) 투자구조

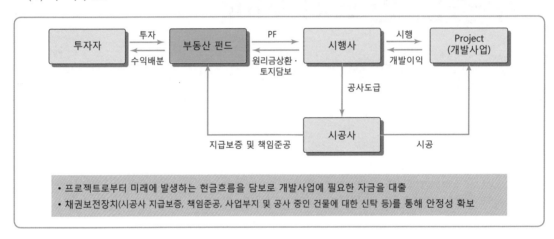

- 프로젝트로부터 미래에 발생하는 현금흐름을 담보로 개발사업에 필요한 자금을 대출
- 채권보전장치(시공사 지급보증, 책임준공, 사업부지 및 공사 중인 건물에 대한 신탁 등)를 통해 안정성 확보

(2) Project Financing 개요 및 구분

Project Financing 개요	• 개념 : 프로젝트로부터 미래에 발생하는 현금흐름을 담보로 하여 개발사업에 필요한 자금을 조달하는 금융기법 • 장점 : ① 비소구(non-recourse) 금융을 통한 담보의 한정 　　　　② 부외금융(off-balance) 효과 　　　　③ 현금흐름에 기초한 여신 　　　　④ 이해당사자 간의 위험 배분 • 단점 : ① 복잡한 계약 및 금융절차 　　　　② 상대적으로 높은 비용 　　　　③ 이해당사자 간 조정의 어려움
Bridge Loan	• 개발사업 진행의 가장 기초단계인 토지확보 및 사업 인허가가 종료되지 않은 시점에서 실시되고, 통상 1년 내외의 단기대출 형태로 진행되며 개발사업으로 인한 현금유입보다는 본 PF 등 재차입을 통해 상환이 이루어진다는 점에서 위험성이 높음
본 PF	• 개발사업의 인허가 작업이 종료된 후 착공 시점에 실행되는 PF를 말하며, 본 PF를 통해 조달된 자금은 주로 기존 대출금(Bridge Loan)의 상환과 공사비에 활용되며 기간도 공사 종료시점까지 긴 편임 • 인허가가 종료된 시점에서 실행된다는 점과 개발계획이 상당히 구체화된 이후에 실행된다는 점에서 위험성도 상대적으로 낮음 • 자금의 규모가 크고 대출기간이 장기라는 점에서 주로 은행, 보험, 부동산 펀드에서 참여함

(3) Project Financing의 안정성 확보 방안

Feasibility Study 사업타당성 분석	• 부동산에 대한 투자나 개발 그리고 관리를 효율적으로 수행하기 위해 제도적, 법적, 물리적, 기술적, 경제적 타당성과 사업의 실행 가능성을 분석하는 일련의 체계적이고 종합적인 분석 및 판단 과정
채권보전조치	• PF Loan 채권보전방안은 대출을 실행한 대주단이 원리금에 대한 보전을 위하여 취하는 각종의 조치 • 원론적인 채권보전의 범위는 '개발사업으로부터 얻어지는 현금흐름과 그 기초자산'을 의미함(즉, 분양수입금 계좌에 대한 근질권 설정, 사업부지 및 건축물에 대한 저당권 설정 또는 신탁 등의 조치에 한정되어야 함) • 그러나 우리나라 자본시장 특성상, 개발사업에 자기자본(Equity)투자가 활성화되지 못했다는 점, 아파트의 경우 수분양자들에 대한 보호조치(분양보증 ; 주택도시보증공사(HUG)의 환급이행보증 또는 준공이행보증)가 여전히 존재한다는 점 등의 복합적인 이유로 추가적인 채권보전조치를 요구하는 경우가 일반적임

2 실물매입형(Equity) 펀드

(1) 투자구조

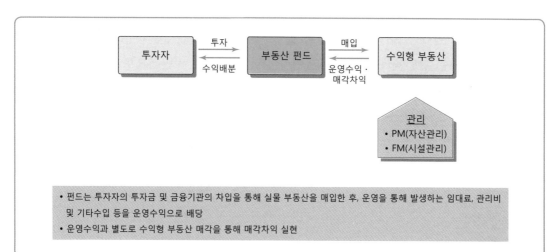

(2) 수익형 부동산 가치분석 방법

시장접근법 (매매사례비교법/ 거래사례비교법)	• 최근에 거래된 유사 부동산의 매매사례를 분석하여 대상 부동산의 시장가치를 평가하는 방법 • 충분한 정보를 가지고 있는 매수자들은 유사 부동산의 가격보다 더 많은 금액을 대상 부동산에 지불하지 않는다는 것을 논리적 근거로 하고 있음 • 시장접근법이 유용한 부동산 평가방법이 되기 위해서는 시장이 활성화되어 거래가 빈번하게 이루어지며, 필요한 자료를 시장으로부터 손쉽게 구할 수 있어야 함
비용접근법 (원가방식)	• 부동산의 신규 가치는 투입된 비용과 일치한다는 논리 • 기존 건물의 가치는 그것의 신규 비용에서 감가상각액을 제한 것이 됨 • 부동산 가치 = (개량물의 신규비용 − 감가상각액) + 지가
소득접근법 (수익방식/ 수익환원법)	• 부동산의 가치는 장래 기대되는 편익을 현재가치로 환원한 값 • 장래 기대되는 편익에는 보유기간 중의 영업소득뿐만 아니라 보유기간 말의 처분소득도 포함됨 • 투자자가 부동산을 취득하기 위해 기꺼이 지불하고자 하는 액수는 영업소득과 처분소득을 모두 현재가치로 환원한 금액이 됨

(3) 자본환원율(Capitalization Rate)

자본환원율은 수익형 부동산의 소득접근법 적용시 중요한 요소이다. 자본환원율은 수익형 부동산의 1년간 순영업이익(NOI)을 부동산의 가격으로 나눈 비율(Cap. Rate = 1년간 순영업이익(NOI)/부동산의 가격)이다. 미래의 현금흐름을 할인하여 수익가치를 분석하는 현금흐름할인모델(DCF)에서 적용되는 할인율과는 다른 개념이다. 자본환원율은 일반적으로 시장추출법(대상 부동산과 유사한 최근의 매매사례를 분석하여 비율을 추출하는 방법)을 이용하여 확인한다. 1년간 순영업이익과 자본환원율만으로 수익형 부동산의 가치를 신속하게 판단할 수 있어 실무적으로 자주 사용되는 방법이다.

3 개발형(Equity) 펀드(투자구조)

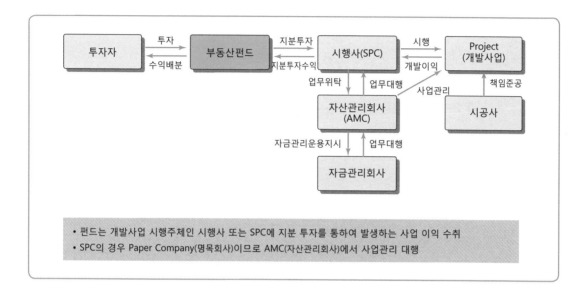

- 펀드는 개발사업 시행주체인 시행사 또는 SPC에 지분 투자를 통하여 발생하는 사업 이익 수취
- SPC의 경우 Paper Company(명목회사)이므로 AMC(자산관리회사)에서 사업관리 대행

4 개발형(Equity) 또는 대출형(PF)+실물매입(Equity) 펀드(투자구조)

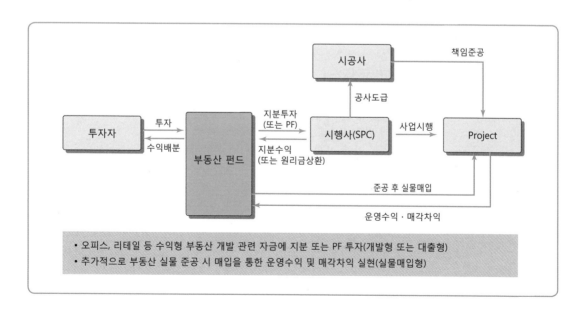

- 오피스, 리테일 등 수익형 부동산 개발 관련 자금에 지분 또는 PF 투자(개발형 또는 대출형)
- 추가적으로 부동산 실물 준공 시 매입을 통한 운영수익 및 매각차익 실현(실물매입형)

부동산 위험의 종류

1 부동산 투자의 거시적 위험(체계적 위험)

분산투자로 감소시킬 수 없는 거시변수에 따른 위험, 즉 부동산 투자의 체계적 위험은 다음과 같다.

구분		검토 내용
거시경제	재무위험	• 금리, 환율 등 거시경제 지표 변화에 따른 자금조달 환경변화가 부동산 투자결과에 영향을 미침 • 특히 금리변동은 부동산 운영수익(NOI) 및 매매과정(Cap rate)에서 큰 영향을 미침
	유동성 위험	• 채권자나 수익자들이 투자자산에 대한 즉각적인 현금화를 요구할 때 발생하는 위험으로 부동산은 기본적으로 원하는 시기에 현금화하기 어려울 가능성이 높은 투자자산
	인플레이션 위험	• 인플레이션에 의해 화폐 구매력이 하락하게 될 위험으로 예기치 못한 인플레이션은 투자수익이 충분히 동반 상승하지 않을 경우 실질 투자수익률을 하락시킴 • 부동산은 실물투자자산으로서 대표적인 인플레이션 헤지 가능 투자자산
부동산 시장 위험	정책적 위험	• 부동산 시장 전반에 대한 예기치 못한 정부의 규제정책의 시행으로 인한 투자손실 가능성 • LTV규제, 분양가 상한제, 인허가, 보상 관련 정책 변화, 각종 세제의 변경 등
	수급 위험	• 실물경기의 위축으로 부동산 수요가 줄어들어 부동산 가치의 하락 및 거래 위축이 초래될 위험 • 특정 지역, 유형의 부동산이 아닌 분양시장이나 임대시장 전반의 침체 등이 체계적 위험으로 분류될 수 있음(ex. 경기침체로 인한 사무직 종사자 수의 감소 등이 오피스 시장의 공실률 증가, 실질 임대료 하락을 초래하는 경우 개별적 투자전략으로 통제하기 어려운 위험에 속함)

PF(Project Financing) 개발사업 투자 시 금융기관이 일반적으로 고려하는 위험 항목은 다음과 같다.

구분		검토 내용
시장 위험	시장수급 및 전망	• 투자대상 부동산(주택, 오피스, 상업시설, 복합시설, 호텔, 골프장, 지식 산업센터 등)의 투자지역 수급현황 및 전망, 가격 동향, 미분양 현황 등
	입지요건	• 위치, 교통 접근성, 배후지 수요, 교육환경, 생활 환경, 편의시설 등이 투자대상 부동산의 가치나 운영에 영향을 미칠 수 있음 • 특히 부동산 고유의 특성인 위치의 고정성으로 인해 투자의사결정 시 가장 기본적 고려사항
	시장성 분석	• 브랜드, 평형대, 분양 가격, 평면, 콘텐츠 등의 시장 기준 충족 여부
사업 위험	토지확보	• 토지확보 수준(소유권, 계약체결, 동의) 및 확보 계획
	인허가	• 인허가 추진상황 및 향후 가능성
	사업비용	• 총투자비용, 토지비 및 공사비, 대출 규모의 적정성
	재원조달	• 선순위, 후순위, 자기자본의 조달 가능성
	사업일정	• 분양일정, 공사 및 인허가 일정, PF 취급 일정 등의 실현 가능성
사업주체 위험	시행사	• 신용도, 시행경력, 재무적 지원 가능성, 추가 담보능력
	시공사	• 시공능력, 신용등급, 사업분산 정도, 우발채무 규모 등
재무적 위험	상환 가능성	• 사업수지, 누적DSCR, 융자비율(LTV)
	현금흐름 예측 가능성	• 분양의 확실성, 중도금대출의 확보, 준공 후 입주 위험 등
	민감도 분석	• 주요 변수 변화에 따른 민감도 분석, 사업 특성에 따른 시나리오 분석 등
채권보전 위험	담보 확보	• 담보신탁 설정, 근저당권·근질권 등 활용, 할인분양 등 출구전략
	신용 보강	• 시공사 등 연대보증(채무인수, 지급보증, 자금보충)인의 신용도 및 보 증 약정의 강도
	현금 통제	• 분양수입 및 사업비용의 대리은행 통제 여부

오피스빌딩 등 실물 부동산 매입 투자 시 고려하는 위험요소는 다음과 같다.

구분		검토 내용
실물 위험	시장 위험	• 투자 지역 부동산 시장 경기에 따라 투자대상 부동산(주택, 오피스, 상업시설, 복합시설, 호텔, 골프장, 지식산업센터 등)의 수급, 수익성 등에 대한 변동성 발생
	입지 위험	• 투자 부동산의 위치의 고정성으로 인해 발생하는 위험. 해당 지역의 쇠퇴 등으로 인해 부동산 시장 전반의 변동성과 무관하게 투자수익에 부정적 변화가 초래될 위험
	물리적 위험	• 실제 사용목적에 적합하지 않은 설계 또는 부실한 시공으로 인해 발생한 하자에 따른 위험
관리 위험	운영 위험	• 부동산의 관리 · 운영비용의 증가로 인한 NOI 하락 위험 • 관리원가의 증가, 감가상각으로 인한 자본적 지출 증가 등
	임대 관리 위험	• 임차인의 임대료 연체 등 임차인 신용위험이나 임대차 계약 종료 후 후속 임차인 입주에 소요되는 기간의 증가로 인한 공실률 증가 등 임대차계약관리 위험 등
	부동산 멸실 위험	• 지진, 화재 및 홍수 등 천재지변으로 인해 투자 부동산의 일부 혹은 전부가 손상되어 손실이 발생하거나 가치가 하락할 위험
	법적 위험	• 개별 부동산에 대해 부동산 이용이나 임대 관련 법규 변경으로 부동산 수익 불확실성 발생

section 04 부동산 위험관리 수단

1 PF 사업단계별 위험관리 수단

구분	위험 내용	위험관리방안
초기 사업 위험	• 사업부지 하자 • 인허가 지연 • 민원 발생 등	• 자금인출과 동시에 사업부지에 대한 담보신탁 • 인허가 관련 규정 및 행정관청 확인 • 민원발생요인 현장 확인 및 처리비용 확보
사업성 위험	• 분양성 · 수익성 • 자금조달 계획	• 분양성 평가 전문기관 분석 의뢰(ex. 회계법인 타당성 분석 보고서) • 사업수지에 대한 면밀한 분석 · 최악의 여건을 가정한 자금조달 시나리오 수립

투자 안정성 위험	• 시행사 및 시공사 능력 • 원리금 담보확보 • 사업관리 능력	• 시행사의 사업시행 경력, 신뢰도 점검 • 시공사의 신용등급 및 재무구조, 책임준공 능력, 현금흐름 분석 • 원리금 상환을 위한 인적 물적 담보 확보
사업 완성 위험	• 공사관리 하자 • 시행사 및 시공사 부도 • 공사비용 증가	• 시행사 및 시공사 신용도 지속적 모니터링 • 시공사 책임준공 의무 강화 • 별도의 PM 또는 CM 위탁 용역을 통한 사업관리
분양 위험	• 목표분양률 미달	• 시장 상황에 맞는 분양시기 및 전략 수립, 장기 미분양 시 분양활성화 대책 마련(시공사 책임분양 조건, 할인분양 등)
재무 위험	• 자금관리 투명성 • 자금부족 발생 • 원리금 상환	• 사업 현금흐름에 대한 E/A 관리 통제 • 시공사 자금보충의무 등으로 필수사업경비 보충 • 분양상황에 연계한 원금 상환 계획 수립

2 PF 사업의 대표적인 안정성 확보 수단

구분	채권보전 수단	비 고
사업대상 부지 및 공사 중인 건물에 대한 물적 담보 확보	• 저당권의 설정 또는 부동산 담보신탁	• 대주의 채권을 모두 보전하기 부족한 경우도 많음
시공업체 등을 통한 추가적인 담보 확보	• 시공사의 책임준공 약정 • 시공사의 차주에 대한 연대보증 또는 채무인수 • 시공사의 차주에 대한 자금보충 • 시공사의 책임분양 • 기타 사업참여자의 책임임대차 약정 등	• 부동산 PF의 채권보전조치로 가장 많이 활용
제3자를 활용한 채권보전장치	• 주택도시보증공사(HUG)(주택사업 금융보증) • 한국주택금융공사(PF보증) • 건설공제조합 및 서울보증보험(이행보증)	• 일정한 대가를 받고 채무이행 등을 대신 제공하는 금융상품의 일종
	• 금융기관 등 유동화증권 매입약정 • 금융기관 등 미분양 부동산 담보대출확약	

(1) 채권보전 사례 구조도

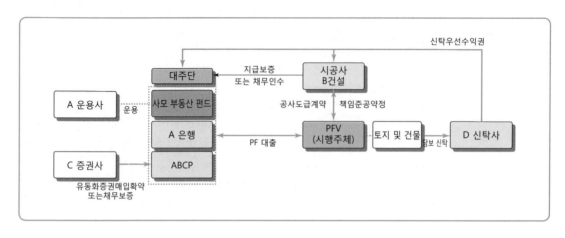

(2) 저당제도와 담보신탁제도의 비교

❶ PF 사업의 물적 담보 확보 수단인 저당권과 담보신탁은 아래와 같이 구분됨
❷ 담보신탁은 저당권에 비해 목적물 관리의 안전성 및 효율성, 채권실행의 편리성 등의 장점이 있음

구분	저당제도	담보신탁제도
담보설정방식	• (근)저당권 설정	• 신탁설정(신탁등기)
담보물 관리	• 채권기관에서 관리	• 신탁회사가 직접 관리 (부동산 가격 변동, 임대차 등 변동 여부 점검)
소요경비	• 등록세 및 교육세(채권 최고액의 0.24%) • 채권 매입비(채권 최고액의 1%)	• 등록세, 교육세, 채권 매입비 면제 • 신탁보수 : 수익권증서 금액의 0.4% 이하
채권실행방법	• 법원경매	• 신탁회사 직접 공매
채권실행비용 및 소요기간	• 등록세, 경매수수료 등 경매비용 과다소요 • 장기간 소요	• 현저히 절감 • 단시일 내에 정리
환가 가액	• 저가 처분 (폐쇄시장에서 경매, 매각활동 전무)	• 상대적 고가 처분 (일반공개시장에서 공매, 적극적 매각활동)
신규임대차·후순위권리설정	• 배제 불가	• 배제 가능(담보가치 유지에 유리)

3 실물 매입 운영 관련 위험관리 수단

구분	위험 관리 방안
유동성 위험	• 적절한 시점에 부동산을 매각하여 Exit 위험을 최소화(보통 만기 6개월~1년 전부터 매각 작업 착수) • 주기적인 가치평가를 통한 적정 매각 가격 산정 및 매각주간사의 활용을 통한 거래소요 기간 최소화
금리 위험	• 오피스 운영은 발생되는 현금흐름이 안정적이고 금리변화에 의한 자기자본 이익률 변화가 크기 때문에 부동산 담보대출을 고정금리 장기대출로 이용하여 금리변동 위험 제거
임대시장 위험	• 시장의 수급에 따라 공실 증가 및 임대수익 하락이 가능하므로 장기 책임임대차(Master Lease) 계약을 통해 임대위험을 관리
물리적 위험	• 예기치 못한 천재지변이나 사고로 인해 부동산의 자본적 지출이 증가할 위험이 있으며, 보험을 통해 사전에 위험을 담보하고 운영과정에서 전문가(PM, engineering 업체)를 활용하여 지속적으로 CAPEX를 예측
임대관리 위험	• Tenant Mix, 임차인 신용도 관리, Key Tenant의 집중적 관리, 임대차계약의 만료일 분산 등을 통해 갑작스러운 공실률 증가를 최소화 • 자가사용 건물 매입 시 Sale and Lease Back 계약을 통해 위험 회피
운영 위험	• 운영비용의 증가로 인한 수익 감소 위험은 자산관리 전문기관(PM 및 FM) 위탁 시 규모의 경제 적극 활용하여 관리원가 등 절감

4 보험을 활용한 위험관리

구분	부보 내용
분양손실보험	• 건축물 준공 후 일정 시점 경과 시 실제 분양률이 보험계약 체결 시 약정한 목표 분양률에 미달할 경우 목표 분양률과 실제 분양률과의 차액을 보상
부동산 가치 하락 등 화재보험	• 예상치 못한 화재나 천재지변 등으로 부동산의 멸실 등이 발생한 경우 보장가액 범위 내에서 손해액 보상
사업이행보증보험	• 시공사의 부도, 지급부족 등의 사유로 계약상의 의무를 이행하지 않을 경우 시행사에게 발생되는 손해를 보상하는 것을 목적으로 가입 • 통상 도급공사비의 10%를 부보대상으로 함

건설공사보험	• 시공 관련 예기치 못한 돌발사고로 인해 공사목적물, 공사용 자재, 가설공사 등에 발생하는 모든 손해를 담보하는 종합보험 • 보험기간 중 목적하는 건설공사로 인하여 공사와 관련 없는 타인의 재물을 손상시키거나 신체에 상해를 입힘으로써 지게 되는 제3자 배상책임보험 포함
예정이익 상실 보험	• 건설공사보험에서 부보하고 있는 공사목적물의 손해로 인해 공사가 지연됨에 따라 예정 완공일에 사업수행을 개시하지 못함으로써 입게 되는 손실 담보
사용자 배상책임 보험	• 현장 근로자의 재해/사망 및 붕괴, 함몰 등으로 인한 매몰 사고 등을 담보

section 05 기타

1 부동산 PF-ABS, ABCP

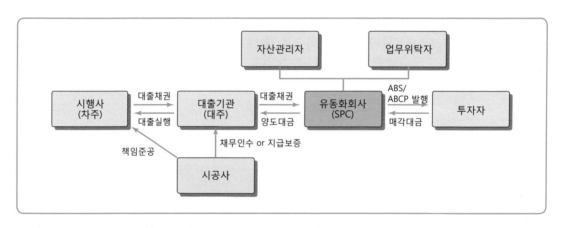

자산유동화증권 ABS(Asset Backed Securities)	자산유동화기업어음 ABCP(Asset Backed Commercial Papers)
• 자산유동화에 관한 법률에 의하면 '유동화전문회사가 자산 보유자로부터 유동화자산을 양도/신탁받아 이를 기초로 유동화증권을 발행하고, 당해 유동화자산의 관리, 운용, 처분에 의한 수익으로 유동화증권의 원리금 또는 배당금을 지급하는 일련의 행위'	• 자산유동화증권과 기업어음(CP)의 구조를 결합시킨 방식으로 유동화전문회사(SPC)가 매출채권, 리스채권, 회사채 등 자산을 담보로 발행하는 CP

2 LTV, DSCR, IRR

담보대출비율 LTV (Loan To Value)	• LTV = Loan / Value • 일반적으로 부동산을 담보로 대출 시 담보대출 비율을 어느 수준으로 유지하느냐가 매우 중요하며, 이는 부동산의 용도에 따라 다르게 적용됨
부채상환비율 DSCR (Debt Service Coverage Ratio)	• DSCR = 원리금 상환전의 순수입 / 상환원리금 • 사업의 현금흐름을 감안하여 원리금상환 가능성을 평가하는 지표로 사용됨 • 1.0을 밑도는 경우 원리금상환 전의 cash flow만으로는 차입하고 있는 원리금을 상환할 수 없는 상태를 의미함
내부수익률 IRR (Internal Rate of Return)	• 특정 사업에 대해 사업기간 동안의 현금수익과 투자지출의 현재가치가 같아지도록 할인하는 이자율 • 내부수익률과 자본비용을 비교하여 내부수익률이 높으면 투자로부터 수익을 얻을 수 있음. 여러 개의 투자 안이 있을 때에는 수익률이 높은 쪽을 투자하는 것이 유리함 • 각 미래 현금흐름을 현재가치로 할인하여 합하면 순현재가치(NPV : Net Present Value)를 구할 수 있으며 순현재가치(NPV)를 0으로 만족시키는 할인율 값이 내부수익률(IRR)임

section 06 | 수익률 분석

1 IRR 구하기

▶ NPV와 IRR

$$\text{NPV} = \sum_{t=1}^{N} \frac{C_t}{(1+r)^t} - C_0 \quad \text{또는} \quad \text{NPV} = \sum_{t=0}^{N} \frac{C_t}{(1+r)^t}$$

t: 현금흐름의 기간, N: 사업의 전체 기간, r: 할인율, C_0: 투하자본(투자액)

C_t: 시간 t에서의 순현금흐름(초기투자 강조를 위해 왼쪽 공식과 같이 C_0를 명시하기도 함)

t	t_0	t_1	t_2	t_3
현금흐름	-100	$+10$	$+15$	$+120$

- IRR 구하기

  $\text{NPV} = -100 + 10/(1+r) + 15/(1+r)^2 + 120/(1+r)^3 = 0$

  $r \approx 0.1455$

  $\text{IRR} = r = 14.55\%$

- NPV 구하기

  $r = \text{IRR} = 0.1455$

  $\text{NPV} = -100 + 10/(1+0.1455) + 15/(1+0.1455)^2 + 120/(1+0.1455)^3 = 0$

- 자본비용이 10% 경우

  $\text{NPV} = -100 + 10/1.1 + 15/1.21 + 120/1.331$

  $\qquad = -100 + 9.09 + 12.40 + 90.16$

  $\qquad = 11.65 > 0$이므로 투자 타당성 있음

- 자본비용이 20% 경우

  $\text{NPV} = -100 + 10/1.2 + 15/1.44 + 120/1.728$

  $\qquad = -100 + 8.33 + 10.42 + 69.44$

  $\qquad = -11.81 < 0$이므로 투자 타당성 없음

2 실물 부동산 수익률 분석

자본시장법에 의거 설립된 ○○부동산 투자신탁(펀드)은 2××9년 1월 1일에 서울시 영등포구 여의도동에 소재한 연면적 약 33,058m² 규모의 업무용 오피스 빌딩(본건)을 매입하여 3년간 운영한 뒤 매각하고자 합니다. 이와 관련하여 다음 페이지의 물음에 답하시오.

(주요 가정)
① 운영 1년 차 수입 및 비용조건은 표에 적시된 바와 같음
② 취득 시와 매각 시에 제세금 및 Transaction Cost는 발생하지 않음
③ 모든 수입은 연간 3%씩, 모든 비용은 연간 2%씩 인상됨
④ 모든 현금흐름은 매년 말에 발생하며, Vacancy Rate 5%
⑤ Initial Cap Rate 5%, Exit Cap Rate 5%
⑥ 펀드는 본건 매입을 위해 연 5%(3년 고정) 이자율로 LTV 60% 선순위 차입

구분		2××6.12.31	2××7.12.31	2××8.12.31	2××9.12.31
수입	임대료수입	96.0			
	관리비수입	46.0			
	주차수입	8.0			
수입 합계		150.0	154.5	159.135	163.909
비용	PM Fee	5.0			
	FM Fee	20.0			
	수도광열비	15.0			
	수선비	3.0			
	마케팅비	2.0			
	제세공과	3.0			
	보험료	2.0			
비용 합계		50.0	51.0	52.02	53.06
NOI		100.0	103.5	107.115	110.849
이자 비용		60.0	60.0	60.0	
배당액		40.0	43.5	47.115	
Net Cash Flow		40.0	43.5	1,067.83	

1. 본건 업무용 오피스의 매입 가격은?
   NOI/Cap rate＝100/0.05＝2,000억 원

2. 운영기간 동안 연평균 Cash on Cash Yield는 몇 %? (단, 모든 계산과정에서 소수 다섯째 자리에서 반올림할 것)
   $\{(40+43.5+47.115)/800\}/3＝(130.615/800)/3＝0.0544＝5.44\%$

3. 3년 후 매각 시 본건 업무용 오피스 빌딩의 Capital Gain은? (단, 반올림하여 백만 원 단위까지 표기할 것)
   $(110.849/0.05)-(100/0.05)＝2,216.98-2,000＝216.98$억 원

4. 본건 프로젝트의 Equity IRR은 몇 %?
   $$NPV=\sum_{t=1}^{N}\frac{C_t}{(1+r)^t}-C_0$$
   $-800+40/(1+r)+43.5/(1+r)^2+1,067.83/(1+r)^3$
   IRR은 NPV＝0의 조건을 충족시키는 할인율이므로
   $-800+40/(1+r)+43.5/(1+r)^2+1,067.83/(1+r)^3=0$
   $r=0.13467$
   IRR＝13.467%

chapter 03

부동산 포트폴리오

포트폴리오의 수익률과 위험

1 **포트폴리오 수익률의 측정**

부동산 펀드들은 하나의 부동산에만 투자하기보다는 유형, 지역, 규모 등이 다른 여러 가지 부동산 등에 나누어서 투자하는 경우가 적지 않다. 이렇게 여러 가지 부동산들을 모은 것을 포트폴리오(portfolio)라 한다. 이런 포트폴리오의 수익률은 개별 부동산의 수익률에 포트폴리오 전체에서 해당 자산이 차지하는 비중을 곱한 것을 더한 값, 즉 가중평균한 값이다.

포트폴리오가 두 부동산(a, b)으로 구성되어 있다면

$$\text{포트폴리오의 수익률}(R_p) = w_a \times R_a + w_b \times R_b$$

※
- w_a : 전체 포트폴리오에서 a 가 차지하는 비중
- w_b : 전체 포트폴리오에서 b 가 차지하는 비중
- R_a : a 자산의 기대수익률
- R_b : b 자산의 기대수익률

2 포트폴리오 위험의 측정

부동산 포트폴리오의 위험은 다음과 같다. 부동산 포트폴리오의 위험은 단순히 두 부동산의 분산을 가중 평균한 것이 아니라 거기에 두 자산 간의 공분산이 포함된다.

포트폴리오가 두 부동산(a, b)으로 구성되어 있다면

$$\text{포트폴리오의 분산}(\sigma^2_p) = w^2_a \sigma^2_a + w^2_b \sigma^2_b + 2 w_a w_b \sigma_{ab}$$

※
- σ^2_a : a 부동산의 분산
- σ^2_b : b 부동산의 분산
- σ_{ab} : a, b 부동산의 공분산

포트폴리오의 분산투자의 효과

---

1   체계적 위험과 비체계적 위험

부동산 투자의 전체 위험을 총위험이라고 하면 이 총위험은 시장의 불확실성에서 발생하는 위험인 체계적 위험과 해당 투자대상 부동산의 고유한 특성에 의해서 발생하는 위험인 비체계적 위험으로 나눌 수 있다.

먼저 체계적 위험이란 시장 전체의 변동과 관련된 위험으로, 해당 부동산은 물론 모든 부동산에 영향을 끼치는 위험을 의미한다. 따라서 이 위험은 포트폴리오에 추가적으로 부동산을 편입시켜도 분산이 불가능한 위험을 말하며 흔히 '피할 수 없는 위험'이라 한다. 그리고 비체계적 위험은 해당 부동산의 고유한 요인 때문에 발생하는 위험으로 해당 부동산에 국한하여 영향을 미치는 위험을 말한다. 이는 투자자들이 포트폴리오에 부동산들을 추가로 편입시키면 제거할 수 있는 위험이다.

2   분산투자 효과

포트폴리오에 투자되는 투자안들을 늘리면 투자안들의 비체계적 위험이 서로 상쇄되는 부분이 있어서 포트폴리오의 위험이 줄어들게 된다. 〈그림 3-1〉에서와 같이 포트폴리오에 투자안의 수를 늘리면 늘릴수록 포트폴리오의 비체계적 위험이 줄어들어서 포트폴리오의 총위험이 줄어드는 것을 알 수 있다.

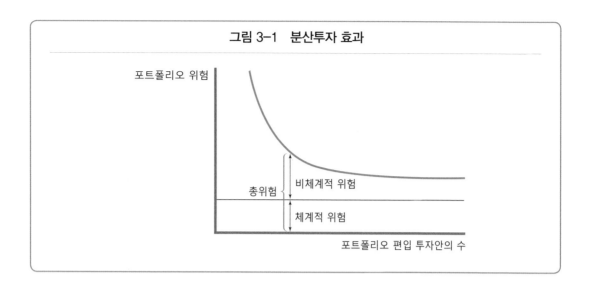

그림 3-1　분산투자 효과

포트폴리오 위험

총위험

비체계적 위험

체계적 위험

포트폴리오 편입 투자안의 수

부동산 펀드에서의 분산투자 효과

　부동산은 주식 및 채권과 낮은 상관관계를 지니므로 부동산을 포함한 혼합 포트폴리오를 구성할 때 전반적인 위험을 감소시키는 것으로 알려져 있다. 그래서 주식, 채권 등에 주로 투자하는 뮤추얼펀드들이 부동산이나 부동산 관련 지분들을 편입시키면 주식, 채권, 부동산 등의 비체계적 위험이 서로 상쇄되어서 뮤추얼펀드의 위험이 줄어들게 되는 것이다. 그리고 부동산 및 부동산 관련 자산들에 주로 투자하는 부동산 펀드의 경우에도 부동산 유형별, 지역별로 포트폴리오를 구성하면 부동산의 총위험을 줄일 수 있고 유형별과 지역별 포트폴리오 구성을 동시에 할 경우에는 부동산 총위험의 감소 효과가 더욱 큰 것으로 보고되고 있다.

　이렇게 주식, 채권 등과 같은 펀드들에 부동산 또는 부동산 관련 자산을 편입하거나 부동산 펀드 내에서 부동산을 유형, 지역, 규모 등으로 분산투자할 경우 분산투자 효과가 있을 수 있다.

chapter 04

부동산 가치평가

section 01 　가치와 가격

　부동산의 가격은 특정 부동산에 대한 교환의 대가로서 시장에서 매수자와 매도자 간에 실제 지불, 수수된 금액을 말한다. 실생활에서의 가격은 동일한 물건이라 하더라도 양 당사자 간의 사정 등에 따라 달라질 수 있다. 가격은 과거를 전제로 논의되고, 일정 시점에서 가격이란 단 하나만 성립한다.

　그에 비해서 부동산의 가치는 장래 기대되는 편익을 현재가치로 환원한 값으로 미래를 전제로 논의된다. 그리고 부동산의 가치는 시장가치, 투자가치, 과세가치, 보험가치 등 여러 종류의 가치가 있을 수 있다. 여기서는 시장가치를 중심으로 설명한다.

1　시장가치(Market Value)

국내 감정평가에 관한 규칙에서는 시장가치를 '감정평가의 대상이 되는 토지등이 통상적인 시장에서 충분한 기간 동안 거래를 위하여 공개된 후 그 대상물건의 내용에 정통한 당사자 사이에 신중하고 자발적인 거래가 있을 경우 성립될 가능성이 가장 높다고 인정되는 대상물건의 가액을 말한다'고 정의하고 있다.

미국의 감정평가기준(Uniform Standards of Professional Appraisal Practice : USPAP)에 따르면 시장가치는 '공정한 거래에 필요한 모든 조건들이 충족된 상태에서 경쟁자가 있고 공개시장이며, 매수자와 매도자는 각각 신중하고 거래에 필요한 지식을 가지고 있으며, 가격이 불공정한 동기에 영향을 받지 않는다고 가정할 경우, 거래가 이루어질 가능성이 가장 높은 부동산 가격'으로 정의하고 있다.

또한, 상기 정의는 다음의 조건대로 특정 일자에 거래가 성사되고 소유권 이전에 관한 일체의 서류가 매도자에서 매수자로 이전되는 것을 가정한다.

❶ 매수자와 매도자는 매매 동기가 일반적·전형적
❷ 양자는 정보를 잘 알고 있고 설명을 충분히 들었으며, 그들에게 가장 이익이 된다고 생각하는 방식으로 거래
❸ 공개시장에서 매매를 위한 합리적인 기간이 주어짐
❹ 대금지불은 현금 또는 그에 상응하는 재무조건으로 이루어짐
❺ 가격은 거래와 관련된 어느 당사자로부터의 양보 또는 특별한 조건에 영향을 받지 않는 일반적인 조건 하에서 결정

2　시장가치와 최유효이용(Highest And Best Use : HABU)

부동산에 대한 시장가치를 판단하고 평가할 때 가장 중요한 원칙은 최유효이용(또는 최고최선의 이용, HABU) 개념이다. 이는 곧 토지이용의 극대화에 따라 부동산의 가치가 다양한 의미를 가진다는 것을 뜻한다.

이러한 최유효이용은 나대지나 개량 부동산(건축물이 있는 부동산)에 대하여 합리적인 이용

(Reasonable Use)이며, 합법적인 이용(Legal Use)이고, 물리적으로 채택 가능한 이용(Physically Adaptable Use)으로, 경험적인 자료에 의하여 적절히 지지될 수 있으며, 경제적으로도 타당성이 있는 것으로 판명이 된 최고의 가치를 창출하는 이용을 말한다.

투자분석에 있어서도 통상적으로 다음의 네 가지 형태의 타당성 분석을 다루고 있다.

❶ 법적 타당성(Legally possible) : 부동산에 허용된 법적인 검토사항으로 우선은 법적 허용용도와 관련한 용도지역 및 용도지구에 대한 것을 들 수 있음. 즉 국토이용관련법 및 건축법, 기타 문화재보호법, 환경보전법 등에 따른 각종 법률적 제한사항에 대한 검토가 필요하며, 법적 타당성이 없다는 것은 극복이 불가능한 제한사항이 됨

❷ 물리적 타당성(Physically possible) : 토지의 위치나 진·출입 제한은 물론 부지의 크기, 토질, 암반, 경계모양 등의 물리적 특성을 고려해야 함

❸ 재무적 타당성(Financially possible) : 법적 및 물리적 타당성에 문제가 없다면, 재무적 타당성을 검토하게 된다. 각각의 검토 가능한 사용용도에 대하여 시장수요와 공급, 재무적 허용 여부 및 기타 경제적 조건들을 검토

❹ 최대 수익 창출(Maximally productive) : 마지막으로 상기의 법적, 물리적 및 경제적 타당성이 있는 이용 중에서 최고의 토지 잔여가치를 창출하는 이용이 최유효이용(HABU)이 됨

전통적으로 최유효이용 분석은 토지잔여 분석과도 관련된다.
$(V_{total} = V_{land} + V_{improved},$ 그러므로 $V_{land} = V_{total} - V_{improved})$

section 02 부동산 가치분석 과정

부동산에 대한 가치를 도출하기 위해서는 먼저 부동산 가치를 형성하는 요인들에 대해서 분석해야 한다. 일반적으로 먼저 부동산 가치의 형성요인들을 일반요인, 지역요인 그리고 개별요인으로 구분하여 분석한다. 이후에 부동산 가치평가의 제 원칙에 입각하여서 다양한 부동산 가치추계방법(시장접근법, 비용접근법, 소득접근법)으로 가치를 추정한 후, 이들 간의 가치 조

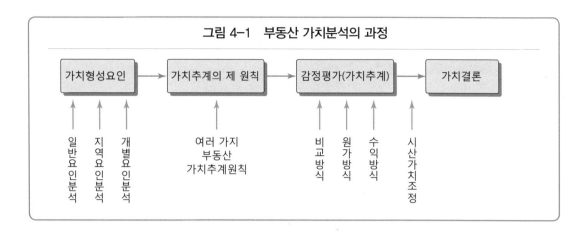

그림 4-1 부동산 가치분석의 과정

가치형성요인 → 가치추계의 제 원칙 → 감정평가(가치추계) → 가치결론

일반요인분석　지역요인분석　개별요인분석

여러 가지 부동산 가치추계원칙

비교방식　원가방식　수익방식　시산가치조정

정과정을 거친 후에 최종적인 부동산 가치를 산정하게 된다.

1 부동산 가치의 발생 및 형성 요인

(1) 부동산 가치의 발생 요인

부동산의 가치는 부동산의 효용성(utility), 부동산의 유효수요(effective demand), 부동산의 상대적 희소성(relative scarcity)에 의해서 발생한다. 부동산 가치 발생 요인은 가치 형성 요인에 영향을 받게 된다.

❶ 부동산의 효용성이란 부동산을 사용하고 수익함으로써 얻을 수 있는 사용 가치성을 의미

❷ 부동산 유효수요는 부동산을 수요하려는 욕구와 동시에 이를 구매할 수 있는 능력을 갖춘 수요를 말함

❸ 부동산의 상대적 희소성이란 자원(부동산)의 양이 한정되어 있기 때문에 가치가 발생하는 것을 의미

(2) 부동산 가치의 형성 요인

부동산 가치의 형성 요인은 일반요인, 지역요인, 개별요인으로 나눌 수 있다.

표 4-1	부동산 가치의 형성 요인	

구분		주요 내용
일반요인	사회적 요인	인구 동향, 가족구성, 도시형성과 공공시설의 정비상태, 교육 및 사회복지의 수준, 부동산 거래 및 사용·수익 형태, 건축양식 등의 상태, 사회활동에 대한 태도, 정보화 촉진상태, 생활양식의 상태 등
	경제적 요인	저축·소비·투자 등의 수준, 국제수지의 상태, 재정 및 금융 등의 상태, 물가·임금 및 고용 수준, 세금부담의 수준, 기술 혁신 및 산업구조, 교통체계, 사업과 공업의 추계, 자금이용 가능성, 국제화 상태
	행정적 요인	토지제도, 토지이용규제, 구조 및 방재 등에 대한 규제, 토지 및 주택 정책, 부동산 관련 세제, 부동산 가격과 임료에 대한 통제, 공시지가제도 및 거래규제 등
지역요인	일반적 요인	지역 차원에서의 일반요인
	자연적 요인	자연 상태, 자연자원 등
개별요인	토지	위치, 면적, 지세, 지질, 지반, 가로에의 접면 너비, 도로 깊이, 형상, 일조, 통풍, 건습, 고저, 각지, 접면가로와의 계통·구조, 공공 및 상업시설에 대한 접근성, 상하수도의 공급 및 처리시설, 변전소·오물처리장 등 혐오시설의 접근 정도, 공·사법상의 규제 등
	건물	면적, 높이, 구조, 재질, 설계와 설비의 수준, 부지 내의 건물의 배치, 시공의 질과 양, 공·사법상의 규제, 건물과 환경의 적합상태 등

❶ 일반요인 : 일반요인이란 일반 경제·사회적 수준에서 모든 용도 및 지역의 부동산 가격에 영향을 미치는 요인을 말함. 일반요인은 부동산에 전반적인 영향을 주며, 내용에 따라서 사회적 요인, 경제적 요인, 행정적 요인으로 구분

❷ 지역요인 : 지역요인이란 부동산 가치분석의 대상이 되는 부동산이 위치한 지역의 특성을 이루는 지역적 차원의 일반요인과 자연적 요인을 말함

❸ 개별요인 : 개별요인이란 대상 부동산의 가격에만 영향을 미치는 요인을 말함. 이는 대상 부동산의 특수한 상태·조건 등 개별성이 가격 형성에 영향을 미치는 요인이라 할 수 있다. 개별요인은 토지와 건물의 특성으로 나눌 수 있음

2 지역 및 개별분석

(1) 지역분석의 의미

지역분석이란 평가대상 부동산이 속하는 시장지역을 적절하게 획정짓고 평가가치에 전반적인 영향을 줄 수 있는 제 요인들을 조사하고 분석하여 지역 내 부동산의 가격 수준을 판단하는 것을 말한다.

(2) 지역분석의 내용

지역분석을 위해서는 첫째, 대상 부동산이 속하는 지역의 용도 및 범위를 결정해야 한다. 넓게는 동일수급권(인근지역과 유사지역 그리고 그 주변의 용도지역을 포함한 광역적인 지역)을, 좁게는 인근지역의 경계와 범위를 확정한 후에 시장지역에서 대상 부동산과 비교 가능한 사례를 수집한다.

둘째, 지역이 어떤 특성을 지니고 있으며 향후 어떤 변화 가능성이 있는지 파악한다. 지역적 특성을 파악한 후에는 인근지역의 표준적 이용을 조사하고 이 지역의 변화 방향을 알아보아야 한다.

셋째, 가격 형성의 지역적 요인을 조사하고 인근지역과 대상 부동산 간의 연관성을 분석한다.

끝으로 유사지역(인근지역의 특성과 유사한 지역)에서 사례 부동산을 수집했을 경우 인근지역과 유사지역 간의 격차를 비교하여 분석한다.

(3) 개별분석

부동산 감정평가에 있어서 대상 부동산의 개별적 요인을 분석하여 최유효이용을 판정할 필요가 있는데, 이런 분석을 개별분석이라고 한다. 이렇게 개별분석이 필요한 이유는 부동산은 위치가 고정되어 있고 개별성이 강하며 용도가 다양하기 때문이다.

3 부동산 가치추계 원칙

부동산의 가치는 부동산의 효용, 상대적 희소성, 유효수요 등에 영향을 미치는 다양한 요인들에 의해서 형성되며 이러한 부동산 가치의 형성에는 기본적인 법칙이 있다. 이런 법칙들을 모은 것이 부동산 가치추계 원칙이다. 부동산 가치추계 원칙은 경제원리에 기초하고 있으며 모든 유형의 부동산에 적용된다.

❶ 예측의 원칙(principle of anticipation) : 부동산의 가치는 해당 부동산에 대한 과거로부터 현재까지의 편익보다는 미래의 예상되는 편익에 더 큰 영향을 받는다는 원칙. 과거의 매매상황, 수익실적 등은 현재가치를 추계하는 데 반영되지는 않지만 미래의 편익을 예측하는 데 중요한 자료가 됨. 그러므로 과거 자료를 토대로 가중평균 또는 다중회귀분석을 통해서 미래의 편익을 추정하게 됨

❷ 수요 · 공급의 원칙(principle of demand and supply) : 부동산의 가치도 일반 재화와 같이 기본적으로 수요와 공급에 의해서 결정된다는 원칙. 따라서 대상 부동산에 대한 감정평가 시에는 시장의 수요와 공급을 조사하여 이를 반영하여야 함

❸ 최유효이용의 원칙(principle of highest and best use) : 부동산 가격은 최유효이용을 전제로 파악되는 가격을 표준으로 하여 형성된다는 원칙. 이는 부동산에만 적용되는 원칙으로 부동산 가치추계 원칙들 중에서 가장 중추적인 기능을 담당

❹ 외부성의 원칙(principle of externalities) : 대상 부동산의 가치가 외부적 요인에 의하여 영향을 받는다는 원칙. 외부적 요인이 대상 부동산의 가치에 긍정적인 효과를 미칠 때 외부경제, 그리고 부정적인 효과를 미칠 때 외부불경제라고 함

4 부동산가치평가방식

부동산의 가치를 평가하는 데 있어서 비용성, 시장성 그리고 수익성의 측면이 있으며 이를 부동산 가격의 3면성이라고 한다. 비용성이란 어느 정도의 비용이 투입되는가를 말하고 시장성은 시장에서 어느 정도의 가격으로 거래가 이루어지는지를 의미한다. 그리고 수익성은 해당 부동산을 이용함으로써 어느 정도의 수익과 편익을 얻을 수 있는지를 말한다. 가격의 3면성은 결국 감정평가의 3방식의 기초가 된다.

원가방식은 비용성에, 비교방식은 시장성에 그리고 수익방식은 수익성에 근거를 두고 있다. 먼저, 원가방식이란 대상 부동산의 재조달원가에 주목하여 부동산의 가격을 구하는 방법이며 비용접근법이라고도 한다. 여기서 부동산 가격을 구하는 방법을 원가법이라 하고 이에

표 4-2 감정평가의 3방식과 방법

가격의 3면성	3방식	특징	방법	시산가격
비용성	원가방식 (비용접근법)	공급가격	원가법 (복성식 평가법)	적산가격 (복성가격)
시장성	비교방식 (시장접근법)	균형가격 (수요·공급 가격)	거래사례비교법 (매매사례비교법)	비준가격
수익성	수익방식 (소득접근법)	수요가격	수익환원법	수익가격

따라서 구한 가격을 적산가격이라 한다.

둘째, 비교방식이란 대상 부동산이 시장에서 어느 정도의 가격으로 거래가 이루어지는지를 파악하여 부동산의 가격을 구하는 방법이다. 이 방식으로 부동산 가격을 구하는 방법을 거래 사례비교법이라고 하고 이를 통하여 산출한 시산 가격을 비준가격이라 한다.

끝으로 수익방식이란 부동산을 이용함으로써 얻을 수 있는 수익이나 편익을 파악하여 부동 산의 가격을 구하는 방법이다. 수익방식으로 부동산의 가격을 구하는 방법을 수익환원법이라 하고 이를 통하여 산출한 부동산 가격은 수익가격이라고 한다.

section 03 부동산 감정평가 3방식

감정평가에 관한 규칙 제11조에 따르면 감정평가법인등은 다음 각 호의 감정평가방식에 따라 감정평가를 한다.

❶ 원가방식 : 원가법 및 적산법 등 비용성의 원리에 기초한 감정평가방식
❷ 비교방식 : 거래사례비교법, 임대사례비교법 등 시장성의 원리에 기초한 감정평가방식 및 공시지가기준법
❸ 수익방식 : 수익환원법 및 수익분석법 등 수익성의 원리에 기초한 감정평가방식

상기 방법 중 적산법, 임대사례비교법, 수익분석법은 임대료를 평가하기 위한 방법으로 부

동산 가치 평가시에는 원가법, 거래사례비교법 및 공시지가기준법, 수익환원법을 사용한다.

앞의 세 가지 방식은 감정평가보고서상에 각기 다른 페이지에 기록되고 설명되겠지만 실제로 그것들이 완전 독립적이거나 서로 연관이 없는 경우는 거의 없다. 평가법인등은 상기 세 가지 방식의 일부 또는 전부를 사용하여 객관적 판단이 포함된 평가사의 경험으로 시산가치(indicated value)를 결정한다. 그런 다음에 최종적인 평가가치(estimated value)를 얻기 위해 시산가치들을 조정(reconcile)하게 된다(감정평가에 관한 규칙 제12조 감정평가방법의 적용 및 시산가액 조정).

1 비교방식(거래사례비교법)

1) 의의

비교방식이란 대상 부동산과 동일성 또는 유사성이 있는 부동산의 거래 사례와 비교하여 대상 부동산의 현황에 맞게 사정보정, 시점수정 등을 가하여 부동산의 가격을 산정하는 방법을 말한다. 비교방식에는 거래사례비교법과 공시지가기준법이 있는데, 공시지가기준법은 감정평가법인등이 사용하는 방식으로, 아래에서는 거래사례비교법을 중심으로 설명한다.

거래사례비교법이란 대상물건과 가치형성요인이 같거나 비슷한 물건의 거래사례와 비교하여 대상물건의 현황에 맞게 사정보정(事情補正), 시점수정, 가치형성요인 비교 등의 과정을 거쳐 대상물건의 가액을 산정하는 감정평가방법을 말한다. 거래사례비교법에 의해 산정된 가격을 비준가격이라 한다.

2) 산식

비준가격＝사례 가격(단가)×사정보정×시점수정×지역요인보정×개별요인보정×면적

3) 거래사례 자료의 선택

거래사례는 위치의 유사성, 물적 유사성, 시점수정의 가능성 및 사정보정의 가능성을 고려

하여 선택하여야 한다.

❶ 위치의 유사성 : 거래사례가 속한 지역의 표준적 이용과 대상 부동산이 속한 지역의 표
준적 이용을 기준으로 비교하여야 함

❷ 물적 유사성 : 대상물건과 개별요인의 비교가 가능해야 하며 거래사례는 대상물건과 상
호 대체, 경쟁관계가 성립되고 가격은 상호 관련이 유지되어야 함

❸ 시점수정의 가능성 : 시간적 유사성을 말하며, 대상물건의 가격 시점과 유사한 시점의
거래사례일수록 효과적임

❹ 사정보정의 가능성 : 거래사례가 특수한 사정(연고자나 특수관계인과의 거래, 경매·공매의 경우,
거래조건의 특수성 등)이 관련되어 있지 않아야 하며, 그렇지 않을 경우 정상가격으로 보정
이 가능하여야 함

4) 거래사례의 보정방법

대상 부동산과 사례 부동산의 시장조건 변수와 위치의 차이 등을 백분율로 표시하여 수정
하는 비율수정법을 많이 사용한다.

5) 사례자료의 정상화

(1) 사정보정

사정보정이란 수집된 거래사례에 특수한 사정이 있는 경우 비정상적인 요인을 제거하여 부
동산의 가격을 정상화시키는 것을 말한다. 이런 작업에는 일정한 법칙이나 기준이 없기 때문
에 평가주체의 전문지식, 풍부한 경험, 정확한 판단에 의거하여 이루어져야 한다.

(2) 시점수정

시점수정이란 대상 부동산의 가격의 산정에 있어서 거래사례자료의 거래 시점과 부동산 감
정평가의 시점이 시간적으로 불일치하여 가격 변동이 있을 경우에 거래사례 가격을 감정평가
시점의 수준으로 정상화하는 작업을 말한다.

표 4-3　사정보정이 이루어져야 하는 특수한 사정

구분	내용
보정 시 증액 또는 감액해야 하는 특수한 사정	• 영업상 장소적 한정 등 특수한 이용 방법을 전제로 거래된 경우 • 극단적인 공급 부족, 과도한 낙관 등과 같은 특이한 시장조건하에서 거래된 경우 • 계열사 또는 거래관계자 간 중간이득 취득을 목적으로 거래된 경우 • 매수인과 매도인이 부동산에 대한 명확한 정보나 지식이 없는 상태에서 거래가 이루어진 경우 • 상속, 전근 등으로 인하여 급매가 이루어진 경우 • 금융압박, 도산 시 법인 간의 은혜적인 거래 또는 지인, 친족 등의 은혜적인 거래가 이루어진 경우 • 부당한 수선비 등을 고려하여 거래된 경우 • 경매, 공매 등의 방식으로 거래가 이루어진 경우

(3) 지역 요인 및 개별요인의 비교

거래사례자료의 사정보정 및 시점수정 후에는 대상 부동산의 사례 부동산에 대한 상대적 위치를 명백히 하고 이들 간의 차이를 비교하기 위하여 지역적 요인 및 개별적 요인에 따른 물적 유사성을 비교하여야 한다.

2　원가방식(원가법)

1) 의의

원가법이란 대상물건의 재조달원가에 감가수정(減價修正)을 하여 대상물건의 가액을 산정하는 감정평가방법을 말한다. 원가법은 주로 건물 감정평가시 사용되는 방법이며, 원가법에 의해 산정된 가격을 적산가격이라 한다.

여기서 재조달 원가는 현존하는 부동산을 부동산 감정평가 시점에 재생산 또는 재취득하는 것을 가정하고 그에 소요되는 적정원가를 말한다. 그리고 감가수정은 대상 부동산에 대한 재조달 원가에서 물리적 감가, 기능적 감가 또는 경제적 감가 등을 고려하여 재조달 원가에서 공제하는 것을 뜻한다.

2) 산식

적산가격 = 토지가치 + 건물가치(재조달원가 - 감가수정액)

❶ 토지가치 : 거래사례비교법 등에 의한 토지 가격 도출, 잔여법 등 적용
❷ 건물가치 : 재조달원가 - 감가수정액

3) 재조달 원가(Replacement Cost/Reproduction Cost)

재조달 원가란 가격 시점 현재 대상부동산과 동일한 효용을 갖는 부동산을 새로 공급하는 데 소요되는 원가인데 직접법과 간접법이 있다. 직접법은 대상 부동산으로부터 직접 재조달 원가를 구하는 방법을 말한다. 간접법은 대상 부동산과 유사한 부동산의 부분별 또는 전체의 직접공사비를 구하고 여기에 간접공사비, 적정이윤, 부대비용 등을 계산하여 재조달 원가를 구하는 방법이다.

4) 감가수정

(1) 감가의 요인

감가의 요인이란 건설 또는 취득일로부터 시간의 경과나 사용 등으로 인하여 부동산의 경제적 가치 및 효용이 감소되는 요인을 말한다. 감가요인은 물리적 요인, 기능적 요인, 경제적 요인 그리고 법률적 요인으로 나눌 수 있다.

❶ 물리적 요인 : 일반적인 사용으로 인한 마모나 훼손, 시간 경과에서 오는 손모, 자연적 작용에 의한 노후화, 우발적인 사고로 인한 손상 등이 있음
❷ 기능적 요인 : 기능적 효용이 변화함으로써 발생하는 가치의 손실을 말한다. 일반적으로 기능적 감가는 구조, 자재, 설계 등의 결함에서 발생. 즉 건물과 부지의 부적응, 설계의 불량, 형식의 구식화, 설비의 부족 등으로 인한 기능적 진부화 등을 말함
❸ 경제적 요인 : 대상 부동산 자체와는 관련 없이 외부적인 환경의 변화로 인하여 발생하는 가치의 손실을 말함. 시장에서의 공급과잉, 부동산과 부근 환경과의 부적합, 시장성의 감퇴 등이 이 요인에 해당

④ 법률적 요인 : 소유권 등기 등의 하자, 지역 및 지구제의 위반 등으로 인한 가치손실을 말함

(2) 감가수정의 방법

감가수정은 내용연수를 표준으로 한 정액법, 정률법 중 대상 부동산에 적정한 방법에 따라 이루어진다.

❶ 정액법 : 감가형태가 매년 일정액씩 감가된다는 가정하에서 부동산 감가총액을 단순히 경제적 내용연수로 나누어서 매년의 상각액으로 하는 방법

산정방법

매년 감가액＝(재조달원가－잔존가격)/경제적 내용연수
감가누계액＝매년 감가액×경과연수
적산가격＝재조달원가－감가누계액

❷ 정률법 : 대상 부동산의 가치가 매년 일정한 비율로 감가된다는 가정하에서 매년 말 부동산의 잔존 가격에 일정한 상각률을 곱하여 매년 상각액을 산출하는 방법

| 3 | 수익방식(수익환원법) |

1) 의의

수익환원법이란 대상물건이 장래 산출할 것으로 기대되는 순수익이나 미래의 현금흐름을 환원하거나 할인하여 대상물건의 가액을 산정하는 감정평가방법을 말한다. 이 방법으로 산정된 가격을 수익 가격이라고 한다. 수익환원법을 구성하는 중요한 구성요소로는 순수익, 환원이율 그리고 수익환원방법이 있다.

수익가격＝순수익/환원이율＝(총수익－총비용)/환원이율

2) 순수익

(1) 순수익의 유형

순수익이란 대상 부동산을 통하여 일정기간에 획득한 총수익에서 그 수익을 발생시키는 데 소요되는 경비를 공제한 금액을 말한다. 순수익의 유형에는 가능 총소득(Potential Gross Income), 유효 총소득(Effective Gross Income), 순영업소득(Net Operating Income), 세전 현금흐름(Before Tax Cash flow) 그리고 세후 현금흐름(After Tax Cash flow)이 있다.

(2) 순수익의 산정방법

순수익을 산정하는 방법에는 직접법, 간접법 그리고 잔여법이 있다.

❶ 직접법 : 대상 부동산으로부터 직접 산정된 총수익과 이에 필요한 총비용을 파악하여 객관적인 순수익을 구하는 방법
❷ 간접법 : 대상 부동산의 인근지역이나 유사지역에 존재하는 유사한 부동산의 순수익을 각각 지역요인과 개별요인의 차이를 보정하여 순수익을 구하는 방법
❸ 잔여법 : 순수익이 복합 부동산에서 발생하고 건물에 귀속되는 순수익을 파악할 수 있을 때, 전체 순수익에서 건물에 속하는 순수익을 공제함으로써 토지에 귀속하는 순수익을 구하는 방법

3) 환원이율

(1) 환원이율의 종류

환원이율이란 순수익을 자본환원하는 이율로 부동산 가격에 대한 순수익의 비율을 말한다. 이는 자본수익률과 자본회수율로 구성된다. 환원이율에는 대상 부동산의 물건의 종류에 따라서 토지환원이율, 건물환원이율 등의 개별 환원이율이 있고 토지와 건물로 구성된 부동산에 적용되는 종합환원이율이 있다.

(2) 환원이율을 구하는 방법

환원이율을 구하는 방법에는 시장추출법, 요소구성법, 투자결합법 등이 있다.

❶ 시장추출법 : 시장추출법이란 평가대상 부동산과 유사한 형태를 갖는 시장에서 거래된

경쟁적인 부동산의 최근 거래사례에서 요소별로 구분할 필요가 없이 전체로서 유사하다고 판단되는 거래사례로부터 환원이율을 직접 구하는 것. 대상 부동산과 유사한 부동산의 자료를 많이 수집가능한 경우에 실무적으로 가장 많이 활용되는 방법

❷ 요소구성법 : 가장 일반적인 투자의 이율, 즉 무위험(Risk Free)이자율(일반적으로 가장 안전한 투자이율을 말하며 국공채, 지방채, 금융채, 정기예금 이율 등을 말하고 무위험자산수익률이라고도 함)을 표준으로 하고 투자대상과 관련하여 당해 부동산을 투자대상으로 할 경우의 위험보상률을 종합적으로 비교하여 환원이율을 구하는 방법

> 환원이율＝무위험(Risk Free)이자율 ± 부동산 투자활동의 위험보상률

❸ 투자결합법 : 대출이자율을 총족시키기 위하여 필요한 투자의 예상수익률과 자기자본의 배당률을 유지하기 위한 필요한 투자의 예상수익률을 자금의 구성비율로 가중평균하여 구하는 방법

4) 순영업소득(NOI)의 환원방법

(1) 직접환원법

직접환원법은 대상 부동산의 순영업소득(NOI)을 환원이율로 직접 수익환원하여 수익가격을 구하는 방법이다. 1년간 순영업소득과 자본환원율만으로 수익형 부동산의 가치를 신속하게 판단할 수 있어 실무적으로 자주 사용되는 방법이다.

> 수익 가격＝순영업소득/자본환원율

(2) 할인현금수지분석법

할인현금수지분석법은 매 기간 기대되는 현금흐름을 현재가치로 할인해서 대상 부동산의 시장가치를 구하는 방법이다. 이 방법은 세전 현금흐름에서 영업소득세와 자본이득세를 제한 세후 현금흐름을 세후수익률로 할인하여 지분가치를 구한 후에 여기에 저당가치를 합산하여 대상 부동산의 가치를 구한다.

4 감정평가 3방식의 비교

감정평가 3방식은 각각의 장점과 단점이 있으므로 이를 고려하여 활용할 필요가 있다. 어느 한 방식이 절대적으로 우위에 있다고 볼 수 없으며 감정평가 대상에 따라서 한 가지 방식 또는 두세 가지 방식을 종합적으로 고려하여 최종적으로 감정평가금액을 추계하는 것이 합리적이다.

표 4-4   감정평가 3방식의 장점과 단점

구분	원가방식(원가법)	비교방식(거래사례비교법)	수익방식(수익환원법)
장점	• 건물, 구축물, 기계장치 등 재생산이 가능한 물건 등에 널리 적용 • 회사의 재산재평가에 유용 • 비시장성, 비수익성 부동산에 대한 평가를 할 때 유용 • 평가사의 주관적 개입 여지가 적음 • 조성지, 매립지 등의 토지 평가에 유용	• 대체의 원칙에 이론적 근거를 두고 있어서 현실적이고 실증적이기 때문에 설득력이 있음 • 토지평가에 있어서 세 가지 방식 중에 중추적인 역할을 수행 • 이해하기 쉽고 간편함	• 임대용 부동산, 기업용 부동산 등 수익성 부동산 평가에 유용 • 장래의 미래 현금흐름의 현재가치를 구하는 것이므로 매우 논리적이고 이론적임 • 안정적 시장에서 정확한 자료를 입수하면 가격산정이 정확한 편임
단점	• 토지와 같이 재생산이 불가능한 자산에 적용 불가 • 시장성과 수익성이 반영되지 못함 • 건축물, 구조물 등에 대해서 관찰로만 확인이 불가능한 부분이 많음 • 기술이 진보할수록 재조달원가나 감가상각액의 파악이 곤란	• 매매가 잘 이루어지지 않은 부동산에는 적용하기 곤란 • 평가사의 지식, 경험 등에 대한 의존도가 높음 • 사정보정이나 시점수정 등 분석 판단에 명확성을 기하기 어려움 • 극단적인 호황이나 불황에는 적용하기 곤란함 • 비교사례들이 모두 과거의 자료임 • 비교사례들이 여러 가지 사정으로 오염(비정상적인 요인들로 인한 오차 발생)되었을 가능성이 있음	• 주거용, 교육용, 공공용 등 비수익성 부동산에 대한 적용이 곤란 • 수익에만 치중하기 때문에 부동산이 노후도의 차이가 크지 않음 • 부동산 시장이 불안정한 지역에서는 순수익과 환원이율의 파악이 어려움

chapter 05

부동산의 투자가치 분석

부동산 투자의 의의

　부동산 투자는 부동산을 대상으로 미래의 불확실한 이익을 위한 현재의 확실한 경제적 희생을 의미한다. 부동산 투자에는 물리적, 법적, 그리고 경제적 제약조건이 따른다. 투자자들은 여러 가지 제약조건과 더불어 부동산이 자신의 투자목적에 부응할 수 있는지를 분석할 필요가 있다. 부동산 투자분석은 먼저 투자자의 투자목적을 파악하고, 대상 부동산이 이 같은 목적에 부응할 수 있는지 여부를 분석하는 과정이다.

　부동산 투자결정은 취득·보유·매도 시에 예상되는 수입과 지출을 비교함으로써 이루어진다. 투자결정 판단의 근거는 보통 두 가지 방법이 사용되고 있다. 하나는 기대수익률과 요구수익률을 비교하는 방법이며, 다른 하나는 투자가치와 시장가치를 비교하는 것이다.

　재무적 관점에서의 가치는 투자로 인하여 발생할 미래 현금을 적절한 할인율로 할인한 현재가치를 말한다. 부동산의 가치는 부동산 투자로 인하여 발생할 기대현금흐름을 적절한 할인율로 할인한 현재가치를 말한다. 여기서 시장수익률로 할인한 현재가치를 시장가치라고 하고 요구수익률로 할인한 현재가치를 투자가치라고 한다.

투자대상 부동산의 현금흐름

부동산에 투자할 때에도 주식, 채권 등과 마찬가지로 수익과 위험에 기초하여 투자 의사결정을 하게 된다. 부동산의 수익과 위험을 측정하려면 먼저 해당 자산으로부터 발생되는 미래의 현금흐름을 추정해야 한다. 부동산의 미래 현금흐름은 크게 임대사업을 통해서 발생되는 ① 영업상의 현금흐름과 ② 매각 현금흐름으로 나눌 수 있다.

1 영업상의 현금흐름 : 보유 기간

투자대상 부동산으로부터 발생되는 영업상의 현금흐름은 임대 관련 수입이 주종을 이루게 된다. 투자대상 부동산의 임대를 통해서 수입을 창출할 수 있는 최대한의 소득을 '가능 총소득(potential gross income)'이라 한다. 가능 총소득은 투자 대상 부동산에서 임대소득을 발생시킬 수 있는 모든 면적을 파악하고 일정 면적당 임대료를 알면 산출할 수 있다. 그러나 실제로 투자 대상 부동산으로부터 가능 총소득을 창출하는 것은 상당히 어렵다.

왜냐하면 어느 정도의 공실은 있을 수밖에 없고 때로는 임차인이 임대료를 납부하지 않아서 손실이 생기기 때문이다. 그리고 임대료 이외에 임차인에게서 관리비 등을 받아서 부동산을 운영하기 때문에 관리비 등과 같은 기타소득이 발생할 수도 있다. 따라서 실질적으로 유효한 소득은 가능 총소득에서 공실 및 회수 불가능 임대수입을 제외하고 다시 기타소득을 가산하여 계산하게 되는데 이를 '유효 총소득(effective gross income)'이라 한다.

유효 총소득에서 부동산을 관리하는 데 소요되는 각종 경비인 영업경비를 제하면 투자대상 부동산으로 발생되는 '순영업소득(net operating income)'이 된다. 이러한 순영업소득은 부채조달이 없고 세금도 고려하지 않은 상태에서의 순현금흐름이다. 만약 투자 대상 부동산을 매입하면서 부채를 조달하면, 정기적으로 대출의 원금과 이자를 지급하게 된다. 따라서 순영업소득으로 대출의 원금과 이자지급분인 부채서비스액(debt service)을 제하면 '세전 현금흐름(before tax cash flow)'이 되고 다시 세전 현금흐름에서 영업 관련 소득세를 제하면 '세후 현금흐름(after tax cash flow)'이 된다.

이런 영업상의 현금흐름은 투자기간(investment time horizon)의 전 기간 동안 추정해야 한다.

영업상의 현금흐름을 추정하고 계산하는 과정에 필요한 기본 항목들에 대해서 살펴보면 다음과 같다.

운영현금흐름

일정 면적당 임대료×임대 가능면적	=가능 총소득
(−)공실 및 대손충당금	
(+)기타소득(주차장 수입 등)	=유효 총소득
(−)영업경비	=순영업소득
(−)부채서비스액(저당지불액)	=세전 영업현금흐름
(−)소득세(법인세)	=세후 영업현금흐름

---

(1) 임대료

해당 부동산의 임대료는 이미 임대차 계약이 체결된 부분과 향후 재계약이나 신규 계약을 할 부분으로 나눌 수 있다. 기존 임차인과 이루어진 임대료는 추정할 필요가 없이 확정된 임대료를 사용하고 임대계약 기간이 만료된 이후나 공실인 부분은 해당 지역의 임대시장의 수급상황을 고려하여 투자기간 동안의 임대료를 추정하여야 한다. 미확정된 시기의 임대료에 대한 추정은 현재의 임대료 수준에서 매년 일정한 비율로 상승한다고 가정하는 경우가 일반적이다. 그리고 임대료의 예상 상승률과 예상 변동폭에 따라서 투자대상 부동산의 수익률과 위험에 상당한 영향을 주므로 이들을 추정할 때 신중하게 검토해야 할 것이다.

(2) 공실률과 회수 불가능 임대료 수입

현재 시점의 투자대상 부동산의 공실률 수준을 파악하고, 투자기간 동안의 공실률은 임대시장의 수급상황, 예정 임대공급면적, 예상 수요면적 등을 고려하여 추정한다. 공실률도 영업상의 현금흐름에 상당한 영향을 주는 항목이며, 이 항목의 추정치와 예상 변동폭에 따라서 투자대상 부동산의 수익률과 위험에 영향을 주게 된다.

그리고 회수 불가능 임대료 수입은 대상 부동산의 임차인으로부터 과거의 신용 관련 자료를 취득할 수 있다면 그에 기초하여 추정하는 것이 합리적이다. 만일 자료를 구할 수 없다면 인근지역이나 유사지역의 회수 불가능 임대료 수준을 준용할 수 있다.

(3) 기타소득

기타소득으로는 관리비 수입, 주차료 수입, 전용선 임대료 수입 등이 있다. 이 중에서 관리비는 영업상의 현금흐름에 상당한 영향을 준다. 일부 도소매시설, 오피스텔 등의 경우 관리비를 실비로 정산하는 경우도 있지만, 대형 오피스 빌딩의 경우 관리비를 받아서 각종 비용을 지출하고 남겨서 수입을 올리고 있는 상황이다. 관리비도 매년 일정 수준 인상률을 정하여서 추정하는데 이 인상률도 인근 및 유사지역의 자료와 과거 자료를 이용하는 것이 적절할 것이다.

주차료 수입은 임대차 계약면적에 주차면적이 포함된 경우에는 상대적으로 적지만 계약면적에서 제외된 경우에는 영업상의 현금흐름에 어느 정도 영향을 줄 수 있다. 주차료 수입 이외에 전용선 임대료 수입, 자판기 수입 등 기타소득의 각각의 항목도 과거 자료를 구하거나 인근 및 유사지역의 자료를 토대로 추정할 수 있다.

(4) 영업경비

영업경비에는 대상 부동산과 관련된 광열비, 전기 및 수도료, 보안비용, 청소비, 직원 인건비, 각종 보험, 광고료 등이 있다. 이 비용들 중에서 대상 부동산의 가치를 증가시키는 자본적 지출(capital expenditure)은 포함되지 않으며 또한 비현금성 지출인 감가상각비도 포함되지 않는다.

(5) 부채서비스액

부채서비스액은 대출금에 대한 원금상환분과 이자를 말한다. 만일 대출조건이 원금 만기 일시 상환방식이라면 부채서비스액에 이자분만 포함되고, 원리금 균등분할 상환방식이라면 원금상환분은 물론 이자도 부채서비스액에 포함된다. 그리고 원금상환분은 매각 현금흐름의 미상환 대출잔액을 산정할 때 활용된다.

(6) 임대소득세

임대소득세는 개인인 경우 소득세를 의미하고, 법인의 경우 법인세를 의미한다.

예상 매도 가격은 투자기간의 종료가 예상되는 시점에 부동산을 매각하는 것으로 가정하여 추정한다. 매도 가격에서 매도 관련 비용 즉 중개비용, 매각 관련 컨설팅 비용 등을 제외하면 '순매도액'이 된다. 순매도액에서 투자기간 동안 원금 상환분을 제외한 미상환대출잔액을 빼면 '세전 매각 현금흐름'이 된다. 그리고 세전 매각 현금흐름에서 자본이득에 관한 세금, 즉 양도소득세를 제하면 '세후 매각 현금흐름'이 된다.

매각 현금흐름

매도 가격 − 매도 경비　　　＝순매도액
(−)미상환 대출잔액　　　＝세전 매각 현금흐름
(−)자본이득세(양도소득세)＝세후 매각 현금흐름

---

(1) 매도 가격의 추정

매각 현금흐름의 추정에서 가장 중요한 항목이 매도 가격이며 이 가격을 어떻게 추정하느냐에 따라서 대상 부동산으로부터의 수익률이 크게 변하게 된다. 이렇게 중요한 항목임에도 불구하고 매도 가격을 추정하는 것은 그리 용이하지 않다. 왜냐하면 일반적으로 부동산 투자 기간은 3년 이상인 경우가 많은데 3년 이상 미래 시점의 부동산 가격 수준을 합리적인 근거를 가지고 추정하는 것은 쉽지 않기 때문이다. 실무에서는 미래의 예상 매도 가격을 주로 세 가지 방법으로 추정하고 있다.

첫째, 매도 가격을 매입가격에 매년 예상 소비자물가 상승률만큼 복리로 계산하여 상승한 가격으로 추정할 수 있다. 이 추정방법은 대상 부동산이 소비자물가 상승률만큼 오를 것이라고 예상한 것이다.

둘째, 매도 가격을 매입 가격에서 투자기간 동안의 감가상각분을 제한 장부 가격(book value)으로 하는 방법이 있다. 매도 가격이 매입 가격보다 적다는 점에서 향후 매매시장의 여건을 보수적으로 보는 것일 수도 있고, 실제 부동산이 상당히 노후화되어서 이를 반영한 것일 수도 있을 것이다.

셋째, 소득접근법의 직접환원법을 활용하여 매도 가격을 추정할 수 있다. 즉, 매각 시점의 순영업소득과 매각 자본환원율(terminal capitalization rate)을 추정하면 매각 시점의 부동산 가치를 추정할 수가 있다.

때로는 세 가지 방법 중에서 하나를 선택하기보다는 두세 가지 방법으로 산출된 매도 가격들을 산술평균한 가격을 매도 가격으로 이용하기도 한다. 그렇게 되면 어느 한 방법에 의존하여 매도 가격을 추정하였을 때의 위험을 다소 줄일 수 있다는 장점이 있다.

(2) 미상환 대출잔액과 자본이득세

미상환 대출잔액은 대출금액에서 투자기간 동안 원금상환분을 제한 금액이다. 즉 투자가 종료되는 시점에 대상 부동산을 매각하고 금융기관에 미상환 대출잔액을 갚은 후에 순수하게 지분 투자자에게 배분되는 현금흐름, 즉 세전 매각 현금흐름을 추정한 것이다. 그리고 세전 매각 현금흐름에서 자본이득에 대한 조세부담을 제하면 세후 매각 현금흐름이 된다.

section 03 수익률의 종류

부동산 자산운용 업계에서 주로 활용하는 수익률은 내부수익률(Internal Rate of Return)과 Cash on Cash 수익률(CoC)이다. 미국의 기관투자자들을 대상으로 설문조사한 결과에서도 부동산 투자성과 측정방법으로 이 두 가지 수익률을 주로 이용하는 것으로 보고되고 있다. 이에 내부수익률과 Cash on Cash 수익률에 대해서 간략히 살펴보기로 한다.

1 내부수익률

투자대상 부동산의 현금흐름의 순현재가치(Net Present Value)가 제로가 될 때의 할인율을 말한다. 즉, 투하자본의 현재가치와 투자대상 부동산으로부터 발생되는 현금유입의 현재가치가 같아질 때의 할인율이 투자대상 부동산의 내부수익률이다.

2 │ Cash on Cash 수익률(CoC)

해당 기의 순현금흐름을 자기자본으로 나눈 것을 말한다. 이렇게 매 기별로 CoC를 구한 후, 이들을 단순 산술 평균한 CoC가 투자대상 부동산의 CoC가 된다.

내부수익률은 화폐의 시간적 가치를 고려한 것인 데 비해서, CoC는 화폐의 시간적 가치를 고려하지 않은 것이다.

chapter 06

부동산 개발사업 사업타당성 평가

---

section 01 　부동산 개발사업 개요

1 　부동산 개발사업의 개념

　토지, 건축물 등을 결합하여 실제로 운영할 수 있는 부동산을 생산하는 것을 부동산 개발이라고 한다. 부동산 개발사업은 토지, 건물 등의 부동산을 개발, 건설한 후 분양 및 임대 등의 방법으로 수익을 창출하는 사업이다. 부동산 개발사업의 주요 성공요인은 입지조건(Location), 개발시기(Timing), 상품(Product)이다.

1) 개발대상 건축물의 용도에 따른 구분

부동산 개발사업은 개발대상인 건축물의 용도에 따라 주거용(단독주택, 아파트, 연립주택, 다세대), 오피스텔, 주상복합아파트, 오피스, 상업유통시설, 산업시설, 레저관광용 등으로 구분할 수 있다.

2) 수익창출 형태에 따른 구분

부동산 개발사업은 수익창출 형태에 따라 크게 분양사업 및 임대사업으로 구분한다.

(1) 분양(分讓)사업

분양사업은 하나의 건축물을 여러 개로 나누어 판매하는 사업으로 분양대금이 주된 수익원이다. 분양사업의 경우 일반적으로 일정요건을 갖추어 사업에 대한 주무관청의 승인을 얻게 되면, 특정 사업(골프장 개발사업 등)을 제외하고는 공사 완료 이전에 미리 분양을 할 수 있어서 사업시행자의 투자금액이 적게 필요하다.

(2) 임대사업

임대사업은 임차인으로부터 받은 보증금의 운용수익 및 임대료가 주 수익원이 된다. 임대사업의 경우는 공사가 완료된 이후 임차인으로부터 현금수입이 발생하기 때문에 개발사업자는 초기에 많은 투자자금이 필요하며 분양사업에 비하여 현금회수기간이 길어진다.

사업타당성 평가 절차

미래에 예상되는 경제적 가정을 전제로 관련된 모든 요소와 이들의 상호관계를 고려하여 특정 사업에 대한 성공 가능성을 분석하는 일련의 과정을 사업성 평가라고 한다. 사업성 평가의 목적은 크게 자기자본 출자자 및 타인자본 출자자의 입장으로 나뉠 수 있다. 자기자본 출자자는 주로 사업의 경제성을 근거로 사업 추진 여부를 결정하며, 타인자본 출자자는 주로 사업에서 발생하는 현금흐름의 안정성을 근거로 사업에 제공될 여신위험을 검토한다. 사업타당성 분석은 시장타당성 분석, 입지타당성 분석, 재무타당성 분석을 포함한다. 그리고 조사단계, 분석단계, 종합의견 단계의 순서로 평가를 진행한다. 부동산 개발사업의 평가절차에 있어 중요사항은 다음과 같다.

❶ 일반사업과 달리 부동산 개발사업에 대한 사업성 평가에 있어서는 조사단계가 매우 중요하다. 부동산의 특성상 사업부지가 속해 있는 곳을 방문하여 입지 및 주변 환경조사가 필수적이며, 사업허가 등 관련 법규상의 위험을 파악, 검토하는 것은 사업의 추진과 밀접한 관련성이 있으므로 매우 중요한 평가 단계이다.

❷ 사업시행사뿐만 아니라 건설을 담당하는 시공사에 대한 과거실적, 신용상황 및 업계 내에서의 수준을 검토하는 것이 사업화 능력 판단의 주요 평가요소가 된다. 또한 경제성 분석의 경우 금리, 분양가, 공사비 및 사업비 등에 적정성 여부를 근거로 사업 전체에 대한 수익성을 판단하게 되는데, 분양 및 임대에 있어 크게 영향을 미치는 금리 등의 경우 사업시행자가 통제할 수 없는 거시경제변수이기 때문에 이에 대한 정확한 판단이 필수적으로 선행되어야 한다.

❸ 부동산 개발사업의 경우 다른 사업에 비하여 수익성에 영향을 주는 변수가 상대적으로 뚜렷하고 사업성 유무에 결정적인 요인으로 작용하는 변수의 경우 3~4가지로 압축될 수 있다. 그러므로 이런 요인에 대한 충분한 민감도 분석(Stress Testing)을 통하여 발생 가능한 상황을 모두 도출하고 이를 근거로 사업성 여부에 대한 최종 판단을 하여야 한다.

　부동산 사업의 경우 개별 사업 간의 연관성이 적고, 사업부지가 속해 있는 입지, 주변환경 및 경제현황에 따라 사업성 여부에 대한 결론이 도출되기 때문에 각 사업의 필요한 자료 및 정보가 각기 다를 수 있으나, 일반적으로 사업성 평가를 위해 필요한 자료목록과 내용을 나열하면 다음과 같다.

표 6-1 　부동산 개발사업 평가자료

구분	자료명	주요 검토사항
기초행정 자료	사업자등록증 등기부등본, 정관	• 사업시행자에 대한 전반적인 이해 • 주요 사업확인 등
	경영진 현황, 주주 현황, 자본금 변동내역	• 경영진의 사업수행능력 및 자본조달 능력 파악
	최근 연도 재무제표 (B/S, I/S, C/F 등)	• 시행사 현금 및 재산 보유상황 파악
사업시행 자료	사업계획서	• 사업에 대한 전반적인 이해 및 현재 추진상황 파악
	토지매매계약서, 토지대 장, 등기부등본, 지적도, 지적조서	• 토지소유권 이전 여부 파악 • 지번 확인을 통한 토지 실재성 확인 등
	인허가서, 확인서 등	• 법규절차 이행 및 준수 여부, 사업수행에 필요한 행정절차상의 문제점 파악
	설계도, 감리계약서	• 설계 및 감리의 적정성, 사업계획과의 일치성 및 비용 정도
	도급계약서	• 공사비의 적정성, 실현 가능성 파악 • 공사위험 파악 등
	분양용역계약서	• 분양마케팅 타당성 및 관련 비용의 적정성 파악
자금조달 자료	자금조달계획서	• 자금조달 및 수지 타당성 검토 • 차입금 상환 가능성 파악
	현금일계표, 시산표	• 자체 자금조달 능력 파악
시장분석 자료	분양(임대)현황 자료	• 사업계획의 실현 가능성 분석 및 타당성 파악
	타 사업의 분양실적	• 성공 가능한 분양가 및 분양률 추정
거시변수 자료	거시경제변수	• 사업 수익성에 영향을 미치는 요인 및 정도 파악
	정부정책	• 사업에 미치는 영향 파악
입지분석 자료	지역현황, 통계자료	• 사업실행 가능성에 대한 변수요인 파악 및 타당성 검증
	주변환경	• 사업수행지역으로의 장단점 파악 및 사업수지에 미치는 영향 분석

3 분석구조

부동산 개발사업의 평가과정에서 분석단계는 사업화 능력, 시장 상황 및 입지분석을 바탕으로 해당 사업의 수익성 및 자금수지를 파악하는 경제성 분석을 실시한 후 동 사업에 영향을 미치는 요인에 대한 경제성의 변화 정도를 파악하는 민감도 분석(Stress Testing)을 거쳐 최종 사업성 유무를 결정하게 된다.

4 사업성 분석

사업성 분석은 사업시행자의 사업화 능력을 근거로 해당 사업과 관련된 시장 상황 및 입지분석을 통해 사업시행자가 계획하고 있는 분양가 또는 임대료의 합리성을 판단하고 이를 근

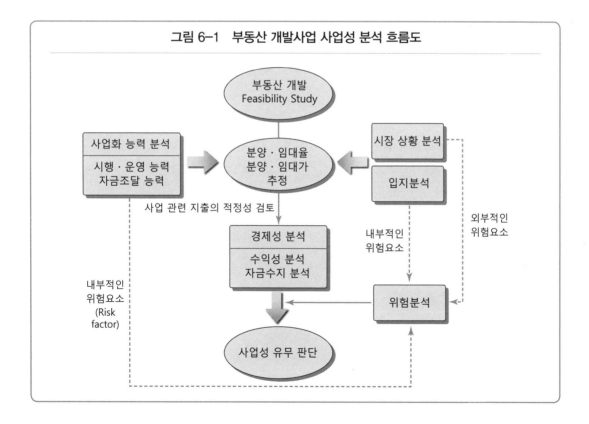

그림 6-1 부동산 개발사업 사업성 분석 흐름도

거로 분양률 및 임대율을 도출한 후 수익성과 자금수지를 분석하는 경제성 분석과 내·외부적인 위험요소를 분석하는 위험분석을 토대로 사업성 유무를 판단하는 일련의 과정이다.

1) 사업화 능력 분석

사업주체인 시행사, 시공사 등에 대한 당해 사업 추진 및 실행화 능력 분석에 대한 단계로 정량적 분석보다는 정성적 분석을 통하여 사업추진에 대한 신빙성을 확인하는 단계이다. 사업화 능력은 크게 사업수행 능력 및 자금조달 능력으로 구별될 수 있는데, 이중 자금조달 능력은 부동산 개발사업의 특성상 대부분의 사업자금이 외부로부터 조달되는 점을 감안할 때 가장 우선적으로 고려되어야 할 사항이다.

❶ 사업수행 능력 : 사업수행 주체(시행사 등)의 사업계획 수립에서부터 시행, 건설, 관리, 운영 및 자금회수의 모든 사업수행 단계에 필요한 역량을 보유하고 있는지를 판단하는 것으로 다음의 사항을 통하여 분석
  ㄱ. 사업추진 관계사(시행사, 시공사 등)의 해당 사업분야 경험 및 과거 실적
  ㄴ. 해당 입지의 소유권 및 계획된 건설공사의 허용 여부 등 행정문제 처리능력
  ㄷ. 사업시행사의 경영진 학력 및 경력의 적정성
  ㄹ. 업계에서의 평판 검토
  ㅁ. 공정관리, 자금관리
❷ 자금운용 능력 : 사업추진에 필요한 토지매입비, 공사비 및 기타 사업비에 소요되는 자금의 조달 및 운영, 관리 능력에 대한 판단으로 다음 사항을 고려
  ㄱ. 금융기관으로부터의 자금조달 가능 여부 및 차입규모
  ㄴ. 기존 출자자의 추가지원 여부 및 지원 여력
  ㄷ. 시공사의 자금지원 여부 및 규모
  ㄹ. 잠재적인 후원자의 지원 가능 여부 및 지원 여력
  ㅁ. 조달자금의 운용 계획 및 관리시스템 파악
  ㅂ. 관계사 지급보증 등 우발성 채무로 인한 재무적으로 부정적인 요소 파악

과거와 달리 최근의 부동산 개발사업의 경우 미국 등 선진국의 부동산 개발 및 관리기법과 전문가가 대거 국내 시장에 진입하고 있다. 그러므로 사업시행자가 모든 운영부담을 담당하

던 과거와 달리, 부동산 컨설팅사, 관리신탁회사, 자금중개회사 및 PM(Project Management) 등이 사업의 각 단계를 담당하고 있어 사업화 능력 분석에 있어 이들 기관에 대한 검토가 필요하다.

2) 시장 상황 분석

시장 상황 분석이란 부동산 개발사업에 영향을 미치거나 관련되어 있는 경제상황, 지역통계상황 등을 파악하는 것으로 이를 통하여 해당 사업의 수요 측면을 추정하는 것으로 궁극적으로는 분양 또는 임대의 가능성을 산출하는 데 필요한 변수를 확인하는 단계이다.

시장 상황 분석은 크게 각종 통계사항, 주가 등 경제상황 및 건설경기 등 거시경제적 변수를 파악하는 거시적 측면에서의 분석과 해당 사업지역의 지역현황, 교통 및 인구 상황 등을 파악하는 미시적 측면에서의 분석으로 구분된다. 부동산 개발사업의 특성상 미시적 측면에서

표 6-2 시장 상황 분석 내용

구분		분석 내용
거시 측면	수요에 영향을 미치는 요인	• 인구통계학적 현황(인구, 연령구조, 가구규모 및 가구형태, 성별 등) • 고용, 물가, 금리, 주가, 실물 동향 등 • 관습 및 선호도 • 향후 경기전망 및 시장참여자의 기대 정도 등
	공급에 영향을 미치는 요인	• 건축 착공량, 허가량 • 공실률 및 임대료 추세 • 토지와 건축부지의 이용 가능성 및 가격 현황 • 도시 및 지역 개발 계획 • 건축비용의 추세, 건설업체 현황, 금융의 유동성 상황 등
미시 측면	근린상황 파악	• 지역경제 현황, 해당 지역의 토지이용 상황 • 지역 명성과 평가, 경쟁지역의 분양가 및 임대가 수준 • 인근 지역의 교통망, 편의시설의 접근성 • 지역, 지구, 구역 등의 용도지역 검토 • 개발 가능한 토지의 면적 및 가능성 파악 • 지역 내 입지경쟁시설 조사, 공실률 추세 • 장래 근린지역의 발전 추세
	대지, 건축물 분석	• 면적, 형상, 용도지역, 지질, 상하수도 등 • 편의시설의 적합성, 질 및 접근 거리, 시간 • 경관 및 포장상태 • 지구, 지역, 구역의 내용

의 검토가 상대적으로 더 중요하다.

3) 입지분석

개발대상 부동산 입지와 관련하여 부동산 용도에 따라 수요자가 원하는 욕구(Needs)와 대상 부동산의 입지 특성이 적합한지 여부 및 타 경쟁 부동산의 입지에 비하여 경쟁력이 있는지 여부를 파악하는 것으로 부동산 개발사업의 대상 물건별 주요 분석내용을 보면 〈표 6-3〉과 같다.

표 6-3 **대상 물건별 입지분석의 주요 내용**

용도 구분	주요 검토 내용
주거지	• 일조, 온도, 습도, 풍향 등의 기상상태의 적정성 • 거주자의 직업, 직장, 계층 등의 사회적 환경 상황 • 가로의 폭, 구조 등의 상태 • 도심과의 거리 및 교통시설의 상태 • 상점가 배치의 상태 • 상하수도, 가스 등의 공급처리시설의 상태 • 공공 및 문화시설의 정비상태 • 위험 및 혐오시설과 접근 정도 • 소음, 대기오염 등의 공해발생 상태 • 조망, 경관 등 자연적 환경 상황
상업지	• 시장지역 및 고객의 질과 양 • 고객의 교통수단 상태 • 번영성의 정도 및 성쇠의 상태 • 토지 이용에 관한 공법상 규제의 정도
공업지	• 제품의 판매시장 및 원재료 구입시장과의 위치관계 • 간선도로, 항만, 철도 등 수송시설의 정비상태 • 동력자원 및 용수, 배수의 상태 • 노동력 확보의 난이도 • 관련 산업과의 위치관계 • 온도, 습도, 풍설 등 기상의 상태 • 수질의 오탁, 대기오염 등 공해 발생의 위험성 • 행정상의 조장 및 규제의 정도

4) 사업 관련 지출의 적정성 검토

부동산 개발사업과 관련된 지출은 크게 대상 물건(토지, 건물 등) 구입비, 공사비, 사업비, 제세공과금 및 기타 예비비 등이 있으며, 임대사업의 경우 임대물건의 관리운용에 따른 비용이 추가적으로 발생한다.

부동산 개발사업과 관련하여 발생하는 지출항목 및 규모에 대한 적정성은 계약서, 관련 법규 및 규정, 과거 실적 등을 근거로 파악할 수 있으며, 그 주요 내용은 〈표 6-4〉와 같다.

표 6-4 부동산 개발사업 관련 주요 지출항목

구분	항목
대상물건 구입비	토지 및 건물 매입비, 취득세, 이전등기비, 종합토지세, 보존등기비, 부가가치세, 채권구입비 등
공사비	건축비, 설계비, 감리비, 측량비, 도로개설분담금 등 공사 관련 분담금, 외부인입공사비, 지질조사비 등
사업비	관리신탁수수료, 교통영향 평가비, 환경영향 평가비 및 분담금, 분양 및 임대 보증수수료, 각종 컨설팅비, 농지전용부담금, 대체조림비, 대체농지조성비 등
제세공과금	부가가치세(분양 및 임대 대상), 학교용지 부담금, 상하수도 부담금, 부담금 예비비 등
기타 예비비	공사비 또는 사업비의 일정 비율을 산정하여 사업추진 과정에서 예측하지 못한 비용 또는 자금소요에 충당
관리운영비	관리실 운영비, 수선충당금, 감가상각비, 각종 제세금(재산세, 도시계획세, 종합토지세, 각종 부담금), 보험료, 법인세 등

(1) 대상물건 구입비

❶ 토지 및 건물 등 개발사업 대상물건의 구입의 경우 주로 매매계약서 및 등기부등본 등의 서류를 근거로 금액을 확인하며, 취득세 등의 세금 관련 사항은 관련 법규 및 세무서 규정 등을 근거로 금액의 적정성을 확인

❷ 특히, 공동주택, 레저 및 서비스 개발사업의 경우 해당 토지의 소유자가 다수인 점을 감안하여 거래금액, 결제조건 및 특이사항 등을 정확하게 파악하여야 하며, 등기사항증명서, 토지대장, 건축물대장 및 지적도 등을 이용하여 토지 및 건물 거래의 실제성을 확보하여야 함

(2) 공사비

❶ 시공사와 체결한 도급계약서, 설계 및 감리 용역계약서, 각종 분담금 규정 등을 통하여 공사에 소요되는 비용을 산정하여 적정성을 판단

❷ 공사비의 경우 도급계약서의 금액 이외에 추가 비용에 대한 발생 가능성을 빠짐없이 확인하여야 하며, 시공사와 시행사 간의 공사비 부정 가능성을 항상 염두해 두어야 함

❸ 타 지출항목에 비하여 관련 당사자 간의 묵인에 의하여 부정한 거래가 많이 발생할 수 있는 점을 감안하여 보다 철저한 검토 및 조사가 수행되어야 하는 항목

(3) 사업비 및 제세공과금

계약 및 관련 법규 또는 규정상의 내용을 검토하여 해당 항목의 비용에 대한 적정성을 확인한다. 특히 부가가치세의 경우 대상물건에 따라 과세면제 물건이 있기도 하며 학교용지 부담금, 하자보증수수료 등의 경우 최종 수요자가 부담하는 등 비용부담의 실제성을 확인하여 정확한 사업비 등을 산출하여야 한다.

(4) 관리운영비

대부분 추정을 통하여 비용을 산정하여야 하는데, 추정의 적정성을 확보하기 위하여 유사 사업의 실적을 비교·검토하거나, 과거 사업수행 실적 등을 감안하여 비용의 합리성을 확인한다.

5) 경제성 분석

앞에서 언급한 사업화 능력 분석, 시장 상황 분석, 입지분석 및 사업비용의 적정성 검토가 완료되면, 이를 토대로 해당 사업의 경제성을 분석한다. 이러한 분석은 해당 사업의 투자 대비 수익성 분석단계와 분양 및 임대수입을 통하여 외부조달자금에 대한 상환 가능성을 파악하는 자금수지 분석단계로 구분된다.

(1) 수익성 분석

일반적으로 수익성 분석에 이용되는 지표는 현금흐름할인모델(DCF)을 이용한 순현재가치법(NPV) 및 내부수익률(IRR)법을 이용한다. 부동산 개발사업의 경우에는 자기자본에 대한 기회비용 및 외부자금조달규모가 큰 점을 감안하여 IRR과 목표수익을 비교하는 방법으로 수익성

을 판단한다.

$$목표수익률 = \frac{(외부자금조달액 \times 차입이자율) + (내부자금조달액 \times 정기예금이자율)}{총\ 자금조달액}$$

목표수익률의 경우 자기자본 조달비용 및 외부자금 조달비용의 가중평균으로 산출된다. 그러나 현실적으로 목표수익률이 과연 사업시행자의 진정한 목표치를 반영하는가에 대한 논란이 많고, IRR에 대한 기본적인 가정에 대한 문제점으로 인하여 실무에서는 총수입에서 총지출을 빼고 난 전체 사업이익 규모를 근거로 수익성 유무를 판단하기도 하는데 이때 사용되는 것이 수지분석표이다. 추가적인 수익성 분석기법으로는 NPV, 회수기간법 등이 있다.

(2) 자금수지 분석

자금수지 분석은 미래 영업활동을 통한 현금흐름, 투자계획상의 현금흐름, 자금조달 및 상환계획상의 현금흐름을 고려하여 사업기간 전반에 걸친 자금의 과부족상태를 검토하기 위한 것이다. 대표적인 분석기법으로는 부채상환비율(Debt Service Coverage Ratio)가 이용되며, 주요 판단기준으로는 매년 단순 DSCR이 1.0 이상, 누적 DSCR이 1.3 이상인 경우 자금수지에 있어 안정성을 확보한 것으로 평가되고 있다.

6) 위험분석

앞의 각 분석단계를 통하여 도출된 해당 사업의 경제성 즉, 수익성 및 자금수지 분석결과가 100% 확실한 것이 아니다. 사업환경의 변화에 따라 최종 결과가 다르게 나타날 수 있으므로 이를 사전에 충분히 파악하는 것은 사업타당성 유무를 최종 결정하는 데 있어 매우 중요한 단계이다. 부동산 개발사업의 위험분석은 일반적으로 ① 위험요소 확인 → ② 분석 범위 및 방법결정 → ③ 민감도 측정 → ④ 최종 의견 반영 등의 절차를 걸쳐 수행하게 된다.

(1) 위험요소 확인 단계

해당 사업에 결정적인 영향을 미치는 위험요인을 확인하는 작업으로 사업의 수익성 및 자금수지에 영향을 미치는 요소를 중심으로 각 분석단계에서 계량화가 가능한 변수를 중심으로 위험요인을 도출하는 작업이다.

(2) 분석범위 및 방법결정

위험요인 즉, 사업결과에 영향을 미치는 변수에 대한 사업결과의 민감도 측정을 어느 수준까지 할 것이며, 분석을 어떠한 방법으로 할 것인지를 결정하는 것이다. 즉, 일반적으로 분석의 범위는 낙관적인 상황, 비관적인 상황 및 보통의 상황 세 가지의 경우를 가정하여 각 경우의 발생 확률 및 경제성을 파악하게 되며, 분석방법은 분석시간 및 비용 등을 감안하여 시나리오 분석 및 민감도 분석을 많이 이용한다.

(3) 민감도 측정 단계

일반적으로 발생 가능한 상황과 확률을 확인하여 사업타당성의 위험 정도를 파악하는 것으로 민감도 측정 결과 각 상황 간의 괴리가 심하게 나타나는 경우 즉, 위험 변동성이 높은 경우에는 앞의 분석과정을 통해서 산출된 경제성 분석을 전면 재검토하거나, 사업타당성에 대하여 부정적인 의견이 표현된다.

(4) 최종(종합) 의견

해당 사업의 개요, 사업성 분석 결과 및 위험분석에 따른 위험요인 서술 등으로 구성된다.

01 다음 중 부동산 가치평가에 대한 설명으로 적절하지 않은 것은?

① 부동산의 가치는 장래 기대되는 편익을 현재가치로 환원한 값으로 미래를 전제로 논의된다.

② 부동산 가격은 특정 부동산에 대한 교환의 대가로서 시장에서 매수자와 매도자 간에 실제로 지불된 금액이다.

③ 투자가치는 공정한 거래에 필요한 모든 조건들이 충족된 상태에서 경쟁가가 있고 공개시장에서 거래가 이루어질 가능성이 가장 높은 부동산 가격이다.

④ 보험가치는 보험상의 보상금액을 산정하기 위한 것으로 물리적으로 파손될 수 있는 자산의 가치이다.

02 다음은 오피스 빌딩의 매각 현금흐름이다. ( )에 들어갈 내용을 순서대로 올바르게 표시한 것은?

> 매도 가격−( )＝순매도액
> 　　　−( )　　　＝세전 매각 현금흐름
> 　　　−( )　　　＝세후 매각 현금흐름

① 영업소득세, 상환된 원리금, 자본이득세

② 상환된 원리금, 미상환 대출잔액, 영업소득세

③ 중개수수료, 컨설팅 비용, 매도경비

④ 매도 경비, 미상환 대출잔액, 자본이득세

해설

01 ③ 투자가치는 특정 부동산에 대하여 투자자별로 각기 고유한 투자가치가 산출될 수 있다. 시장가치는 공정한 거래에 필요한 모든 조건들이 충족된 상태에서 경쟁가가 있고 공개시장에서 거래가 이루어질 가능성이 가장 높은 부동산 가격이다.

02 ④ 매도경비, 미상환 대출잔액, 자본이득세 순이다.

03   다음 중 부동산 투자의 수익과 위험에 관한 설명으로 옳은 것은?

① 투자기간의 초기보다는 말기에 순현금흐름이 많을 경우 내부수익률이 단순산술평균 Cash on Cash 수익률보다 크다.

② 내부수익률은 화폐의 시간적 가치를 반영하지 않은 반면에 Cash on Cash 수익률은 이를 반영한 것이다.

③ 총자본수익률이 부채조달 금리보다 클 때의 자기자본수익률이, 총자본수익률이 부채조달 금리보다 작을 때의 자기자본수익률보다 적다.

④ 투자대상 부동산의 순현재가치가 제로일 때의 할인율이 내부수익률이고 이를 기대수익률이라고 한다.

04   부동산 가치추계 원칙 중 '최유효이용의 원칙'에 관한 설명으로 옳은 것은?

① 부동산에만 적용되는 원칙으로 부동산 가치추계 원칙들 중에서 가장 중추적인 기능을 담당한다.

② 부동산의 유용성이 최고로 발휘되기 위해서는 부동산이 그것이 속한 지역의 환경에 부합하여야 한다.

③ 부동산 가격은 부동산의 각 구성요소의 가격에 대한 공헌도에 따라서 영향을 받는다.

④ 어떤 투자대상의 가치평가는 투자대상의 기회비용에 의하여 평가할 수 있다.

05   부동산에서 매년 순영업소득이 1억 원일 때 자본환원율이 10%이면 이 부동산의 수익 가격은?

① 9억 5천만 원   ② 10억 원

③ 10억 5천만 원   ④ 11억 원

해설

03   ①의 경우 내부수익률<단순산술평균 Cash on Cash 수익률, ②의 경우 내부수익률은 화폐의 시간적 가치를 반영, ③ 총자본수익률>부채조달금리일 때 긍정적인 레버리지 효과가 있다.

04   ① 부동산에만 적용되는 원칙으로 부동산 가치추계 원칙들 중에서 가장 중추적인 기능을 담당한다.

05   ② 수익 가격=순영업소득/자본환원율=1억 원/0.1=10억 원

06 2××0년에 1월 1억 원에 택지를 구입하였다. 2××4년 1월 이 택지의 시점 수정 후의 가격은? (단, 2××0년 1월의 택지 가격지수는 100이고 2××4년 1월의 택지 가격지수는 150이다)

① 1억 2천만 원

② 1억 5천만 원

③ 1억 8천만 원

④ 2억 1천만 원

07 다음 중 부동산 개발사업의 경제성 분석에 대한 설명으로 적절하지 않은 것은?

① 사업화 능력 분석을 위해서 시행사와 시공사의 사업수행 능력과 자금운용 능력을 분석한다.

② 공급요인 분석 시 인구통계, 고용, 금리, 실물동향, 시장참여자의 기대 정도 등을 분석한다.

③ 주거지의 입지분석 시 거주자의 직업, 직장, 계층 등의 사회적 환경상황 및 조망 경관 등의 자연적 환경 등을 분석한다.

④ 개발사업의 지출항목에는 대상물건 구입비, 공사비, 사업비, 제세공과금, 기타 예비비 등이 있다.

08 다음은 오피스 빌딩의 영업상의 현금흐름이다. (①)에 들어갈 적당한 항목은?

$$\begin{array}{c} 가능총소득 \\ \hline -(\ ①\ )+(\ ②\ ) \\ \hline =유효총소득 \\ \hline -(\ ③\ ) \\ \hline =순영업소득 \\ \hline -(\ ④\ ) \\ \hline =세전\ 영업상\ 현금흐름 \\ \hline -(\ ⑤\ ) \\ \hline =세후\ 영업상\ 현금흐름 \end{array}$$

① 영업 소득세

② 감가상각비와 자본적 지출

③ 부채서비스액

④ 공실 및 회수 불가능 임대수입

해설

06 ② 1억×(150/100)=1억 5천만 원

07 ② 수요 요인 분석시 인구통계, 고용, 금리, 실물동향, 시장참여자의 기대 정도 등을 분석한다.

08 ④ ①은 공실 및 회수 불가능 임대수입, ② 기타 소득, ③ 영업경비, ④ 부채서비스액, ⑤ 영업소득세

정답 01 ③ | 02 ④ | 03 ④ | 04 ① | 05 ② | 06 ② | 07 ② | 08 ④

part **12**

리츠업무

certified investment manager

chapter 01

부동산 간접투자제도의 이해

section 01 **부동산 간접투자제도의 개요**

자금을 보유하고 있는 모든 주체(이하 '자금보유주체'라 한다)는 보유자금의 효율적 운용을 위해서, 안정성·수익성·환금성 등을 고려하여 최적의 투자대상 자산을 탐색·발굴·분석·선정하여 최종적인 투자를 행하게 되는데, '부동산'은 증권과 함께 가장 대표적인 투자대상 자산에 해당하는 것으로 볼 수 있다.

'부동산'의 법적인 정의에 대해 우리나라 민법은 '토지와 그 정착물'로 규정하고 있다. 그러나 실제로는 부동산이 가지는 물리적인 측면, 경제적인 측면 및 법적인 측면을 모두 고려하여 부동산의 의미를 복합적으로 이해할 필요가 있다. 즉, 물리적인 측면에서 부동산은 자연물·공간·위치·환경으로서의 의미를 가지고, 경제적인 측면에서 부동산은 실물자산·생산요소·소비재·자본의 의미를 가지며, 법적인 측면에서 부동산은 소유권 또는 제한물권 등의 목적물로서의 의미를 가지기 때문에, 해당 부동산과 관련된 상황에 맞게 부동산의 의미를 적절하게 적용해야 할 것이다.

그런데, 자금보유주체가 이와 같은 복합적 의미의 부동산에 투자하는 형태는 크게 두 가지로 나눌 수 있는데, 직접투자와 간접투자가 바로 그것이다. 즉, 자금보유주체가 보유자금으로 부동산에 투자하기까지의 일련의 과정을 독자적으로 수행하면서 직접적으로 부동산에 투자하는 형태를 포괄적으로 '부동산 직접투자'라 하고, 자금보유주체가 보유자금을 제도권 내의 전문자산운용기관에서 부동산에의 투자운용을 목적으로 개발한 부동산 간접투자상품에 투자함으로써 간접적으로 부동산에 투자하는 형태를 포괄적으로 '부동산 간접투자'라 할 수 있다.

이와 같이 자금보유주체로 하여금 '부동산 간접투자'를 가능토록 하는 전문자산운용기관 및 부동산 간접투자상품 등에 관해 포괄적으로 규율하는 관련 법규체계 전반을 통칭하여 '부동산 간접투자제도'라 할 수 있다.

section 02 부동산 간접투자제도의 경과

표 1-1 　부동산 간접투자제도의 경과

구 분		부동산 간접투자 관련 법규
1991.02	부동산 간접투자상품 신탁업법	－ 부동산 신탁(자산신탁) 도입 ＊ 부동산 관련 상품으로 최초 도입
1998.04	신탁업법	－ 은행의 부동산 투자신탁(계약형) 도입 ＊ 2000.7월 최초의 '은행 부동산 투자신탁' 판매
1998.09	자산유동화에관한법률	－ 자산담보부증권(ABS) 도입
1999.01	주택저당채권유동화회사법	－ 주택저당증권(MBS) 도입
2001.07	부동산 투자회사법	－ 부동산 투자회사(REITs) 도입 ＊ '자기관리(실체회사형)부동산 투자회사' 성격
2001.07	부동산투자회사법(일부 개정)	－ '기업구조조정 부동산 투자회사(CR－REITs)' 도입 ＊ CR－REITs : Corporate Restructuring－Real Estate Investment Trusts
2004.01	간접투자간접투자자산운용업법	－ 부동산 간접투자기구 도입 ＊ 계약형(신탁형) 형태인 '부동산 투자신탁'만 허용
2004.12	간접투자자산운용업법 (일부 개정)	－ 부동산 간접투자기구 확대 ＊ 회사형 형태인 '부동산 투자회사'도 허용

2005.04	부동산 투자회사법(일부 개정)	− 부동산 투자회사(REITs) 확대 * '위탁관리(명목회사형)부동산 투자회사' 추가 도입
2007.10	부동산 투자회사법(일부 개정)	− 부동산 투자회사(REITs) 확대 * '개발전문 부동산 투자회사' 추가 도입
2009.02	자본시장 및 금융투자업에 관한 법률	− 부동산 집합투자기구 도입 * 간접투자자산운용업법상의 부동산 간접투자기구 승계 및 확대
2010.04	부동산 투자회사법(일부 개정)	− 부동산 투자회사(REITs)에 대한 규제 완화
2010.07	부동산 투자회사법(일부 개정)	− 설립 자본금 10억 원에서 5억 원으로 인하 − 영업인가 6개월 경과 후 최저 자본금 하향 조정 * 자기관리리츠 : 70억 원 * 위탁관리&기업구조조정리츠 50억 원
2015.06	부동산 투자회사법(일부 개정)	− 부동산 투자회사(REITs)에 대한 규제 완화 * 임대주택에 투자하는 경우 일정 요건 충족시 주식공모, 분산의무 면제 * 개발전문 부동산 투자회사 폐지 (주주총회 특별결의로 개발사업과 운영사업의 비중을 결정하도록 함)
2017.09	부동산 투자회사법(일부 개정)	− 1인당 주식 소유한도 50%로 확대
2017.10	부동산 투자회사법(일부 개정)	− 기업구조조정 부동산 투자회사의 경우 1인당 주식 소유 한도(50%) 적용 배제

우리나라에서의 부동산 간접투자제도 경과에 대해 간략히 정리해 보면 위의 표와 같다. 이 중에서 가장 대표적인 것은 자본시장법상의 부동산 집합투자기구(일반적으로 '부동산 펀드'라 한다)와 부동산 투자회사법상의 부동산 투자회사(일반적으로 '리츠'라 한다)이다.

chapter 02

부동산 투자회사법의 이해

부동산 투자회사법의 연혁

정부는 다수의 투자자로부터 모은 자금을 부동산에 투자한 후 그 수익을 투자자에게 배분하는 부동산 투자회사의 설립과 운영에 관한 사항을 정함으로써 소액투자자가 부동산에 간접적으로 투자할 수 있는 기회를 확대하고 건전한 부동산 투자를 활성화하기 위한 취지에서 2001년 4월 7일에 부동산 투자회사법을 제정하였다. 최초로 제정된 부동산 투자회사법에서 허용한 부동산 투자회사는 당해 부동산 투자회사가 투자한 부동산을 직접 자기가 관리하는 실체회사 형태를 띄고 있는 부동산 투자회사였으며, '자기관리 부동산 투자회사'로 불리어졌다. 그런데, 당시 우리나라는 다수의 기업들이 구조조정을 진행하고 있었고, 정부는 이러한 기업의 구조조정을 촉진하기 위해서 기업이 보유하고 있는 부동산의 원활한 매각을 지원할 수 있는 제도적 장치가 필요하였는 바, 이미 제정된 부동산 투자회사법을 2001년 5월 24일에 일부 개정하여 기업이 구조조정 목적으로 매각하는 부동산만을 투자하는 '기업구조조정 부동산 투자회사'를 새로이 허용하였고, 해당 부동산 투자회사법은 2001년 7월 1일자에 시행되었다.

정부는 부동산 시장의 선진화 및 부동산 간접투자를 활성화하기 위한 제도적 기반을 마련하고자 2004년 10월 22일에 부동산 투자회사법을 일부 개정(2005년 4월 23일 시행)하여 부동산 투자회사의 종류를 다양화하고, 부동산 투자회사의 설립 및 영업활동에 대한 규제를 완화하였다. 이 때의 일부 개정을 통해 부동산 투자회사는 크게 자기관리 부동산 투자회사, 위탁관리 부동산 투자회사 및 기업구조조정 부동산 투자회사로 세분화되게 되었던 것이다.

정부는 다시 보다 적극적으로 일반국민의 부동산에 대한 투자기회를 확대하여 부동산에 대한 간접투자를 활성화하기 위하여 2007년 7월 13일에 부동산 투자회사법을 일부 개정(2007년 10월 14일 시행)하여 부동산 투자회사의 설립 및 운영요건을 완화하고, 특히 부동산 개발사업에 대한 투자자의 폭넓은 수요를 수용하기 위하여 부동산 개발사업만을 전문으로 하는 '개발전문부동산 투자회사'를 새로이 허용하였다.

정부는 침체된 부동산 시장을 진작시키고 부동산 투자회사의 선진화를 위하여 2010년 4월 15일에 부동산 투자회사법을 일부 개정(2010년 4월 15일 시행)하여 부동산 투자회사 전반에 대한 규제를 대폭 완화하는 등 현재에 이르고 있다.

section 02 | 현행 부동산 투자회사법의 주요 내용

1 부동산 투자회사의 정의

부동산 투자회사법은 부동산 투자회사를 '자산을 부동산에 투자하여 운용하는 것을 주된 목적으로 설립된 회사'로 정의하고 있다.

2 부동산 투자회사의 종류

부동산 투자회사법상 부동산 투자회사의 종류는 다음의 3가지가 있다.

❶ 자기관리 부동산 투자회사 : 자산운용 전문인력을 포함한 임직원을 상근으로 두고, 자산의 투자·운용을 직접 수행하는 부동산 투자회사

❷ 위탁관리 부동산 투자회사 : 자산의 투자·운용을 자산관리회사에 위탁하는 부동산 투자회사

❸ 기업구조조정 부동산 투자회사 : 법에서 정하는 기업구조조정 부동산을 투자대상으로 하며, 자산의 투자·운용을 자산관리회사에 위탁하는 부동산 투자회사

상기 각각의 부동산 투자회사는 총자산의 일부 또는 전부를 부동산 개발사업(부동산 개발사업으로 조성하거나 설치한 토지·건축물 등의 임대사업을 포함)에 투자할 수 있다. 이 경우 부동산 개발사업이란 '토지를 택지·공장용지 등으로 개발하거나, 공유수면을 매립하여 토지를 조성하는 사업 또는 건축물 그 밖의 인공구조물을 신축 또는 재축하는 사업' 등을 말한다.

참고로 부동산 개발업의 관리 및 육성에 관한 법률(2007. 5. 17 제정, 2007. 11. 18 시행)에서는 '부동산 개발'이란 '타인에게 공급할 목적으로 토지를 건설공사의 수행 또는 형질변경의 방법으로 조성하거나, 타인에게 공급할 목적으로 건축물을 건축·대수선·리모델링·용도변경하거나 공작물을 설치하는 행위를 하고, 이러한 행위로 조성·건축·대수선·리모델링·용도변경 또는 설치되거나 될 예정인 부동산등(부동산, 그 부동산의 이용권)의 전부 또는 일부를 공급(부동산 등을 타인에게 판매 또는 임대)하는 것'으로 정의하고 있다.

3 부동산 투자회사의 법인격

부동산 투자회사는 주식회사로 하고, 부동산 투자회사법에서 특별히 정한 경우를 제외하고는 상법의 적용을 받는다. 부동산 투자회사는 그 상호에 '부동산 투자회사'라는 명칭을 사용하여야 한다. 기존에는 부동산 투자회사를 개발전문 부동산 투자회사로 설립하는 경우에는 그 상호에 '개발전문 부동산 투자회사'라는 명칭을 사용하였는데, 2015년 법이 개정되어 개발전문 부동산 투자회사를 폐지하고 주총 특별결의로 개발사업과 운영사업(매입, 임대 등) 간의 비중을 결정하도록 하여 리츠가 사업의 유형과 형태를 다양하게 설계할 수 있도록 하였다.

4 　부동산 투자회사의 설립

　부동산 투자회사는 발기설립의 방법으로 하여야 하며, 상법 제290조 제2호에도 불구하고 현물출자에 의한 설립을 할 수 없다. 자기관리 부동산 투자회사의 설립 자본금은 5억 원 이상으로, 위탁관리 부동산 투자회사 및 기업구조조정 부동산 투자회사의 설립 자본금은 3억 원 이상으로 한다. 부동산 투자회사의 발기인은 정관을 작성하여 발기인 전원이 기명날인 또는 서명하여야 한다. 이 때 정관에 포함되어야 하는 사항으로는 ① 목적, ② 상호, ③ 발행할 주식의 총수, ④ 1주의 금액, ⑤ 설립할 때에 발행하는 주식의 총수, ⑥ 자산의 투자·운용에 관한 사항, ⑦ 자산평가에 관한 사항, ⑧ 이익 등의 배당에 관한 사항, ⑨ 본점의 소재지, ⑩ 공고방법, ⑪ 법인이사 및 감독이사를 두는 경우에는 법인이사 및 감독이사를 둔다는 내용 ⑫ 이사 및 감사의 보수에 관한 기준(법인이사 및 감독이사를 두는 경우에는 법인이사는 제외), ⑬ 자산보관기관과 체결할 자산보관계약의 개요, ⑭ 자산의 투자·운용업무에 관한 위탁계약을 체결하고자 하는 경우에는 그 위탁계약의 개요, ⑮ 발기인의 성명·주민등록번호 및 주소, ⑯ 주주총회 및 이사회에 관한 사항, ⑰ 임원에 관한 사항, ⑱ 회계에 관한 사항, ⑲ 현물출자에 관한 사항, ⑳ 주식매수청구에 관한 사항, ㉑ 투자자 보호에 관한 사항 등이 이에 해당한다.

5 　부동산 투자회사의 영업인가

　부동산 투자회사가 자산의 투자·운용업무를 하려는 때에는 부동산 투자회사의 종류별로 국토교통부장관의 영업인가를 받거나 국토부장관에게 등록하여야 하며, 영업인가를 받거나 등록한 사항을 변경하려는 경우에도 같다(인가·등록 사항의 변경이 경매·공매 등 대통령령으로 정하는 사유로 발생한 경우는 제외). 부동산 투자회사는 영업인가 또는 등록 전에는 주주가 아닌 자에게 배정하는 방식으로 신주를 발행할 수 없다. 영업인가를 받거나 등록한 부동산 투자회사의 경우, 영업인가·등록일로부터 6개월(최저자본금 준비기간)이 지난 부동산 투자회사의 자본금은 자기관리 부동산 투자회사는 70억 원, 위탁관리 부동산 투자회사 및 기업구조조정 부동산 투자회사는 50억 원 이상이 되어야 한다. 위탁관리 부동산 투자회사 및 기업구조조정 부동산투자회사는 본점 외의 지점을 설치할 수 없으며, 직원을 고용하거나 상근 임원을 둘 수 없다.

6 부동산 투자회사의 주식발행

부동산 투자회사는 영업인가를 받거나 등록한 날부터 2년 이내에 발행하는 주식 총수의 100분의 30 이상을 일반의 청약에 제공하여야 한다. 다만, 부동산 투자회사가 영업인가를 받거나 등록을 한 날부터 2년 이내에 국민연금법에 따라 설립된 국민연금공단이나 그 밖에 대통령령으로 정하는 주주가 단독이나 공동으로 인수 또는 매수한 주식의 합계가 부동산 투자회사가 발행하는 주식 총수의 100분의 50 이상인 경우와 부동산 투자회사의 총자산의 100분의 70 이상을 임대주택(민간임대주택에 관한 특별법에 따른 민간임대주택 및 공공주택 특별법에 따른 공공임대주택)으로 제공하는 경우 및 기업구조조정 부동산투자회사의 경우에는 예외로 한다. 이 때 대통령령이 정하는 주주라 함은 ① 지방자치단체, ② 공무원연금공단, ③ 사립학교교직원연금공단, ④ 대한지방행정공제회, ⑤ 새마을금고중앙회(공제사업만 해당), ⑥ 군인공제회, ⑦ 한국교직원공제회, ⑧ 신용협동조합중앙회(공제사업만 해당), ⑨ 건설산업기본법 제54조에 따른 공제조합, ⑩ 한국토지주택공사, ⑪ 한국자산관리공사, ⑫ 퇴직연금사업자, ⑬ 국민건강보험공단, ⑭ 경찰공제회, ⑮ 한국지방재정공제회, ⑯ 건설근로자공제회, ⑰ 국가재정법 별표 2(같은 표 제3호, 제8호 및 제27호는 제외)에 규정된 법률에 따라 기금을 관리·운용하는 자, ⑱ 과학기술인공제회, ⑲ 대한소방공제회, ⑳ 별정우체국 연금관리단, ㉑ 산림조합중앙회(공제사업만 해당), ㉒ 중소기업협동조합(공제사업만 해당), ㉓ 우체국예금·보험에 관한 법률에 따른 우체국예금자금 또는 우체국보험특별회계법에 따른 우체국보험적립금을 관리운용하는 법인, ㉔ 수산업협동조합중앙회(공제사업만 해당), ㉕ 교정공제회, ㉖ 국민연금공단 또는 ①부터 ㉕까지의 어느 하나에 해당하는 자가 단독 또는 공동으로 발행주식 총수의 100분의 50을 초과하여 소유한 부동산 투자회사, ㉗ 국민연금공단 또는 ①부터 ㉕까지의 어느 하나에 해당하는 자가 단독 또는 공동으로 집합투자증권 총수의 100분의 75 이상을 소유한 부동산 집합투자기구(이 경우 자집합투자기구가 모집합투자기구가 발행한 집합투자증권 총수의 100분의 100을 소유한 경우에는 그 모집합투자기구를 포함), ㉘ 증권시장에 주식이 상장된 부동산 투자회사, ㉙ 자본시장법에 따른 전문투자자[전문투자자가 투자한 부동산투자회사는 총자산의 100분의 70 이상을 공모부동산투자회사(또는 기업구조조정 부동산투자회사)의 지분증권 또는 채무증권으로 구성], ㉚ 공모부동산집합투자기구, ㉛ 자본시장법 시행령 제14조 제2항에서 정하는 수를 초과하는 위탁자와 각각 신탁계약을 체결한 특정금전을 운용하는 신탁업자 등을 말한다.

부동산 투자회사는 그 설립 후에 주식을 발행하는 경우 동일한 날짜에 발행되는 같은 종류의 주식에 대하여는 발행가액 그 밖의 발행조건을 균등하게 정하여야 한다. 이 경우 주식의 발행가액은 해당 부동산 투자회사의 시장가치·자산가치 및 수익가치에 기초하여 대통령령이 정하는 방법에 따라 산정하여야 한다.

부동산 투자회사는 영업인가를 받거나 등록을 하고 최저자본금 이상을 갖추기 전에는 현물출자를 받는 방식으로 신주를 발행할 수 없으며, 부동산 투자회사의 영업인가 또는 등록 후에 상법 제416조 제4호에 따라 부동산 투자회사에 현물출자를 하는 재산은 ① 부동산, ② 지상권·임차권 등 부동산 사용에 관한 권리, ③ 신탁이 종료된 때에 신탁재산 전부가 수익자에게 귀속하는 부동산 신탁의 수익권, ④ 부동산 소유권의 이전등기청구권, ⑤ 공익사업을 위한 토지 등의 취득 및 보상에 관한 법률에 따라 공익사업의 시행으로 조성한 토지로 보상을 받기로 결정된 권리(대토보상권) 중 어느 하나에 해당하여야 한다. 현물출자하는 부동산의 가액은 ① 부동산, ② 지상권·임차권 등 부동산 사용에 관한 권리, ③ 신탁이 종료된 때에 신탁재산 전부가 수익자에게 귀속하는 부동산 신탁의 수익권, ④ 부동산 소유권의 이전등기청구권의 경우 감정평가 및 감정평가사에 관한 법률에 따른 감정평가업자 2 이상이 평가한 금액에 따르고, ⑤ 공익사업을 위한 토지 등의 취득 및 보상에 관한 법률에 따라 공익사업의 시행으로 조성한 토지로 보상을 받기로 결정된 권리(대토보상권)의 경우, 공익사업을 위한 토지 등의 보상에 관한 법률 제68조에 따라 산정하여 토지소유자가 사업시행자로부터 토지로 보상받기로 한 금액에 따른다.

부동산의 평가방법으로는 ① 해당 부동산이 장래 산출할 것으로 기대되는 순이익 또는 미래의 현금흐름을 적정한 비율로 환원 또는 할인하여 가격 시점에 있어서의 평가 가격을 산정하는 방법(수익환원법), ② 수익환원법을 적용하는 것이 불합리한 부동산의 경우에는 감정평가 및 감정평가사에 관한 법률 제3조 제3항에 따른 감정평가준칙에 따라 그 재산의 특성을 고려하여 해당 재산을 평가하는 방법이 있다.

부동산 투자회사는 자본시장법 제390조 제1항에 따른 상장규정의 상장요건을 갖추게 된 때에는 지체 없이 같은 법 제8조의2 제4항 제1호에 따른 증권시장에 주식을 상장하여 그 주식이 증권시장에서 거래되도록 하여야 한다. 이 경우 부동산 투자회사가 정당한 사유 없이 증권시장에의 상장을 이행하지 아니하는 경우에는 국토부장관이 기간을 정하여 상장을 명할 수 있다.

부동산 투자회사는 그 자산을 ① 부동산, ② 부동산 개발사업, ③ 지상권·임차권 등 부동산 사용에 관한 권리, ④ 신탁이 종료된 때에 신탁재산 전부가 수익자에게 귀속하는 부동산 신탁 수익권, ⑤ 증권·채권, ⑥현금(금융기관의 예금을 포함) 중 어느 하나에 투자하여야 하며, 이를 ① 취득·개발·개량 및 처분, ② 관리(시설운용을 포함)·임대차 및 전대차, ③ 부동산투자회사법 제2조에 따른 부동산개발사업을 목적으로 하는 법인 등에 대하여 부동산에 대한 담보권 설정 등에 따른 대출·예치 중 하나에 해당하는 방법으로 투자·운용하여야 한다.

자기관리 부동산 투자회사는 그 자산을 투자·운용할 때에는 전문성을 높이고 주주를 보호하기 위하여, 영업인가 시에는 3명 이상, 영업인가를 받은 후 6개월 경과 시에는 5명 이상의 자산운용 전문인력을 상근으로 두어야 한다. 자산운용 전문인력으로는 ① 감정평가사 또는 공인중개사로서 해당 분야에 5년 이상 종사한 사람, ② 부동산 관련 분야의 석사학위 이상의 소지자로서 부동산의 투자·운용과 관련된 업무에 3년 이상 종사한 사람, ③ 부동산 투자회사, 자산관리회사, 부동산 투자자문회사, 그 밖에 이에 준하는 부동산 관계회사나 기관 등에서 5년 이상 근무한 사람으로서 부동산의 취득·처분·관리·개발 또는 자문 등의 업무에 3년 이상 종사한 경력이 있는 사람, ④ 부동산 자산의 투자·운용 업무를 수행하는 외국의 부동산 투자회사 또는 이와 유사한 업무를 수행하는 기관에서 5년 이상 근무한 사람으로서 부동산의 취득·처분·관리·개발 또는 자문 등의 업무에 3년 이상 종사한 경력이 있는 사람, ⑤ 자본시장법 제286조에 따른 투자운용인력 등이 이에 해당된다.

위탁관리 부동산 투자회사는 자산의 투자·운용업무를 자산관리회사에 위탁하여야 하고, 주식발행업무 및 일반적인 사무는 일정한 요건을 갖춘 기관(이하 '일반사무등 위탁기관'이라 한다)에 위탁하여야 한다. 즉, 판매회사는 자본시장법에 따른 투자매매업·투자중개업의 인가를 받은 자이어야 하고, 사무수탁회사는 자본시장법에 따른 일반사무관리회사이어야 한다. 이 경우 사무수탁회사의 업무범위는 ① 위탁관리 부동산 투자회사의 운영에 관한 업무, ② 위탁관리 부동산 투자회사 자산의 계산, ③ 법령 또는 정관에 의한 통지 및 공시, ④ 이사회 또는 주주총회의 소집 및 개최에 관한 업무, ⑤ 그 밖에 위탁관리 부동산 투자회사로부터 위탁받은 업무이다.

자산관리회사를 설립하려는 자는 일정한 요건 즉, ① 자기자본(자산총액에서 부채총액을 뺀 가액)

이 70억 원 이상일 것, ② 자산운용전문인력을 5인 이상 확보할 것, ③ 자산관리회사와 투자자 간, 특정 투자자와 다른 투자자 간의 이해상충을 방지하기 위한 체계와 전산설비, 그 밖의 물적 설비를 갖출 것과 같은 요건을 구비하여 국토교통부장관의 인가를 받아야 한다. 인가받은 사항을 변경하려는 경우에도 또한 같다. 이러한 자산관리회사는 위탁관리 부동산 투자회사 및 기업구조조정 부동산 투자회사로부터 위탁받은 업무 외의 다른 업무를 원칙적으로 겸영하여서는 아니 된다. 다만, 부동산 또는 부동산 관련 권리의 신탁업무 및 자본시장법 제229조 2호에 따른 부동산 집합투자기구의 집합투자재산을 운용하는 집합투자업 등은 겸영이 가능하다.

부동산 투자회사의 위탁을 받아 부동산 투자자문회사의 업무 즉, ① 부동산 자산의 투자·운용에 관한 주주총회 또는 이사회의 의사결정에 필요한 조사, 분석 및 정보제공, ② 부동산 자산의 투자·운용에 관한 자문 및 평가 등의 업무를 하려는 자는 일정한 요건 즉, ① 자본금이 10억 원 이상일 것, ② 자산운용전문인력을 3명 이상 확보할 것을 갖추어 국토교통부장관에게 등록하여야 한다.

부동산 투자회사는 자산의 보관과 이와 관련된 업무를 자산보관기관에 위탁하여야 한다. 즉, 부동산은 취득하는 즉시 회사명의로 이전등기와 함께 ① 자본시장법에 따른 신탁업자 또는 신탁업을 겸영하는 금융기관, ② 한국토지주택공사, ③ 한국자산관리공사, ④ 주택도시보증공사, ⑤ 외국의 법률에 따라 설립되어 신탁업을 영위하는 기관으로서 국토교통부장관이 인정하는 기관 등에 위탁하여야 한다. 한편 증권 및 현금은 자본시장법에 따른 신탁업자 또는 신탁업을 겸영하는 금융기관에 보관을 위탁하여야 하며, 증권의 보관을 위탁받은 자산보관기관은 자본시장법상 예탁대상증권 등으로 지정된 증권의 경우 한국예탁결제원에 예탁하여야 한다. 자산보관회사는 위탁받은 부동산 투자회사의 자산을 그 고유재산이나 제3자로부터 보관을 위탁받은 자산과 구분하여 관리하여야 한다.

8 부동산 투자회사의 자산운용 및 규제

부동산 투자회사는 부동산을 취득한 후 일정기간 이내에는 부동산을 처분하여서는 아니된다. 즉, ① 국내에 있는 부동산 중 주택법 제2조 제1호에 따른 주택은 1년. 다만, 부동산 투자회사가 미분양주택(주택법 제54조에 따른 사업주체가 같은 조에 따라 공급하는 주택으로서 입주자 모집공고에 따른 입주자의 계약일이 지난 주택단지에서 분양계약이 체결되지 아니하여 선착순의 방법으로 공급하는 주택을 말한다)을 취득하는 경우에는 정관에서 정하는 기간, ② 국내에 있는 부동산 중 주택법 제2조 제1호에 따른 주택이 아닌 부동산은 1년, ③ 국외에 있는 부동산은 정관에서 정하는 기간 이내에는 부동산을 처분하여서는 아니된다. 다만, ① 부동산 개발사업으로 조성하거나 설치한 토지·건축물 등을 분양하는 경우, ② 부동산 투자회사가 합병·해산·분할 또는 분할합병을 하는 경우에는 제한없이 부동산을 처분할 수 있다.

부동산 투자회사는 건축물이나 그 밖의 공작물이 없는 토지(공유수면을 매립하여 토지를 조상하는 경우는 제외)는 해당 토지에 부동산 개발사업을 시행한 후가 아니면 그 토지를 처분하여서는 아니 된다. 다만, ① 부동산 개발사업을 하기 위하여 토지를 취득한 후 관련 법규의 제정·개정 또는 폐지 등으로 인하여 사업성이 현저히 저하됨으로써 부동산 개발사업을 수행하는 것이 곤란하다고 객관적으로 입증되어 해당 토지의 처분이 불가피한 경우, ② 부동산 투자회사가 합병·해산·분할 또는 분할합병을 하는 경우에는 제한없이 토지를 처분할 수 있다.

부동산을 취득하거나 처분할 때에는 자기관리 부동산 투자회사 또는 자산관리회사는 '실사보고서'를 작성하여야 하며, 이러한 실사보고서에는 ① 해당 부동산의 현황, 거래 가격 및 거래비용, ② 해당 부동산과 관련된 재무자료, ③ 해당 부동산의 수익에 영향을 미치는 요소, ④ 해당 부동산의 소유 및 권리사항, ⑤ 해당 부동산의 임대차, 담보부부채 분석 등이 포함되어야 한다.

부동산 투자회사는 최저자본금 준비기간이 끝난 후에는 매 분기말 현재 총자산의 100분의 80 이상을 부동산, 부동산 관련 증권 및 현금으로 구성하여야 한다. 이 경우 총자산의 100분의 70 이상은 부동산(건축 중인 건축물을 포함)이어야 한다.

부동산 투자회사가 부동산 개발사업에 투자하려면 '사업계획서'를 작성하여 부동산 투자자문회사의 평가를 거쳐야 하며, 부동산 투자자문회사가 작성한 평가서를 부동산 개발사업에 투자하기 1개월 전에 국토교통부장관에게 제출하여야 한다. 이러한 사업계획서에는 ① 개발대상토지, 개발방법, 사업의 추진일정 및 건축계획 등이 포함된 사업계획에 관한 사항, ② 자금의 조달·투자 및 회수에 관한 사항, ③ 추정손익에 관한 사항, ④ 사업의 위험에 관한 사항, ⑤ 공사시공 등 외부용역에 관한 사항, ⑥ 그 밖에 투자자를 보호하기 위하여 필요한 사항이 포함되어야 한다.

부동산 투자회사는 원칙적으로 다른 회사의 의결권 있는 발행주식의 100분의 10을 초과하여 취득하여서는 아니 된다. 그러나 예외적으로 일정한 경우에는 100분의 10을 초과하여 취득할 수 있다, 즉, ① 특정한 부동산을 개발하기 위하여 존립기간을 정하여 설립된 회사의 주식을 취득하는 경우, ② 다른 회사와 합병하는 경우, ③ 다른 회사의 영업전부를 양수하는 경우, ④ 부동산 투자회사의 권리를 행사할 때 그 목적을 달성하기 위하여 필요한 경우, ⑤ 부동산투자회사가 소유하는 부동산 또는 부동산 관련 권리(지상권, 지역권, 전세권, 사용대차 또는 임대차에 관한 권리, 그 밖에 대통령령으로 정하는 권리를 말한다)를 임차하여 해당 부동산 또는 그 시설을 관리하거나「관광진흥법」에 따른 관광숙박업 등 대통령령으로 정하는 사업을 영위하는 회사의 주식을 취득하는 경우, ⑥ 사회기반시설에 대한 민간투자법 제14조의 규정에 의한 민간투자사업법인의 주식을 취득하는 경우, ⑦ 다른 부동산 투자회사의 주식을 취득하는 경우, ⑧ 부동산 투자회사의 일반적인 시설의 관리나 운영의 위탁을 위한 시설관리회사를 설립하거나 인수하기 위하여 주식을 취득하는 경우, ⑨ 총자산의 100분의 80 이상(해당 주식 또는 지분증권의 매입을 위한 부동산 투자회사 이사회 개최일 전일 현재 해당 법인의 대차대조표에 따른다)이 부동산으로 구성된 법인의 발행 주식 또는 지분증권 총수의 100분의 50을 초과하여 취득하는 경우, ⑩ 사회기반시설에 대한 민간투자법 제26조에 따른 사회기반시설의 관리운영권을 가진 회사의 주식을 취득하는 경우, ⑪ 사회기반시설에 대한 민간투자법 제41조에 따른 사회기반시설투융자회사의 주식을 취득하는 경우, ⑫ 유료도로법 제10조에 따른 유료도로관리권을 가진 회사의 주식을 취득하는 경우, ⑬ 부동산투자회사법 제22조의5에 따라 자기관리 부동산투자회사가 자산관리회사를 설립하고 해당 자산관리회사의 발행주식 전부를 취득하는 경우가 이에 해당한다. 다만, 상기 ② 내지 ④의 경우에는 100분의 10을 초과 취득하게 된 날부터 6개월 이내에 100분의 10 이내가 되도록 하여야 한다.

부동산 투자회사는 원칙적으로 동일인이 발행한 증권(국채, 지방채 그 밖에 대통령령으로 정하는 증권은 제외)을 총자산의 100분의 5를 초과하여 취득하여서는 아니 된다. 다만, 위 ⑤ 및 ⑬에 따른 주식(부동산투자회사가 소유하는 부동산 또는 부동산 관련 권리(지상권, 지역권, 전세권, 사용대차 또는 임대차에 관한 권리, 그 밖에 대통령령으로 정하는 권리를 말한다)를 임차하여 해당 부동산 또는 그 시설을 관리하거나「관광진흥법」에 따른 관광숙박업 등 대통령령으로 정하는 사업을 영위하는 회사의 주식을 취득)의 경우에는 부동산투자회사 총자산의 100분의 25를 초과하여 취득하여서는 안 된다. 부동산 투자회사가 보유하는 증권이 위 제한을 초과하게 된 경우에는 초과 취득하게 된 날부터 6개월 이내에 해당 투자한도 이내가 되도록 하여야 한다.

부동산 투자회사는 상법 제462조 제1항에 따른 해당 연도 이익배당한도의 100분의 90 이상을 주주에게 배당하여야 한다. 이 경우 동법 제458조에 따른 이익준비금은 적립하지 아니한다. 위탁관리 부동산 투자회사가 이익을 배당하는 경우에는 상법 제462조에도 불구하고 이익을 초과하여 배당할 수 있다. 위탁관리 부동산 투자회사 및 기업구조조정 부동산투자회사가 초과 배당을 하려는 경우에는 초과 배당금의 분배절차 및 분배시기 등을 포함한 필요한 사항을 정관으로 미리 정하여야 한다.

부동산 투자회사는 영업인가를 받은 후에 자산을 투자·운용하기 위하여 또는 기존 차입금 및 발행사채를 상환하기 위하여 자금을 차입하거나 또는 사채를 발행할 수 있다. 자금을 차입하는 경우에는 원칙적으로 대통령령에서 정하는 금융기관 등으로부터 차입하여야 한다. 이러한 부동산 투자회사의 자금차입 및 사채발행은 자기자본의 2배를 초과할 수 없다. 다만, 상법 제434조의 결의방법에 따른 주주총회의 특별결의를 한 경우에는 자기자본의 10배범위에서 자금차입을 할 수 있다.

부동산 투자회사는 ① 해당 부동산 투자회사의 임직원 및 그 특별관계자, ② 해당 부동산 투자회사의 주식을 100분의 10 이상 소유하고 있는 주주(주요 주주) 및 그 특별관계자, ③ 해당 부동산투자회사가 자산의 투자·운용 업무에 관한 위탁계약을 체결한 자산관리회사와 자산의 투자·운용 업무에 관한 위탁계약을 체결한 다른 부동산투자회사, ④ 해당 자산관리회사가 부동산투자회사법 제22조의3 제3항에 따라 겸영하는 업무와 관련된 자로서 대통령령으로 정하는 자와 ① 부동산, ② 부동산 개발사업, ③ 지상권·임차권 등 부동산 사용에 관한 권리, ④ 신탁이 종료된 때에 신탁재산 전부가 수익자에게 귀속하는 부동산 신탁 수익권, ⑤ 증권·채권, ⑥ 현금(금융기관의 예금을 포함)에 대하여 ① 취득·개발·개량 및 처분, ② 관리(시설운용을 포함)·임대차 및 전대차, ③ 부동산투자회사법 제2조에 따른 부동산개발사업을 목적으로 하는 법인 등에 대하여 부동산에 대한 담보권 설정 등에 따른 대출·예치의 어느 하나에 해당하는 거래를 하여서는 아니 된다. 다만, 예외적으로 주주의 이익을 침해할 우려가 없는 거래 즉, ① 일반분양, 경쟁입찰 및 이와 유사한 방식에 따른 거래, ② 부동산 투자회사가 보유하고 있는 부동산을 이사회가 정한 가격 이상으로 임대하는 거래(해당 부동산 투자회사의 임직원 및 그 특별관계인에 대한 임대는 제외), ③ 부동산 투자회사의 합병·분할 또는 분할합병에 따른 불가피한 거래, ④ 이사회의 승인 및 상법 제434조에 따른 특별결의에 따른 주주총회의 승인을 받은 거래의 경우에는 거래를 할 수 있다.

부동산 투자회사는 부동산 투자회사법 또는 다른 법령에 따른 경우를 제외하고는 다른 업무를 하여서는 아니 된다. 부동산 투자회사의 상근 임원은 다른 회사의 상근 임직원이 되거나 다른 사업을 하여서는 아니 된다. 또한 부동산 투자회사의 임직원은 자산의 투자·운용업무와 관련하여 일정한 행위를 하여서는 아니 된다. 즉, ① 투자를 하려는 자에게 일정한 이익을 보장하거나 제공하기로 약속하는 행위, ② 자산의 투자·운용과 관련하여 자기의 이익이나 제3자의 이익을 도모하는 행위, ③ 부동산 거래질서를 해치거나 부동산 투자회사 주주의 이익을 침해할 우려가 있는 행위로서 탈세를 목적으로 소유권 보존등기 또는 이전등기를 하지 아니한 부동산이나 관계법령에 따라 전매 등 권리변동이 제한된 부동산을 취득하거나 처분하는 행위, 보유하고 있는 부동산이나 증권의 시세를 인위적으로 조작하기 위하여 자산을 운용하는 행위를 하여서는 아니 된다. 부동산 투자회사는 부동산투자회사법 또는 다른 법률에 따라 허용된 경우를 제외하고는 자기의 명의를 대여하여 타인에게 자신의 업무를 수행하게 하여서는 아니 된다.

9   부동산 투자회사의 정보 공시

영업인가를 받은 자기관리 부동산 투자회사 또는 영업인가를 받거나 등록을 한 위탁관리 부동산투자회사 및 기업구조조정 부동산투자회사의 자산관리회사는 사업연도별 매 분기 및 결산기의 투자보고서를 작성하여야 하며, 국토교통부장관과 금융위원회에 매 분기 투자보고서의 경우에는 매 분기 종료일 후 45일 이내에, 결산기 투자보고서의 경우에는 매 결산기 종료일 후 90일 이내에 제출하여야 한다.

영업인가를 받거나 등록한 부동산 투자회사는 매 분기 및 매 결산기의 투자보고서를 해당 부동산 투자회사(위탁관리 부동산 투자회사 또는 기업구조조정 부동산 투자회사인 경우 해당 자산관리회사)의 인터넷 홈페이지 또는 부동산 투자회사 정보시스템을 통하여 공시하거나, 주주에게 서면 또는 전자우편으로 통보하여야 한다.

10   부동산 투자회사의 내부통제기준

자기관리 부동산 투자회사 및 자산관리회사는 법령을 준수하고 자산운용을 건전하게 하며 주주를 보호하기 위하여 임직원이 따라야 할 기본적인 절차와 기준 즉 '내부통제기준'을 제정하여 시행하여야 한다. 한편 자기관리 부동산 투자회사 및 자산관리회사는 내부통제기준의 준수 여부를 점검하고 내부통제기준을 위반한 경우 이를 조사하여 감사에게 보고하는 준법감시인을 두어야 한다. 이러한 내부통제기준에 포함되어야 하는 사항으로는 ① 업무의 분장(分掌) 및 조직구조에 관한 사항, ② 자산의 운용 또는 업무의 수행 과정에서 발생하는 위험의 관리에 관한 사항, ③ 임원 또는 직원이 업무를 수행하면서 반드시 준수하여야 하는 절차에 관한 사항, ④ 경영의사결정에 필요한 정보가 효율적으로 전달될 수 있는 체제의 구축에 관한 사항, ⑤ 임원 또는 직원의 내부통제기준 준수 여부를 확인하는 절차·방법 및 내부통제기준을 위반한 임원 또는 직원의 처리에 관한 사항, ⑥ 임원 또는 직원의 증권거래명세의 보고 등 불공정거래행위를 방지하기 위한 절차나 기준에 관한 사항, ⑦ 내부통제기준의 제정 또는 변경 절차에 관한 사항, ⑧ 준법감시인의 임면절차에 관한 사항이 이에 해당한다.

11 기업구조조정 부동산 투자회사에 관한 특례

기업구조조정 부동산 투자회사는 부동산 투자회사법에서 정한 부동산 투자회사의 요건을 갖추고 총자산의 100분의 70 이상을 일정한 부동산으로 구성하여야 한다. 일정한 부동산이란 ① 기업이 채권금융기관에 대한 부채 등 채무를 상환하기 위하여 매각하는 부동산, ② 채권금융기관과 재무구조개선을 위한 약정을 체결하고 해당 약정 이행 등을 하기 위하여 매각하는 부동산, ③ 채무자 회생 및 파산에 관한 법률에 따른 회생절차에 따라 매각하는 부동산, ④ 그 밖에 기업의 구조조정을 지원하기 위하여 금융위원회가 필요하다고 인정하는 부동산을 의미한다.

국토교통부장관은 기업구조조정 부동산 투자회사(공모 부동산 투자회사인 기업구조조정 부동산 투자회사는 제외)의 영업인가를 하려는 경우에는 미리 금융위원회의 의견을 들어야 한다.

기업구조조정 부동산 투자회사에 대해서는 부동산 투자회사에 적용되는 부동산 투자회사법의 규정 중 일부를 적용하지 아니한다. 즉, ① 기업구조조정 부동산 투자회사에 대해서는 '영업인가를 받은 날부터 2년 이내에 발행하는 주식 총수의 100분의 30 이상을 일반의 청약에 제공하여야 하는 규정'이 적용되지 아니한다. ② 기업구조조정 부동산 투자회사에 대해서는 '부동산 투자회사는 부동산을 취득한 후 일정기간 이내에는 부동산을 처분하여서는 아니 된다는 규정'과 '부동산 투자회사는 건축물이나 그 밖의 공작물이 없는 토지는 해당 토지에 부동산 개발사업을 시행한 후가 아니면 그 토지를 처분하여서는 아니 된다는 규정'이 적용되지 아니한다. ③ 기업구조조정 부동산 투자회사에 대해서는 '부동산 투자회사는 최저자본금 준비기간이 끝난 후에는 매 분기 말 현재 총자산의 100분의 80 이상을 부동산, 부동산 관련 증권 및 현금으로 구성하여야 한다는 규정'이 적용되지 아니한다.

12 | 공모 부동산 투자회사에 관한 특례

공모 부동산 투자회사(자본시장법 제9조 제19항의 사모집합투자기구에 해당하지 아니하는 부동산 투자회사를 말한다) 및 자산관리회사(공모 부동산 투자회사가 아닌 부동산 투자회사로부터만 자산의 투자·운용을 위탁받는 자산관리회사는 제외)에 대해서는 자본시장법의 다수의 규정을 적용하지 아니한다.

01 다음 중 「부동산 투자회사법」상 부동산 투자회사의 자산 투자·운용방법으로 허용되지 않은 것은?

① 부동산의 관리　　　　　　　　② 부동산의 중개
③ 부동산의 개량　　　　　　　　④ 부동산의 임대

02 다음 중 위탁관리 부동산 투자회사의 위탁을 받아 회사의 운영에 관한 업무 및 회사자산의 계산 등의 업무를 수행하는 회사는?

① 자산관리회사　　　　　　　　② 판매회사
③ 사무수탁회사　　　　　　　　④ 부동산 투자자문회사

03 다음 중 자산관리회사의 설립에 대한 설명으로 적절하지 않은 것은?

① 자본금을 100억 원 이상으로 하여야 한다.
② 자산운용전문인력을 5인 이상 확보하여야 한다.
③ 이해상충 방지체계를 갖추어야 한다.
④ 국토교통부장관의 인가를 받아야 한다.

04 다음 중 부동산 투자회사가 취득한 부동산의 처분제한기한으로 옳지 않은 것은?

① 국내에 있는 부동산 중 주택은 2년
② 미분양주택은 정관에서 정하는 기간
③ 국내에 있는 부동산 중 주택이 아닌 부동산은 1년
④ 국외에 있는 부동산은 정관에서 정하는 기간

해설

01　② 부동산 투자회사법은 '부동산의 중개'를 규정하고 있지 않다.
02　③ 사무수탁회사는 이외에 법령 또는 정관에 의한 통지 및 공고, 이사회 또는 주주총회의 소집 및 개최에 관한 업무도 수행한다.
03　① 자본금을 70억 원 이상으로 하여야 한다.
04　① 국내에 있는 부동산 중 주택은 1년

05 다음 (   )안에 들어갈 내용을 올바르게 나열한 것은?

> 부동산 투자회사는 최저 자본금 준비기간이 끝난 후에는 매 분기말 현재 총자산의
> 100분의 (   ) 이상을 부동산, 부동산 관련 증권 및 현금으로 구성하여야 한다. 이 경
> 우 총자산의 100분의 (   ) 이상은 부동산(건축 중인 건축물을 포함)이어야 한다.

① 80, 70   ② 80, 50

③ 70, 50   ④ 70, 30

06 다음 중 부동산 투자회사가 주주에게 이익을 배당하는 내용에 대한 설명으로 적절하지 않은 것은?

① 부동산 투자회사는 해당 연도 이익배당한도의 100분의 90 이상을 주주에게 배당하여야 한다.

② 부동산 투자회사가 이익배당을 하는 경우에는 상법상의 이익준비금을 적립하지 아니한다.

③ 부동산 투자회사가 초과 배당을 하려는 경우에는 초과 배당금의 분배절차 및 분배시기 등을 정관으로 미리 정하여야 한다.

④ 위탁관리 부동산 투자회사는 이익을 초과하여 배당할 수 없다.

07 다음 중 기업구조조정 부동산 투자회사가 구성해야 하는 부동산에 해당하지 않은 것은?

① 기업이 채권금융기관에 대한 부채 등 채무를 상환하기 위하여 매각하는 부동산

② 채권금융기관과 재무구조개선을 위한 약정을 체결하고 해당 약정 이행 등을 하기 위하여 매각하는 부동산

③ 「채무자 회생 및 파산에 관한 법률」에 따른 회생절차에 따라 매각하는 부동산

④ 기업의 구조조정을 지원하기 위하여 기획재정부가 필요하다고 인정하는 부동산

해설

05 부동산투자회사법 제25조(자산의 구성)
06 ④ 위탁관리 부동산 투자회사는 이익을 초과하여 배당할 수 있다.
07 ④ 기획재정부가 아니라 금융위원회이다.

08 다음 중 우리나라 부동산 투자회사의 설립 현황에 대한 설명으로 적절하지 않은 것은?

① 부동산 투자회사법 제정 초기에 허용된 기업구조조정 부동산 투자회사가 다수 설립된 사례가 있다.

② 부동산 투자회사법이 제정되는 시점에 허용된 자기관리 부동산 투자회사는 실체 회사형이라는 단점으로 인해 지금까지 설립된 사례가 없다.

③ 부동산 투자회사법의 일부 개정으로 허용된 위탁관리 부동산 투자회사는 명목회사형에 해당한다.

④ 기업구조조정 부동산 투자회사는 위탁관리형과 자기관리형으로 설립된 사례가 있다.

09 다음 중 부동산 투자회사가 취득한 부동산을 위탁받아 보관할 수 있는 자산보관회사가 아닌 것은?

① 한국토지주택공사　　　　　　　② 한국자산관리공사
③ 대한주택보증주식회사　　　　　④ 한국주택저당채권유동화주식회사

10 다음 중 부동산 투자회사가 부동산을 취득 또는 처분하는 경우에 작성하는 것은?

① 주식청약서　　　　　　　　　　② 투자설명서
③ 실사보고서　　　　　　　　　　④ 사업계획서

해설

08 ② 자기관리 부동산 투자회사도 지금까지 4개가 설립된 사례가 있다.

09 ④ 한국주택저당채권유동화주식회사(KoMoCo)는 주택저당증권(MBS) 발행기관으로 부동산 투자회사법상 부동산투자회사의 자산보관회사로 인정되지 않는다.

10 ③ 사업계획서는 부동산 투자회사가 부동산개발사업에 투자할 때 작성하는 것이다.

정답 01 ② | 02 ③ | 03 ① | 04 ① | 05 ③ | 06 ③ | 07 ④ | 08 ② | 09 ④ | 10 ③

투자자산운용사 1

금융투자전문인력 표준교재
투자자산운용사 1

2024년판 발행 2024년 1월 31일

편저 금융투자교육원
발행처 한국금융투자협회
　　　　 서울시 영등포구 의사당대로 143　전화(02)2003-9000　FAX(02)780-3483
발행인 서유석
제작 및 총판대행 ㈜ **박영사**
　　　　 서울특별시 금천구 가산디지털2로 53, 210호(가산동, 한라시그마밸리) 전화(02)733-6771　FAX(02)736-4818
등록 1959. 3. 11. 제300-1959-1호(倫)
홈페이지 한국금융투자협회 자격시험접수센터(https://license.kofia.or.kr)

정가 25,000원

ISBN 978-89-6050-733-3　14320
　　　　 978-89-6050-732-6(세트)